Schwarze · Systementwicklung

NWB-Studienbücher · Wirtschaftsinformatik

Herausgegeben von Professor Dr. Jochen Schwarze

Systementwicklung

Grundzüge der wirtschaftlichen Planung,
Entwicklung und Einführung
von Informationssystemen

Von Professor Dr. Jochen Schwarze

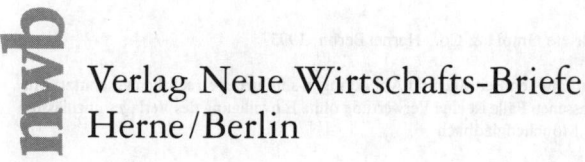

Verlag Neue Wirtschafts-Briefe
Herne/Berlin

Die Deutsche Bibliothek — CIP-Einheitsaufnahme

Schwarze, Jochen:
Systementwicklung : Grundzüge der wirtschaftlichen Planung,
Entwicklung und Einführung von Informationssystemen / von
Jochen Schwarze. — Herne ; Berlin : Verl. Neue Wirtschafts-
Briefe, 1995
   (NWB-Studienbücher Wirtschaftsinformatik)
   ISBN 3-482-47631-4

ISBN 3-482-47631-4 — 1995
© Verlag Neue Wirtschafts-Briefe GmbH & Co., Herne/Berlin, 1995
Druck: Weiss & Zimmer AG, Mönchengladbach

Vorwort

Die Planung, Entwicklung und Einführung von effizienten Systemen zur Verarbeitung, Speicherung und Übertragung von Informationen (IV-Systemen) gehört zu den Grundaufgaben eines Wirtschaftsinformatikers oder angewandten Informatikers und wird sicherlich zunehmend auch eine Aufgabe von in Wirtschaft oder Verwaltung tätigen Betriebswirten sein. Dabei hat sich in den letzten Jahren ein Wandel vollzogen: Zunehmender Integrationsgrad und wachsende Komplexität der IV-Systeme haben Systementwicklungen immer aufwendiger und kostenintensiver werden lassen. Zudem ist der Aufwand für Wartung, Pflege und Aktualisierung der Systeme ständig angestiegen. Diese Entwicklung hat zu einem verstärkten Einsatz von Standardsoftware an Stelle von Individualsoftware geführt.

Die bei der Einführung von Standardsoftware anfallenden Aufgaben unterscheiden sich deutlich von den Aufgaben „klassischer" Systementwicklung zum Einsatz von Individualsoftware. An Stelle der ursprünglichen Absicht, in diesem Buch die anwendungsorientierten Fragen der Systementwicklung darzustellen, werden deshalb die wirtschaftlichen Aspekte und Aufgabenbereiche der Planung, Entwicklung und Einführung von Informationssystemen behandelt, und zwar sowohl für Individual- als auch für Standardsoftware. Auf die der Informatik zuzuordnenden Aufgaben der Systementwicklung wird nicht im Detail eingegangen, da es dazu eine Reihe sehr guter und umfassender Monographien gibt. Es erfolgt eine Beschränkung auf die wesentlichen wirtschaftlichen und die für die Systemanwendung relevanten Aspekte. Auf die *Methoden* der Systementwicklung, wie z. B. SA, HIPO, SADT und objektorientierte Ansätze wird ganz verzichtet, da diese bei dem heutigen Stand eine eigene Monographie erfordern.

Daraus ergibt sich folgende Zielsetzung des Buches: Es will Studierenden und Praktikern wirtschaftlich orientiertes Grundlagenwissen für die Planung, Entwicklung und Einführung von Informationssystemen vermitteln. Der Schwerpunkt liegt bei den Aufgaben an der Schnittstelle zwischen Informatik, Betriebswirtschaftslehre und dem jeweiligen Anwendungsbereich. Gegenüber methodischen, verfahrenstechnischen und anderen Details, die in dem umfangreichen Angebot an Spezialliteratur zu den einzelnen Bereichen ausführlich zu finden sind, hat in den meisten Abschnitten des Buches die Darstellung der inhaltlichen und methodischen Vielfalt der verschiedenen Aufgabenbereiche Vorrang. Deshalb werden beispielsweise auch organisatorische Fragen, die speziellen Aufgaben des Informationsmanagements bei Planung, Entwicklung und Einführung von IV-Systemen, Fragen des Qualitätsmanagements, Projektmanagementaspekte oder Durchführbarkeitsuntersuchungen angesprochen.

Die Grundlagen, insbesondere allgemeine Anforderungen an IV-Systeme sowie Strategien und Vorgehensmodelle für die effiziente Planung, Entwicklung und Einführung von IV-Systemen werden in den ersten beiden Kapiteln ausführlich dargestellt. In Kapitel 3 werden einschlägige Techniken als (elementarer) „Werkzeugkasten" behandelt. Die Aufgaben der Planung, Entwicklung und Einführung von IV-Systemen werden in ihrer logisch-chronologischen Abfolge (Initialisierung, Analyse, Entwurf, Realisierung) behandelt; anschließend folgen die den gesamten Prozeß begleitenden Aufgaben (Qualitätsmanagement, Management der Planung, Entwicklung und Einführung von IV-Systemen, Dokumentation). Gegenüber einschlägigen Monographien zur System- oder Softwareentwicklung wurde aus den oben genannten Gründen versucht, durchgängig auch die speziellen Aufgaben und Aspekte der Auswahl, Beschaffung und Einführung von Standardsoftware zu berücksichtigen.

Das Buch ist zum großen Teil aus Vorlesungen entstanden, die ich in den letzten Jahren an der Universität Hannover gehalten habe. Meinen Mitarbeitern am Institut für Wirtschaftsinformatik der Universität Hannover, den Herren Dipl.-Oek. Jörg Erdmann, Dipl.-Oek. Torsten Koß, Dipl.-Oek. John Marquardt und Dipl.-Inform. Toralf Unger bin ich für zahlreiche konstruktiv-kritische Hinweise zur Verbesserung des Manuskripts zu großem Dank verpflichtet. Ebenso Frau Dipl.-Oek. Dagmar Gundelfinger für einen Textentwurf zu Teilen von Abschnitt 6.4. Meine kleine Dackelhündin Nanna möchte ich lieber nicht erwähnen, da sie in den letzten Monaten nach dem Zerbeißen einiger Seiten des Kapitels 8 ihre sämtlichen Jagdinstinkte einsetzte, um die funktionelle, organisatorische und soziale Durchführbarkeit der Manuskripterstellung zu verhindern.

Hannover, im September 1995   *Jochen Schwarze*

Inhaltsverzeichnis

**1 Grundlagen der Planung und Entwicklung von Informations-
systemen...15**

1.1 Systeme und Informationssysteme 15

    1.1.1 Allgemeiner Systembegriff...15

    1.1.2 Informationssysteme (IV-Systeme)...............................18

    1.1.3 Aufbau von Informationssystemen 20

    1.1.4 Integrierte Informationssysteme....................................25

1.2 Aufgaben der Planung und Entwicklung von IV-Systemen.............28

    1.2.1 Was ist Systemplanung und -entwicklung?....................28

    1.2.2 Zu Systemplanung und -entwicklung verwandte Begriffe.....29

    1.2.3 Systemplanung und -entwicklung als evolutionärer
          Prozeß...31

    1.2.4 Aufgabenwandel der Systemplanung und -entwicklung........32

    1.2.5 Aufgabenbereiche der Systementwicklung....................33

1.3 Ziele bei der Entwicklung von Informationssystemen 35

1.4 Allgemeine Anforderungen und Prinzipien für die Systement-
wicklung 36

**2 Strategien und Vorgehensmodelle der Systemplanung und
-entwicklung...44**

2.1 Systementwicklung als komplexe Aufgabe.....................................44

2.2 Strategien der Systementwicklung 46

2.3 Vorgehensmodelle der Systementwicklung....................................49

    2.3.1 Systemlebenszyklus 49

    2.3.2 Phasenmodelle..51

    2.3.3 Wasserfallmodell..57

    2.3.4 Inkrementelle Systementwicklung 59

    2.3.5 Evolutionäre Systementwicklung..................................60

    2.3.6 Prototyping..61

    2.3.7 Spiralmodell 63

2.3.8   Spezielle Vorgehensmodelle für die Einführung von
        Standardsoftware 65
2.3.9   Vergleich der Vorgehensmodelle 68
2.3.10 Ein verallgemeinertes Vorgehensmodell 70

3   Techniken der Systementwicklung 73
3.1   Begriffliche Grundlagen 73
3.2   Typologie der Techniken 75
3.3   Darstellung und Beschreibung von Systemelementen 78
3.4   Darstellung und Analyse von Systemstrukturen 80
        3.4.1   Verbale oder tabellarische Beschreibung 80
        3.4.2   Strukturmatrizen 81
        3.4.3   Strukturgraphen 82
        3.4.4   E-R-Diagramme zur Beschreibung von Datenstrukturen 84
        3.4.5   Jackson-Diagramme zur Darstellung von Datenstrukturen....85
        3.4.6   Dekompositionsdiagramme 87
        3.4.7   Piktogramme 89
3.5   Darstellung und Analyse von Abläufen und Systemverhalten 90
        3.5.1   Strukturierter Text 90
        3.5.2   Tabellarische Darstellung von Abläufen 91
        3.5.3   Ablaufdiagramme 91
        3.5.4   Programmablaufpläne und Struktogramme 93
        3.5.5   Datenflußpläne 96
        3.5.6   Petri-Netze 97
3.6   Darstellung und Analyse von Entscheidungsprozessen 102
        3.6.1   Zur Struktur von Entscheidungsprozessen 102
        3.6.2   Entscheidungstabellen 103
        3.6.3   Entscheidungsbäume 105
3.7   Weitere Techniken 106
        3.7.1   Pflichtenhefte 106
        3.7.2   Datenkataloge 109
        3.7.3   Polaritätsprofile 110
        3.7.4   Konfiguratoren 110

4   Initialisierungsphase 113
4.1   Aufgabenbereiche der Initialisierungsphase 113
4.2   Initiierung und Gründe einer Systementwicklung 114
        4.2.1   Initiatoren einer Systementwicklung 114
        4.2.2   Auslösende Gründe für eine Systementwicklung 115

4.3 Konkretisierung der Initialisierung durch ein Grobkonzept............117
    4.3.1 Aufgaben eines Grobkonzepts 117
    4.3.2 Inhalte eines Grobkonzepts..119
    4.3.3 Durchführbarkeitsuntersuchung..121
4.4 Systementwicklungsauftrag..123

5 Analysephase...127
5.1 Ziele und Aufgaben der Analysephase..127
5.2 Ist-Zustands-Analyse...129
    5.2.1 Aufgaben und Ziele der Ist-Zustands-Analyse....................129
    5.2.2 Fragenkatalog für die Erfassung des Ist-Zustands..............129
    5.2.3 Erhebungs- und Beschreibungstechniken 132
    5.2.4 Analyse und Bewertung des Ist-Zustands 133
5.3 Soll-Zustands-Analyse...135
    5.3.1 Ziele und Aufgaben der Soll-Zustands-Analyse 135
    5.3.2 Problemanalyse 137
    5.3.3 Informations- und Kommunikationsbedarfsanalyse 137
    5.3.4 Schnittstellenanalyse..139
    5.3.5 Analyse der Benutzerprofile und Benutzerwünsche...........140
    5.3.6 Organisationsanalyse..140
    5.3.7 Systematisierung der Anforderungen.................................141
    5.3.8 Probleme bei der Anforderungsdefinition...........................143
    5.3.9 Dokumentation der Anforderungen im Pflichtenheft...........143
5.4 Analyse des Marktes für Standardsoftware 144
    5.4.1 Standardsoftware oder Individualsoftware?.........................144
    5.4.2 Vorgehen bei der Softwaremarktanalyse 145
5.5 Planung des weiteren Vorgehens..146

6 Entwurfsphase..147
6.1 Aufgaben der Entwurfsphase..147
6.2 Grundlagen des Systementwurfs 148
6.3 Organisatorische Einbettung eines Systems 152
    6.3.1 Organisationskonzept..152
    6.3.2 Organisatorische Integration 152
    6.3.3 Schnittstellen zur Systemumwelt 155
    6.3.4 Beschränkungen beim Systementwurf...............................155
6.4 Entwurfselemente 156
    6.4.1 Datenorganisation 156
    6.4.2 Dateneingabe bzw. Datenerfassung 159

6.4.3 Datenausgabe 163
6.4.4 Benutzerschnittstellen 164
6.4.5 Benutzerführung..168
6.4.6 Datenübertragung..171
6.4.7 Algorithmen und Methoden 174
6.4.8 Arbeitsabläufe und Organisationsstrukturen....................176
6.4.9 Hardware..178
6.4.10 Sicherungssysteme 179
6.5 Auswahl von Standardsoftware 180
6.5.1 Ein Phasenmodell für die Standardsoftwareauswahl 180
6.5.2 Einholung von Angeboten für Standardsoftware 182
6.5.3 Anwendungsbezogene Beurteilungskriterien für
Standardsoftware..182
6.5.4 Allgemeine Beurteilungskriterien für Standardsoftware.....185
6.5.5 Auswahl einer geeigneten Standardsoftware.....................187

7   Realisierungsphase 189
7.1 Aufgaben der Realisierungsphase..189
7.2 Programmierung...190
7.2.1 Aufgaben und Vorgehensweise bei der Programmierung....190
7.2.2 Prinzipien der Programmierung 191
7.2.3 Programmierwerkzeuge 194
7.2.4 Einsatz von Spezialsoftware bei der Systementwicklung 197
7.2.5 Programmiersprachen 198
7.3 Programmtest..202
7.3.1 Aufgaben von Programmtests...202
7.3.2 Teststrategien und Testprinzipien 203
7.3.3 Kategorien von Programmfehlern.......................................205
7.3.4 Testdatenerzeugung..206
7.4 Systemtest...207
7.5 Reorganisationsmaßnahmen...208
7.6 Einführung von Standardsoftware 209
7.6.1 Beschaffung und Installation der Standardsoftware............209
7.6.2 Customizing 211
7.7 Inbetriebnahme...213
7.7.1 Aufgabenbereiche bei der Inbetriebnahme 213
7.7.2 Umstellungsplanung...214
7.7.3 Umstellungsarten..214
7.7.4 Umstellungsmaßnahmen 215

7.8 Konfigurations- oder Versionenverwaltung 218
7.9 Ausblick: Die Nutzungsphase 218
   7.9.1 Abgrenzung zwischen Systementwicklung und System-
       betrieb 218
   7.9.2 Systemwartung und Systempflege 219
   7.9.3 IV-Systeme als Wirtschaftsgut 220
8 Durchführbarkeitsuntersuchungen 221
8.1 Ziele und Aufgaben von Durchführbarkeitsuntersuchungen 221
8.2 Funktionelle Durchführbarkeit 223
8.3 Technische Durchführbarkeit 225
8.4 Organisatorische Durchführbarkeit 227
8.5 Personelle und soziale Durchführbarkeit 228
8.6 Rechtliche und finanzielle Durchführbarkeit 230
8.7 Wirtschaftliche Durchführbarkeit 231
   8.7.1 Zum Problem der Wirtschaftlichkeit von
       IV-Systemen 231
   8.7.2 Gegenstand der Wirtschaftlichkeitsanalyse 232
   8.7.3 Kritische Erfolgsfaktoren und Wirtschaftlichkeit 232
   8.7.4 Wirtschaftlichkeitsrechnung 233
   8.7.5 Nicht monetär quantifizierbare Einflußgrößen der wirt-
       schaftlichen Durchführbarkeit 238
   8.7.6 Nutzwertanalyse 239
   8.7.7 Nutzenanalyse 243
   8.7.8 Ein Vorgehensmodell für die Untersuchung der wirt-
       schaftlichen Durchführbarkeit 246
8.8 Aufwandsschätzung von Softwareentwicklungsprojekten 248
   8.8.1 Aufgabe und Ziele von Aufwandsschätzungen 248
   8.8.2 Ein Vorgehensmodell für die Aufwandsschätzung 250
   8.8.3 Einflußgrößen des Softwareentwicklungsaufwands 251
   8.8.4 Ansätze zur Aufwandsschätzung 256
   8.8.5 Ein Gewichtungsverfahren 261
   8.8.6 Das COCOMO-Modell 263
   8.8.7 Die Function-Point-Methode 264
   8.8.8 Data-Point-Methode 274
   8.8.9 Zusammenfassende Übersicht 274
   8.8.10 Aufwandsschätzung von Systementwicklungsprojekten 275

9   Qualitätsmanagement der Systementwicklung............................**277**
9.1   Bedeutung des Qualitätsmanagements für die Systementwicklung .277
   9.1.1   Zum Begriff Qualitätsmanagement.................................277
   9.1.2   Zur Bedeutung des Qualitätsmanagements für die
        Systementwicklung..279
   9.1.3   Aufgaben des Qualitätsmanagements 281
   9.1.4   Prinzipien des Qualitätsmanagements...........................285
   9.1.5   Qualitätsmanagement bei der Einführung von Standard-
        software...286
9.2   Qualität von IV-Systemen 287
   9.2.1   Qualitätsbegriff..287
   9.2.2   Qualitätsmerkmale 288
   9.2.3   Qualitätssichten..293
9.3   Messung von Qualität...295
   9.3.1   Zur Operationalisierbarkeit von Qualität 295
   9.3.2   Qualitätsmaße...296
9.4   Maßnahmen des Qualitätsmanagements.....................................301
   9.4.1   Begriff und Arten von Qualitätsmaßnahmen 301
   9.4.2   Organisatorische und administrative Maßnahmen..........302
   9.4.3   Aus- und Weiterbildung von Mitarbeitern.....................304
   9.4.4   Konstruktive Qualitätssicherung....................................304
   9.4.5   Analytische Qualitätssicherung......................................306
   9.4.6   Werkzeuge und Hilfsmittel des Qualitätsmanagements.......308
9.5   Aufbau eines Qualitätsmanagementssystems 308
   9.5.1   Grundlegende Begriffe...308
   9.5.2   Organisatorische Einordnung eines Qualitäts-
        managements..309
   9.5.3   Qualitätsmanagement im Vorgehensmodell der System-
        entwicklung..311
   9.5.4   Ein Vorgehensmodell für das Qualitätsmanagement.........312
   9.5.5   Zur Wirtschaftlichkeit eines Qualitätsmanagements.........312
   9.5.6   Realisierung eines Qualitätsmanagements 313

10   Management der Systementwicklung **315**
10.1 Systementwicklung und Informationsmanagement.....................315
10.2 Strategische Aspekte der Systementwicklung............................316
   10.2.1 Strategische Bedeutung von Informationssystemen.........316
   10.2.2 Einfluß der Informatikstrategie auf die System-
        entwicklung..318

10.2.3 Entwicklung einer Informationssystem-Architektur 319
10.2.4 Strategische Planung der Informationsinfrastruktur............320
10.2.5 Strategische Überlegungen zum Outsourcing 321
10.2.6 IV-System-Portfolios 324
10.3 Management der IV-System-Realisierung.............................326
10.3.1 IV-System-Realisierung und Systementwicklung...............326
10.3.2 Möglichkeiten zur Realisierung von IV-Systemen 326
10.3.3 Organisation einer Systementwicklung.......................327
10.4 Projektmanagement der Systementwicklung............................330
10.4.1 Aufgaben, Ziele und Anforderungen 330
10.4.2 Systementwicklungsprojekte..............................332
10.4.3 Vorgehensmodelle des Projektmanagements der Systementwicklung...334
10.4.4 Strukturierung eines Systementwicklungsprojekts..............335
10.4.5 Ablaufplanung...338
10.4.6 Zeit- und Terminplanung 344
10.4.7 Projektsteuerung und -kontrolle...........................347
10.4.8 Projektorganisation 350
10.4.9 Projektinformationssysteme..............................354
10.5 Personalmanagement...355
10.6 Management der Einführung von Standardsoftware 356
10.6.1 Managementaufgaben 356
10.6.2 Organisation der Einführung von Standardsoftware 357

11 Dokumentation..359
11.1 Ziele und Aufgaben der Dokumentation 359
11.1.1 Zum Begriff der Dokumentation...........................359
11.1.2 Gegenstand und Aufgaben der Dokumentation 360
11.1.3 Adressaten von Dokumenten 362
11.1.4 Rechtliche Aspekte der Dokumentation.....................363
11.2 Grundsätze für die Dokumentenerstellung 363
11.2.1 Ein Vorgehensmodell für die Dokumentenerstellung...........363
11.2.2 Anforderungen an Dokumente............................364
11.3 Ausgewählte Dokumente...365
11.3.1 Überblick...365
11.3.2 Wichtige Dokumente der Systementwicklung 366
11.3.3 Dokumente des IV-Systems..............................368
11.3.4 Dokumente des Systembetriebs............................370
11.3.5 Dokumente für spezielle Aufgaben 370

11.4 Organisatorische Aspekte 371
    11.4.1 Erstellung von Dokumenten 371
    11.4.2 Pflege und Verwaltung von Dokumenten 372

Weiterführende und vertiefende Literatur 373

Stichwort- und Abkürzungsverzeichnis 380

1 Grundlagen der Planung und Entwicklung von Informationssystemen

Im ersten Kapitel werden wichtige Grundlagen der Planung, Entwicklung und Einführung von Systemen zur Verarbeitung, Speicherung, Übertragung und Bereitstellung von Informationen behandelt. Solche Systeme werden als Informationsverarbeitungssystem oder Informationssystem, abgekürzt **IV-System** oder **IS**, bezeichnet. Grundlage der Definition von IS bildet der allgemeine Systembegriff. Bei Definition und Abgrenzung der Aufgaben zur Planung, Entwicklung und Einführung von IV-Systemen wird auch auf den sich in der letzten Zeit vollziehenden Wandel in diesem Bereich eingegangen. Schließlich werden Ziele sowie Anforderungen und Prinzipien der Planung, Entwicklung und Einführung von IV-Systemen behandelt.

1.1 Systeme und Informationssysteme

1.1.1 Allgemeiner Systembegriff

Betrachtet man den Aufbau oder die Struktur von Unternehmen, Behörden, Vereinen oder anderen Organisationen[1], dann hat man es mit Elementen (z. B. Personen oder Stellen) und mit Beziehungen zwischen diesen Elementen (z. B. Weitergabe von Vorgängen, Berichten) zu tun. Allgemein lassen sich Organisationen als Systeme beschreiben und analysieren.

> Ein **System** besteht aus einer Menge von **Elementen**, die über **Beziehungen** zusammenwirken oder interagieren, um ein bestimmtes **Ziel** oder einen bestimmten **Zweck** zu erreichen.

In Systemen gibt es zwei Kategorien von **Elementen**:
• **Atomare Elemente** sind nicht weiter zerlegbar.
• **Subsysteme** bestehen selbst wieder aus Elementen und/oder Subsystemen und sind häufig autonome Teilsysteme in einem übergeordneten System.

---

1 Der Begriff „Organisation" wird hier in einem institutionellen Sinne benutzt.

Ein System kommuniziert und interagiert üblicherweise mit seiner **Umwelt**, ist aber von dieser klar abgegrenzt.

Die Elemente kommunizieren bzw. interagieren mit anderen Elementen des Systems über **Schnittstellen**. Über spezielle Schnittstellen erfolgt auch der Kontakt zur Umwelt des Systems.

Abb. 1.1.1 veranschaulicht die genannten Grundbegriffe zu Systemen.

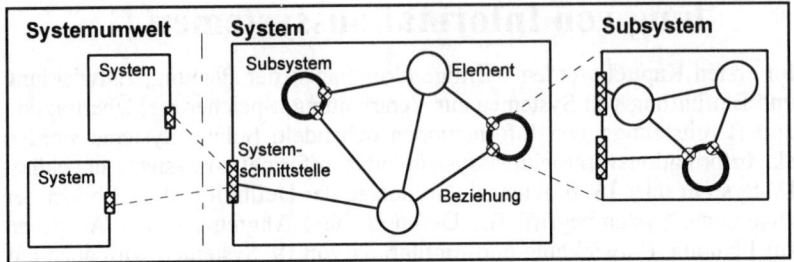

Abb. 1.1.1: Veranschaulichung des Systembegriffs

Der allgemeine Systembegriff läßt sich anwenden auf Lebewesen als biologische Systeme, auf Verkehrssysteme, Versorgungssysteme, Unternehmen, Vereine oder, wie in den nachfolgenden Ausführungen, auf Systeme zur Beschaffung, Verarbeitung, Speicherung, Übertragung und Bereitstellung von Informationen.

Beziehungen und **Interaktionen** zwischen Elementen, Subsystemen und zur Umwelt können **materiell** oder **immateriell** sein.

Durchlaufen in einem Produktionsprozeß Werkstücke nacheinander verschiedene Stellen, dann liegt eine materielle Beziehung vor, verbale Kommunikation zwischen zwei Stellen ist eine immaterielle Beziehung.

Unterschieden werden muß auch zwischen **einseitigen** und **wechselseitigen** Beziehungen.

Die Gesamtheit der Elemente und der Beziehungen eines Systems ergeben die **Systemstruktur**. Schnittstellen kann man als besondere Strukturkomponenten auffassen.

Das Zusammenwirken der Systemelemente zur Erreichung des Systemziels bzw. -zwecks führt zum **Systemverhalten**. Systemverhalten besteht aus Aktionen der Elemente (oder Subsysteme) und aus Interaktionen zwischen Elementen über die Beziehungen.

Systemstruktur und Systemverhalten können keineswegs als statischer und dynamischer Systemaspekt aufgefaßt werden. Im Zeitablauf können sich

Beziehungen zwischen Systemelementen verändern. Auch die Elemente selbst können sich ändern. Elemente können zu Subsystemen aggregiert werden und Subsysteme können disaggregiert werden.

Weiterhin ist zu beachten, daß Systeme und ihre Umwelt nicht immer klar voneinander abgegrenzt sind.

Wird ein Einwohner eines Dorfes Mitglied im örtlichen Sportverein (System), dann wird aus einem Element der Systemumwelt ein Systemelement. Ist ein Bankangestellter zugleich Kunde der Bank, dann gehört er für das System Bank sowohl zum System als auch zu seiner Umwelt.

Die Definition oder Abgrenzung eines konkreten Systems hängt - insbesondere im sozialen und wirtschaftlichen Bereich - vielfach von der jeweiligen Fragestellung ab.

Für die Untersuchung und Gestaltung abteilungsinterner Arbeits- und Kommunikationsprozesse kann eine Abteilung eines Unternehmens als System aufgefaßt werden. Die übrigen Unternehmensbereiche gehören dann zur Systemumwelt. Für Fragestellungen, die das ganze Unternehmen betreffen, bilden **alle** Abteilungen das System. Die Unternehmung wird zum Systemelement (Subsystem), wenn im Rahmen einer volkswirtschaftlichen Fragestellung ein Wirtschaftszweig oder die Wirtschaft einer Region als System betrachtet wird.

In der Realität gibt es sehr vielfältige Erscheinungsformen von Systemen, die auf unterschiedliche Art klassifiziert bzw. differenziert werden können:

• Nach Art der Systemelemente in **abstrakte Systeme** (z. B. Sprache, Computerprogramm, mathematischer Zusammenhang) und **konkrete** oder **reale Systeme** (z. B. soziales System, technisches System).

• Nach der Entstehung in **natürliche** und **künstliche Systeme.**

• Nach Art der Beziehungen in **einfache** und **komplexe Systeme.**

• Nach Art der Beziehungen zur Umwelt in **geschlossene Systeme,** die gegenüber der Umwelt abgekapselt sind und Beziehungen nur zu ganz bestimmten, vorher definierten anderen Systemen haben, und **offene Systeme,** die einen beliebigen Zugang zur Umwelt zulassen.

• Nach dem Verhalten im Zeitablauf in **statische** und **dynamische Systeme.**

• Nach Art der Steuerung in **aktive Systeme** mit eigenem Antrieb, der das Systemverhalten steuert, und **passive Systeme** ohne eigenen Antrieb, die nur auf Anstöße aus der Umwelt reagieren[2].

• Nach dem Verhalten des Systems in seiner Umwelt in **starre Systeme,** die sich auch bei verändernder Umwelt selbst nicht ändern, und **adaptive** oder **lernende Systeme,** die sich an Umweltveränderungen anpassen.

---

2 Die meisten Computerprogramme sind passive Systeme.

- Nach der Art der Steuerbarkeit in **kontrollierbare** und **unkontrollierbare Systeme**[3].
- Nach der Möglichkeit zur Vorhersage des Systemverhaltens in **deterministische Systeme**, deren Verhalten eindeutig vorhergesagt werden kann, und **stochastische Systeme**, deren Verhalten nur mit bestimmten Wahrscheinlichkeiten vorhersagbar ist.

Bei den im nächsten Abschnitt erläuterten IV-Systemen ist zu beachten, daß eine einfache Kategorisierung nicht möglich ist, da sie beispielsweise sowohl abstrakt sind (z. B. die eigentlichen Programme) als auch konkret (z. B. in Form der Hardware, oder in Form eines Computerarbeitsplatzes).

1.1.2 Informationssysteme (IV-Systeme)

Informationssysteme sind eine spezielle Klasse von Systemen.

> Ein System, dessen Zweck die Beschaffung, Verarbeitung, Speicherung, Übertragung und Bereitstellung von Informationen ist, ist ein **Informationssystem (IV-System oder kurz IS)**. Die genannten Zwecke können im konkreten Fall unterschiedlich stark ausgeprägt sein.

Ein betriebliches IV-System ist Subsystem des Systems „Betrieb" oder „Unternehmung". Entsprechend ist ein IV-System in einer Behörde, einem Verband usw. ein Subsystem des Systems „Behörde", „Verband" usw.

Bei ganzheitlicher Betrachtung kann man davon ausgehen, daß ein unternehmensweites, globales IV-System[4] das Gesamtsystem „Unternehmung" überlagert oder durchdringt und die verschiedenen Subsysteme (Unternehmensbereiche, Abteilungen usw.) kommunikativ verknüpft. In Abb. 1.1.2 (Seite 19) ist dieser Zusammenhang vereinfacht dargestellt.

Durch die Bereiche „Beschaffung", „Produktion" und „Absatz" fließt ein Güterstrom vom Beschaffungsmarkt zum Absatzmarkt. In Gegenrichtung läuft durch das Rechnungswesen (im weiteren Sinne) ein entsprechender Wertestrom. Mit dem Güterfluß ist ebenso wie mit dem Wertefluß unmittelbar ein Informationsfluß verknüpft. Jede Güterbewegung wird über Daten bzw. Informationen gesteuert. Ebenso werden Informationen über die Wertebewegungen festgehalten bzw. weitergeleitet.

Tatsächlich geht das alle Bereiche durchdringende globale IV-System weit über die in Abb. 1.1.2 skizzierte Grundstruktur hinaus. Informationen fließen zwischen allen Stellen und allen Abteilungen. Dabei spielen insbesondere Steuerungsinformationen eine wichtige Rolle.

---

3 Durch Menschen steuerbare Computerprogramme sind kontrollierbare Systeme.

4 Es könnte als globales, informationstechnisches Subsystem bezeichnet werden.

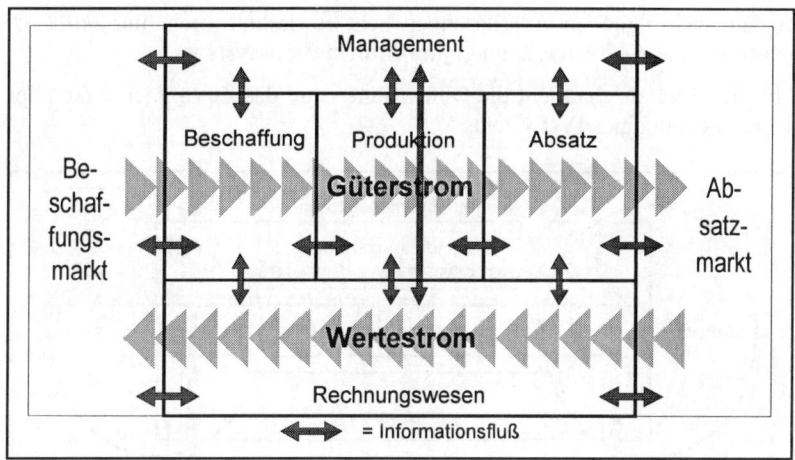

Abb. 1.1.2: Unternehmensweites Informationssystem

Das globale IV-System einer Unternehmung besteht aus einer Vielzahl miteinander verknüpfter Teilsysteme, von denen hier nur solche von Interesse sind, die Informations- und Kommunikationstechniken verwenden, wie z. B. computerunterstützte Systeme zur Auftragsabwicklung, zur Lagerverwaltung oder zur Lohn- und Gehaltsabrechnung.

Ein **IV-System** besteht aus folgenden **Komponenten**:
- Hardware und Systemsoftware,
- Anwendungssoftware,
- organisatorische Konzepte und Regelungen, die sogenannte Orgware,
- Menschen, die an bzw. mit dem System arbeiten, die sogenannte Manware,
- Management für die Steuerung und Kontrolle des Systembetriebs (Informationsmanagement) und
- Daten.

IV-Systeme beziehen sich nach dieser Definition immer auf einen bestimmten Anwendungszweck bzw. Aufgabenbereich und sind mehr als **Programme**. Sie umfassen auch
- ein organisatorisches Konzept,
- die Integration des Menschen in das System, z. B. über optimale Benutzerschnittstellen,
- ein Systemmanagement.

In den nachfolgenden Ausführungen geht es deshalb nicht nur um **Programme** bzw. **Software**, sondern um **Informationssysteme**. Abb. 1.1.3 veranschaulicht die Dimensionen und das Zusammenwirken der Komponenten eines IV-Systems.

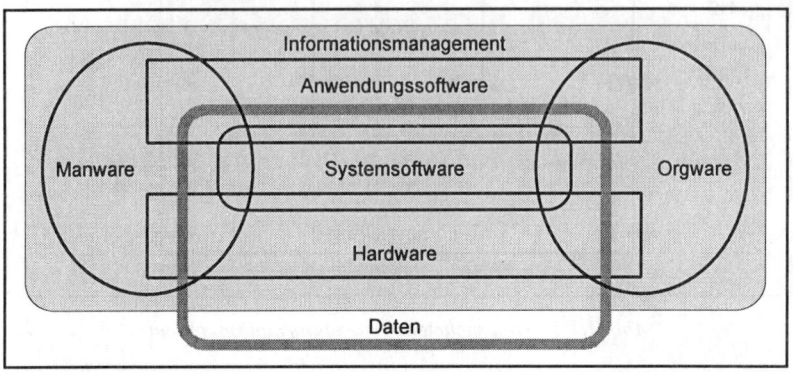

Abb. 1.1.3: Komponenten eines computerunterstützten Informationssystems

Grundsätzlich bezieht sich Systementwicklung auf alle Komponenten eines IV-Systems. In den folgenden Überlegungen wird aber auf einige Bereiche nur kurz eingegangen, da Details in dem gesteckten Rahmen zu weit führen würden. Das betrifft Hardware und Systemsoftware, die man gemeinsam häufig als sogenanntes **Basissystem** oder als **Basismaschine** bezeichnet. Ebenso wird auf Details der Datenorganisation und der Datenmodellierung nicht eingegangen, da eine ausführliche Behandlung dieses Bereichs eine eigene Monographie erfordert.

1.1.3 Aufbau von Informationssystemen

Der Grundaufbau eines IV-Systems wurde im vorhergehenden Abschnitt beschrieben (vgl. insbesondere Abb. 1.1.3). Nachfolgend werden einige andere Sichtweisen für den Aufbau von IV-Systemen dargestellt.

IV-Systeme übernehmen die Grundfunktionen Eingabe, Speicherung, Verarbeitung und Ausgabe von Daten bzw. Informationen. Diese Grundfunktionen werden ergänzt durch Datenübertragung sowie Datensicherung und Datenschutz. Abb. 1.1.4 (Seite 21) veranschaulicht den sich an diesen Grundfunktionen und dem Datenfluß orientierte Aufbau eines IV-Systems[5].

---

5 Vgl. dazu HOFFMANN [1984, S. 18].

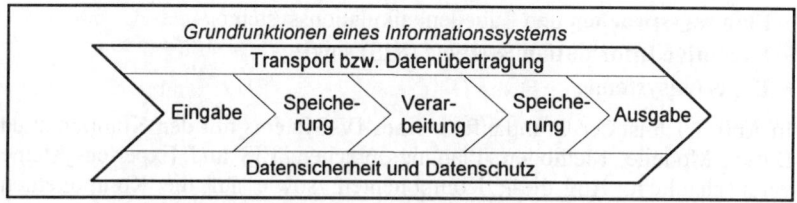

Abb. 1.1.4: Grundfunktionen eines IV-Systems orientiert am Datenfluß

Nach SCHEER [1990, S. 7 ff.] besteht ein IV-System aus
- **Datenbasis**, mit allen zentral und dezentral gespeicherten Daten;
- **Funktionen**, zu denen Anwendungssoftware, Methoden und Modelle, Abfragesprachen und Auswertungssysteme sowie wissensorientierte Dialogsysteme der künstlichen Intelligenz gehören;
- **Ablaufsteuerung**, welche die Verarbeitung und Aufgabenabwicklung regelt, und die folgende Teilbereiche umfaßt
  - **zeitliche Steuerung** für Ablauffolgen usw.,
  - **örtliche Steuerung**, die sich insbesondere auf Konzepte verteilter Datenbanken und verteilter Informationsverarbeitung bezieht, und
  - **logische Steuerung** für die korrekte Durchführung der Verarbeitungsprozeduren.

Abb. 1.1.5 veranschaulicht diesen Grundaufbau eines IV-Systems.

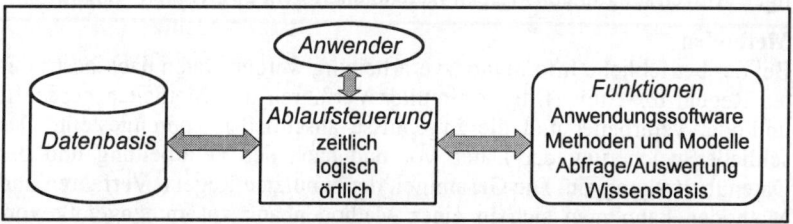

Abb. 1.1.5: Grundaufbau eines IV-Systems[6]

MERTENS/GRIESE [1993, S. 10ff.] rechnen zu den Bestandteilen von Planungs- und Kontrollsystemen als spezieller Kategorie von IV-Systemen
- **Datenbank** zur Speicherung der Daten und ihrer logischen Strukturen,
- **Methodenbank** mit den verschiedenen Programmen für betriebswirtschaftliche Anwendungsprobleme,
- **Modellbank** mit konkreten Strukturen betriebswirtschaftlicher Modelle,

---

6   In Anlehnung an SCHEER [1990, S. 8].

- **Planungssprachen** und Tabellenkalkulationssysteme,
- **Executive Information Systems (EIS)** sowie
- **Expertensysteme.**

In Abb. 1.1.6 ist der Grundaufbau eines IV-Systems mit den Komponenten Daten, Modelle, Methoden, Planungssprachen, EIS und Expertensysteme veranschaulicht. Auf diese Komponenten, sowie auf die Komponenten Manware, Orgware und Informationsmanagement wird in den folgenden Ausführungen kurz eingegangen.

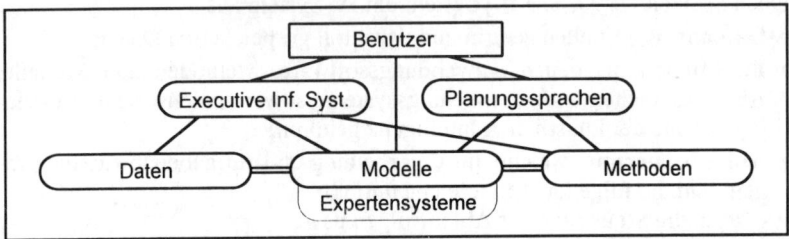

Abb. 1.1.6: Grundaufbau einer Anwendungssoftware

Daten
Bei allen IV-Systemen, insbesondere bei Informations- und Planungssystemen, ist es heute selbstverständlich, daß die Daten in einem von der jeweiligen Anwendung unabhängigen Datenbanksystem gespeichert werden.

Methoden
Bei der betriebliche Informationsverarbeitung werden Daten nach bestimmten Regeln bzw. mit Hilfe bestimmter Verfahren und Methoden beschafft und/oder verarbeitet und die Ergebnisse anschließend bereitgestellt. Das schließt Speicherung der Daten vor und nach der Verarbeitung und der Datenübertragung ein. Die Gesamtheit der benutzten Regeln, Verfahren und Methoden kann man sich in einer Methodenbank zusammengefaßt vorstellen. Eine solche Methodenbank umfaßt auch Bausteine für die Steuerung des Programmablaufs, Hinweise zur Benutzung der Methoden und Sicherungsbestandteile.
Methoden müssen in IV-Systemen immer in eine geeignete Umgebung eingebettet werden. Dabei spielt insbesondere die Anwenderunterstützung eine Rolle, die auf unterschiedliche Art erfolgen kann[7]:
- **Methodendokumentation**, die einen Zugang zu den einzelnen Verfahren und Methoden über alphabetische Verzeichnisse ermöglicht und ausrei-

---

7 Vgl. dazu MERTENS/GRIESE [1993, S. 24f.].

chend **Hilfefunktionen bietet, um** bei Bedarf dem Benutzer entsprechende Erläuterungen zu den Methoden zu liefern.

*   **Selektives Angebot und Auswahl von Methoden,** um den Benutzer bei der Entscheidung für eine „richtige" Methode zu unterstützen. Über eine dialoggesteuerte Eingabe charakteristischer Eigenschaften des zu behandelnden Problems wird im Idealfall dem Benutzer die am besten geeignete Methode vorgeschlagen. Solche Konzepte können bis hin zu automatischer Methodenwahl führen.

*   **Hinweise auf Gefahren bei der Benutzung einer bestimmten Methode,** wenn durch das Anwendungssystem festgestellt wird, daß Voraussetzungen der Anwendung nicht erfüllt sind[8].

*   **Bereitstellung der für die Anwendung einer Methode erforderlichen Parameter und Daten,** wobei insbesondere an Startwerte zu denken ist, wie z. B. beim exponentiellen Glätten[9].

*   Möglichkeit zur **Verknüpfung von ausgewählten Methoden zu größeren Anwendungsmodellen.**

Modelle
In manchen betriebswirtschaftlichen Anwendungsbereichen werden einzelne Methoden und Verfahren zu größeren Modellen verknüpft. Das ist z. B. bei bestimmten Formen der Produktionsplanung und -steuerung der Fall, wenn Arbeitskräfteeinsatz, Maschinenbelegung, Durchlaufterminierungen, Losgrößen und usw. simultan zu planen sind. Neben einer Methodenbank kann man deshalb für Anwendungssysteme zusätzlich eine Modellbank definieren. Dabei ist allerdings zu beachten, daß die Trennung zwischen Modellen und Methoden nicht scharf gezogen werden kann. Beispielsweise kann die Planung eines optimalen Produktionsprogramms mit einem Ansatz der Linearen Optimierung sowohl als Anwendung einer Methode als auch eines Modells angesehen werden.

Planungshilfen
Planungshilfen bzw. Planungssprachen sind Komponenten von Anwendungssystemen, die an der Grenze zwischen höherer Programmiersprache und Benutzerprogramm anzusiedeln sind. Planungssprachen wurden entwickelt, weil bei vielen betrieblichen Anwendungen Methoden benötigt werden, die bei der Konzeption solcher Systeme nicht immer vorauszuse-

---

8   So sollte beispielsweise exponentielles Glätten erster Ordnung nicht auf Zeitreihen mit Trend und saisonaler Schwankung angewendet werden.

9   Beim exponentiellen Glätten muß zu Beginn ein Startwert und der Glättungsparameter festgelegt werden. Dafür können spezielle Algorithmen implementiert werden, die bei einer gegebenen Zeitreihe optimale Startwerte und Glättungsparameter ermitteln.

hen sind. Planungssprachen bieten dem Benutzer die Möglichkeit, aus einem großen Vorrat grundlegender Verfahren, Methoden und Algorithmen Planungs- und Entscheidungsmodelle selbst ad hoc zu entwerfen und anzuwenden. Dazu stellen Planungssprachen eine nichtprozedurale Formulierungstechnik bereit, so daß der Benutzer in Anlehnung an umgangssprachliche Formulierungen seine Probleme dem System mitteilen kann. Diese Problemformulierung mit Hilfe einer Planungssprache geschieht interaktiv. Das Basisangebot an Methoden erstreckt sich dabei üblicherweise auf verschiedene Bereiche, z. B. statistische Funktionen, finanzmathematische Formeln, Ansätze aus dem Operations Research und dergleichen. Typisches Beispiel sind Tabellenkalkulationssysteme, die die Erarbeitung individueller Problemlösungsansätze erlauben.

Executive Information Systems (EIS)
EIS, die auch als Management- oder Führungsinformationssysteme bezeichnet werden, sollen vor allem das mittlere und obere Management mit allen führungs- und erfolgsrelevanten internen und externen Informationen versorgen. Während **Entscheidungsunterstützungssysteme (EUS**[10]**)** der Vorbereitung von Entscheidungen dienen, werden EIS für die Initiierung und Überwachung von Entscheidungen eingesetzt.

Expertensysteme
Expertensysteme[11] werden zunehmend im Bereich der Dispositions- und der Planungssysteme verwendet. Sie können in einem begrenzten Anwendungsbereich die Fähigkeiten menschlicher Experten nachbilden. Dazu wird das für Experten charakteristische Wissen in einer gesonderten Wissensbasis zusammengefaßt. Durch Anwendung von Regeln werden dann auf der Grundlage des vorhandenen Wissens Entscheidungen vorbereitet bzw. getroffen.

Manware
Zu einem IV-System, wie es in Abb. 1.1.3 schematisch dargestellt ist, gehören auch Menschen. Da Führungsaufgaben unter Informationsmanagement (s. u.) zusammengefaßt werden, können hier vor allem drei Personengruppen unterschieden werden:
• **Systementwickler**, d.h. die Mitarbeiter oder Externen, die IV-Systeme entwerfen und realisieren;
• **Systembetreuer**, die in der Nutzungsphase für den Betrieb und die Betreuung eines IV-Systems verantwortlich sind, es warten und aktualisieren und gegebenenfalls Fehler beseitigen;

---

10 Meistens als DSS (**Decision Support System**) bezeichnet.
11 Inzwischen ist neben Expertensystemen auch der Einsatz von künstlichen Neuronalen Netzen von zunehmender Bedeutung.

• **Systemnutzer**, die ein IV-System für die Bewältigung der ihnen gestellten Aufgaben einsetzen.

Orgware
Zu einem IV-System gehören nicht nur Daten, Modelle, Methoden usw., sondern immer auch ein organisatorisches Konzept (vgl. Abb. 1.1.3). Das betrifft sowohl den internen Aufbau des Systems als auch seine Einbindung in das Umfeld mit Schnittstellen zu den Systemnutzern, zu anderen IV-Systemen und anderen Unternehmens-Subsystemen, z. B. Maschinensteuerung oder PPS-Systemen[12]. Planung, Entwurf und Realisierung eines IV-Systems müssen deshalb auch immer das organisatorische Umfeld bzw. den organisatorischen Rahmen mit einbeziehen.

Informationsmanagement
Für Planung, Entwurf, Realisierung und Betrieb von IV-Systemen sind Führungskräfte verantwortlich, die mit ihren Qualifikationen die Leistungsfähigkeit eines IV-Systems mitbestimmen. Das Informationsmanagement bzw. sein Qualifikationsprofil ist deshalb ebenfalls Komponente eines IV-Systems. Dabei können verschiedene Sichtweisen unterschieden werden:
• Institutionelles Informationsmanagement bezeichnet die organisatorische Verselbständigung von zentralen Aufgaben der Beschaffung, Verarbeitung, Speicherung, Übertragung und Bereitstellung von Informationen, also eine entsprechende Abteilung.
• Funktionelles Informationsmanagement ist eine allgemeine Führungsaufgabe, da Führen mit und durch Information geschieht.
• Schließlich kann sich Informationsmanagement auch auf die Managementaufgaben bei Entwicklung und Betrieb eines bestimmten IV-Systems beziehen.

1.1.4   Integrierte Informationssysteme

In jüngster Zeit sind IV-Systeme durch zunehmende Integration möglichst vieler Unternehmensbereiche charakterisiert. Gleichzeitig finden sich immer mehr Ansätze zu überbetrieblicher Integration. Diese Entwicklung zu integrierten Systemen ist durch die nachfolgend beschriebenen Entwicklungsstufen gekennzeichnet:
• Die „**klassische**" EDV ist durch Spezialprogramme für relativ eng begrenzte betriebliche Aufgaben (z. B. Anlagenbuchhaltung, Betriebsabrechnung, Investitionsplanung) charakterisiert, wobei die benötigten Daten in „programmeigenen" Dateien gespeichert und verwaltet werden.

---

12 Produktions Planungs- und Steuerungs-System

Diese „programmorientierte" Datenverarbeitung ist heute noch bei PCs üblich. Eine erste Form der Integration liegt vor, wenn die Daten rechnerintern von einem Programm zum anderen über Zwischenspeicher weitergegeben werden.

- Erste Formen echter - wenn auch schwacher - Integration entstanden mit der **datenbankorientierten Verarbeitung**, bei der die verschiedenen Anwendungsprogramme auf eine „gemeinsame" zentrale Datenbank zugreifen. Vorteile der datenbezogenen Integration sind: Wegfall von Mehrfacherfassung der Daten, redundanzarme Speicherung der Daten, kürzere Verarbeitungszeiten.

- Einfache **Funktionsintegration** liegt vor, wenn Datenerfassung und Bearbeitung an einem Arbeitsplatz zusammengefaßt werden. Auf höherer Stufe versteht man darunter die Zusammenfassung mehrerer Arbeitsschritte an einem Arbeitsplatz, die in konventionellen IV-Systemen zur Ausnutzung von Spezialisierungsvorteilen getrennt waren[13].

- **Anwendungssoftware-Familien** bestehen aus unabhängigen Einzelprogrammen für bestimmte Funktionen (z. B. im Vertrieb für Auftragsbearbeitung, Versand, Transportplanung oder in der Produktion für Maschinenbelegung, Materialbereitstellung usw.), die so aufeinander abgestimmt sind, daß sie eine gemeinsame Datenbasis benutzen und rechnerintern miteinander kommunizieren können.

- **Integrierte Anwendungssysteme** sind bereichsübergreifende IV-Systeme, die mehrere Funktions- bzw. Aufgabenbereiche eines Unternehmens überdecken und bei denen der Datentransfer zwischen den einzelnen Teilsystemen systemintern automatisch erfolgt. Dabei hat man sich zunächst auf die kaufmännischen Funktionsbereiche beschränkt und erst später kaufmännische und technische Bereiche verknüpft, wie z. B. bei CIM[14]-Konzepten.

- Überschreitet man bei dieser Integration die Unternehmensgrenzen, dann entstehen **zwischenbetriebliche IV-Systeme (ZIS)**[15]. Typische Beispiele

---

13 Die Bearbeitung von Aufträgen ist z. B. in der konventionellen Datenverarbeitung auf viele Arbeitsplätze verteilt: Auftragsplanung, Arbeitsvorbereitung, Terminverfolgung, Nachkalkulation, Rechnungsschreibung, Debitorenbuchhaltung, Versand usw. Integrierte IV-Systeme erlauben die Zusammenfassung dieser Teilaufgaben an einem Arbeitsplatz. Der Sachbearbeiter übernimmt den kaufmännischen Teil einer Auftragsbearbeitung komplett im Computerdialog.

14 CIM (Computer Integrated Manufacturing) kennzeichnet insbesondere die Integration von betriebswirtschaftlichen und technischen IV-Systeme im Produktionsbereich von Industriebetrieben (vgl. auch SCHEER [1990a]).

15 Man spricht auch von überbetrieblicher oder externer Integration.

dafür sind integrierte Kunden-Lieferanten-Systeme, die z. B. den Bereich Materialwirtschaft eines Betriebes direkt mit dem Bereich Vertrieb/Vertriebslager/Auslieferung eines Lieferanten verknüpfen[16]. Die Beschaffung von Material wird dann über die verbundenen IV-Systeme der beiden Betriebe direkt, ohne menschliches Eingreifen veranlaßt. Solche Systeme gibt es inzwischen in unterschiedlicher Integrationstiefe und Verknüpfungsintensität. Dabei werden nicht mehr wie bei frühen Formen integrierter Systeme physische Datenträger ausgetauscht, sondern die Daten werden über Datenübertragungsleitungen von einem Unternehmen in ein anderes Unternehmen (auch Kreditinstitute) übermittelt. In diesem Zusammenhang spricht man heute von EDI (Electronic Data Interchange). Im Extremfall gehen die Kunden-Lieferanten-Systeme heute soweit, daß die Produktionssteuerungen der beteiligten Unternehmen im Rahmen eines integrierten Systems unmittelbar verknüpft werden.

Die wichtigsten Integrationsstufen veranschaulicht Abb. 1.1.7.

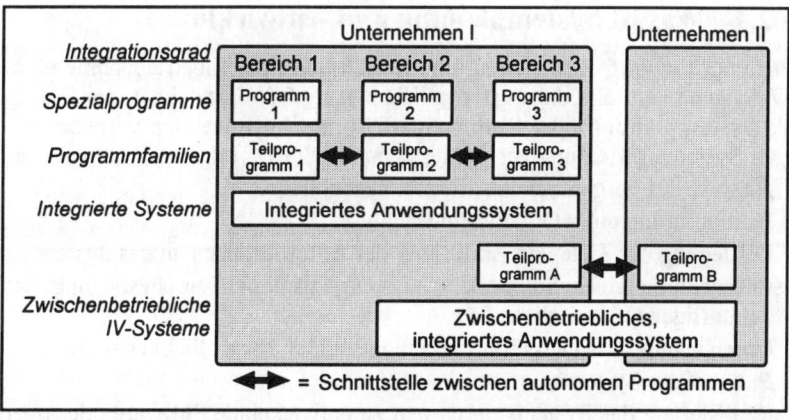

Abb. 1.1.7: Integrationsstufen von IV-Systemen

Typische Eigenschaften integrierter IV-Systeme sind:
* Integrierte IV-Systeme stellen besondere Anforderungen an Hardware, z. B. Leistungsfähigkeit, Vernetzung usw.[17]
* In integrierten IV-Systemen müssen auch seltene Vorgänge berücksichtigt werden. Bei isolierten Programmen kann man darauf wegen der Sel-

---

16 Derartige Konzepte werden meistens als „Just-in-Time"-Konzepte bezeichnet.

17 Diese Anforderungen stehen heute häufig in Zusammenhang mit „Downsizing" und „Rightsizing".

tenheit aus Wirtschaftlichkeitsgründen verzichten. Ein besonderes Problem seltener Vorgänge kann sich bei Standardsoftware ergeben, wenn diese darauf nicht eingestellt ist.

• Programmtests und Programmänderungen sind wegen der vielen Wechselwirkungen besonders aufwendig.

• Entwicklung und Betrieb integrierter IV-Systeme sind sehr aufwendig, Nutzeffekte machen sich häufig erst nach vielen Jahren bemerkbar.

Die skizzierten Eigenschaften integrierter IV-Systeme machen deutlich, daß an deren Entwicklung besonders hohe Anforderungen gestellt werden. Dazu stehen zahlreiche Methoden, Techniken und Werkzeuge zur Verfügung.

1.2 Aufgaben der Planung und Entwicklung von IV-Systemen

1.2.1 Was ist Systemplanung und -entwicklung?

Planung, Entwurf, Realisierung und Einführung bzw. Inbetriebnahme eines IV-Systems und alle dazu erforderlichen Aufgaben bezeichnet man häufig als **Systemplanung** oder **Systementwicklung**. Im folgenden wird der Begriff Systementwicklung verwendet. Sie umfaßt u. a. folgende Maßnahmen:

• Analyse des vorgesehenen Anwendungsbereichs,

• Durchführung einer Organisationsanalyse,

• Festlegung der Ziele und Ermittlung der Anforderungen an das System,

• Entwicklung eines Sollmodells der Organisation bzw. Festlegung der zukünftigen Organisation,

• Untersuchung der Durchführbarkeit einschl. Wirtschaftlichkeitsanalyse,

• Entwurf des Systems,

• Realisierung des Systems durch neu zu entwickelnde Software oder über am Markt beschaffbare Standardsoftware,

• Abstimmung der Aufbau- und Ablauforganisation auf das einzuführende IV-System,

• Installation und Einstellung des Systems,

• Mitarbeiterschulung,

• Inbetriebnahme des Systems und Ablösung von Altsystemen,

sowie diese Aufgaben begleitend Qualitätssicherung, Dokumentation und Management der Systementwicklung.

Systementwicklung ist ein vielschichtiges Aufgabenfeld, das nicht nur die Informatik bzw. Wirtschaftsinformatik betrifft, sondern auch verschiedene betriebswirtschaftliche Bereiche (insbesondere Organisation), Arbeitswissenschaften, Rechtswissenschaften (wegen des Erfordernisses der Berücksichtigung rechtlicher Vorschriften), Psychologie, Soziologie und andere Gebiete. Berücksichtigt man zusätzlich, daß Systementwicklung heute üblicherweise unter Verwendung von Hilfsmitteln und Werkzeugen geschieht, so kann man Systementwicklung wie folgt definieren:

> Die bei Planung, Entwurf, Realisierung, Einführung und Inbetriebnahme eines IV-Systems unter Einsatz entsprechender Hilfsmittel, Werkzeuge, Techniken und Methoden zu bewältigenden Aufgaben aus Informatik, Wirtschaftsinformatik, Technik, Betriebswirtschaftslehre, Arbeitswissenschaften, Recht, Psychologie und Soziologie werden als **Systementwicklung** bezeichnet.

Für eine wirtschaftliche Systementwicklung ist zu berücksichtigen, daß

- bisher manuell durchgeführte Informationsverarbeitungsprozesse nicht ohne Verbesserungen im Ablauf, in der Art der Aufgabenbearbeitung usw. in computerunterstützte Verfahren umgesetzt werden sollten,
- Anwendungsprogramme immer eingebettet sind in ein organisatorisches Umfeld mit Menschen sowie Aufbau- und Ablaufstrukturen,
- Systementwicklung neben breitem Fachwissen auch ein hohes Maß an analytischen und kreativen Fähigkeiten erfordert.

Wegen der Vielschichtigkeit von Systementwicklung können nachfolgend nicht immer alle Details und Probleme ausführlich behandelt werden. Es wird dazu auf die ergänzende und vertiefende Literatur hingewiesen.

1.2.2 Zu Systemplanung und -entwicklung verwandte Begriffe

Es wurde bereits erwähnt, daß ein Informationsverarbeitungs*system* (IV-System) mehr ist als Informationsverarbeitungs*software*. Mit Software ist in der Regel ein bestimmtes Programm oder mehrere in einem Paket miteinander verknüpfte Programme gemeint. Zu einem IV-System gehört immer eine Anwendungssoftware, aber auch Orgware und Manware (vgl. Abb. 1.1.3). Ein wirtschaftliches IV-System kann nicht allein über eine reine Anwendungssoftware erreicht werden, sondern es ist dazu immer auch eine Reihe weiterer Überlegungen erforderlich. Deshalb gilt:

> **Systementwicklung ist mehr als Softwareentwicklung.** Das betrifft nicht nur die Aufgabenbereiche, sondern auch die bei einer Entwicklung benutzten Ansätze, Methoden und Techniken.

In den letzten Jahren ist Systementwicklung zunehmend als Aufgabe verstanden worden, die der ingenieurmäßigen Entwicklung technischer Systeme vergleichbar ist. Die Anwendung ingenieurmäßiger Grundsätze auf die Entwicklung, Einführung und Wartung von IV-Systemen bezeichnet man heute als Software Engineering.

Allgemein beschreibt **Software Engineering** die Gesamtheit aller methodisch fundierten Ansätze, um ein Anwendungssystem
- entsprechend den „wahren" Anforderungen zukünftiger Anwender,
- mit möglichst genau definierbarem Ressourcenaufwand,
- in der höchstmöglichen Qualität,
- wirtschaftlich und
- nach ingenieurmäßigen Grundsätzen

zu realisieren.

Im Software-Engineering bedient man sich einer Reihe spezieller Methoden, Techniken und Werkzeuge, wie z. B. Phasenmodell, Prototyping, Projektmanagement für Systementwicklungsprojekte, Systemwartung und -weiterentwicklung, Qualitätssicherung, Verwendung von Methoden und Werkzeugen für die computerunterstützte Systementwicklung, die man heute als CASE (Computer Aided Software Engineering[18]) bezeichnet.

Neuerdings wird im Zusammenhang mit Planung und Entwicklung von IV-Systemen auch der Begriff **Information Engineering**[19] benutzt. Es ist ein Ansatz mit den Schwerpunkten
- strategische Informationsplanung,
- übergeordnete Betrachtung der unternehmensbezogenen, sachlogischen Zusammenhänge durch ein Erklärungsmodell,
- systematisches Vorgehen nach dem Outside-In-Ansatz (s.u.),
- objektorientierter Entwurf und
- Einbettung in das Informationsmanagement.

Damit ist Information Engineering ein Ansatz, der über die Systementwicklung und über Software Engineering hinausgeht.

Der Begriff **Requirements Engineering** bezieht sich nur auf einen Teilaspekt der Planung und Entwicklung von IV-Systemen: die detaillierte Formulierung und Spezifizierung der Systemanforderungen. Dafür stehen inzwischen eine Reihe von methodischen Ansätzen zur Verfügung[20].

---

18 Manchmal auch als Computer Aided *System* Engineering bezeichnet.

19 Vgl. hierzu z. B. die Monographie von CURTH/WYSS [1988].

20 Zu einer Monographie zum Requirements Engineering vgl. PARTSCH [1991].

Schließlich ist noch auf zwei weitere Begriffe hinzuweisen: Software Reverse Engineering und Software Reengineering. Es handelt sich hier allerdings um Ansätze, die weniger die eigentliche Systementwicklung, als eine spätere Phase des System-Lebenszyklus betreffen.

Reverse-Engineering bezieht sich auf die Untersuchung eines existierenden Systems, um die Strukturen, d. h. Komponenten und deren Beziehungen zueinander, zu identifizieren. Es geht also um eine **nachträgliche** Beschreibung und Dokumentation des Systems, die vor allem durchgeführt wird, um Wartungsarbeiten zu unterstützen. Reverse-Engineering wird nötig, wenn die ursprüngliche Systementwicklung nicht ausreichend systematisch erfolgt ist und insbesondere bei fehlender Dokumentation der Entwicklung und des Systems.

Reengineering versucht ebenfalls, die Strukturen eines Systems zu identifizieren, aber mit dem Ziel, das System konstruktiv zu verändern. Reengineering wird vor allem dann notwendig, wenn ein System in seiner Nutzungsphase verändert oder weiterentwickelt werden soll und diese nutzungsbegleitende Systemweiterentwicklung nicht von den ursprünglichen Systementwicklern betrieben wird.

Zu beachten ist, daß der Begriff der **Systemanalyse** häufig als Synonym für Systementwicklung benutzt wird. In dieser Arbeit wird Systemanalyse als *eine* Phase der Systementwicklung aufgefaßt (siehe auch Kapitel 5).

1.2.3   Systemplanung und -entwicklung als evolutionärer Prozeß

Wegen der Vielschichtigkeit der Aufgaben und Probleme handelt es sich bei Planung und Entwicklung von IV-Systemen **nicht** um einen von vornherein klar definierten und abgegrenzten Aufgabenbereich. Es ist ein Prozeß mit schrittweiser Detaillierung und Präzisierung von Aufgaben und Anforderungen, mit Anpassungen und Modifikationen und mit den typischen Eigenschaften eines Lernprozesses. Damit wird Systemplanung und -entwicklung zu einem evolutionären Prozeß, der üblicherweise nicht mit der Inbetriebnahme des IV-Systems endet sondern sich über die gesamte Systemlebensdauer erstreckt. Hier stehen die Aufgaben bis zur Inbetriebnahme im Vordergrund. Modifikationen und Weiterentwicklungen während der Nutzung werden nicht betrachtet. Viele der nachfolgenden Überlegungen können darauf aber ebenfalls angewendet werden.

Der evolutionäre Charakter von Systementwicklung wird auch dadurch deutlich, daß heute die Kosten der eigentlichen Systementwicklung nur einen Teil der Gesamtkosten des Systems ausmachen. Pflege, Wartung, Anpassung an geänderte Nutzungsanforderungen und Fehlerbehebung während der Nutzung verursachen einen hohen Anteil der gesamten Systemkosten. Darüber hinaus ist zu beachten, daß die Hardware oft nur einen relativ geringen Anteil an den Gesamtkosten verursacht. Abb. 1.2.1 verdeutlicht tendenziell die Entwicklung der Relation der Kosten für Hardware, Systementwicklung (bis zum Beginn der Systemnutzung) und Systemwartung (während der Systemnutzung; einschl. Fehlerbeseitigung, Aktualisierung, Weiterentwicklung) zueinander.

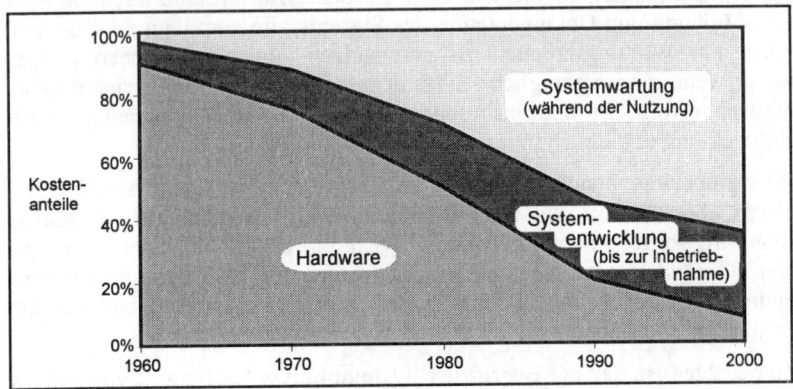

Abb. 1.2.1: Entwicklung der Kostenanteile für IV-Systeme

1.2.4 Aufgabenwandel der Systemplanung und -entwicklung

Die Aufgabenbereiche und Schwerpunkte bei der Planung, Entwicklung und Einführung von Informationssystemen haben sich im Laufe der letzten Jahrzehnte verändert. Diese „historische" Entwicklung läßt sich zusammenfassend wie folgt charakterisieren:

• Die „klassischen" IV-Systeme der 60er und 70er Jahre liefen auf Großrechnern in Rechenzentren in einem „geschlossenen" Betrieb und deckten jeweils einen eng begrenzten Aufgabenbereich ab. Die Entwicklung solcher IV-Systeme bestand im wesentlichen aus Programmentwurf, Codierung und Test, also „Programm"entwicklung.

Schwerpunkt der Programme lag in den Methoden und Algorithmen, weniger in Dateneingabe und -ausgabe und Datenspeicherung.

• Mit zunehmender Leistungsfähigkeit der Hardware bezüglich Verarbeitungsgeschwindigkeit und Speicherfähigkeit wurde der Funktionsumfang der Programme bzw. IV-Systeme umfangreicher. Neben Methoden und Algorithmen mußte auch die Datenverwaltung programmiert werden. Dialogsysteme erforderten adäquate Ein- und Ausgabeschnittstellen. Damit wurden systematische Vorgehensweisen und -regeln, Methoden zur Unterstützung der Systementwicklung usw. immer wichtiger.

• In den 80er Jahren setzte ein verstärkter Trend zu integrierten IV-Systemen ein bis hin zu überbetrieblicher Integration mit weitreichenden organisatorischen Konsequenzen. Systementwicklung erforderte dadurch auch intensive betriebswirtschaftliche Überlegungen und den Entwurf adäquater organisatorischer Konzepte. Die zunehmende Komplexität der zu entwickelnden IV-Systeme stellte wachsende Ansprüche bzw. Forderungen an Methoden- und Werkzeugunterstützung.

• Durch den Anstieg des Integrationsgrades und der Komplexität der IV-Systeme wurden Systementwicklungen immer aufwendiger und kostenintensiver. Zudem stieg der Aufwand für Wartung, Pflege und Aktualisierung der Systeme. Diese Entwicklung führte zu einem verstärkten Einsatz von Standardsoftware. Die bei der Einführung einer Standardsoftware anfallenden Aufgaben unterscheiden sich deutlich von den Aufgaben „klassischer" Systementwicklung:
Marktforschung im Standardsoftwaremarkt, Softwareauswahl, Anpassung und Einstellung der Standardsoftware für den geplanten Einsatz, Anpassungen und Modifikation der internen Organisation an die Erfordernisse durch die Standardsofware sind typische Aufgabenfelder.

Der skizzierte Wandel hat dazu geführt, daß es bei Planung, Entwicklung und Einführung von IV-Systemen immer weniger um die (Neu-)Entwicklung eines IV-Systems geht, sondern um die Planung und Einführung von Standardsoftware. In den folgenden Ausführungen werden beide Aspekte berücksichtigt.

1.2.5   Aufgabenbereiche der Systementwicklung

Die Vielschichtigkeit von Komponenten und Aufbau eines IV-Systems macht deutlich, daß Systementwicklung ein vielfältiges Aufgabenspektrum umfaßt.

Die **Grundaufgabe der Systementwicklung** besteht darin, dem Anwender oder Nutzer ein für seine Zwecke optimales Informationssystem zur Verfügung zu stellen.

Unter **fachlichen Aspekten** umfaßt Systementwicklung vor allem folgende Aufgabenbereiche:
• **Wirtschaftsinformatikaufgaben**, u. a.
  - Systementwurf mit Modell- und Methodenauswahl, Datenmodellierung, Programmentwurf,

- Gestaltung von Benutzeroberflächen und Benutzerschnittstellen,
- Auswahl von Standardsoftware,
- Anpassung und Einstellung von Standardsoftware an die individuellen Erfordernisse,
- Durchführbarkeitsuntersuchungen,
- Qualitätssicherung,
- Systemdokumentation,
- Management von Systementwicklungsprojekten,
- ökonomische Aspekte der Hard- und Softwareauswahl.
- **Betriebswirtschaftliche Aufgaben**, z. B.
  - Planung und Entwicklung eines organisatorischen Gesamtkonzepts, gegebenenfalls unter Berücksichtigung der Anforderungen durch die vorgesehene Standardsoftware,
  - Wirtschaftlichkeitsprüfungen,
  - Festlegung fachlicher und methodischer Einzelheiten des betriebswirtschaftlichen Anwendungsgebietes, die je nach Anwendungszweck sehr umfangreich werden können und die Hinzuziehung von Spezialisten aus den betroffenen Fachabteilungen erfordern.
- **Informatikaufgaben**, z. B.
  - Programmentwicklung,
  - Datenbankentwurf,
  - Konzeption einer adäquaten Hardwarekonfiguration.
- **Ergonomische und physiologische** Arbeitsplatzgestaltung.
- Aufgaben, die die Einhaltung **rechtlicher Rahmenbedingungen** betreffen (z. B. bezüglich Datenschutz oder arbeitsrechtlicher Vorschriften).
- Aufgaben, die der **Gewährleistung von Datensicherheit** dienen.
- Aufgaben der **Untersuchung der Durchführbarkeit** unter technischen, finanziellen, wirtschaftlichen, sozialen und anderen Aspekten.

Betrachtet man Systementwicklung im **chronologischen Ablauf**, dann gehören dazu die zu Beginn von Abschnitt 1.2.1 genannten Aufgaben.

Jeder Aufgabenbereich kann wieder in eine Vielzahl von Einzelaufgaben zerlegt werden. Darauf wird weiter unten eingegangen. Zur Systementwicklung im weiteren Sinne gehören auch Hardwarekonfiguration und -beschaffung und weitere Detailmaßnahmen.

Zu beachten ist die inhaltliche Spannweite von Systementwicklungen. Sie kann sich auf sehr komplexe Probleme beziehen, aber auch auf sehr einfache Situationen, wie z. B. die statistische Auswertung von Verkaufszahlen mit Hilfe einer Statistiksoftware oder die Berechnung eines Finanzierungsplans für eine Erweiterungsinvestition. In solchen Fällen ist die Planung eines IV-Systems verhältnismäßig einfach. Es ist zu prüfen, in welcher Weise für die betreffende Aufgabenstellung geeignete Hard- und Software bereitgestellt werden kann. Bei der Software ist zu prüfen, ob ein Programm evtl. schon verfügbar ist, ob es selbst erstellt werden soll (evtl. mit Hilfe geeigneter Werkzeuge, z. B. Tabellenkalkulationsprogramm) oder fertig gekauft werden kann. Bei der Hardware ist zu prüfen, ob auf vorhandene Geräte zurückgegriffen werden kann oder eine zusätzliche Gerätebeschaffung erforderlich ist.

In vielen Fällen bezieht sich ein vorgesehenes Informationssystem nicht auf eng begrenzte isolierte Aufgaben, sondern auf Anwendungen mit vielen verschiedenen, aber untereinander verknüpften Einzelaktivitäten, bei denen mehrere Arbeitsplätze betroffen sind und die nicht nur technische Änderungen der Aufgabenabwicklung, sondern auch organisatorische Umstrukturierungen der Arbeitsgestaltung und der Arbeitsplätze erfordern. Die dabei anfallenden vielfältigen und teilweise komplexen Aufgaben der Analyse, des Entwurfs und der Realisierung eines solchen Systems führen zur eigentlichen Systementwicklung.

1.3   Ziele bei der Entwicklung von Informationssystemen

Für die Entwicklung von IV-Systemen gibt es eine Reihe von Zielen, die teilweise vom individuellen Anlaß bzw. Zweck abhängen, teilweise aber auch aus den generellen Unternehmenszielen abgeleitet werden können. Folgende Zielkategorien können unterschieden werden:

• **Ziele, die sich aus den allgemeinen Unternehmenszielen ableiten**, wie z. B. Erhöhung der Wirtschaftlichkeit, Reduzierung der Fehlerrate, Erhöhung der Wettbewerbsfähigkeit usw.

• **Individuelle Ziele**, z. B. Verfügbarkeit über ein modernes IV-System oder Entlastung von monotonen Routinetätigkeiten. Individuelle Ziele können nach Zielen einzelner Personengruppen differenziert werden:

- Top-Management,   - mittleres Management,
- Informationsmanagement,   - Systementwickler,
- Systembetreuer,   - Anwender,
- Kunden,   - Lieferanten.

• **Sachziele**, die sich aus dem Einsatzzweck des geplanten IV-Systems ergeben, z. B. Verkürzung der Auftragsdurchlaufzeiten bei einem System für die Auftragsabwicklung oder Senkung des durchschnittlichen Lagerbestands bei einem System für die Lagerwirtschaft.

• **Formale Ziele** betreffen die Qualität eines IV-Systems, z. B. leichte Änderbarkeit, modularer Aufbau.

Eine **wirtschaftliche Systemplanung und -entwicklung** verlangt, daß für jede spezielle Systementwicklung die angestrebten Ziele vorher definiert bzw. festgelegt werden, denn sie bestimmen die Vorgehensweise bei der Systementwicklung und grundlegende Eigenschaften des IV-Systems.

Charakteristische **Sachziele integrierter IV-Systeme** sind:

- Überwindung der Abteilungsgrenzen und Verknüpfung betrieblicher Teilbereiche oder der IV-Systeme verschiedener Unternehmen,
- möglichst frühe und einmalige Erfassung von Daten zur Minimierung des Eingabeaufwands und Reduzierung der Eingabefehler,
- Automatisierung von Abläufen und Datentransfers und dadurch Fehlerreduzierung während der Verarbeitung,
- Aufgabenintegration an einzelnen Arbeitsplätzen und dadurch Beschleunigung von Auftragsbearbeitungen usw.,
- computerunterstützte Abwicklung von Aufgaben verschiedener Bereiche.

1.4 Allgemeine Anforderungen und Prinzipien für die Systementwicklung

An IV-Systeme und an deren Entwicklung sind verschiedene allgemeine Anforderungen zu stellen, denen je nach Anwendungsbereich und individueller Situation unterschiedliche Bedeutung zukommen kann. Unter allgemeinen Anforderungen werden hier solche verstanden, die unabhängig vom Zweck bzw. Anwendungsbereich eines IV-Systems existieren. Auf die wichtigsten allgemeinen Anforderungen, Prinzipien und Gestaltungsgrundsätze wird nachfolgend eingegangen, wobei folgende Kategorien unterschieden werden:

- aus allgemeinen Unternehmenszielen abgeleitete Grundanforderungen,
- Anforderungen an
  - den Aufbau eines IV-Systems,   - den Betrieb eines IV-Systems,
  - die Nutzung eines IV-Systems,   - das Organisationskonzept,
  - den Systementwicklungsprozeß.

Die Anforderungen an Aufbau, Betrieb, Nutzung und organisatorisches Konzept eines IV-Systems bzw. das Ausmaß, in dem sie von einem IV-System erfüllt werden, sind zugleich Ausdruck für die Systemqualität.

Bei dieser Systematisierung der Anforderungen ist zu beachten, daß eine eindeutige und überschneidungsfreie Zuordnung der einzelnen Anforderungen zu den Kategorien nicht immer möglich ist und daß die einzelnen Anforderungen inhaltlich nicht immer überschneidungsfrei sind. Weiterhin ist zu beachten, daß das System der Anforderungen weiter differenziert werden kann, daß zwischen manchen Anforderungen wechselseitige Beziehungen bestehen und daß kein Anspruch auf Vollständigkeit erhoben wird.

Aus den allgemeinen Unternehmenszielen ergeben sich folgende **Grundanforderungen** an eine Systementwicklung:
*   Wirtschaftlichkeit,   • Produktivität,
*   Fehlerfreiheit,   • Zuverlässigkeit.

Wirtschaftlichkeit und **Produktivität** sind grundlegende allgemeine Unternehmensziele, die als Forderungen auch für Systementwicklungen bzw. Informationssysteme gelten. Ähnliches trifft auf **Fehlerfreiheit** und **Zuverlässigkeit** zu. Fehlerfreiheit bezieht sich dabei auf die Forderung nach einem formal und inhaltlich einwandfreien System, während sich Zuverlässigkeit auf den Systembetrieb bezieht[21]. Ein System arbeitet zuverlässig, wenn die Ausfallzeit möglichst nahe bei Null liegt.

Anforderungen an den Aufbau eines IV-Systems sind:
*   Modularität,   • Hierarchisierung,
*   Transparenz,   • Parametrisierung,
*   Kompatibilität,   • Portabilität,
*   Sicherheit,   • Vollständigkeit,
*   Strukturiertheit,   • Widerspruchsfreiheit.

Die Forderung nach **Modularität** bedeutet, daß ein System aus einzelnen, weitgehend selbständigen und unabhängigen Teilsystemen oder Modulen aufgebaut ist. Die einzelnen Teilsysteme decken jeweils eine bestimmte, in sich abgeschlossene Teilaufgabe ab bzw. dienen der Bearbeitung einer solchen. Jedes Modul stellt innerhalb des Gesamtsystems eine selbständige Funktionseinheit dar, die weitestgehend kontextunabhängig sein sollte. Modularität hat folgende Vorteile: Jedes Modul ist überschaubar und autonom entwickelbar, prüfbar, wartbar und verständlich. Zu seiner Systemumwelt hat jedes Modul klar festgelegte Schnittstellen.

Hierarchisierung bedeutet schrittweise Zerlegung und Verfeinerung des Systems in einzelne Komponenten und Module. Die hierarchische Systemstruktur führt vom Gesamtsystem über Teil- und Untersysteme zu Modulen und einzelnen Routinen. Damit wird der Systemaufbau transparent.

Transparenz, bedeutet, daß der Aufbau eines IV-Systems, die einzelnen Komponenten und deren Beziehungen zueinander, sowie die Beziehungen des Systems zur Umwelt klar und durchschaubar sein müssen.

---

21 So kann z. B. ein in einer bestimmten Funktion fehlerhaftes System trotz dieses Fehlers zuverlässig arbeiten, wenn diese Funktion nie benutzt wird.

Parametrisierung garantiert die vielfältige Nutzung eines Systems durch verschiedene Anwender dadurch, daß jeder Benutzer das System durch Vorgabe individueller Parameter auf seine speziellen Bedürfnisse einstellen kann. Bei Tabellenkalkulationsprogrammen betrifft das z. B. die Einstellung von Zahlenformaten und Währungsangaben. Parametrisierung ist eine besonders wichtige Forderung für Standardsoftware, denn sie erlaubt die Anpassung bzw. Einstellung der Standardsoftware an die individuellen Erfordernisse.

Kompatibilität ist die Verträglichkeit eines Systems mit anderen Anwendungssystemen, um z. B. von diesen Daten direkt übernehmen zu können. Kompatibilität kann sich aber auch nur auf die Hardware oder nur auf die Software (z. B. bezüglich der Datenformate) beziehen.

Portabilität bedeutet, daß ein zu entwickelndes Informationssystem ohne besonderen Anpassungsaufwand auch auf einer anderen als der ursprünglich vorgesehenen Hardware und Systemsoftware eingesetzt werden kann. Man spricht dabei manchmal auch von Hardwareunabhängigkeit.

Die Forderung der **Systemsicherheit** verlangt die Verhinderung der gewollten oder ungewollten Manipulation, Beeinflussung oder Zerstörung des Systems oder von Teilen des Systems. Sicherheit kann sowohl durch softwaretechnische als auch durch physische Maßnahmen gewährleistet werden[22].

Vollständigkeit eines Systems bedeutet, daß alle gewünschten Funktionen und Eigenschaften in dem System auch tatsächlich enthalten sind.

Strukturiertheit verlangt ein klar erkennbares Organisationsmuster der Systemkomponenten[23]. Sie kann durch Modularität und Hierarchisierung herbeigeführt werden.

Widerspruchsfreiheit oder **Konsistenz** heißt, daß Funktionen und Eigenschaften eines Systems untereinander verträglich sein müssen und sich nicht widersprechen dürfen. Das bezieht sich auch auf die Datenverwaltung.

Anforderungen an den Betrieb von IV-Systemen sind
- Effizienz,   • Änderungsfähigkeit[24],
- Erweiterbarkeit,   • Wartungsfreundlichkeit,
- geringer Verwaltungsaufwand.

---

22 Zur Planung von Systemsicherheit gehört u. a. auch die Planung von Reservekapazitäten bzw. -systemen.

23 Vgl. dazu BALZERT [1982, S. 13 und S. 30].

24 Diese Anforderung hängt eng mit der oben erwähnten Forderung nach Parametrisierung zusammen.

Effizienz bezieht sich auf möglichst gute Auslastung der Hardware (z. B. Speicher), aber auch auf kurze Antwort- bzw. Reaktionszeiten. Sie spielt vor allem bei den sich immer weiter verbreitenden Rechnernetzen mit ihren teilweise gegenläufigen Prozessen eine große Rolle. Hier kommt es besonders darauf an, den Aufwand der Systemadministration gering zu halten.

Mit zunehmender Lebensdauer eines IV-Systems steigt die Wahrscheinlichkeit, daß **Änderungen und Anpassungen**[25] an veränderte Anforderungen der Benutzer erforderlich werden. Deshalb muß ein Informationssystem leicht zu ändern und anzupassen sein[26].

Mit Änderungsfähigkeit eng zusammen hängt die **Erweiterbarkeit**, denn häufig werden inhaltliche Anforderungen an ein IV-System erst artikuliert, wenn die erste Version eines solchen Systems im Betrieb ist. Wenn zusätzliche inhaltliche Forderungen an ein System erhoben werden, dann sollte das System leicht und mit vertretbarem Aufwand erweitert werden können.

Anwendungssysteme müssen im Regelfall, ebenso wie die Hardware, gewartet und gepflegt werden. Das erfordert **Wartungsfreundlichkeit**. Die Wartung wird vereinfacht durch eine umfassende Systemdokumentation, durch Modularisierung, durch Strukturiertheit und durch selbsterklärenden Quelltext.

Ein effizienter Systembetrieb verlangt eine **wirtschaftliche Systemverwaltung**, z. B. durch Protokollieren von Fehlern und Nutzungen oder durch Aktualisierung von Dokumentationen.

Anforderungen an die Nutzung von IV-Systemen sind
- Funktionalität,
- Benutzerfreundlichkeit,
- Selbsterklärung,
- Einstellbarkeit,
- Problemadäquatheit,
- Robustheit,
- Flexibilität,
- Benutzerunterstützung.

Mit **Funktionalität** wird verlangt, daß das geplante IV-System alle Aufgaben bzw. Funktionen des vorgesehenen Anwendungsbereichs ausführen kann. Mit **Problemadäquatheit** wird der Einsatz problemgerechter, effizienter und angemessener Methoden, Verfahren und Algorithmen gefordert.

Benutzerfreundlichkeit bezieht sich u. a. auf einheitliche, leicht verständliche Mensch-Maschine-Schnittstellen durch standardisierte Bildschirm-

---

25 Man kann „Anpaßbarkeit" auch als eigene Anforderung formulieren.

26 Z. B. muß ein Lohn- und Gehaltsbuchhaltungssystem leicht an Änderungen von Steuer-, Lohn-, Gehalts- oder Sozialversicherungstarifen anzupassen sein.

oberflächen, auf übersichtliche Benutzerführung, auf benutzergerechte, kontextsensitive und verständliche Hilfefunktionen, auf übersichtliche Handbücher und auf ergonomische Arbeitsplatzgestaltung.

Robustheit besagt, daß ein System unempfindlich gegen Bedienungs- und Benutzungsfehler sein muß. Falsche Eingaben dürfen auf keinen Fall zu Inkonsistenzen oder gar zum Absturz des Systems führen. Robustheit bedeutet aber auch, daß auf Fehler in tieferliegenden Schichten des Systems entsprechend reagiert wird.

Selbsterklärung bedeutet, daß Funktionen und Benutzeroberflächen aus sich selbst heraus, also ohne Handbuch oder besondere Anleitung, für den normalen Benutzer verständlich sein sollten.

Durch **Flexibilität** soll auch die Bearbeitung geänderter oder modifizierter Aufgaben ermöglicht werden. Damit verwandt ist die **Einstellbarkeit**, d. h. die Möglichkeit, das System durch Parametersetzung u. ä. auf individuelle Benutzerbedürfnisse spezifisch einstellen zu können. Einstellbarkeit entspricht weitgehend der Parametrisierung.

Aus Anwendersicht ist es wünschenswert, daß ein System dem Anwender bei der Benutzung **Unterstützung** gewährt. Das kann z. B. dadurch geschehen, daß beim Aufruf bestimmter Programmfunktionen interaktiv Erläuterungen zu den benutzten Verfahren oder Modellen gegeben werden.

Anforderungen an das organisatorische Konzept sind

• Abgegrenztheit,	• Schnittstellendefinition,
• Eingebundenheit,	• Integration,
• Durchdringung,	• Automatisierung.

Organisatorisch sollte immer verlangt werden, daß jedes IV-System ein in sich abgeschlossenes System mit klar definierten Schnittstellen[27] zur Umwelt ist. **Abgegrenztheit** bedeutet in diesem Sinne, daß im Detail feststeht, welche Aufgaben und Funktionen das System übernimmt. Ferner gehört dazu auch eine klare **Definition von Schnittstellen** zur Systemumwelt.

Eingebundenheit meint folgendes: Da jedes Informationssystem in ein organisatorisches Gesamtkonzept eingebunden ist, müssen die Beziehungen zu diesem organisatorischen Umfeld eindeutig festgelegt sein.

Integration bedeutet Verknüpfung verschiedener Aufgabenbereiche in einem IV-System. Integration erhöht die Effizienz von IV-Systemen, so daß

---

27 Gemeint sind hier „Organisationsschnittstellen" und nicht die oben schon erwähnten „Benutzerschnittstellen".

ein möglichst hoher Integrationsgrad gefordert werden sollte[28]. **Durchdringung** bzw. **Durchdringungsgrad** bezieht sich auf das Ausmaß, in dem Arbeitsplätze eines Unternehmens in ein Informationssystem einbezogen werden. Für ein IV-System ist angemessene Durchdringung zu fordern. **Automatisierung** bedeutet Abwicklung von Vorgängen ohne menschliches Eingreifen. Zu fordern ist ein angemessener Automatisierungsgrad.

Anforderungen an den Systementwicklungsprozeß sind:

- Mehrfachverwendung,
- Werkzeugnutzung,
- Dokumentation,
- Anwenderbeteiligung,

- Standardisierung und Normung,
- Projektmanagement,
- Qualitätssicherung,
- Akzeptanzsicherung.

Um die weiter oben formulierten allgemeinen Anforderungen an eine Systementwicklung – vor allem die nach Wirtschaftlichkeit – zu gewährleisten, sind bei der Entwicklung selbst verschiedene Grundsätze zu beachten. Dazu gehört zunächst der Grundsatz der **Mehrfachverwendung** von Komponenten, Bausteinen oder Modulen in einem System. Das kann z. B. bestimmte Verarbeitungsroutinen aber auch Bildschirmoberflächen oder Listenaufbau betreffen.

Der Grundsatz der Wirtschaftlichkeit verlangt auch die **Verwendung von Standards und Normen**. Dabei ist auf die Vielzahl von nationalen und internationalen Normen (z. B. von DIN und ISO) hinzuweisen. Standards können aber auch unternehmensindividuell festgelegt werden. Auf jeden Fall ist es wichtig, daß bei der Systementwicklung Standards und Normen so weit wie möglich zugrunde gelegt werden, da dadurch der Systementwicklungsprozeß wesentlich erleichtert wird und die Voraussetzungen z. B. für Änderungsfähigkeit und Wartungsfreundlichkeit geschaffen werden.

Werkzeugnutzung bedeutet, daß soweit wie möglich **Entwicklungswerkzeuge** (Tools) benutzt werden. Dabei ist insbesondere auch auf die Möglichkeit computerunterstützter Werkzeuge und auf CASE (Computer Aided System Engineering) zu verweisen.

Den gesamten Systementwicklungsprozeß begleitende Maßnahmen sind ein

- **Systementwicklungs-Projektmanagement**,
- permanente Aktivitäten zur **Qualitätssicherung** und
- Erstellung einer **Dokumentation**.

Bei letzterem ist zwischen System- und Entwicklungsdokumentation zu unterscheiden. In der **Systemdokumentation** werden alle Informationen

---

28 Vgl. dazu die Ausführungen zu integrierten IV-Systemen in Abschnitt 1.1.4.

über das System, wie z. B. Datenmodelle und Programmabläufe, festgehalten. Die **Entwicklungsdokumentation** dient der Protokollierung der einzelnen Entwicklungsschritte und -aktivitäten. Sie wird vor allem für Systemtests, Wartungen, Systemänderungen oder Systemerweiterungen benötigt. Zur Dokumentation gehört auch das **Benutzerhandbuch**.

Für die Entwicklung anwendergerechter IV-Systeme ist es notwendig, die zukünftigen **Anwender in geeigneter Weise an der Systementwicklung zu beteiligen.** Damit verbunden sind Maßnahmen, die die **Akzeptanz** eines IV-Systems sicherstellen. Neben der Anwenderbeteiligung gehören dazu frühzeitige Information und Schulung.

In Abb. 1.4.1 sind die Anforderungen zusammenfassend dargestellt.

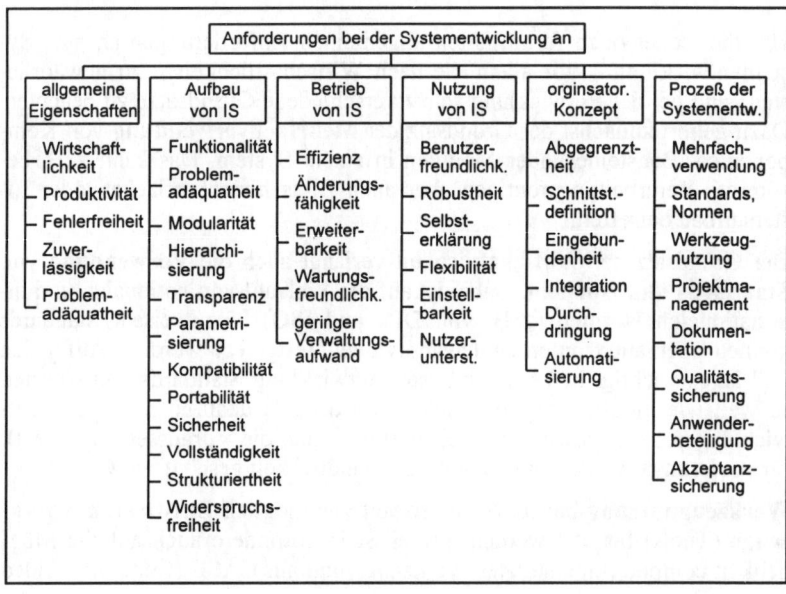

Abb. 1.4.1: Systematik der allgemeinen Anforderungen an die Systementwicklung

Die genannten Anforderungen können bei Bedarf weiter detailliert werden. Zu beachten sind dabei die Beziehungen und die möglichen Konflikte zwischen einzelnen Anforderungen.

Die Anforderungen für eine Systementwicklung gelten in unterschiedlich ausgeprägter Form auch für den Einsatz von Standardsoftware und deren Planung und Einführung. Nachfolgend werden spezielle Anforderungen für den Einsatz von Standardsoftware behandelt.

Anforderungen an Standardsoftware und deren Einsatz sind

• Funktionalität,	• Vollständigkeit,
• Anpaßbarkeit,	• Effizienz,
• Wartung,	• Service.

Funktionalität ist eine wichtige Forderung an Standardsoftware. Diese ist nur einsetzbar, wenn sie die verlangten Funktionen und deren detaillierte Eigenschaften besitzt. Eine Standardsoftware sollte alle gewünschten Funktionen abdecken, also die Forderung der **Vollständigkeit** erfüllen.

Besonders wichtig ist **Anpaßbarkeit,** die hier die oben erwähnten Anforderungen Parametrisierung, Änderungsfähigkeit und Einstellbarkeit mit einschließt. Anpassbarkeit ermöglicht die Einstellung einer Standardsoftware auf die individuellen Erfordernisse der jeweiligen Anwendung. Diese Maßnahmen beziehen sich u. a. auf[29]

• Setzen von Parametern,

• Festlegung von Formularlayouts und Bildschirmaufbau,

• Anpassung von Funktionen an die jeweiligen Aufgaben,

• Anpassung von Namen und Bezeichnungen, Feldlängen, Satzaufbau, Zugriffsberechtigungen usw. an das organisatorische Umfeld,

• Anpassung der Benutzerschnittstellen,

• Anpassung der Standardsoftware an das benutzte Basissystem.

Die Anpassung einer Standardsoftware an individuelle Erfordernisse nennt man **Customizing.**

Da Standardsoftware für einen „anonymen" Markt entwickelt wird, ist sie häufig in den Funktionalitäten sehr breit angelegt, so daß ein individueller Anwender einen gewissen „Ballast" hinnehmen muß. Darunter leidet dann die **Effizienz,** so daß auf die Erfüllung dieser Forderung besonders zu achten ist.

Für Standardsoftware sind **Service** und **Wartung** und die damit verbundene Betreuung durch den Softwareproduzenten bzw. -vertreiber weitere wichtige Anforderungen. Dazu gehört auch die Aktualisierung und Anpassung bzw. Erweiterung der Software durch neue Anforderungen an die Konzeption und an die Funktionalitäten eines Systems.

---

29 Vgl. dazu das Stichwort Customizing in HEINRICH/ROITHMAYR [1995].

2   Strategien und Vorgehensmodelle der Systemplanung und -entwicklung

Aus Kapitel 1 geht hervor, daß Planung, Entwicklung und Einführung von IV-Systemen ein vielschichtiges Gebiet ist, bei dem zahlreiche Einzelaufgaben zu bewältigen sind und für das Kenntnisse und Fähigkeiten aus verschiedenen Disziplinen benötigt werden. Diese Vielschichtigkeit und Vielfalt der Aufgaben und der benötigten Kenntnisse erfordert ein systematisches Vorgehen bei der Systementwicklung. In diesem Kapitel werden Strategien und Vorgehensmodelle als Grundlage für eine systematische Abwicklung der Einzelaktivitäten einer Systementwicklung behandelt.

2.1   Systementwicklung als komplexe Aufgabe

Bevor auf Strategien und Modelle für das systematische Vorgehen bei einer Systementwicklung eingegangen wird, ist noch einmal auf folgendes hinzuweisen:

Planung, Entwicklung und Einführung von IV-Systemen umfaßt eine Vielfalt von Aufgaben aus Wirtschaftsinformatik, Informatik, Betriebswirtschaftslehre, Arbeitswissenschaften, Rechtswissenschaften und anderen Gebieten. Diese Einzelaufgaben greifen ineinander und beeinflussen sich gegenseitig.

So hängen z. B. voneinander ab bzw. beeinflussen sich gegenseitig
- Wirtschaftlichkeitsüberlegungen,
- Hardwarekonfiguration,
- rechtliche Vorschriften,
- Organisationsplanung,
- Softwareergonomie,
- Gestaltung eines DV-Arbeitsplatzes.

Systementwicklung ist also eine sehr komplexe Gesamtaufgabe, die neben vielseitigen Kenntnissen und Fähigkeiten Kreativität erfordert. Die zu bewältigenden Aufgaben beeinflussen sich dabei nicht nur fachlich/inhaltlich, sondern auch in ihrer chronologischen Folge: Die Überprüfung der Funktionsfähigkeit einer abgeschlossenen Teilaufgabe kann ein unbefriedigendes Ergebnis liefern mit der Konsequenz, daß man zu einer im ursprünglichen Zeitplan zurückliegenden Teilaufgabe springt.

Die Überprüfung einer Bildschirmoberfläche durch mehrere zukünftige Benutzer kann z. B. ergeben, daß diese Oberfläche noch nicht optimal gestaltet ist. Es erfolgt dann ein „Rücksprung" in die Entwurfsphase einer Systementwicklung. Die Überprüfung der Funktionen eines IV-Systems, das in der Materialwirtschaft eingesetzt werden soll, ergibt, daß das System keine automatische Bestandsüberwachung mit selbsttätiger automatischer Meldung der aufzufüllenden Bestandspositionen enthält, die aber aus Gründen der Risikominimierung erforderlich ist. Auch in diesem Fall muß in eine frühere Phase der Systementwicklung zurückgegangen werden, um in dem System ein entsprechendes Modul nachträglich zu ergänzen.

Die von der „Entwicklungslogik" her aufeinanderfolgenden Aufgaben werden somit nicht immer nur chronologisch nacheinander ausgeführt, sondern sind über Kontroll- und Rückkopplungsmechanismen dynamisch miteinander verknüpft. Die Dynamik einer Systementwicklung wird noch dadurch verstärkt, daß viele Detailaufgaben erst im Laufe der Entwicklungsarbeiten konkretisiert werden können, z. B. beim Testen eines Moduls unter Hinzuziehung der zukünftigen Anwender, wenn diese dabei zusätzliche Anforderungen artikulieren. In vielen Fällen ist Systementwicklung durch eine schrittweise Festlegung und Konkretisierung von Details während des Systementwicklungsprozesses gekennzeichnet.

Komplexität und Dynamik treffen in vielen Fällen auch auf die Einführung einer Standardsoftware, insbesondere das Customizing, zu.

Die genannten Charakteristika von Systemplanung und -entwicklung verlangen ein systematisches Vorgehen, für das sich verschiedene Strategien und Modelle anbieten, auf die in den beiden nächsten Abschnitten eingegangen wird. Dabei werden die Begriffe „Strategie" und „Vorgehensmodell" folgendermaßen gegeneinander abgegrenzt.

Eine **Strategie der Systementwicklung** oder **Systementwicklungsstrategie** legt die **Art und Weise** fest, **wie an ein Problem herangegangen wird.**

Geht man beispielsweise vom Gesamtproblem aus und versucht es dadurch zu lösen, daß man es schrittweise in einzelne Teilprobleme zerlegt, um diese dann zu bearbeiten, dann wendet man die Top-Down-Strategie an. Eine andere Strategie wäre, daß man von einzelnen Komponenten eines zu entwickelnden Informationssystems ausgeht und diese dann schrittweise zusammenfügt (Bottom-Up-Strategie).

Ein **Vorgehensmodell** beschreibt einen bestimmen Ansatz für die **Art der Durchführung und die Reihenfolge der Teilaufgaben einer Systementwicklung,** wobei man sich sehr stark an der logischen und/oder chronologischen Reihenfolge der Einzelaktivitäten einer Systementwicklung orientiert.

2.2   Strategien der Systementwicklung

Für Planung, Entwicklung und Einführung von IV-Systemen existieren verschiedene Strategien, die nach unterschiedlichen Aspekten klassifiziert werden können.

Bei der **einmaligen Strategie** wird ein IV-System in einem Schritt oder einer Stufe entworfen und realisiert, während dafür bei der **iterativen Strategie** mehrere Schritte benötigt werden.

Soll beispielsweise ein IV-System für das externe Rechnungswesen entwickelt werden, dann bedeutet die einmalige Strategie, daß das Gesamtsystem in einem Schritt entworfen und realisiert wird. Die iterative Strategie führt demgegenüber zu einer Entwicklung in mehreren Teilen, so daß z. B. zunächst die Hauptbuchhaltung entwickelt und realisiert wird, anschließend die Debitorenbuchhaltung, danach die Kreditorenbuchhaltung usw.

Klassische IV-Systeme orientieren sich an Abläufen oder Funktionen. Wird ein IV-System in dieser Weise entwickelt, dann wird die Strategie als **funktionsorientiert** oder **vorgangsorientiert** bezeichnet. Neuerdings orientieren sich Systementwicklungen stärker an den Daten, die die gemeinsame Basis verschiedener IV-Systeme darstellen. Eine Strategie, bei der die Daten im Vordergrund stehen, wird als **daten- oder dateiorientiert** bezeichnet. Bei der **objektorientierten** Systementwicklung wird die getrennte Betrachtung von Daten und Funktionen aufgehoben. Dabei stehen ebenfalls die Daten bzw. die durch Daten beschriebenen Objekte im Mittelpunkt. Diesen Objekten werden nicht nur ihre Attribute (Datenmerkmale), sondern auch Methoden (Funktionen) zugeordnet. Ein IV-System bzw. das dazu gehörige Programm besteht dann aus miteinander kommunizierenden, informationsverarbeitenden Objekten.

Wird ein IV-System von den Rahmenbedingungen der Systemumwelt her entwickelt und dann schrittweise nach innen verfeinert, spricht man von **Outside-In-Ansatz** bzw. **Outside-In-Strategie**. Geht man umgekehrt vor, dann wird ein **Inside-Out-Ansatz** bzw. eine **Inside-Out-Strategie** verfolgt. Abb. 2.2.1 (Seite 47) veranschaulicht die beiden Strategien.

Top-Down-Strategie bedeutet, daß das zu entwickelnde System schrittweise vom Gesamtsystem her in Teilsysteme, Komponenten und Module zerlegt wird. Diese modulare Zerlegung führt zu begrenzten Teilaufgaben. Die Teilaufgaben können dann einzeln bearbeitet werden. Das Top-Down-Vorgehen hat den Vorteil, daß für jede Teilaufgabe die Einbindung in das Gesamtsystem von Anfang an bekannt ist und die notwendigen Schnittstellen entsprechend konzipiert werden können. Bei der **Bottom-Up-Strategie** wird bei einzelnen Teilaufgaben begonnen, die dann von unten nach oben schrittweise zum Gesamtsystem zusammengefügt werden.

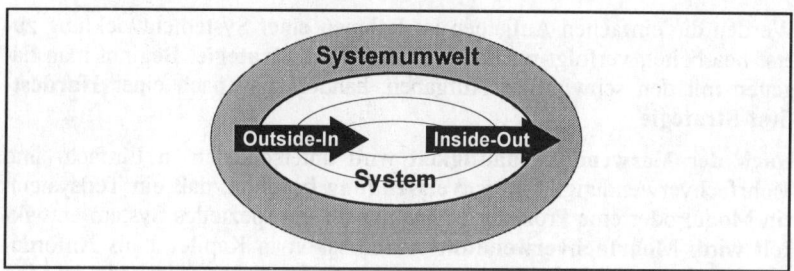

Abb. 2.2.1: Outside-In- und Inside-Out-Strategie

Bei konkreten Systementwicklungen werden beide Strategien häufig miteinander verknüpft: Der Systementwurf erfolgt Top-Down, indem man von
dem zu entwickelnden Gesamtsystem ausgeht, die Programmierung und das
Testen der Programme geschieht Bottom-Up. Abb. 2.2.2 verdeutlicht die
Vorgehensweise beider Strategien am Beispiel der Entwicklung eines Ko-
stenrechnungssystems.

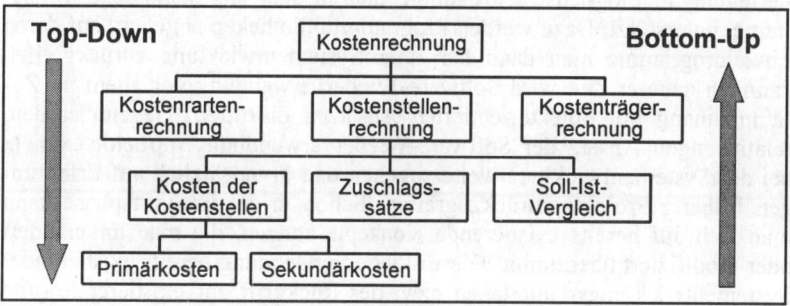

Abb. 2.2.2: Top-Down- und Bottom-Up-Strategie

Nach dem Ausgangspunkt der Systemgestaltung wird unterschieden in
einen **Ist-Zustands-orientierten** und einen **Soll-Zustands-orientierten**
Ansatz. Beim Ist-Zustands-orientierten Ansatz geht man von den derzeitigen Strukturen und Abläufen – also dem Ist-Zustand – aus. Nach der Erfassung und Analyse dieses Ist-Zustands entwickelt man dann ein IV-System für den betreffenden Anwendungsbereich. Man bezeichnet diesen Ansatz auch als **induktive Strategie.** Geht man demgegenüber bei der Systementwicklung primär von einer zielorientierten Sollvorgabe – unabhängig
von derzeitigen Strukturen und Abläufen – aus, handelt es sich um einen
Soll-Zustands-orientierten Ansatz, den man auch als **deduktive Strategie**
bezeichnet.

Werden die einfachen Aufgaben im Rahmen einer Systementwicklung zuerst bearbeitet, verfolgt man eine **Easiest-first-Strategie**. Beginnt man dagegen mit den schwierigen Aufgaben, handelt man nach einer **Hardest-first-Strategie**.

Nach der Verwendungshäufigkeit wird unterschieden in Einfach- und Mehrfachverwendung. **Einfachverwendung** bedeutet, daß ein Teilsystem, ein Modul oder eine Prozedur eigens nur für ein spezielles System entwickelt wird. **Mehrfachverwendung** wurde schon in Kapitel 1 als Anforderung an den Prozeß der Systementwicklung formuliert. Sie bedeutet, daß ein Teilsystem, ein Modul oder eine Prozedur so entwickelt wird, daß eine Verwendung auch bei anderen Systemen, Teilsystemen oder Modulen möglich ist. Diese Strategie wird meist unter der Überschrift **wiederverwendbare** Software diskutiert.

Software-Wiederverwendung heißt grundsätzlich, daß bei der Entwicklung eines IV-Systems auf bereits existierende Programme als Ganzes oder auf Programmteile zurückgegriffen wird. Die Software-Wiederverwendung wird vor allem durch konsequente Modularisierung von Systemen, d. h. Zerlegung in möglichst selbständige und in sich abgeschlossene Teilsysteme, unterstützt. Dazu werden Programmbibliotheken angelegt, auf deren Einzelprogramme man dann bei einer Systementwicklung zurückgreifen kann. In neuerer Zeit wird Software-Wiederverwendung vor allem im Zusammenhang mit objektorientierten Ansätzen diskutiert. Gegenüber dem relativ engen Ansatz der Software-Wiederverwendung empfiehlt es sich, bei der Systementwicklung weiterzugehen und grundsätzlich auf Erfahrungen früherer Projekte zurückzugreifen. Schon in der Entwurfsphase kann man sich auf bereits existierende Konzepte stützen, die man unverändert oder modifiziert übernimmt. Diese Wiederverwendung bereits existierender Systementwicklungs-Unterlagen bzw. der Rückgriff auf existierende (und möglicherweise abgeschlossene) Systementwicklungen ist dann besonders intensiv möglich, wenn bereits in früheren Systementwicklungsprojekten ein hohes Maß an Standardisierung und Normung erreicht wurde. Das betrifft auch die Verwendung von Standard-Systemkomponenten, Standard-Modulen oder Standard-Layout von Listen oder Bildschirmmasken.

Die Strategien nach dem „Zeitpunkt" spielen vor allem für das Customizing von Standardsoftware eine Rolle. Bei einer **a-priori-Strategie** erfolgt die Anpassung und Einstellung als wesentlicher Aufgabenbereich der Planung und Einführung einer Standardsoftware vor der Inbetriebnahme des Systems. Bei einer **a-posteriori-Strategie** erfolgt das Customizing oder Teile davon während der ersten Phase des Systembetriebs (Testbetrieb).

Abb. 2.2.3 gibt einen zusammenfassenden Überblick. Man beachte, daß einzelne Strategien auch miteinander kombiniert werden können.

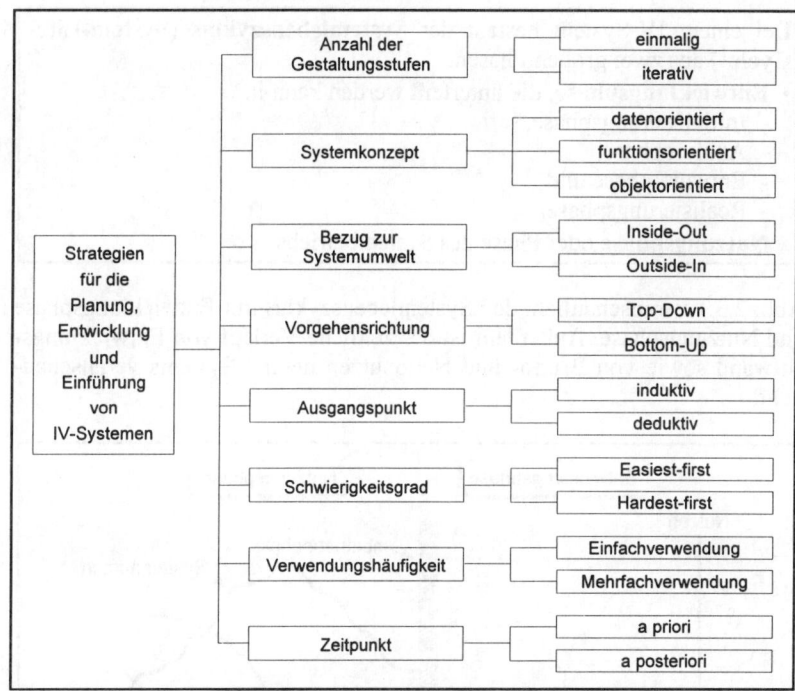

Abb. 2.2.3: Strategien der Systementwicklung

2.3 Vorgehensmodelle der Systementwicklung

Für Vorgehensmodelle finden sich in der Literatur verschiedene Ansätze, von denen die meisten einander ähnlich sind. Über einige wichtige Ansätze wird in diesem Abschnitt ein Überblick gegeben, wobei zunächst der „Systemlebenszyklus" diskutiert wird, von dem häufig bei Vorgehensmodellen ausgegangen wird.

2.3.1 Systemlebenszyklus

Jedes IV-System hat eine bestimmte Lebensdauer. Diese Lebensdauer reicht vom Beginn der Entwicklung eines solchen Systems bis zu einer endgültigen Ausmusterung. Für die Betrachtung der Gesamtlebensdauer eines IV-Systems eignet sich das Modell des **Systemlebenszyklus**, das sich an biologischen Lebenszyklen oder anderen in der Betriebswirtschaftslehre benutzten Lebenszyklen (z. B. für Produkte der Produkt-Lebenszyklus) orientiert.

Bei einem IV-System besteht der **Systemlebenszyklus (System-Life-Cycle**[1]**)** aus zwei großen Phasen:
- **Entwicklungsphase**, die unterteilt werden kann in
  - Initialisierungsphase,
  - Analysephase,
  - Entwurfsphase und
  - Realisierungsphase,
- **Nutzungsphase** oder Phase des Systembetriebs.

Abb. 2.3.1 veranschaulicht den Systemlebenszyklus mit Entwicklungsphase und Nutzungsphase. Außerdem ist der zeitliche Verlauf von Entwicklungsaufwand sowie von Brutto- und Nettonutzen des IV-Systems veranschaulicht.

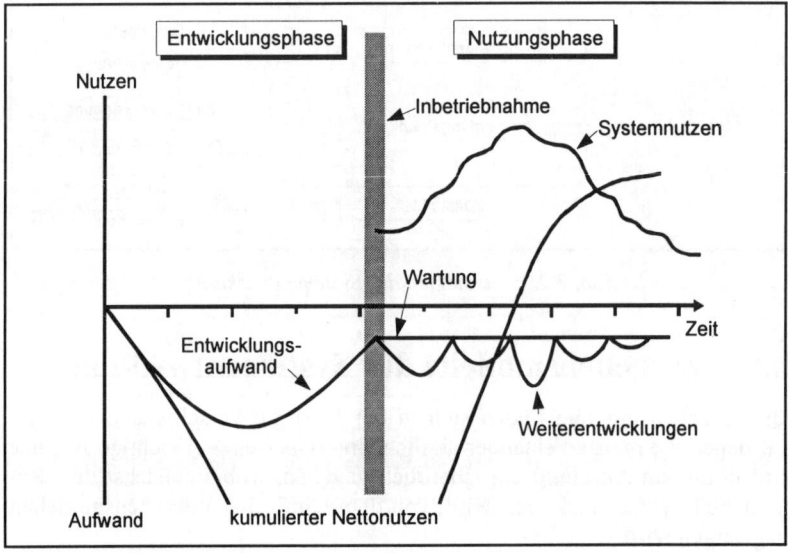

Abb. 2.3.1: Systemlebenszyklus mit Entwicklungsaufwand und Systemnutzen

Vom Systemlebenszyklus gehen die meisten Ansätze für Vorgehensmodelle aus, wobei üblicherweise nur die Entwicklungsphase bis zur Inbetriebnahme eines Systems betrachtet wird.

---

1   Statt vom *„System*-Life-Cycle" spricht man meistens vom *„Software*-Life-Cycle".

2.3.2   Phasenmodelle

In den meisten Fällen wird für Systemplanung und -entwicklung ein phasenweises Vorgehen empfohlen. Grundlage dafür ist der Systemlebenszyklus. Die Systemlebensdauer bis zur Inbetriebnahme des Systems wird in unterschiedlicher Weise in zeitlich und/oder logisch aufeinanderfolgende einzelne Aufgabenbereiche oder Phasen aufgeteilt. Man bezeichnet diese Vorgehensmodelle als Phasenmodelle. Sie orientieren sich fast alle am chronologischen Ablauf der in Kapitel 1 skizzierten Aufgabenbereiche, die in Abb. 2.3.2 als Phasenmodell zusammenfassend dargestellt sind.

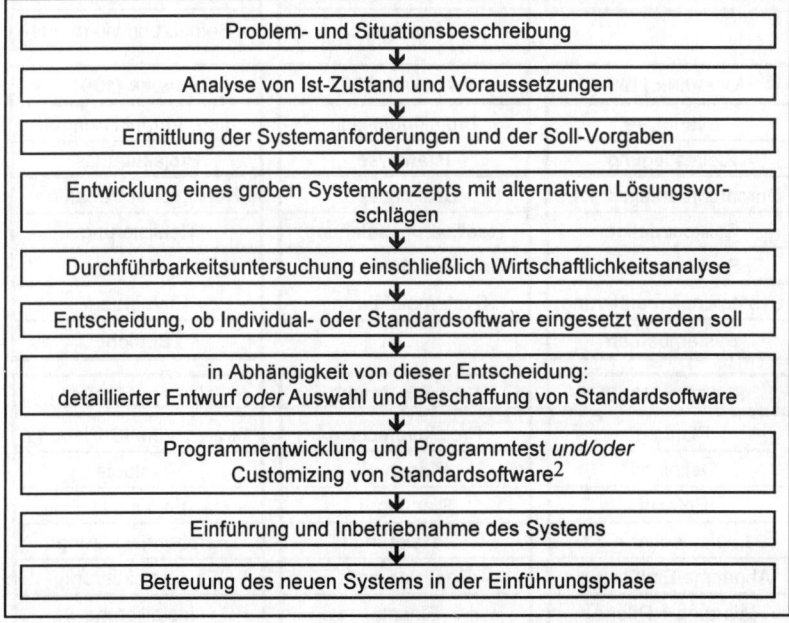

Abb. 2.3.2: Aufgabenbereiche einer Systementwicklung als Phasenmodell

In der Literatur gibt es zahlreiche Varianten von Phasenmodellen. Einige sind in Abb. 2.3.3 (nächste Seite) gegenübergestellt. Damit soll vor allem die Vielfalt von Phasenmodellen verdeutlicht werden, die sich vor allem in den Bezeichnungen und der Einteilung der Phasen unterscheiden.

---

2   Customizing spielt zwar eine besondere Rolle bei der Einführung und für den Einsatz von Standardsoftware, wird jedoch zunehmend auch bei Individualsoftware praktiziert.

BOEHM [1986]	NAGEL [1990]	HESSE u. a. [1992]
System-Realisierbarkeit	Initialisierung	Analyse
Pläne und Anforderungen	Vorstudie	Definition
Produktentwurf	Org. Untersuchung	System-Entwurf
Feinkonzeption	System-Konzeption	Komponenten-Entwurf
Codierung	Detail-Festlegungen	Modul-Implementierung
Integration	Programmierung	Subsystem-Integration
Implementierung	Systemtest	System-Integration
Betrieb und Wartung	Inbetriebnahme	Installation
	Nutzung	Betrieb und Wartung

HOFFMANN [1984]	WALTER [1992]	ZEHNDER [1991]
Istanalyse	Projektdefinition	Idee, Vorabklärungen
Zielfestlegung	Istanalyse	Projektumriss
Durchführbarkeitsstudie	Sollkonzept	Konzept mit Varianten
Sollkonzeption	Realisierungsplanung	Realisierung
Systementwurf	Software-Entwicklung	Systemtest
Systemimplementierung	Systemeinführung	Einführung
Systembetrieb		Betrieb

BALZERT [1982]	END u. a. [1990]	HEINRICH [1994]
Planung	Projektvorschlag	Strategische IS-Planung
Definition	Planung I	Vorstudie
Entwurf	Planung II	Feinstudie
Implementierung	Realisierung I	Grobprojektierung
Abnahme/Einführung	Realisierung II	Feinprojektierung
Wartung + Pflege	Einsatz	Installierung

KARGL [1989]	SUHR u. a. [1993]	SCHÖNTHALER u. a. [1992]
Situationsstudie	Problemanalyse	Vorstudie
Fachkonzeption	funktionelle Analyse	Anforderungsanalyse
Systemkonzeption	softwaretechn. Entwurf	Entwurf
Systemrealisierung	Implementierung	Implementation
Systemanwendung	Testen und Installation	Systemtest

Abb. 2.3.3: Gegenüberstellung verschiedener Phasenmodelle

Für die detaillierte Behandlung der einzelnen Schritte und Aufgabenbereiche einer Systementwicklung in den weiteren Ausführungen wird von einer
Untergliederung des Systementwicklungsprozesses aus Abb. 2.3.2 in die
nachfolgend beschriebenen Phasen ausgegangen. Dabei werden Entwicklung von Individualsoftware und Einführung von Standardsoftware parallel
behandelt.

Initiierung einer Systementwicklung: Für ein neu zu entwickelndes oder
einzuführendes IV-System kann der Anstoß aus unterschiedlichen Richtungen erfolgen, z. B. durch die Geschäftsleitung, aus einer Fachabteilung,
aber auch von außen. Gründe für eine Systementwicklung können z. B. Probleme bei der Auftragsabwicklung, unbefriedigende Maschinenauslastung
in der Produktion oder zu hohe Lagerbestände sein. Die Überlegungen zur
Initiierung einer Systemplanung und -entwicklung werden sinnvollerweise
in einem Dokument festgehalten.

Entwurf eines ersten Konzepts: Um nach der Initiierung entscheiden zu
können, ob tatsächlich eine Systementwicklung oder -einführung durchgeführt werden soll, ist ein erstes, natürlich nur grobes und vorläufiges Konzept des möglichen IV-Systems zu entwerfen. Dieses Konzept enthält z. B.
Angaben über Hardware, groben Systemaufbau, Veränderungen gegenüber
dem Ist-Zustand. Dazu gehört gegebenenfalls auch eine erste Analyse des
Standardsoftwaremarkts, Prüfung von Standardsoftware auf ihre Eignung
und Beschreibung der Funktionalitäten usw. Mit den Informationen des ersten Konzepts wird eine **Durchführbarkeitsuntersuchung** angefertigt.

Entscheidung und gegebenenfalls Projektauftrag: Das erste Konzept und
die Durchführbarkeitsuntersuchung sind die Grundlage für die Entscheidung darüber, ob eine Systemplanung und -entwicklung erfolgen soll oder
nicht. Bei positiver Entscheidung wird ein Projektauftrag formuliert und
personell zugeordnet.

Initiierung, Entwurf eines ersten Konzepts für ein IV-System und Entscheidung mit Projektauftrag werden zur **Initialisierungsphase** zusammengefaßt.

Ist-Analyse: Ein wichtiger und arbeitsintensiver Schritt einer Systementwicklung ist die Analyse des aktuellen Zustands der umzustellenden Bereiche einschließlich einer Schwachstellenanalyse. Dabei werden Daten und
Datenstrukturen, Arbeitsvorgänge, Arbeitsabläufe usw. in allen Details erfaßt und beschrieben; Schwachstellen werden aufgezeigt und analysiert.

Anforderungsanalyse: Neben dem Ist-Zustand interessiert auch der angestrebte Soll-Zustand. Dazu werden die Anforderungen an das IV-System er-

mittelt. Das betrifft z. B. Funktionalitäten, Leistung, Integrations- und Automatisierungsgrad, Dialogführung und ergonomische Aspekte.

Erstellung eines Pflichtenheftes: Die sich aus der Ist-Analyse (insbesondere der Schwachstellenanalyse) und der Anforderungsanalyse ergebenden Vorgaben, Anforderungen, Rahmenbedingungen usw. werden in einem **Pflichtenheft**[3] zusammengestellt, das dann die verbindliche Grundlage für den Systementwurf ist (s.u.). Ein Pflichtenheft kann darüber hinaus als Grundlage von Vertragsverhandlungen dienen.

Analyse des Marktes für Standardsoftware: Sind Aufgaben- bzw. Anwendungsbereich für ein IV-System konkretisiert und die Anforderungen an das System in einem Pflichtenheft festgelegt, erfolgt üblicherweise eine Analyse des Softwaremarktes, um zu prüfen, ob eine geigete Standardsoftware am Markt verfügbar ist, mit der das vorgesehene IV-System realisiert werden kann[4].

Durchführbarkeitsuntersuchung und Entscheidung über das weitere Vorgehen: Auf der Grundlage der Informationen aus dem Pflichtenheft und den Ergebnissen der Analyse des Standardsoftwaremarktes erfolgen Durchführbarkeitsuntersuchungen[5], die zu einer Entscheidung über das weitere Vorgehen führen. Damit ist auch die Entscheidung verbunden, ob Individualsoftware entwickelt oder Standardsoftware eingesetzt werden soll.

Ist-Analyse, Anforderungsanalyse, Pflichtenhefterstellung, Standardsoftwaremarktanalyse und Durchführbarkeitsuntersuchung werden zusammengefaßt zur **Analysephase.**

Organisationsentwurf: An die Analysephase schließt sich der Entwurf des IV-Systems an, der sinnvollerweise mit dem Entwurf eines organisatorischen Konzepts, in das die zu entwickelnde bzw. einzuführende Software eingebettet wird, beginnt. Zum Organisationsentwurf gehören organisatorische Abläufe, Benutzerschnittstellen, Funktionen, Einzelheiten zu Datenorganisation, Datenein- und -ausgabe, Datenübertragung.

---

3 Häufig wird ein erstes Pflichtenheft bereits mit dem Projektauftrag formuliert. Dieses Pflichtenheft wird dann bei der Ist-Analyse, bei der Anforderungsanalyse und in nachfolgenden Phasen fortgeschrieben und spezifiziert.

4 Der Trend geht heute immer mehr dahin, Standardsoftware anstelle von Individualsoftware einzusetzen.

5 Durchführbarkeitsuntersuchungen sind - in unterschiedlicher Intensität und mit unterschiedlichen Akzenten - während des gesamten Systementwicklungsprozesses erforderlich. Deshalb wird darauf in Kapitel 8 gesondert eingegangen.

Softwareentwurf: Zum Softwareentwurf gehören Programmentwurf, Entwurf einer Modularisierung, Schnittstellenentwurf usw.

Bei Einsatz von Standardsoftware tritt an die Stelle des Softwareentwurfs die **Einholung von Angeboten von Standardsoftware**, die Analyse und Bewertung dieser Angebote sowie die Auswahl einer für den vorgesehenen Zweck möglichst gut geeigneten Standardsoftware.

Hardwarekonfiguration: Schließlich ist auch die Hardware bzw. das Basissystem zu konfigurieren. Ist ein IV-System für eine bestehende Hardware zu entwickeln, sind dadurch auftretende Beschränkungen zu ermitteln und gegebenenfalls Hardwareerweiterungen und -modifikationen zu entwerfen.

> Organisationsentwurf, Systementwurf bzw. Angebotseinholung und Auswahl einer Standardsoftware sowie Hardwarekonfiguration können zur **Entwurfsphase** zusammengefaßt werden.

Das Vorgehen in der anschließenden Realisierungsphase hängt im einzelnen sehr stark davon ab, ob Eigenentwicklung von Individualsoftware angestrebt wird, oder ob Standardsoftware eingesetzt werden soll.

Programmierung und Test: Der Softwareentwurf ist in Programme umzusetzen. Die Programmierung geschieht im allgemeinen durch Spezialisten (Programmierer) unter Verwendung höherer Programmiersprachen sowie Softwareentwicklungswerkzeugen (CASE-Tools). Nach der Programmierung ist zu prüfen, ob die Programme allen Anforderungen entsprechen. Dabei ist zu beachten, daß sich die Schritte „Softwareentwurf", „Programmierung" und „Test" im allgemeinen überlappen und zum Teil mit Rückkopplungen erfolgen. Ein negativer Test kann z. B. eine Änderung im Detailentwurf zur Folge haben.

Reorganisation: Vor allem größere oder integrierte IV-Systeme führen zu organisatorischen Veränderungen. Das betrifft Arbeitsabläufe, Verteilung von Aufgaben auf ausführende Stellen, Stellenstruktur und Aufbauorganisation. Die Realisierung eines IV-Systems erfordert deshalb Reorganisationsmaßnahmen.

Implementierung, Umstellung und Inbetriebnahme: Nach erfolgreich abgeschlossenen Tests und den Reorganisationsmaßnahmen erfolgt die Einführung des neuen Systems für die Nutzung. Neben der eigentlichen Systeminstallation gehört dazu in vielen Fällen eine Schulung des Personals, um dieses mit dem neuen System vertraut zu machen. Im Zusammenhang mit der Implementierung ist auch zu prüfen, ob und falls ja, für welchen Zeitraum, das alte und das neue System parallel betrieben werden müssen.

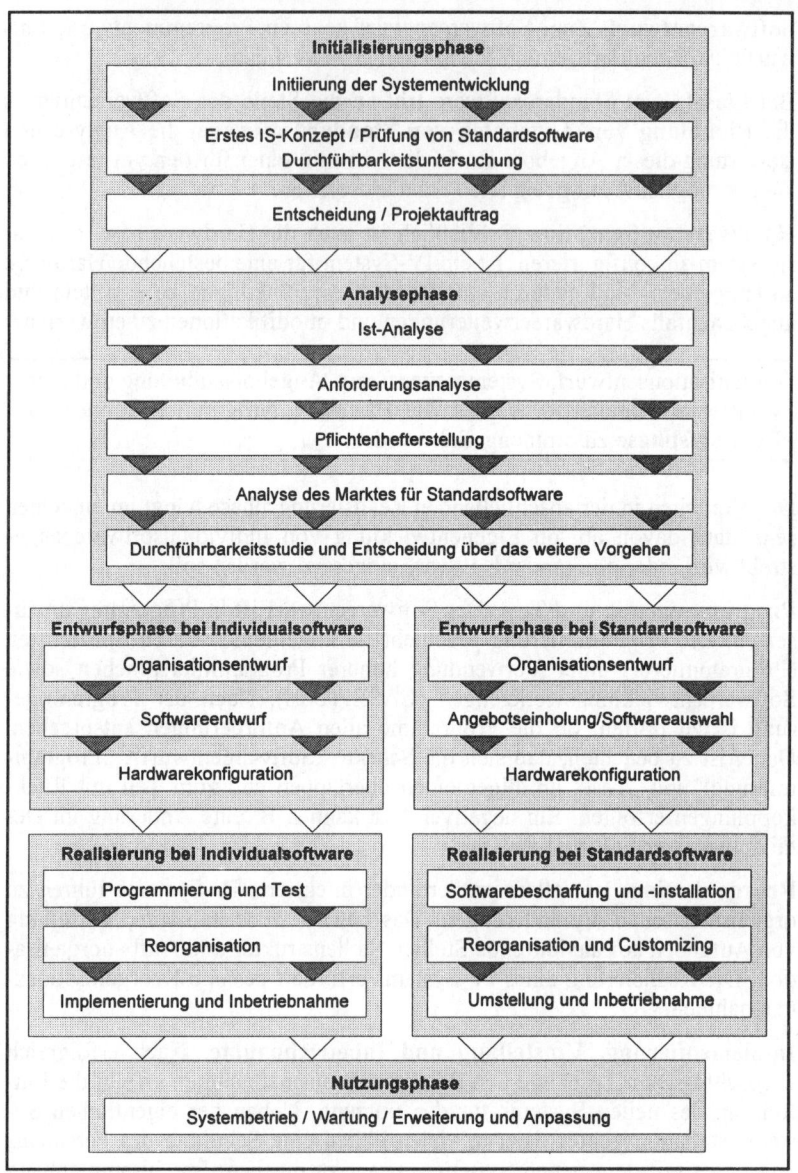

*Abb. 2.3.4: Phasenmodell der Systementwicklung mit Berücksichtigung der
Unterschiede bei Individualsoftware und Standardsoftware*

Parallelbetrieb kann aus verschiedenen Gründen zweckmäßig sein:
- aus Sicherheitsgründen, z. B. um Datenverluste auszuschließen,
- um den Anwendern eine Einarbeitung zu ermöglichen oder
- um Daten vom alten auf das neue System zu übernehmen.

Bei Einführung von Standardsoftware tritt an die Stelle der eben genannten Aufgabenbereiche:

Standardsoftwarebeschaffung und -installation: Grundlage dafür ist die in der Entwurfsphase getroffene Entscheidung für eine bestimmte Standardsoftware. Verbunden mit Beschaffung und Installation sind Schulungen und Einarbeitung in die Standardsoftware.

Reorganisation und Customizing: Auf die Notwendigkeit, Standardsoftware auf die individuellen Erfordernisse einzustellen und anzupassen wurde bereits hingewiesen. Dieses Customizing ist meistens mit Reorganisationsmaßnahmen verbunden, da Standardsoftware nicht beliebig anpassbar ist.

Umstellung und Inbetriebnahme: Nach Customizing und Reorganisation erfolgt die Umstellung auf das neue System mit der Inbetriebnahme.

Programmierung und Test, Reorganisation, Implementierung, Umstellung und Inbetriebnahme bzw. bei Standardsoftware Softwarebeschaffung und Softwareimplementierung, Reorganisation und Customizing sowie Umstellung und Inbetriebnahme werden zusammengefaßt zur **Realisierungsphase**.

Systembetrieb: Mit dem Beginn des Systembetriebs bzw. der **Nutzungsphase** ist die eigentliche Systemplanung, -entwicklung und -einführung abgeschlossen.

Zusammenfassend ergibt sich für eine Systementwicklung ein Phasenmodell wie in Abb. 2.3.4 (Seite 56).

2.3.3 Wasserfallmodell

Das lineare und rückkopplungsfreie Vorgehen der Phasenmodelle entspricht kaum der Realität. Deshalb wurde es zum Wasserfallmodell erweitert.

Beim **Wasserfallmodell** wird eine phasenweise Zerlegung und Abwicklung einer Systementwicklung um eine Überprüfung der Phasenergebnisse am Ende jeder Phase und die Möglichkeit, bei Nichteinhaltung von Qualitätsvorgaben in eine frühere Phase zurückzuspringen, erweitert.

Jede einzelne Phase schließt beim Wasserfallmodell mit einer Qualitätskontrolle bzw. mit Qualitätssicherungsmaßnahmen ab[6]. Durch diese ausdrückliche Forderung nach Qualitätssicherung sollen die hohen Folgekosten zu spät erkannter Fehler vermieden werden. Ergibt die Prüfung, daß Vorgaben nicht eingehalten wurden, ist in die vorherige Phase zurückzuspringen[7]. Das führt zu einer intensiven Rückkopplung zwischen den einzelnen Systementwicklungsphasen. Abb. 2.3.5 verdeutlicht das Grundkonzept des Wasserfallmodells.

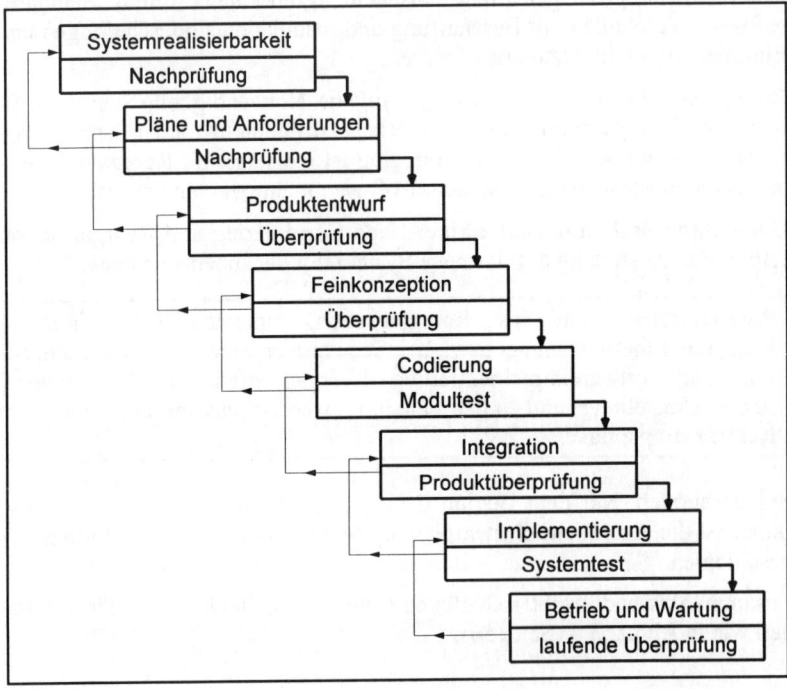

Abb. 2.3.5: Wasserfallmodell[8]

Die einzelnen Phasen des Wasserfallmodells bedeuten folgendes:

---

6   Ausführlich wird dieses Wasserfallmodell bei BOEHM [1986] behandelt.

7   BOEHM [1986] sieht nur einen Rücksprung in die jeweils unmittelbar vorherliegende Phase vor (vgl. auch Abb. 2.3.5). Praktisch ist aber auch ein Sprung in weiter zurückliegende Phasen möglich.

8   Vgl. BOEHM [1986, S. 31].

- In der Phase **Systemrealisierbarkeit** wird ein Konzept des zu entwikkelnden Systems definiert und die Durchführbarkeit und die Vorteilhaftigkeit gegenüber alternativen Konzepten festgestellt.
- In der Phase **Pläne und Anforderungen** erfolgt eine vollständige Spezifikation des zu entwickelnden Softwareprodukts mit allen Funktionen, Schnittstellen und der jeweiligen Leistung.
- **Produktentwurf** ist eine vollständige Spezifikation von Hardware und Software, von Daten und sonstigen Komponenten wie Benutzerhandbüchern, Testplänen usw.
- Bei der **Feinkonzeption** erfolgt ein detaillierter Entwurf mit Kontrollstrukturen, Datenstrukturen und Schnittstellenbeziehungen, insbesondere in Form einzelner Module.
- **Codierung** ist die Umsetzung der Feinkonzeption in Programme.
- **Integration** ist die Zusammenfügung der in der vorhergehenden Phase entwickelten einzelnen Module.
- Die fertige Software wird auf einer Hardware **implementiert**. Damit verbunden sind Systemtest und Schulung der zukünftigen Anwender.
- Als letzte Phase schließen sich **Systembetrieb** und **Systemwartung** an.

Die Erläuterungen machen deutlich, daß das Wasserfallmodell als Vorgehensmodell für **Software**entwicklung konzipiert wurde.

2.3.4 Inkrementelle Systementwicklung

Die in Abschnitt 2.3.2 erläuterten Phasenmodelle und das Wasserfallmodell aus Abschnitt 2.3.3 sehen eine schrittweise Entwicklung des Gesamtsystems vor. Das entspricht, insbesondere bei größeren Projekten, üblicherweise nicht der praktischen Vorgehensweise. IV-Systeme bestehen fast immer aus Teilsystemen und Modulen, die selten synchron entwickelt werden. In den meisten Fällen befinden sich die verschiedenen Teilsysteme und Module zu einem bestimmten Zeitpunkt in unterschiedlichen Entwicklungsstadien. Dieser Sachverhalt wird bei der inkrementellen Systementwicklung berücksichtigt.

> Bei der **inkrementellen Systementwicklung** wird das zu entwickelnde IV-System in Teilsysteme bzw. Module zerlegt, die weitgehend **autonom und zeitversetzt** entwickelt werden können.

Abb. 2.3.6 (Seite 60) veranschaulicht den Ansatz der inkrementellen Systementwicklung, mit dem man für Teilsysteme schon früh lauffähige Versionen erhält, lange bevor das Gesamtsystem in Betrieb gehen kann.

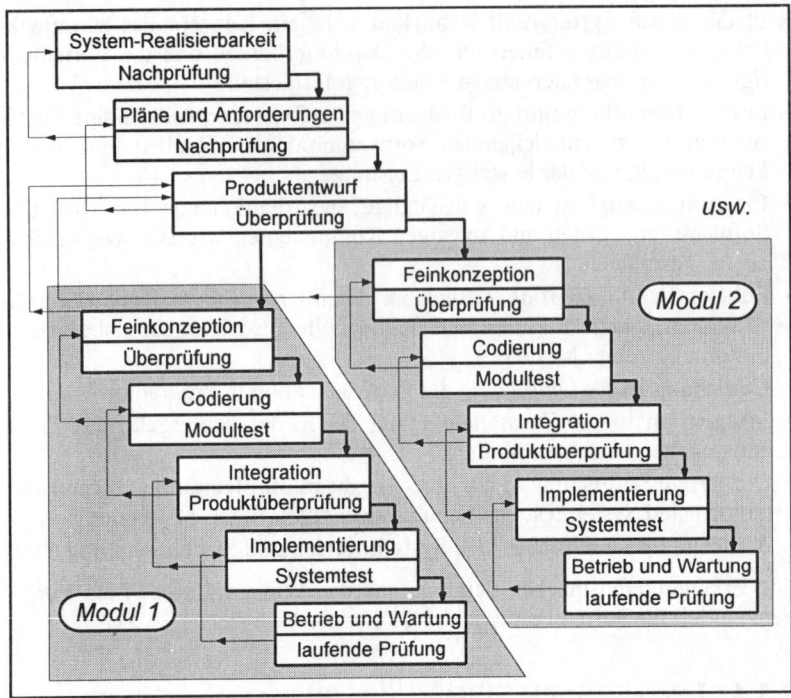

Abb. 2.3.6: Vorgehensweise bei einer inkrementellen Systementwicklung
(nach BOEHM [1986], S. 38)

2.3.5 Evolutionäre Systementwicklung

Bei der evolutionären Systementwicklung wird die Systementwicklung als Folge von Entwurfs-, Realisierungs- und Evaluierungszyklen aufgefaßt[9]. Die zukünftigen Anwender werden aktiv in den Prozeß der Systementwicklung eingebunden. An die Stelle der Analysephase treten laufende Abstimmungen und Rückkopplungen zwischen Entwicklern und Anwendern. Damit dominiert bei einer evolutionären Systementwicklung das Prinzip der Anwenderbeteiligung.

> Charakteristisches Merkmal der **evolutionären Systementwicklung** ist die laufende Abstimmung zwischen Entwicklern und zukünftigen Anwendern bzw. Nutzern.

---

9 Vgl. SCHÖNTHALER/NÉMETH [1992, S. 307].

Bei der evolutionären Systementwicklung wird auf eine ausführliche Analyse des Gesamtsystems zu Beginn der Systementwicklung verzichtet. Durch die Vielzahl der Entwurfs- und Realisierungsschritte entsteht ein inkrementelles Vorgehen. Beides erschwert die Projektsteuerung und -überwachung in erheblichem Umfang und stellt hohe Anforderungen an alle Projektmitarbeiter.

2.3.6   Prototyping

Prototyping tauchte etwa Mitte der 70er Jahre in den USA unter der Bezeichnung „Rapid Prototyping" auf. Anlaß war das Bemühen, bei Systementwicklungsprojekten möglichst schnell über eine (vorläufige) lauffähige Version zu verfügen.

Prototypen sind meistens einzelne Module, z. B. eine Benutzerschnittstelle zur Dialogverarbeitung, und vorläufige Versionen, die noch nicht ausgereift sind, aber die Erprobung bestimmter Systemeigenschaften ermöglichen.

Beim **Prototyping** wird möglichst frühzeitig ein sogenannter **Prototyp**, d. h. eine nutzungsfähige Version eines Teilsystems oder eines Moduls, entwickelt. An diesem kann die Funktions- und Nutzungsfähigkeit geprüft werden, und er kann für die Ermittlung bislang nicht erfaßter Benutzeranforderungen verwendet werden.

Beim Prototyping geht man prinzipiell folgendermaßen vor:
- Im Anschluß an einen Entwurf wird ein Prototyp konzipiert und realisiert. Je nach Zweck und Aufgaben des Prototyps kann das in verschiedenen Phasen der Systementwicklung geschehen, z. B. nach dem ersten Konzept, bei der Anforderungsanalyse, aber auch während der Realisierung.
- Aufgrund eines praktischen Einsatzes des Prototypen wird festgestellt, ob das Teilsystem den Benutzeranforderungen genügt.
- Falls ja, wird ein endgültiges System entwickelt, andernfalls wird der Prototyp modifiziert oder es wird ein neuer konzipiert.

Abb. 2.3.7 zeigt schematisch die Vorgehensweise beim Prototyping.

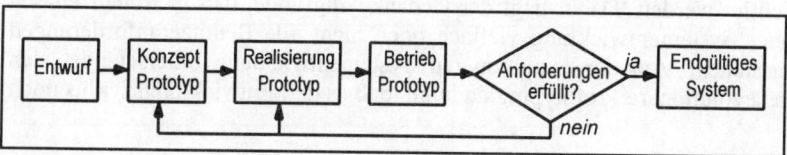

Abb. 2.3.7: Vorgehen beim Prototyping

Prototyping kann als spezielle Form einer evolutionären Systementwicklung angesehen werden. Durch die Erprobungen von Prototypen werden die zukünftigen Anwender in die Systementwicklung einbezogen, um die Benutzeranforderungen zu überprüfen oder zu konkretisieren.

Ähnlich wie die evolutionäre Systementwicklung schließt auch Prototyping ein phasenweises Vorgehen nicht aus. Deshalb sind Prototyping und evolutionäre Systementwicklung keine Alternativen zum Phasen- oder Wasserfallmodell, sondern eine Ergänzung dieser oder anderer Ansätze um einen speziellen Aspekt, nämlich die möglichst frühzeitige Erprobung bestimmter Eigenschaften, Funktionen, Benutzerschnittstellen usw. des Systems.

Man unterscheidet folgende **Arten von Prototyping**:

Exploratives Prototyping, wird vor allem zur Ermittlung und Festlegung von Systemanforderungen verwendet und führt meistens zu einer iterativen Vorgehensweise. Es wird ein erster, schnell entwickelter Prototyp geschaffen[10], der mit den zukünftigen Anwendern diskutiert wird, um deren Anforderungen möglichst vollständig in die Systementwicklung einzubeziehen. Durch Prozesse iterativer Rückkopplungen werden so die Systemanforderungen ermittelt. Exploratives Prototyping ist vor allem dann sinnvoll, wenn der Systementwickler nicht genügend Detailkenntnisse über das relevante Anwendungsgebiet besitzt. Im Phasenmodell (siehe Abb. 2.3.4 Seite 56) gehört das explorative Prototyping zur Anforderungsanalyse.

Experimentelles Prototyping dient dem Nachweis der Tauglichkeit von Systemkonzepten oder Systemkomponenten bevor eine endgültige und meist aufwendige Implementierung erfolgt. Diese „Tauglichkeitsprüfung" kann sich auf sehr unterschiedliche Aspekte beziehen, z. B. eine Benutzerschnittstelle für eine Dialogverarbeitung, Antwortzeitverhalten des Systems, Systemverhalten auf der verfügbaren Hardware. Experimentelles Prototyping kann im Phasenmodell bzw. im Wasserfallmodell zur Überprüfung von Phasenergebnissen eingesetzt werden.

Evolutionäres Prototyping ist die **schrittweise (inkrementelle) Entwicklung eines Systems über eine Folge von lauffähigen Versionen**. Das System wird von einfachsten Prototypen aus entwickelt, wobei für jede neue Systemversion neu hinzugekommene Benutzeranforderungen berücksichtigt werden. Dabei liegt der Gedanke zugrunde, daß in frühen Phasen einer Systementwicklung vielfach noch nicht alle Benutzeranforderungen feststehen. Von der evolutionären Systementwicklung unterscheidet sich das evolutionäre Prototyping dadurch, daß es den Entwicklungszyklus noch

---

10 Deshalb spricht man auch vom „rapid prototyping".

weiter einschränkt und sich auf Realisierungs- und Evaluierungsprozesse beschränkt.

Ferner unterscheidet man:
- **vollständige Prototypen**, die alle wesentlichen Funktionen eines Systems enthalten,
- **unvollständige Prototypen** für bestimmte Teilsysteme,
- **Wegwerf-Prototypen** sowie
- **wiederverwendbare Prototypen**.

2.3.7 Spiralmodell

Eine Weiterentwicklung des Wasserfallmodells ist das Spiralmodell[11].

> Das **Spiralmodell** ist durch folgende Eigenschaften gekennzeichnet:
> - **phasenweises Vorgehen**,
> - feste Folge von **wiederkehrenden Aktivitäten in jeder Phase**,
> - Einbindung des **Prototyping** in die Systementwicklung,
> - **Alternativenbewertung** und **Risikoanalyse** in jeder Phase.

Die Phasen des Spiralmodells sind in Abb. 2.3.8 dargestellt.

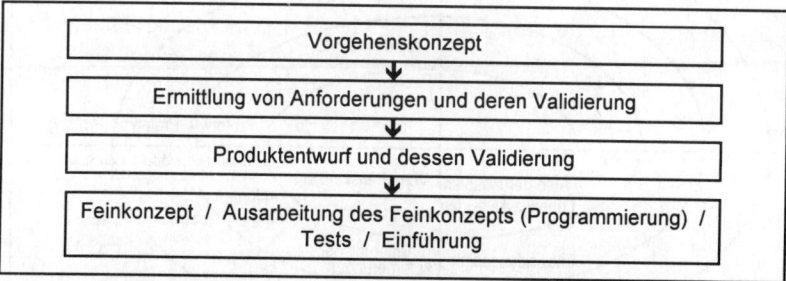

Abb. 2.3.8: Phasen des Spiralmodells nach BOEHM [1988]

Das Spiralmodell sieht vor, daß in jeder Phase bestimmte Arbeitsschritte ausgeführt werden. Dabei werden die dynamischen Verknüpfungen der einzelnen Systementwicklungsphasen stärker betont. Zudem findet eine systematische Analyse der im Laufe einer Systementwicklung möglichen Risiken statt. Die phasenbegleitenden Aktivitäten und deren Reihenfolge sind in Abb. 2.3.9 (Seite 64) dargestellt.

---

11 Vgl. BOEHM [1988].

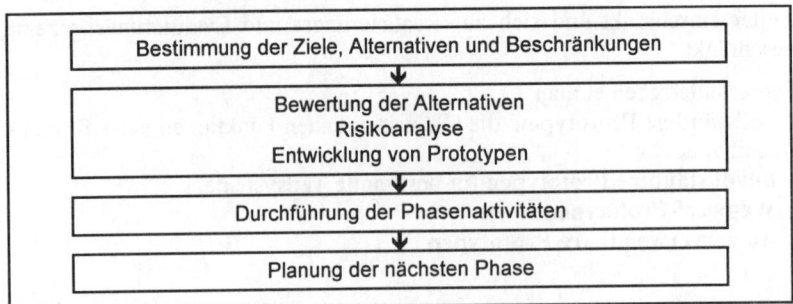

Abb. 2.3.9: Phasenbegleitende Aktivitäten des Spiralmodells nach BOEHM *[1988]*

Die in Abb. 2.3.8 dargestellten Phasen werden mit den phasenbegleitenden Aktivitäten aus Abb. 2.3.9 zu einem spiralförmigen Vorgehensmodell zusammengeführt. Abb. 2.3.10 zeigt dieses Spiralmodell.

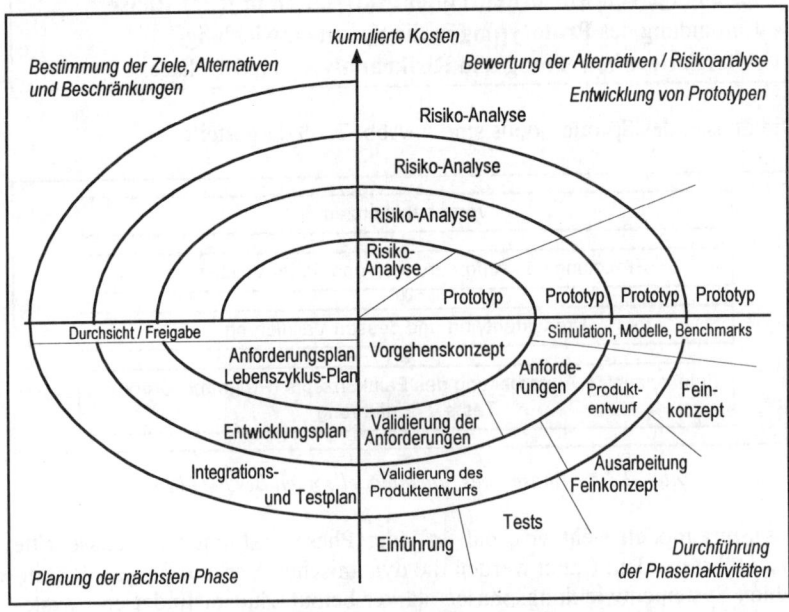

Abb. 2.3.10: Das Spiralmodell nach BOEHM *([1988, S. 64])*

Abb. 2.3.8 bis Abb. 2.3.10 machen deutlich, daß das Spiralmodell eine Weiterentwicklung des Wasserfallmodells mit einer systematischen Einbeziehung des Prototyping in die Systementwicklung ist.

2.3.8   Spezielle Vorgehensmodelle für die Einführung von Standardsoftware

Wird ein IV-System durch den Einsatz von Standardsoftware realisiert, dann treten spezielle Aufgaben auf, die ein eigenes Vorgehensmodell rechtfertigen. In dem Phasenmodell in Abb. 2.3.4 wurden die speziellen Aufgaben der Einführung von Standardsoftware bereits in den Grundzügen berücksichtigt. Ein spezielles Phasenmodell zur Einführung von Standardsoftware mit den Teilaufgaben der Phasen zeigt Abb. 2.3.11[12].

Projektstart
Beschreibung des Projektauftrags
Festlegung der Verantwortlichkeit des Projektteams / Projektorganisation

Analyse- und Konzeptionsphase
Anforderungsanalyse / Sollkonzeptbeschreibung
Einsatzstudie und Auswahl der Standardsoftware

Prototyping
Funktionsmodelle testen
Organisationsstruktur und Geschäftsvorfälle abgleichen / erstes Training
Schnittstellen zu anderen Systemen identifizieren

Customizing
unternehmensspezifische Ausprägung der Standardsoftware

Optimierung und Feinplanung
Test und Systemoptimierung / Produktiveinsatz planen
Standarddokumentation unternehmensspezifisch ergänzen

Vorbereitung des produktiven Einsatzes
umfassende Anwenderschulung auf die konkreten Geschäftsvorfälle
System endgültig einrichten / Datenübernahme aus „Altsystemen"

Start des Produktivbetriebs
laufende technische und organisatorische Optimierung
ständige Überwachung und Anpassung der definierten Geschäftsprozesse

Abb. 2.3.11: Phasen zur Einführung von Standardsoftware

12 Vgl. BUCK-EMDEN/GALIMOW [1995, S. 184]. Die Autoren sprechen allerdings nicht von Phasenmodell, sondern von Schritten eines Projekts zur Einführung von Standardsoftware.

Prototyping ist hier zu verstehen als die Einrichtung und Konfigurierung einer Testinstallation der Standardsoftware, die den speziellen Erfordernissen des Einsatzzweckes in den Grundzügen gerecht wird. Der Prototyp wird dann für einen Probebetrieb und die detaillierte Anpassung der Standardsoftware verwendet.

Ein anderes Phasenmodell zur Einführung von Standardsoftware ist in Abb. 2.3.12 dargestellt[13].

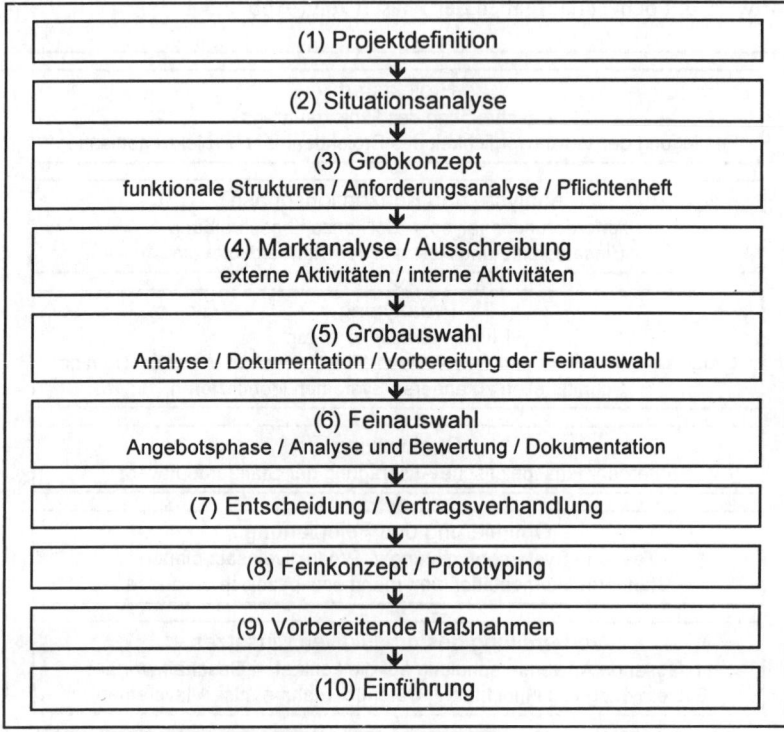

Abb. 2.3.12: Phasenmodell für Auswahl und Einsatz von Standardsoftware

Die Phasen (1) bis (5) sind anwendungsorientiert, die Phase (6) ist technologieorientiert und bezieht sich auf Hardware, Betriebssysteme und Basis-Software. Für die Phasen (3) bis (7) ist eine Unterstützung durch externe Beratungsunternehmen vorgesehen.

---

13 Vgl. dazu LANG [1989, S. 4ff.].

Ein weiteres Vorgehensmodell für die Einführung von Standardsoftware zeigt Abb. 2.3.13. Es wird von der SAP AG für die Einführung der industriellen Standardsoftware R/3 empfohlen. Einführungsprojekte werden bei diesem Vorgehensmodell grundsätzlich in vier Phasen eingeteilt[14]:

• Organisation und Konzeption,

• Detaillierung und Realisation,

• Vorbereitung des Produktivbetriebs und

• Produktive Nutzung.

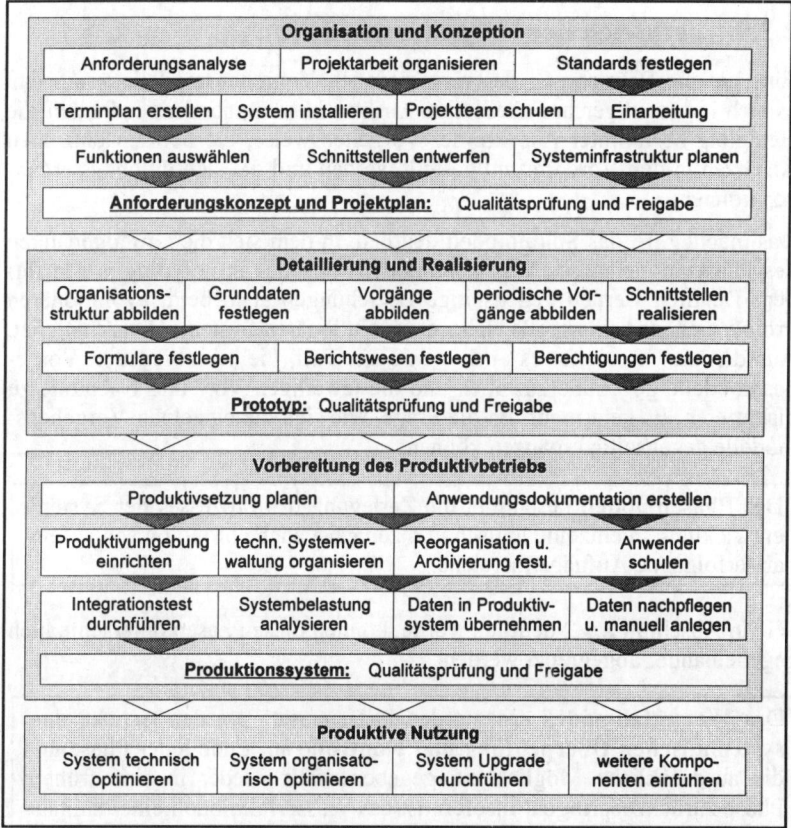

Abb. 2.3.13: Vorgehensmodell der SAP AG für die Einführung von R/3

---

14 Vgl. SAP [1994, S. 9-4]. Detaillierte Informationen zu dem Vorgehensmodell enthält die Unterstützungssoftware der SAP.

In den Phasen „Detaillierung und Realisation" und „Vorbereitung des Produktivbetriebs" erfolgt das Customizing.
Ergebnisse der Phase „Organisation und Konzept" sind ein verbindlicher Projektplan und ein detailliertes Anforderungskonzept.
Ein dokumentierter Prototyp ist das Ergebnis der Phase „Detaillierung und Realisation".
Ein eingerichtetes Produktivsystem steht nach Abschluß der Phase „Vorbereitung des Produktivbetriebs" zur Verfügung.

2.3.9 Vergleich der Vorgehensmodelle

Eine genaue Betrachtung der verschiedenen Vorgehensmodelle zeigt, daß es sich hier weniger um alternative Ansätze handelt, sondern mehr um die Betonung bestimmter Aspekte der Vorgehensweise, die bei den einzelnen Ansätzen in den Vordergrund gestellt werden und die sich durchaus ergänzen können.

Das macht z. B. das Spiralmodell deutlich, in dem sich die Grundgedanken des Phasenmodells, des Wasserfallmodells und des Prototyping wiederfinden. Deutlich werden gegenseitige Beziehungen auch beim evolutionären Prototyping, das eine große Nähe zur evolutionären Systementwicklung hat. Aus diesem Grunde ist es auch wenig sinnvoll, die verschiedenen Vorgehensmodelle gegenüberzustellen und die jeweiligen Vor- und Nachteile zu diskutieren. Es geht mehr um die Frage, wie sich die einzelnen Vorgehensmodelle gegenseitig ergänzen können.

Das **Phasenmodell** beschreibt die Zerlegung des Prozesses der Systementwicklung in einzelne logisch und zunächst auch chronologisch aufeinanderfolgende Aufgabenbereiche.

Wie in Abschnitt 2.3.2 deutlich wurde, können diese Phasen unterschiedlich gegeneinander abgegrenzt werden.

Das **Wasserfallmodell** ergänzt den Phasenansatz um den Aspekt einer **systematischen Überprüfung und Kontrolle** am Ende jeder Phase und die ausdrückliche Möglichkeit, gegebenenfalls wieder in eine frühere Phase zurückzuspringen. Insofern ist das Wasserfallmodell eine realitätsbezogene Weiterentwicklung des Phasenmodells.

Vor allem bei der Entwicklung größerer IV-Systeme müssen sich die Systementwickler **intensiv mit den zukünftigen Anwendern abstimmen**. Das betrifft vor allem die Formulierung der Anforderungen an das System hinsichtlich der Systemfunktionen, der Benutzerschnittstellen, des Anwort-zeitverhaltens usw. Dieser intensive Abstimmungsprozeß, der dann die ge-samte Systementwicklung begleitet, führt zur Berücksichtigung von Ele-menten der evolutionären Systementwicklung.

> **Evolutionäre Systementwicklung** bedeutet eine konsequente und inten-sive Einbeziehung der zukünftigen Anwender in den Systementwick-lungsprozeß.

Ein weiterer spezieller Aspekt der Planung, Entwicklung und Einführung von IV-Systemen ist das Prototyping.

> **Prototyping** liefert kein geschlossenes Vorgehensmodell für den ge-samten Prozeß der Systementwicklung, sondern versucht vor allem, möglichst frühzeitig für Teilsysteme oder Komponenten eines Systems lauffähige Versionen bereitzustellen.

Das Prototyping läßt sich verbinden mit der evolutionären Systementwick-lung, aber auch mit Phasen- oder Wasserfallmodell.

> Das **Spiralmodell** ergänzt das Wasserfallmodell um Prototyping und einige andere Schritte einer systematischen Vorgehensweise, zu denen insbesondere eine intensive Risikoanalyse in jeder Phase gehört.

Schließlich ist auf den Ansatz der inkrementellen Systementwicklung hin-zuweisen.

> **Inkrementelle Systementwicklung** läßt sich grundsätzlich aus der Not-wendigkeit einer Zerlegung größerer Systeme in Teilsysteme bzw. der Forderung nach Modularisierung herleiten.

Auch dieser Ansatz stellt damit eine **Weiterentwicklung des Wasserfall-modells** unter Hinzunahme des Aspekts einer systematischen und schritt-weisen Zerlegung der Systementwicklung dar.

Diese Überlegungen machen deutlich, daß **Systementwicklung** in der Pra-xis in den meisten Fällen **Aspekte aller Vorgehensmodelle aufweisen wird**.

Die „lupenreine" Verwendung eines bestimmten Vorgehensmodells wird man in der Realität kaum finden.

2.3.10 Ein verallgemeinertes Vorgehensmodell

Nachfolgend wird ein verallgemeinertes Vorgehensmodell entwickelt, das die Aspekte der verschiedenen Ansätze aus den vorangegangenen Abschnitten soweit wie möglich einbezieht. Für dieses Vorgehensmodell wird von einer phasenweisen Systementwicklung ausgegangen, weil in der Realität im Regelfall ein Systementwicklungsprozeß in einzelne, logisch sowie chronologisch aufeinanderfolgende Aufgabenbereiche zerlegt wird. Für dieses Vorgehen wird die Grobstruktur des Phasenmodells aus Abb. 2.3.4 zugrundegelegt.

Dieses Phasenmodell wird in folgender Weise ergänzt bzw. erweitert:

- Für jede Phaseerfolgt **eine Planung,** mit Ausnahme der ersten Phase auf Grundlage der Ergebnisse der jeweils vorhergehenden Phase. Dabei spielen vor allem Vorgaben und Randbedingungen eine Rolle, die im ersten Schritt jeder Phase zu analysieren sind.
- Wie beim Spiralmodell erfolgt in jeder Phase eine **Risikoanalyse.**
- Die Analyse von Vorgaben und möglichen Risiken wird in jeder Phase verknüpft mit der Untersuchung der **Durchführbarkeit** der Phasenvorgaben bzw. Phasenziele in

  - funktioneller,   - personeller,
  - wirtschaftlicher,   - technischer,
  - sozialer,   - finanzieller,
  - organisatorischer,   - rechtlicher Hinsicht.

- Die **Phasenaktivitäten** werden während des Systementwicklungsprozesses dokumentiert und in eine **Entwicklungsdokumentation** eingebracht.
- Ebenso werden die **Phasenergebnisse** dokumentiert und zu einer Produkt- bzw. **Systemdokumentation** zusammengefügt.
- Zum Abschluß jeder Phase erfolgt eine Überprüfung bzw. **Kontrolle der Phasenergebnisse.** Sind Phasenvorgaben nicht vollständig eingehalten worden, erfolgt ein Rücksprung in eine frühere Phase, so wie es das Wasserfallmodell vorsieht. Diese Überprüfung bzw. Kontrolle wird in eine entwicklungsbegleitende Qualitätssicherung eingebunden.
- Die Phasenergebnisse münden ein in die **Planung der nächsten Phase.**

Die genannten Erweiterungen führen in jeder Phase zu den folgenden im Wortlaut gleichen, inhaltlich allerdings unterschiedlichen Phasenaktivitäten:

- Analyse der Vorgaben und Randbedingungen,
- Risikoanalyse,
- Durchführbarkeitsuntersuchung,
- Phasenaufgaben (eigentliche Systementwicklung),
- Dokumentation der Systementwicklung und des Systems,

- Phasenkontrolle (Qualitätssicherung),
- Planung der nächsten Phase.

Qualitätssicherung, Entwicklungsdokumentation und **Projektmanagement** werden als permanente, entwicklungsbegleitende Aufgabe angesehen.
Zusätzlich werden folgende Aspekte berücksichtigt:

- In den Phasen, in denen eine Konkretisierung des Systems stattfindet, können **Prototypen** entwickelt werden. Je nach zu entwickelndem System bzw. je nach Anwendungsbereich und je nach Ausmaß der Präzisierung der Anforderungen an das zukünftige System in frühen Phasen können Prototypen für unterschiedliche Zwecke eingesetzt werden (vgl. dazu die Ausführungen in Abschnitt 2.3.6).
- Während des gesamten Entwicklungsprozesses findet eine ständige **Abstimmung und Rückkopplung zwischen Entwicklern und zukünftigen Anwendern** statt, um die Anwenderbedürfnisse in höchstmöglichem Maße in das Systemkonzept einfließen zu lassen.

Damit ergibt sich ein dreidimensionales Phasenmodell wie in Abb. 2.3.14. Die Entwicklungsphasen sind hier die erste, die Phasenaktivitäten die zweite und die permanenten Aufgaben die dritte Dimension.

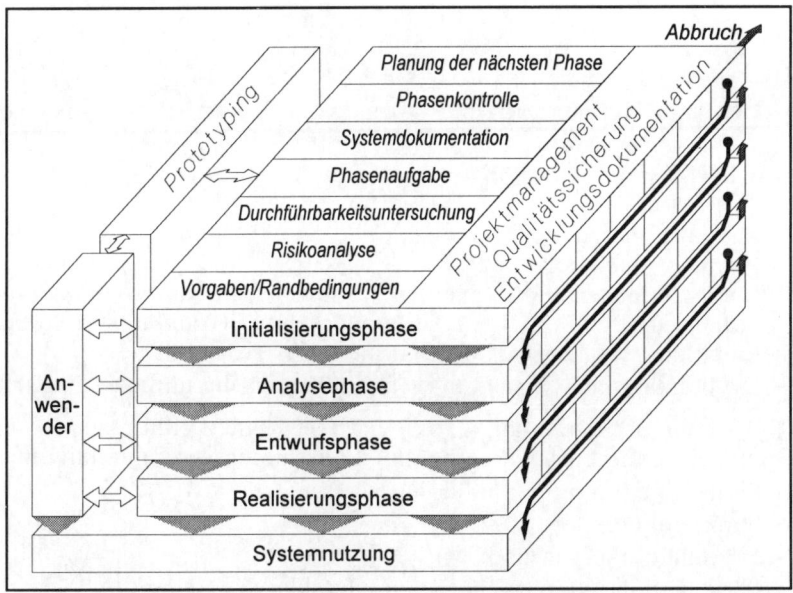

Abb. 2.3.14: Phasenmodell mit Phasenaktivitäten

In diesem Phasenmodell ist folgender Aspekt nicht explizit berücksichtigt, wird aber als dazugehörig betrachtet:
Das zu entwickelnde IV-System wird – zumindest für größere IV-Systeme – hierarchisch in Teilsysteme zerlegt. Entwurf und Realisierung dieser Teilsysteme können als weitgehend eigene Entwicklungsaufgaben aufgefaßt werden, die chronologisch versetzt bearbeitet werden. Dadurch können sich im Rahmen einer Systementwicklung verschiedene Teilsysteme in unterschiedlichen Systementwicklungsphasen befinden. Es wird also auch der Ansatz der **inkrementellen Systementwicklung** einbezogen.

Den folgenden Kapiteln liegt das skizzierte Konzept zu Grunde. Die einzelnen Systementwicklungsphasen werden in den Kapiteln 4 bis 7 behandelt. Anschließend werden die systementwicklungsbegleitenden Aktivitäten dargestellt. Zuvor werden in Kapitel 3 die wichtigsten Techniken der Systementwicklung diskutiert.

3 Techniken der Systementwicklung

Die in Kapitel 2 behandelten Vorgehensmodelle betonen den **Manage-mentaspekt** im Sinne einer Steuerung des gesamten Systementwicklungs-prozesses von der erstmaligen Idee bis hin zum Systembetrieb. In diesem Kapitel werden **Hilfsmittel und Techniken zur Unterstützung einer Sy-stementwicklung** diskutiert[1]. Im Vordergrund stehen dabei diejenigen Hilfsmittel und Techniken, die mehrere Aufgabenbereiche der Systement-wicklung unterstützen. Spezielle Ansätze für bestimmte Aufgaben werden im Rahmen des jeweiligen Sachzusammenhangs behandelt[2], z. B. Verfah-ren für die Untersuchung der wirtschaftlichen Durchführbarkeit und An-sätze für die Aufwandsschätzung einer Systementwicklung in Kapitel 8 oder Projektmanagementtechniken in Kapitel 10.

3.1 Begriffliche Grundlagen

Nach dem Grad der Formalisiertheit eines Hilfsmittels kann unterschieden werden in Techniken und Methoden.

> Eine **Technik** ist ein Hilfsmittel, um ein bestimmtes Ziel bei der Erhe-bung, Darstellung, Analyse oder Auswertung eines Sachverhalts oder Zusammenhangs zu erreichen[3].

Der Begriff Technik impliziert Zweckmäßigkeit bzw. Problemadäquanz des Hilfsmittels. Es verbirgt sich dahinter ein breites Spektrum von Hilfsmitteln

---

1 Auf Systementwicklungs**methoden**, wie z. B. Strukturierte Analyse (SA), Struc-tured Design (SD), Structured Analysis and Design Technique (SADT), wird nicht eingegangen, da deren Behandlung den Rahmen sprengen würde.

2 Man beachte, daß viele der in den folgenden Abschnitten diskutierten Techniken auch außerhalb der eigentlichen Systementwicklung verwendet werden bzw. ver-wendet werden können.

3 „Technik" wird im Zusammenhang mit Systementwicklung auch anders defi-niert, z. B. bei BALZERT [1982, S. 24]: „Technik ist die konsequente Anwendung von Prinzipien, Methoden und Werkzeugen." Nicht zu verwechseln ist der hier benutzte Begriff Technik mit dem im Sinne eines technischen Gerätes.

und Instrumenten aus verschiedenen Bereichen, wie die Ausführungen in den nachfolgenden Abschnitten zeigen.

Beispiele für Techniken lassen sich in vielfältiger Weise finden. Eine bekannte Technik sind die bereits aus der Anfangszeit der Programmentwicklung bekannten **Programmablaufpläne**. Bei diesen wird eine Menge von Symbolen mit einer genau definierten Bedeutung zusammen mit wenigen Verfahrensregeln zu einer Technik im obigen Sinne kombiniert. Die Darstellung von Zuordnungen oder Strukturen durch Matrizen oder Graphen (s.u.) sind andere Beispiele.

Techniken sind nach der hier verwendeten Begriffsabgrenzung Hilfsmittel zur Lösung oder Bewältigung eines bestimmten Problems, z. B. Darstellung einer Struktur oder von Zuordnungen, Analyse eines Arbeitsablaufs. Sie sind insofern anwendungsneutral, als es um die logische Struktur des Problems, nicht aber um das jeweilige Anwendungsgebiet geht. Demgegenüber sind Methoden anwendungsbezogen.

> Eine **Methode i. e. S.** ist eine um Anwendungsregeln für einen **abgegrenzten Anwendungsbereich** ergänzte Technik oder Kombination mehrerer Techniken.

Methoden i. e. S. beziehen sich also auf die **Anwendung von Techniken** in einem bestimmten Problembereich und die für diesen Bereich spezifischen Regeln zur Problembewältigung.

Beispiel für eine Methode i. e. S. ist die Strukturierte Analyse, die Datenflußdiagramme, strukturierte Sprache und Datenkataloge zu einer Methode kombiniert.

> Eine **Methode i. w. S.** ist eine planmäßig angewandte, begründete Vorgehensweise zur Erreichung von festgelegten Zielen[4].

Eine Methode i. w. S. ist z. B. das Phasenmodell der Systementwicklung.

> Ein **Verfahren** ist eine geregelte Folge von Arbeitsschritten zur Lösung einer bestimmten Aufgabe[5].

Von Methoden i. w. S. unterscheiden sich Verfahren eher nur graduell, so daß darauf nicht weiter eingegangen wird.

> **Systementwicklungs-Werkzeuge** oder -**Tools** sind computerunterstützte Hilfsmittel, die die Systementwicklung und Systemwartung unterstützen.

---

4   Nach BALZERT [1982, S. 22].

5   Vgl. hierzu WALTER [1992, S. 21].

Das Spektrum der Werkzeuge und Tools reicht von der Unterstützung einzelner Techniken bis hin zu integrierten Werkzeugsystemen, die durch Kombination von Methoden den kompletten Systementwicklungszyklus unterstützen. Im letztgenannten Fall wird dann, wenn man sich auf Software beschränkt, statt eines Werkzeugs von einer **Software-Entwicklungsumgebung** (Werkzeugkasten; Software Engineering Environment System, SEES) gesprochen.

Beispiele für Werkzeuge, die einzelne Techniken unterstützen, sind Data-Dictionary-Systeme oder Generatoren für Struktogramme (s. u.). Software-Produktionsumgebungen dagegen umfassen Analyse-Tools (z. B. die Unterstützung der Methode der Strukturierten Analyse), Entwurfswerkzeuge (z. B. durch Einbeziehung der Methode des Structured Design) und Implementierungshilfen (Struktogrammgeneratoren, automatische Generierung von Programmcode usw.).

Systementwicklungswerkzeuge werden heute unter der Bezeichnung **CASE-Tools** (Computer Aided Software Engineering) zusammengefaßt.

3.2   Typologie der Techniken

In diesem Abschnitt wird zunächst ein Überblick über Arten bzw. Typen von Techniken gegeben.

Die von den Hilfsmitteln her anspruchsloseste Technik ist die **verbale Beschreibung** von Abläufen, Strukturen oder anderen Sachverhalten. Bei der Abfassung von Texten sollte man sich einer knappen, präzisen Ausdrucksweise bedienen. Übersichtlichkeit und Klarheit sind wichtig, nicht literarisches Anspruchsniveau.

Texte haben den Vorteil der Verwendung natürlicher Sprache. Sie können vom Adressaten unmittelbar aufgenommen und interpretiert werden. Texte werden als Darstellungs- und Beschreibungshilfsmittel bei der Planung, Entwicklung und Einführung von IV-Systemen in vielfältiger Form eingesetzt.

Man unterscheidet folgende Formen verbaler Darstellungen:

- **frei und unstrukturiert formulierte Texte**, z. B. für die Beschreibung einer Situation oder die Erläuterung einer bestimmten Systemfunktion,
- **systematisierte Texte**, z. B. durch Absatzbildung, Spiegelstriche oder Punkte (so wie in dieser Übersicht),
- **Gliederungen**, mit denen z. B. die hierarchische Struktur von Systemen dargestellt werden kann,
- **Listen**,

- **tabellarische Texte,**
- **strukturierte Texte,** um Abläufe verbal, aber schematisiert zu beschreiben[6],
- **Formulare.**

Ein nützliches Hilfsmittel sind Tabellen.

> Eine **Tabelle** ist ein rechteckiges Schema, das üblicherweise in **Zeilen** und **Spalten** untergliedert wird.

Tabellen können für unterschiedliche Zwecke und in unterschiedlicher Gestaltungsform eingesetzt werden, z. B. um Beschreibungen in komprimierter Form systematisch darzustellen.

Ähnlich wie Tabellen sind Matrizen aufgebaut.

> Eine **Matrix** ist ein rechteckiges Schema mit m Zeilen und n Spalten und wird mit A_{mn} bezeichnet[7].

Die rechteckig angeordneten **Elemente einer Matrix** werden zwischen Klammern gesetzt. Abb. 3.2.1 zeigt eine Matrix mit n Zeilen und m Spalten und den Elementen a_{ij} ($i = 1,...,n; j = 1,...,m$) in allgemeiner Form.

$$
\begin{array}{c}
\quad\quad\quad\quad\quad\quad \textit{Spalte} \\
\quad\quad\quad 1 \quad\ 2 \quad ... \quad j \quad\ ... \quad m \\
\begin{array}{r}
\textit{Zeile } 1 \\
\textit{Zeile } 2 \\
\\
\textit{Zeile } i \\
\\
\textit{Zeile } n
\end{array}
\left(
\begin{array}{cccccc}
a_{11} & a_{12} & \cdots & a_{1j} & \cdots & a_{1m} \\
a_{21} & a_{22} & \cdots & a_{2j} & \cdots & a_{2m} \\
... & ... & ... & & ... & ... \\
a_{i1} & a_{i2} & \cdots & a_{ij} & \cdots & a_{im} \\
... & ... & ... & & ... & ... \\
a_{n1} & a_{n2} & \cdots & a_{nj} & \cdots & a_{nm}
\end{array}
\right)
\end{array}
$$

Abb. 3.2.1: Matrix mit n Zeilen und m Spalten

Bei der Systementwicklung werden Matrizen vor allem für die **Darstellung von Strukturen, Zuordnungen und Beziehungen** verwendet.

---

6 Vgl. dazu auch das Beispiel in Abb. 3.5.1 weiter unten.

7 Der Matrizenbegriff entstammt der Mathematik, und zwar der linearen Algebra. Matrizen werden dort für mehrdimensionale lineare Abbildungen verwendet. Dazu wird auf die einschlägige mathematische Fachliteratur verwiesen. Eine anwendungsorientierte Einführung findet man bei SCHWARZE [1992].

Beispiele für Zuordnungen oder Beziehungen sind:
- innerbetriebliche Leistungsverflechtungen zwischen verschiedenen Abteilungen oder Kostenstellen,
- Zuordnung von Aufgaben zu Stellen oder Mitarbeitern,
- Zugriffe von Arbeitsplätzen auf verschiedene Datensätze bzw. Datenelemente.

Ein übersichtliches und vielseitig verwendbares Hilfsmittel der Systementwicklung sind **grafische Darstellungen**. Vielfach werden dabei spezielle, teilweise in DIN-Normen festgelegte Symbole verwendet.

Nachfolgend sind einige häufige Grafikformen zusammengestellt. Spezielle grafische Ansätze werden im Rahmen des jeweiligen Sachzusammenhangs vorgestellt.

- **E-R-Diagramme** für die Modellierung von Daten (vgl. Abschnitt 3.4.4),
- **Dekompositionsdiagramme** zur hierarchische Zerlegung einer Struktur, z. B. bei der Modularisierung (vgl. Abschnitt 3.4.6),
- **Piktogramme**, die Bildsymbole verwenden, und in unterschiedlichen Bereichen eingesetzt werden (vgl. Abschnitt 3.4.7),
- **Ablaufdiagramme**, die in unterschiedlicher Form für die Darstellung von Arbeits- oder Aufgabenabläufen verwendet werden (vgl. Abschnitt 3.5.3),
- **Programmablaufpläne**, die die Verarbeitungsschritte eines Programms und deren Reihenfolge enthalten (vgl. Abschnitt 3.5.4),
- **Struktogramme**, die mit einer völlig anderen Darstellungstechnik den gleichen Zweck erfüllen, wie Programmablaufpläne (vgl. dazu ebenfalls Abschnitt 3.5.4).
- **Datenflußpläne** bzw. Datenflußdiagramme (vgl. Abschnitt 3.5.5),
- **Petri-Netze** zur Modellierung von Systemen und ihres Verhaltens (vgl. Abschnitt 3.5.6),
- **Balkendiagramme** für Arbeitsabläufe[8],
- **Netzpläne**, die für die Projektablaufplanung verwendet werden[9],
- **Organigramme** zur Darstellung von Organisationsstrukturen,

Beispiele zu den meisten der genannten grafischen Darstellungsformen finden sich in den folgenden Abschnitten und Kapiteln. Für die Darstellung von Strukturen sei hier insbesondere auf die **Graphentheorie** als Teilgebiet der Mathematik hingewiesen[10]. Mit Graphen können Strukturen und quantitative oder formal-logische Zusammenhänge sowohl anschaulich als auch formal-logisch abgebildet werden.

---

8   Diese werden häufig auch als GANTT-Diagramme bezeichnet.

9   Vgl. dazu Kapitel 10 sowie SCHWARZE [1994a].

10 Vgl. zur Graphentheorie z. B. BUSACKER/SAATY [1968] oder SCHWARZE [1992].

Systementwicklung kann auch durch verschiedene **formale Techniken** unterstützt werden. Hierbei handelt es sich um Ansätze aus

- Mathematik,
- Statistik und
- Logik.

Mathematische, statistische und logische Hilfsmittel können bei der Systementwicklung in sehr verschiedenen Bereichen und auf sehr unterschiedliche Art eingesetzt werden. Die folgende Auflistung enthält dazu ausgewählte Beispiele:

- Mathematische Methoden werden bei der Untersuchung der Wirtschaftlichkeit eines zu entwickelnden IV-Systems eingesetzt.
- Beim Entwurf eines Systems für Datenbankabfragen spielen logische Verknüpfungen eine Rolle.
- Bei der Konfigurierung der Hardware eines IV-Systems können verschiedene mathematische Optimierungsverfahren eingesetzt werden, wie z. B. die Warteschlangentheorie.
- Für die Ermittlung des Mengengerüstes bei einer Ist-Analyse, können verschiedene statistische Verfahren und Techniken benutzt werden.

Neben den genannten Arten von Techniken zur Unterstützung einer Systementwicklung gibt es noch eine Reihe weiterer Techniken und Hilfsmittel. Dazu gehören z. B.

- bestimmte Ansätze der Wirtschaftlichkeitsanalyse,
- Entscheidungstabellen (vgl. Abschnitt 3.6.2),
- Präsentationstechniken und
- Kreativitätstechniken.

Wichtige, häufig verwendete Techniken werden in den folgenden Abschnitten dieses Kapitels im Überblick behandelt.

3.3 Darstellung und Beschreibung von Systemelementen

Jedes System besteht aus **Elementen** und **Beziehungen zwischen diesen Elementen** (vgl. Kapitel 1). Dabei können auch Teilsysteme oder Subsysteme als Elemente vorkommen. Für die Beschreibung und/oder Darstellung von Systemelementen gibt es verschiedene Techniken. Welche Technik in einem konkreten Fall vorzugsweise eingesetzt werden sollte, hängt davon ab, wie der Begriff „Element" in dem jeweiligen Zusammenhang definiert ist.

Beim **objektorientierten Ansatz** der Systementwicklung können die **Objekte bzw. Objektklassen** als Systemelemente aufgefaßt werden. Den

Objekten einer Klasse sind Attribute und Methoden zugeordnet. Sie können tabellarisch beschrieben werden wie in Abb. 3.3.1.

Es ist nicht möglich, hier alle Varianten denkbarer tabellarischer Beschreibungen von Systemelementen aufzuführen. Entscheidend ist, daß eine solche Tabelle alle für die Systementwicklung relevanten Informationen in übersichtlicher und gut strukturierter Form enthält.

Name der Objektklasse: Kunde	
Attribute	**Methoden**
Kunden-Nummer	neu anlegen
Name	löschen
Straße	ändern
Ort	Anschrift auswählen
Konto-Nummer	Zahlungseingänge prüfen

Abb. 3.3.1: Tabellarische Beschreibung eines Systemelements „Objekt"

In Abb. 3.3.2 ist das Objekt aus Abb. 3.3.1 mit seinen Attributen grafisch dargestellt.

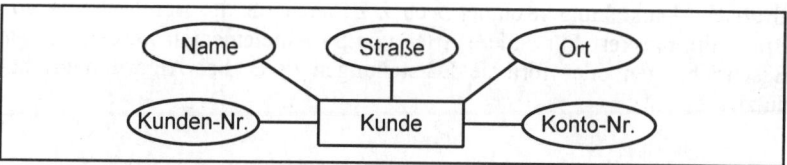

Abb. 3.3.2: Grafische Beschreibung eines Systemelements

Die grafische Darstellung in Abb. 3.3.2 lehnt sich an die bei E-R-Diagrammen verwendete Notation an[11]. Dabei werden Objekte durch Rechtecke und Attribute durch Kreise oder Ellipsen dargestellt. Die Zuordnung der Attribute zu den Objekttypen wird durch Linien abgebildet[12].

Abb. 3.3.3 zeigt eine andere Form der grafischen Beschreibung des Beispiels aus Abb. 3.3.2. Diese Form der grafischen Darstellung kommt einer tabellarischen Darstellung sehr nahe.

---

11 E-R-Diagramme bzw. Entity-Relationship-Diagramme gehen auf CHEN [1976] zurück. Vgl. dazu auch MCFADDEN/HOFFER [1994] oder SCHWARZE [1994].

12 Methoden werden in E-R-Diagrammen nicht abgebildet.

Kunde				
Kunden-Nr.	Name	Straße	Ort	Konto-Nr.

Abb. 3.3.3: Alternative Beschreibung eines Systemelements

Abb. 3.3.4 zeigt das Beispiel aus Abb. 3.3.1 in einer graphischen Notation der objektorientierten Analyse. Dabei sind auch Methoden berücksichtigt.

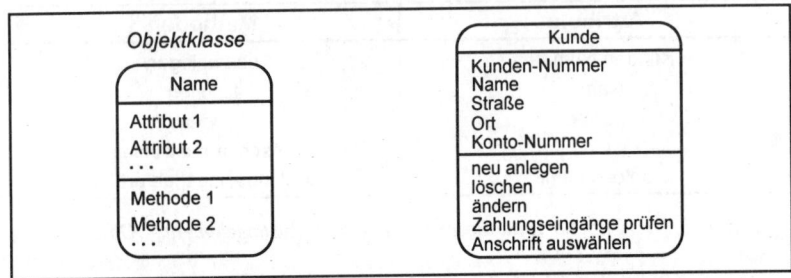

Abb. 3.3.4: Objektklassendarstellung nach COAD/YOURDON *[1991]*

Grafische Darstellungen eignen sich z. B. auch für die Beschreibung von Bildschirmmasken. Für andere Arten von Systemelementen werden verbale Beschreibungen oder formale Darstellungen (z. B. bei Algorithmen) benutzt.

3.4 Darstellung und Analyse von Systemstrukturen

Für Darstellung und Beschreibung von Strukturen eignen sich verschiedene Techniken, die teilweise auch zur Analyse geeignet sind. Dabei wird nachfolgend der statische Aspekt von Strukturen in den Vordergrund gestellt. Techniken für den dynamischen Aspekt von Strukturen (Arbeitsabläufe und dergleichen) werden in Abschnitt 3.5 behandelt.

3.4.1 Verbale oder tabellarische Beschreibung

Für die verbale Darstellung oder Beschreibung von Systemstrukturen eignen sich systematisierte oder **strukturierte Texte** und besonders Tabellen.

Abb. 3.4.1 enthält die tabellarische Darstellung der Anzahl monatlicher Datenzugriffe verschiedener betrieblicher Abteilungen auf unterschiedliche Dateien.

	Datei			
	Material	Aufträge	Kunden	Personal
Kostenrechnung	5.600	1.850	-	-
Materialwirtschaft	11.500	1.200	-	-
Buchhaltung	12.000	50	550	1.600
Produktionsplanung	6.500	2.400	350	1.800

Abb. 3.4.1: Tabelle der Anzahl monatlicher Datenzugriffe

Abb. 3.4.2 zeigt als vereinfachtes Beispiel die Datenübertragungen zwischen verschiedenen Bereichen eines Unternehmens. Die Unternehmensbereiche „Produktionsplanung", „Einkauf", „Materialwirtschaft" und „Absatzplanung" sind den Zeilen und Spalten der Tabelle zugeordnet. In den Feldern der Tabelle steht, welche Meldungen von dem zu der betreffenden Zeile gehörigen Bereich an den zu der betreffenden Spalte gehörigen Bereich übermittelt werden.

	Produktionsplanung	Einkauf	Materialwirtschaft	Absatzplanung
Produktions-planung	–	Sekundärbedarf (Qualität, Menge Zeit)	Materialentnahme	Produktions-ergebnisse
Einkauf	Liefer-verzögerungen	–	Liefer-verzögerungen	–
Materialwirtschaft	Wareneingänge	Hilfs- und Betriebs-stoffbedarf	–	Eingänge Handelswaren
Absatzplanung	Prlmärbedarfsdaten	Handelswaren-bedarf	–	–

Abb. 3.4.2: Tabellarische Beschreibung von Datenübertragungen

3.4.2   Strukturmatrizen

Mit den in Abschnitt 3.2 erwähnten Matrizen (vgl. Abb. 3.2.1) lassen sich Systemelemente und ihre Beziehungen zueinander übersichtlich darstellen. Dabei ist es auch möglich, Bewertungen und Quantifizierungen in die Darstellung einfließen zu lassen.

In Abb. 3.4.3 (Seite 82) ist durch eine Matrix vereinfacht dargestellt, in welcher Weise verschiedene Abteilungen eines Unternehmens auf die Datenfelder von Materialdatensätzen zugreifen. Die Abteilungen sind dabei den Zeilen der Matrix zugeordnet und die Datenfelder den Spalten. Das Element ⊗ gibt an, daß die zu der Zeile gehörige Abteilung auf das zu der Spalte gehörige Datenfeld aus dem Materialdatensatz zugreift. Ein „–" steht, wenn kein Datenzugriff stattfindet.

Abb. 3.4.4 (Seite 82) zeigt ein weiteres, vereinfachtes Beispiel. Den Zeilen und Spalten einer Matrix sind fünf Unternehmensbereiche zugeordnet. Die Elemente der Matrix geben an, welche Datenmengen (in MB) wöchentlich zwischen den Unternehmensbereichen zu transferieren sind. Dabei sind den Zeilen die abgebenden Bereiche und den Spalten die empfangenden Bereiche zugeordnet.

	Mat.–Nr.	Preis	Menge	Lagerort
Einkauf	⊗	⊗	⊗	–
Materialwirtschaft	⊗	–	⊗	⊗
Kostenrechnung	⊗	⊗	⊗	–
Produktionsplanung	⊗	–	⊗	–

Abb. 3.4.3: Darstellung von Datenzugriffen über eine Matrix[13]

	Einkauf	Lager	Produktion	Vertrieb	Kostenr.
Einkauf	–	30	3	10	5
Lager	8	–	12	6	36
Produktion	15	18	–	24	85
Vertrieb	11	8	8	–	17
Kostenrechnung	7	4	11	6	–

Abb. 3.4.4: Matrix wöchentlich übertragener Datenmengen (in MB)

Matrizen haben den Nachteil, daß sie bei großen Systemen unübersichtlich werden. Grundsätzlich können jedoch alle Beziehungen zwischen Systemelementen in Matrizen dargestellt werden. Die Elemente der Matrix geben dann entweder nur Zuordnungen wieder (hier reicht die Verwendung der Elemente „0" und „1" aus, wobei „0" für keine und „1" für eine Beziehung steht), oder die Elemente der Matrix enthalten Bewertungen oder Quantifizierungen zu den Beziehungen, z. B. Datenmengen, Übertragungszeiten oder Kosten.

3.4.3 Strukturgraphen

Graphen, auf die ebenfalls in Abschnitt 3.2 kurz hingewiesen wurde, sind ein ausgezeichnetes Hilfsmittel, um Strukturen darzustellen. Graphen bestehen aus **Knoten**, die man zeichnerisch als Kreise, Rechtecke, Rauten oder dgl. darstellen kann und aus **Kanten**, die die Knoten miteinander verbinden. Diese Kanten können mit einer Richtung versehen werden und heißen dann **Pfeile**. Außerdem können Kanten und/oder Knoten bewertet werden.

Grundsätzlich kann man jede durch eine Matrix abbildbare Struktur auch durch einen Graph darstellen.

Abb. 3.4.5 (Seite 83) zeigt die in Abb. 3.4.3 als Matrix dargestellten Datenzugriffe als Graph.

---

13 Für die Matrix in Abb. 3.4.3 kann man als Elemente auch Zahlen verwenden: „1" an Stelle von ⊗ falls Zugriffe erfolgen und „0" an Stelle von „–".

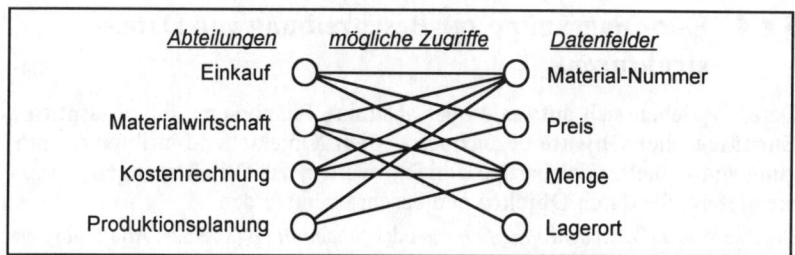

Abb. 3.4.5: Darstellung von Datenzugriffen durch einen Graph (vgl. Abb. 3.4.3)

Abb. 3.4.6 zeigt einen Graph zu dem Beispiel aus Abb. 3.4.4. Der Graph veran-schaulicht gleichzeitig die Datenübertragungswege zwischen den Abteilungen.

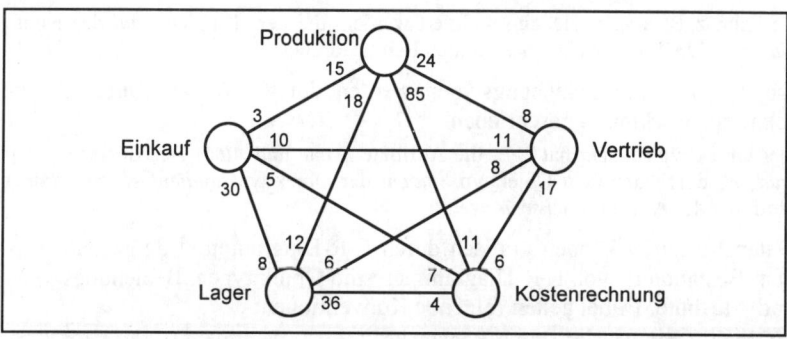

Abb. 3.4.6: Graph mit Datenübertragungswegen und wöchentlich übertragenen Datenmengen (in MB)

Abb. 3.4.7 enthält den Graph eines Bestell- und Liefersystems. Die einzelnen Abtei-lungen bzw. der Lieferant sind als Knoten des Graphen dargestellt. Die Daten- bzw. Informationsflüsse sind als Pfeile des Graphen gezeichnet. An den Pfeilen ist je-weils die Art der Daten eingetragen.

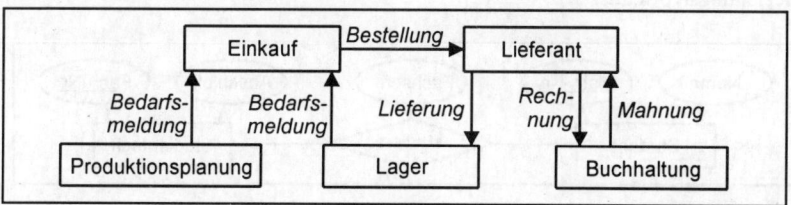

Abb. 3.4.7: Strukturgraph eines Bestell- und Lieferwesens mit Angabe der Datenflüsse

3.4.4 E-R-Diagramme zur Beschreibung von Datenstrukturen

Daten beziehen sich auf reale oder abstrakte Phänomene, die als **Entities, Entitäten** oder **Objekte** bezeichnet werden. Objekte sind in ihrer Ausprägung individuell. Gleichartige Objekte werden zu **Objektmengen** zusammengefaßt, die durch **Objekttypen** beschrieben werden.

Objekte sind z. B. *Student Paul Schulze* oder *Studentin Olga Meier*. Alle Studierenden einer Universität können zu einer Objektmenge zusammengefaßt werden, die durch den Objekttyp *Student* beschrieben wird.

Zwischen Objekten können **Beziehungen** bestehen. Beziehungen des gleichen Typs können zu **Beziehungsmengen** zusammengefaßt werden, die durch **Beziehungstypen** beschrieben werden.

So kann z. B. eine Beziehung definiert werden, die dem Kunden *Paul* das Konto *Nummer 5230495* bei einer bestimmten Bank zuordnet.

Objekttypen und Beziehungstypen werden durch ihre **Attribute** (Eigenschaften, Merkmale) beschrieben.

Der Objekttyp *Student* hat z. B. die Attribute *Name* und *Alter*. Der Beziehungstyp *studiert*, durch den dem Objekttyp *Student* der Objekttyp *Studienfach* zugeordnet wird, hat das Attribut *Fachsemester*.

Datenstrukturen können grafisch durch E-R-Diagramme[14] dargestellt werden. Bestandteile von E-R-Diagrammen sind Objekttypen, Beziehungstypen und Attribute. Dabei gelten folgende Konventionen:

• Objekttypen werden durch Rechtecke,
• Beziehungstypen durch Rhomben oder Rauten und
• Attribute durch Ellipsen oder Kreise dargestellt.
• Zuordnungen der Attribute zu Objekttypen oder Beziehungstypen werden über Verbindungslinien berücksichtigt, ebenso Zuordnungen von Beziehungstypen zu den über den Beziehungstyp verknüpften Objekttypen.

Abb. 3.4.8 zeigt ein Beispiel mit den Objekttypen *Student* und *Studienfach* und dem Beziehungstyp *studiert*.

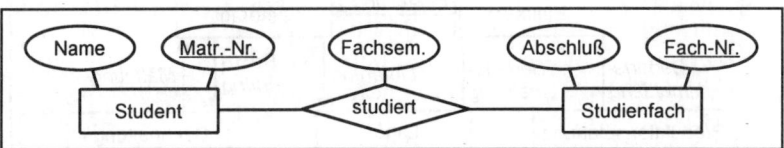

Abb. 3.4.8: Darstellung einer Datenstruktur mit einem E-R-Diagramm

---

14 Vgl. Fußnote 11 (Seite 79).

Es ist üblich, in einem E-R-Diagramm die Bezeichnungen der Attribute, die als **Primärschlüssel**[15] verwendet werden, zu unterstreichen. In Abb. 3.4.8 sind das *Matrikel-Nr.* (Matr.-Nr.) und *Studienfach-Nr.* (Fach-Nr.).

Abb. 3.4.9 enthält ein weiteres Beispiel, in dem zusätzlich auch die Beziehungsart vermerkt ist. Diese gibt an, mit wieviel Objekten des Beziehungspartners eine Ausprägung des Objekttyps höchstens in Verbindung stehen kann. In Abb. 3.4.9 wird über die Angabe der Beziehungsarten z. B. festgelegt, daß ein Mitarbeiter in höchstens einer Abteilung arbeiten kann, während in einer Abteilung beliebig viele Mitarbeiter beschäftigt sein können.[16]

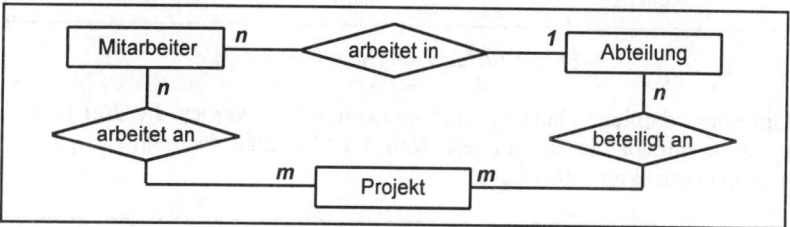

Abb. 3.4.9: E-R-Diagramm mit Angabe der Beziehungsart

3.4.5 Jackson-Diagramme zur Darstellung von Datenstrukturen

Jackson-Diagramme sind im Zusammenhang mit der Methode des **Jackson Structured Programming**[17] verwendete Darstellungstechniken, die auf der Grundlage der drei folgenden Strukturelemente die Abbildung von Datenstrukturen ermöglichen.

• **Sequenz** bedeutet, daß A, B und C nacheinander ausgeführt werden.
• **Auswahl** bedeutet, daß nach A entweder B oder C ausgeführt werden, aber nicht beide.

---

15 Ein Primärschlüssel bezeichnet in diesem Zusammenhang ein Attribut oder eine Attributkombination, über die ein einzelnes Objekt aus einer Menge von Objekten **eindeutig identifiziert** werden kann.

16 Für die Darstellung der unterschiedlichen Beziehungsarten werden in E-R-Diagrammen auch andere grafische Notationen verwendet, z. B. die Benutzung unterschiedlicher Pfeile.

17 Die Methode des Jackson Structured Programming ist insbesondere zur Behandlung von Entwicklungsaufgaben im Zusammenhang mit der programmintegrierten Datenverarbeitung geeignet. Auf ihre Darstellung wird hier verzichtet. Vgl. zu einer ausführlichen Beschreibung JACKSON [1979].

- **Wiederholung** bedeutet, B wird nach A in Abhängigkeit von einer Bedingung mehrfach ausgeführt.

Abb. 3.4.10 zeigt, wie die Strukturelemente in Jackson-Diagrammen dargestellt werden.

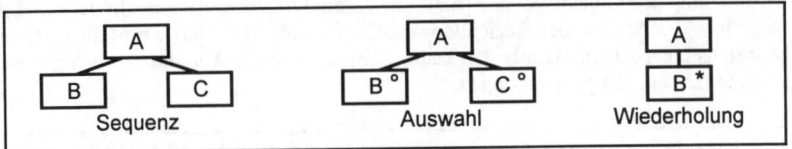

Abb. 3.4.10: Jackson-Diagramm-Symbole

Um eine komplexe Datenstruktur wiederzugeben, werden die drei Grundsymbole miteinander kombiniert. Abb. 3.4.11 enthält dazu ein Beispiel für eine Datenstruktur „Rechnung".

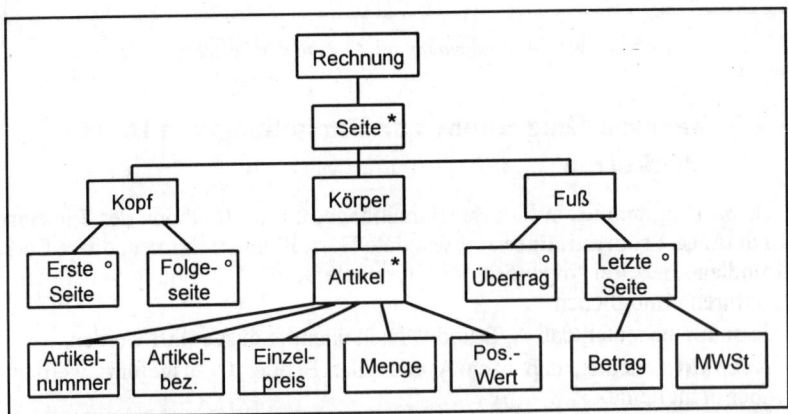

Abb. 3.4.11: Jackson-Diagramm für eine Rechnung

Die Rechnung in Abb. 3.4.11 enthält einen „Kopfbereich", der Informationen wie die Rechnungsnummer und den Adressaten usw. aufnimmt, einen „Körper", in dem die Liste der verschiedenen Artikelpositionen enthalten ist, sowie einen „Fußbereich", der summarische Daten wie den Rechnungsbetrag enthält. In Abb. 3.4.11 ist zusätzlich die Möglichkeit mehrseitiger Rechnungen berücksichtigt.

Mit Jackson-Diagrammen können auch Programmstrukturen dargestellt werden. Sie sind dafür ebenso geeignet wie Struktogramme, weil beide nur die drei Konstrukte der strukturierten Programmierung (Sequenz, Auswahl und Wiederholung) verwenden (vgl. auch Abschnitt 3.5.4).

3.4.6 Dekompositionsdiagramme

Mit **Dekompositionsdiagrammen** (auch **Zerlegungsdiagramme** oder **Strukturierungsdiagramme** genannt) werden hierarchische Beziehungen zwischen Objekten bzw. Elementen oder hierarchische Strukturen in Systemen grafisch veranschaulicht. Abb. 3.4.12 (selbst ein Dekompositionsdiagramm) gibt eine Übersicht über mögliche Formen dieser Diagramme.

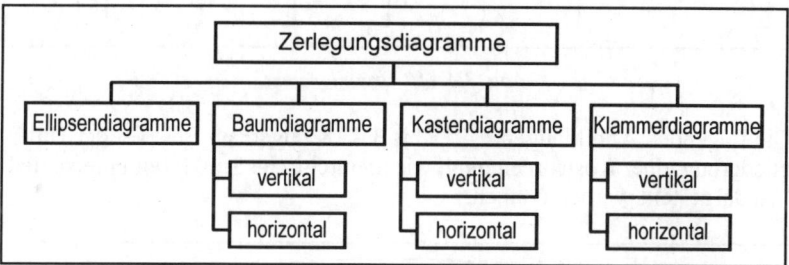

Abb. 3.4.12: Formen von Dekompositionsdiagrammen

Dekompositionsdiagramme eignen sich z. B. sehr gut für die Darstellung von Systemstrukturen, wie in Abb. 3.4.13, in der die hierarchische Zerlegung eines Systems in Teilsysteme, Programme und Module dargestellt ist.

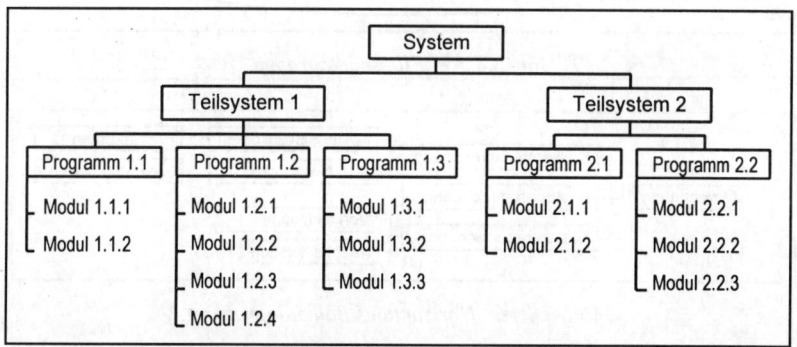

Abb. 3.4.13: Hierarchische Zerlegung eines Systems

Organigramme sind eine Spezialform der Baumdiagramme. Sie dienen der zeichnerischen Darstellung der Aufbauorganisation eines Unternehmens. Üblicherweise verwendet man dafür vertikale Baumdiagramme.

Abb. 3.4.14 (Seite 88) zeigt ein Beispiel. Es bezieht sich auf die Aufbauorganisation eines Bereiches Informationsmanagement.

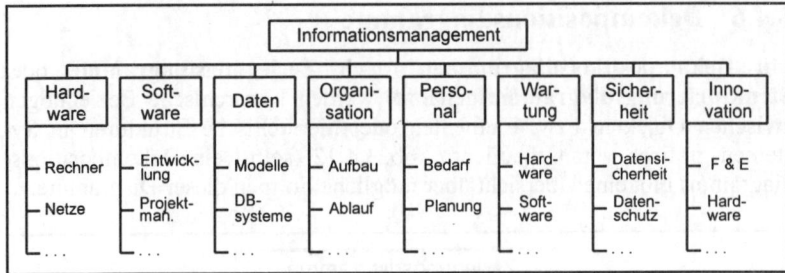

Abb. 3.4.14: Organigramm

Die folgenden Abbildungen 3.4.15 bis 3.4.18 zeigen am Beispiel der Untergliederung einer Kostenrechnung, wie hierarchische Strukturen unterschiedlich dargestellt werden können.

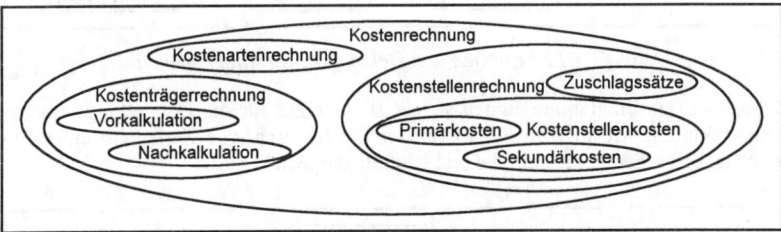

Abb. 3.4.15: Ellipsendiagramm

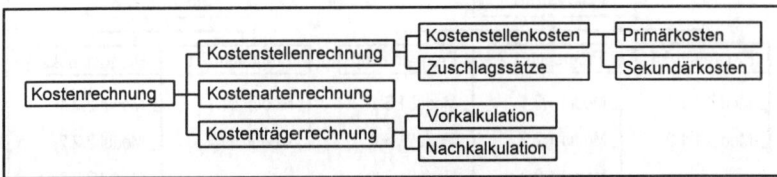

Abb. 3.4.16: Horizontales Baumdiagramm

Kostenrechnung	Kostenstellenrechg.	Kostenstellenkosten	Primärkosten
			Sekundärkosten
		Zuschlagssätze	
	Kostenartenrechnung		
	Kostenträgerrechg.	Vorkalkulation	
		Nachkalkulation	

Abb. 3.4.17: Horizontales Kastendiagramm

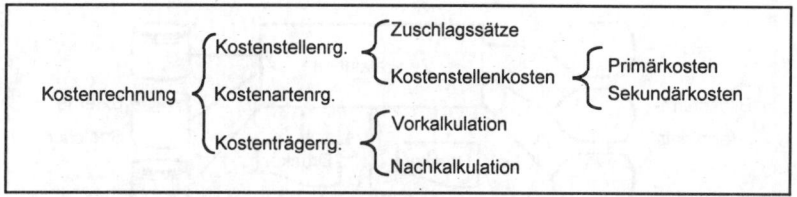

Abb. 3.4.18: Horizontales Klammerdiagramm mit geschweiften Klammern

Man beachte, daß Baum-, Kasten- und Klammerdiagramme horizontal und vertikal darstellbar sind. Bei Klammerdiagrammen können statt geschweifter Klammern auch eckige Klammern benutzt werden.

3.4.7 Piktogramme

Piktogramme stellen Zusammenhänge durch Verwendung von Bildsymbolen dar. Sie werden bei Planung, Entwicklung und Einführung von IV-Systemen vor allem für die Darstellung von System- und Hardware-Konfigurationen eingesetzt. Abb. 3.4.19 zeigt ein Piktogramm einer Hardware-Konfiguration.

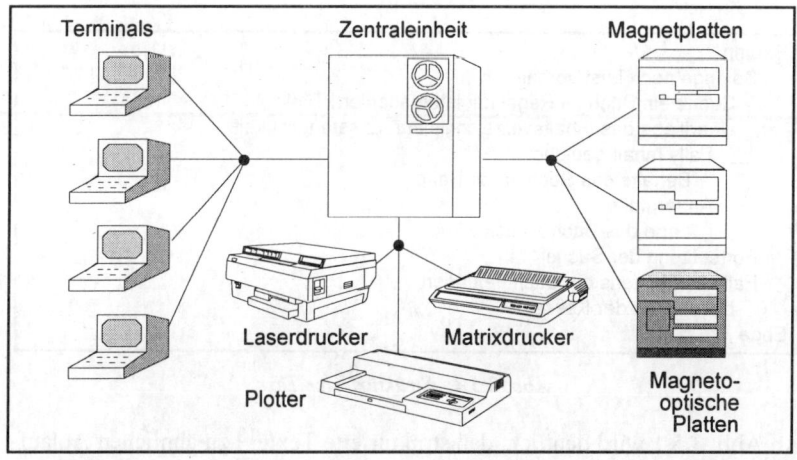

Abb. 3.4.19: Piktogramm zur Darstellung einer Hardware-Konfiguration

Hardware-Konfigurationen werden manchmal auch über die Symbole für Datenflußpläne nach DIN 66001 dargestellt. Abb. 3.4.20 zeigt das Beispiel aus Abb. 3.4.19 mit diesen Symbolen.

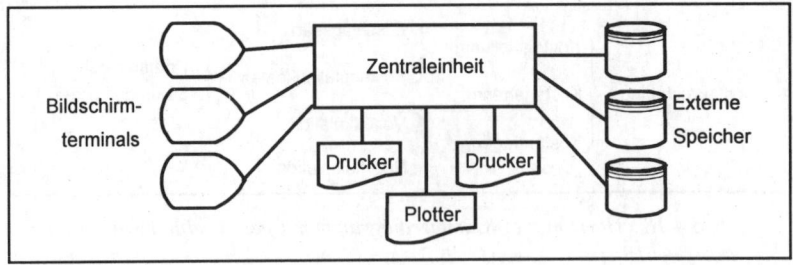

Abb. 3.4.20: Hardware-Konfiguration mit Symbolen nach DIN 66001

3.5   Darstellung und Analyse von Abläufen und Systemverhalten

3.5.1 Strukturierter Text

Eine einfache Form zur Beschreibung von Abläufen und Prozeduren ist **strukturierter Text**. Abb. 3.5.1 zeigt ein Beispiel, in dem es um den Kauf eines Buches geht. Der Käufer sucht solange im Regal, bis er ein geeignetes Buch gefunden hat oder bis er keine Lust mehr hat weiterzusuchen.

```
Beginn
    Solange noch Lust vorhanden
        Suche ein Buch im Regal mit interessantem Titel
        Überfliege das Inhaltsverzeichnis auf „Lesetauglichkeit"
        Falls Inhalt geeignet
            Behalte das Buch in der Hand
        Andernfalls
            Lege das Buch zurück
    Fortsetzung der Suche
    Falls mindestens ein Buch gefunden,
        bezahle an der Kasse
Ende
```

Abb. 3.5.1: Strukturierter Text

An Abb. 3.5.1 wird deutlich, daß strukturierte Texte[18] zu ähnlichen Ablaufbeschreibungen führen, wie höhere Programmiersprachen. Strukturierter Text wird deshalb häufig auch als **Pseudocode** bezeichnet.

---

18 Man beachte, daß Texte auch anders als in Abb. 3.5.1 strukturiert werden können, z. B. über tabellarische Darstellungen, Gliederungen oder Auflistungen.

3.5.2   Tabellarische Darstellung von Abläufen

Abläufe können auch, wie in Abb. 3.5.2, durch Tabellen dargestellt werden.

Phasen einer Auftragsabwicklung		
Firmenkunden		Privat-
Alt-Kunde	Neu-Kunde ·	Kunden
Konto prüfen	neues Konto anlegen	Barzahlung
Warenausgabe	Warenausgabe	Warenausgabe
Rechnung	Rechnung	

Abb. 3.5.2: Tabellarische Darstellung einer Auftragsabwicklung

In Abb. 3.5.2 sind die verschiedenen Phasen einer Auftragsabwicklung in einem Einzelhandelsgeschäft in Abhängigkeit von der Art der Kunden gegenübergestellt. Dabei sind aus Vereinfachungsgründen nur die wichtigsten Phasen dargestellt.

Abb. 3.5.2 macht deutlich, daß Tabellen besonders für Gegenüberstellungen und Vergleiche geeignet sind.

3.5.3   Ablaufdiagramme

Die am häufigsten benutzte Technik für die grafische Veranschaulichung von Arbeitsabläufen sind **Ablaufdiagramme** oder **Arbeitsablaufdiagramme**. Solche Diagramme können sehr unterschiedlich aufgebaut sein.

Abb. 3.5.3 und Abb. 3.5.4 (Seite 92) zeigen Beispiele für Arbeitsablaufdiagramme.

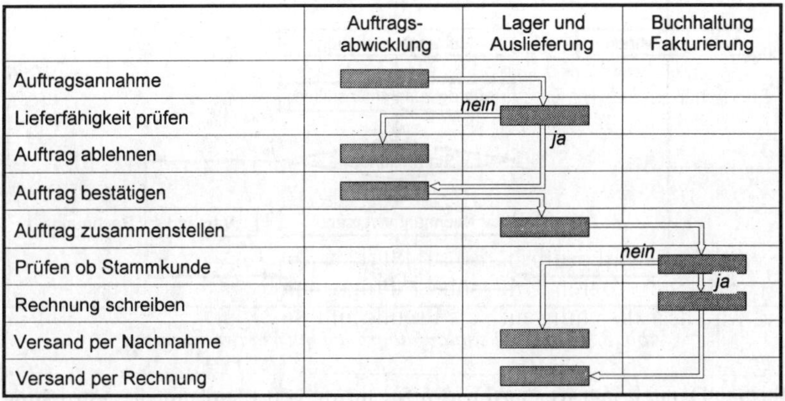

Abb. 3.5.3: Arbeitsablaufdiagramm

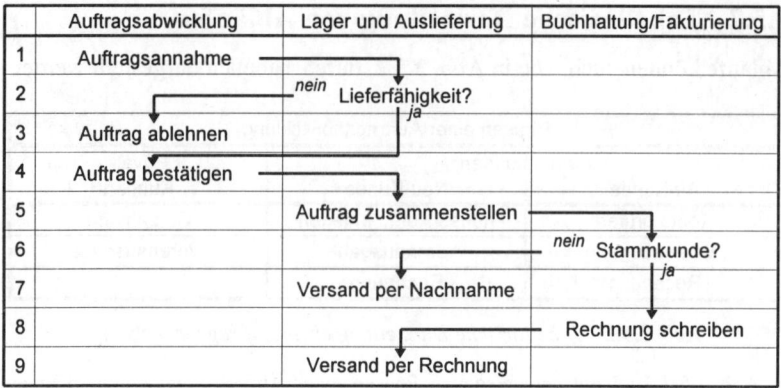

Abb. 3.5.4: Rasterdiagramm für den Arbeitsablauf aus Abb. 3.5.3

Die einzelnen Tätigkeiten sind in Abb. 3.5.3 und Abb. 3.5.4 von oben nach unten aufgeführt und die betroffenen Abteilungen von links nach rechts. Pfeile geben die Reihenfolge der Arbeitsschritte an. An zwei Stellen hängt der Ablauf vom Ergebnis eines Prüfvorgangs ab. Diagramme wie in Abb. 3.5.4 heißen auch **Rasterdiagramme**.

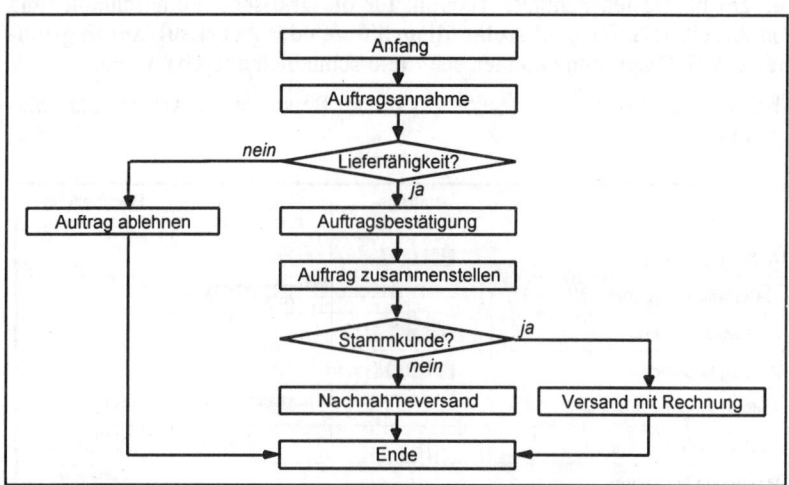

Abb. 3.5.5: Arbeitsablaufdiagramm mit Verzweigungen

Bei der Darstellungsart in Abb. 3.5.5 geht es vor allem um die Verdeutlichung der Reihenfolge von Tätigkeiten. Die Tätigkeiten sind als beschriftete Rechtecke gezeichnet. Die Pfeile geben die Reihenfolge an. Ist eine Entscheidung zu treffen bzw. gibt es in Abhängigkeit von einem bestimmten Ereignis bzw. einer Prüfung zwei (oder mehr) Möglichkeiten, den Arbeitsablauf fortzusetzen, dann wird für diese **Verzweigung** eine Raute gezeichnet. Die Darstellung entspricht einem Programmablaufplan. Darauf wird weiter unten eingegangen. Das in Abb. 3.5.5 dargestellte Beispiel stimmt inhaltlich mit den Beispielen in Abb. 3.5.3 und Abb. 3.5.4 überein.

Arbeitsablaufdiagramme werden im Rahmen der Planung, Entwicklung und Einführung von IV-Systemen in vielfältiger Form benutzt. Die Grundrichtung von Arbeitsabläufen ist dabei entweder horizontal von links nach rechts oder vertikal von oben nach unten. Für die Darstellung der einzelnen Arbeitsschritte werden üblicherweise Rechtecke verwendet. Für Verzweigungen finden sich unterschiedliche Symbole, z. B. Rauten (wie in Abb. 3.5.5) oder Kreise. Bei Bedarf ist es möglich, spezielle Ablaufbedingungen in der grafischen Darstellung zu berücksichtigen.

Bei der Verwendung von Arbeitsablaufdiagrammen sollte darauf geachtet werden, daß eine einheitliche Notation verwendet wird. Im Zweifelsfall ist jedes Diagramm an geeigneter Stelle mit einer Legende zu versehen.

Eine spezielle Form von Arbeitsablaufdiagrammen sind **Netzpläne**. Diese werden üblicherweise im Projektmanagement verwendet. Sie können aber auch für die Planung, Entwicklung und Einführung von IV-Systemen benutzt werden, und zwar nicht nur für das Management von Systementwicklungsprojekten, sondern auch für die Darstellung der Funktionsabläufe des zu entwickelnden Systems. Bei **Entscheidungsnetzplänen oder stochastischen Netzplänen** besteht zusätzlich die Möglichkeit, Entscheidungen und Schleifen zu berücksichtigen. Dazu werden Knoten mit unterschiedlichen Bedingungen für Knoteneingänge und Knotenausgänge eingeführt[19].

3.5.4 Programmablaufpläne und Struktogramme

Für die Planung und Dokumentation von Programmen und die Darstellung von Programmabläufen und deren Logik werden spezielle Ablaufdiagramme verwendet. Darin werden unter Verwendung spezieller grafischer Symbole Bearbeitungsschritte und Bearbeitungsalternativen in Abhängigkeit von Daten oder Bedingungen beschrieben.

---

19 Zu Netzplänen und stochastischen Netzwerken und ihrer Verwendung wird auf die Ausführungen in Kapitel 10 verwiesen und auf die einschlägige Literatur (z. B. NEUMANN [1990] und SCHWARZE [1994a]).

In einem **Programmablaufplan** wird der Ablauf von Verarbeitungsprozeduren grafisch dargestellt. Er enthält alle erforderlichen Operationen
und alternativen Abläufe. Für Programmablaufpläne werden spezielle
Symbole nach DIN 66001 verwendet.

Abb. 3.5.6 enthält die einschlägigen Symbole für Programmablaufpläne.

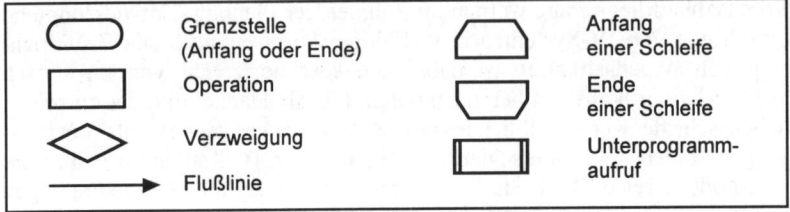

Abb. 3.5.6: Symbole für Programmablaufpläne

Eine andere Darstellungsform für Programmabläufe sind **Struktogramme**[20]. Anstelle der durch Pfeile verbundenen Einzelelemente verwenden
Struktogramme ineinandergeschachtelte Strukturblöcke.

Abb. 3.5.7 und Abb. 3.5.8 zeigen, wie wichtige Strukturelemente mit Programmablaufplänen und mit Struktogrammen dargestellt werden.

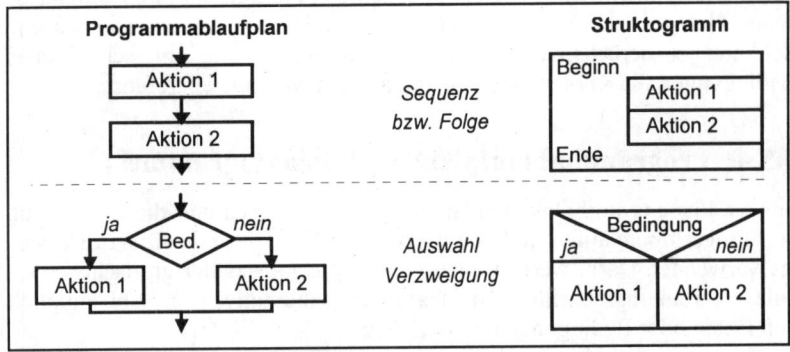

*Abb. 3.5.7: Darstellung wichtiger Strukturelemente in Programmablaufplänen und
Struktogrammen (Teil 1)*

---

20 Nach ihren „Erfindern" werden Struktogramme auch **Nassi-Shneiderman-
Diagramme** genannt.

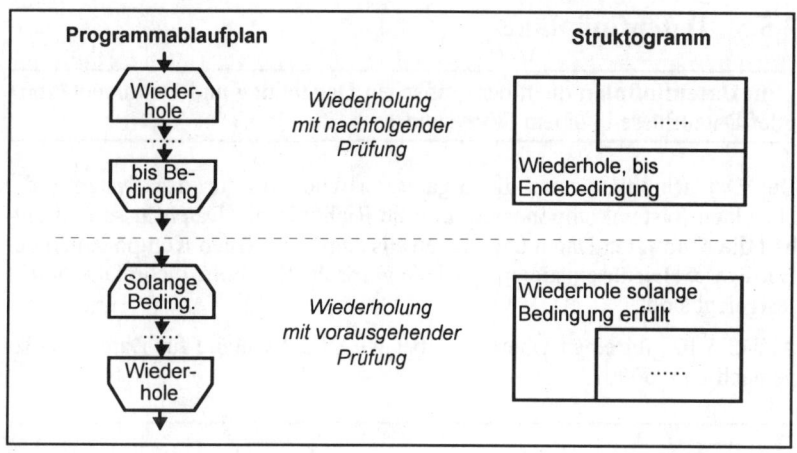

*Abb. 3.5.8: Darstellung wichtiger Strukturelemente in Programmablaufplänen und
Struktogrammen (Teil 2)*

Abb. 3.5.9 enthält ein Beispiel für einen einfachen Programmablauf, der mit
beiden Techniken dargestellt ist.

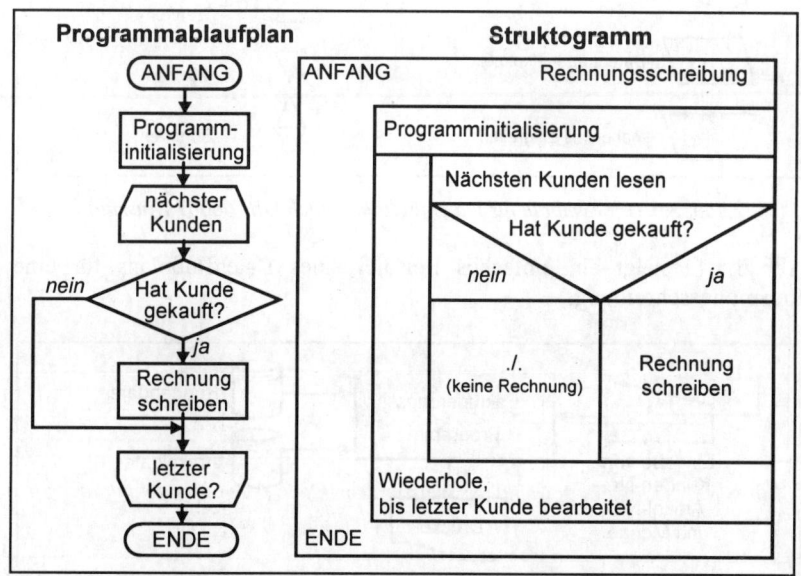

Abb. 3.5.9: Beispiel für Programmablaufplan und Struktogramm

3.5.5 Datenflußpläne

Ein **Datenflußplan** dient der grafischen Darstellung und Dokumentation der Datenflüsse in einem IV-System.

Der Datenflußplan zeigt die organisatorische Struktur des Systems, die einzelnen Systemkomponenten und die Richtung der Datenflüsse und enthält die benötigten Daten und die jeweils angesprochenen Komponenten der Hardware. Hierfür existieren spezielle grafische Symbole, die in DIN 66001 festgelegt sind.

Abb. 3.5.10 gibt einen Überblick über wichtige Symbole für Datenflußpläne nach DIN 66001.

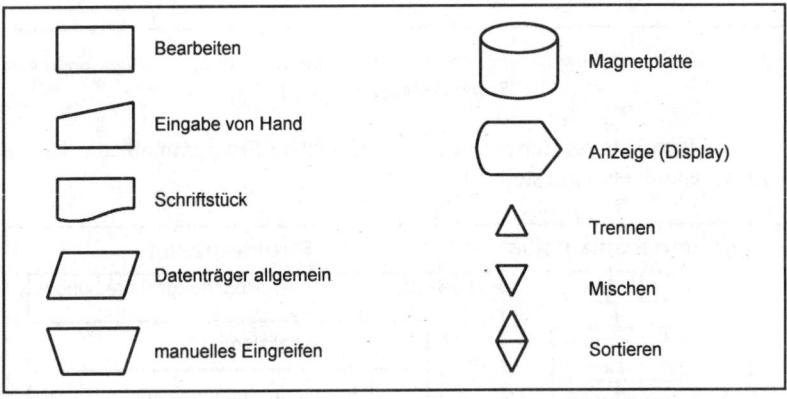

Abb. 3.5.10: Symbole für Datenflußpläne nach DIN 66001 (Auszug)

Abb. 3.5.11 zeigt ein einfaches Beispiel eines Datenflußplans für eine Rechnungsschreibung.

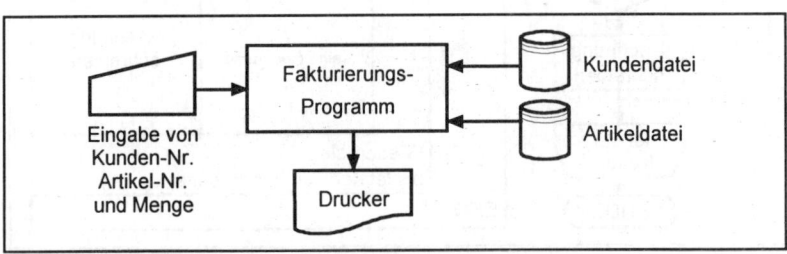

Abb. 3.5.11: Einfacher Datenflußplan

Die skizzierte Form von Datenflußplänen findet seit längerer Zeit Verwendung in der Systementwicklung. Seit den 70er Jahren ist auch eine andere Art von Datenflußplänen verbreitet, die als **Datenflußdiagramme** bezeichnet werden[21].

3.5.6   Petri-Netze

Petri-Netze heben sich von den bisher diskutierten Techniken zur Modellierung des Systemverhaltens dadurch ab, daß neben den statischen Strukturmerkmalen auch die Dynamik des Systems modelliert werden kann. Petri-Netze sind deshalb u. a. dazu geeignet,

• Hardware- und Kommunikationsprotokolle zu beschreiben und zu simulieren,
• parallel ablaufende Prozesse darzustellen,
• Systemverhalten zu simulieren und
• Systemanforderungen zu formulieren.

Ein **Petri-Netz ist** ein Graph,
dessen Knoten aus Rechtecken (**Instanzen**, aktiven Komponenten) und Kreisen (**Kanälen**, passiven Komponenten) bestehen, und
dessen gerichtete Kanten (**Pfeile**) jeweils eine aktive und eine passive Komponente verbinden.

In Abb. 3.5.12 ist ein einfaches Petri-Netz mit Instanzen und Kanälen schematisch gezeigt.

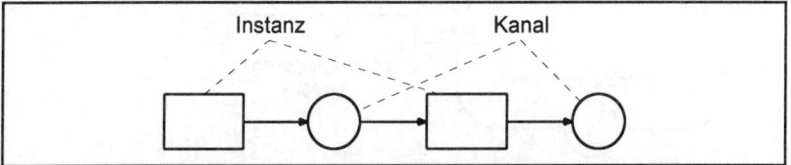

Abb. 3.5.12: Petri-Netz mit Instanzen und Kanälen

Eine **Instanz** stellt eine Aktivität dar und ist ein aktiver Systembestandteil, z. B. *erzeugen, transportieren* oder *verändern.*
Ein **Kanal** stellt einen Zustand dar und ist ein passiver Systembestandteil, z. B. *lagert, wartet.*

---

21 Sie spielen im Zusammenhang mit bestimmten methodischen Ansätzen eine Rolle, z. B. bei der Strukturierten Analyse (SA) oder SADT.

Ein **Pfeil** verbindet eine aktive und eine passive bzw. eine passive und eine aktive Komponente, jedoch niemals zwei gleichartige Knoten.[22]

Es gibt verschiedene Typen von Petri-Netzen. Eine einfache Form sind **Bedingungs-Ereignis-Netze**, mit denen dynamisches Verhalten modelliert werden kann.

Bei einem Bedingungs-Ereignis-Netz spricht man anstelle von Instanzen von **Ereignissen** und anstelle von Kanälen von **Bedingungen**. Bedingungen sind Voraussetzung für das Eintreten eines Ereignisses. Als spezielles Element werden sogenannte **Marken** eingeführt.

Eine **Marke**, dargestellt als ausgefüllter Kreis in einer Bedingung, zeigt an, daß die entsprechende Bedingung erfüllt ist.

Ein Ereignis kann eintreten, wenn alle vorherliegenden Bedingungen mit einer Marke gefüllt sind *und* alle nachfolgenden Bedingungen keine Marke aufweisen. Das Ereignis wird in diesem Fall als **aktiviert** bezeichnet.

Beim Auslösen eines Ereignisses werden aus allen vorherliegenden Bedingungen die Marken entfernt und alle nachfolgenden Bedingungen mit einer Marke gefüllt. Es tritt ein neuer Zustand des Gesamtsystems ein. Abb. 3.5.13 zeigt ein Bedingungs-Ereignis-Netz am Beispiel eines einfachen Erzeuger-Verbraucher-Beispiels[23].

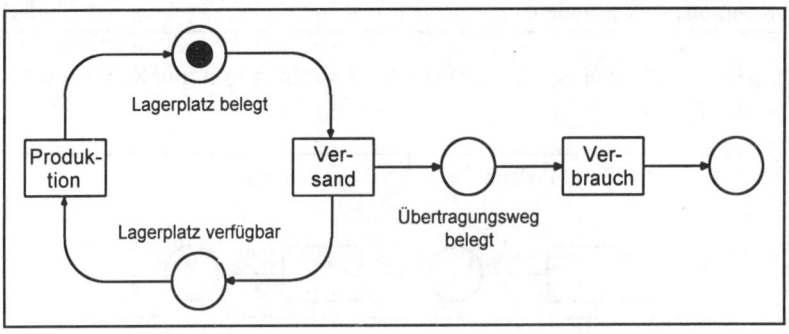

Abb. 3.5.13: Petri-Netz aus Bedingungen und Ereignissen

---

22 Diese Bedingung ist notwendig, um mit Petri-Netzen reales Verhalten zu simulieren. Würden zwei Kanäle (Systemzustände) direkt verbunden, könnte der zweite Zustand nicht erreicht werden, weil es einer Aktivität bedarf, um aus dem ersten in den zweiten Zustand zu wechseln.

23 Das Beispiel ist angelehnt an REISIG [1985, S. 11].

Abb. 3.5.13 kann wie folgt interpretiert werden:
Ein Produkt wurde erzeugt und auf Lager genommen (Ereignis *Produktion* ist zuletzt eingetreten). Das Ereignis *Versand* kann jetzt eintreten, weil (1) seine Vorbedingung (*Lagerplatz belegt*) erfüllt ist und (2) die beiden Nachbedingungen leer sind. Alle anderen Ereignisse (*Produktion*, *Verbrauch*) können nicht eintreten, weil die Vorbedingungen nicht erfüllt sind.

Abb. 3.5.14 zeigt den einzig möglichen Zustand, der auf Abb. 3.5.13 folgen kann.

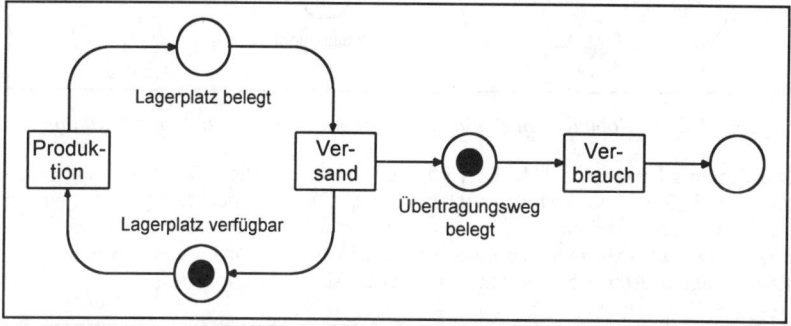

Abb. 3.5.14: Folgezustand zu Abb. 3.5.13

In Abb. 3.5.14 ist eine Situation entstanden, in der zwei Ereignisse unabhängig voneinander eintreten können, so daß die Reihenfolge der anschließenden Systemzustände nicht mehr eindeutig vorherzusagen ist. Sowohl das Ereignis *Verbrauch* als auch das Ereignis *Produktion* können eintreten („feuern"). Wird zunächst produziert, wird die Marke von der Bedingung *Lagerplatz verfügbar* entfernt und die Bedingung *Lagerplatz belegt* erhält eine Marke. Solange aber das Ereignis *Verbrauch* nicht eintritt, kann trotzdem kein Versand erfolgen, weil die Nachbedingung von *Versand* nicht leer ist.

Für die Simulation der Dynamik von Petri-Netzen ist es wünschenswert, Situationen wie in Abb. 3.5.14, die man als Kontaktsituation bezeichnet, zu vermeiden.

> Eine **Kontaktsituation** in einem Petri-Netz liegt vor, wenn ein Ereignis nicht eintreten kann, weil wenigstens eine seiner Nachbedingungen nicht erfüllt ist.

Zur Vermeidung von Kontaktsituationen werden für jede Nachbedingung, die zu einer Kontaktsituation führen kann, entsprechende Vorbedingungen (sogenannten **Komplemente**) konstruiert.

Abb. 3.5.15 (Seite 100) zeigt dazu ein Beispiel.

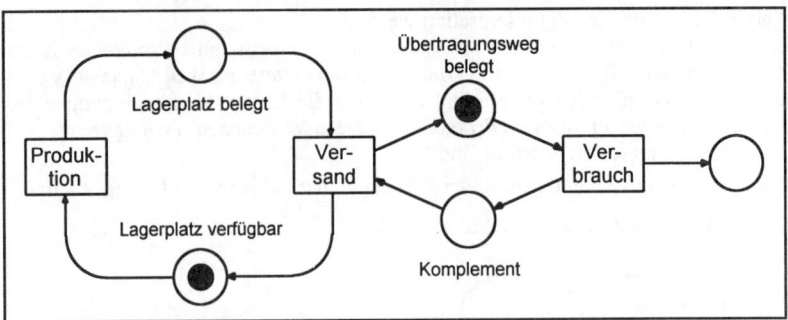

Abb. 3.5.15: Komplement-Bedingung zur Vermeidung einer Kontaktsituation

Das Ereignis *Versand* in Abb. 3.5.15 hat jetzt eine zusätzliche Vorbedingung erhalten (in Abb. 3.5.15 als *Komplement* bezeichnet). Diese Vorbedingung ist erst wieder erfüllt, wenn das Ereignis *Verbrauch* eingetreten ist, so daß es bezüglich des Ereignisses *Versand* nicht mehr zu einer Kontaktsituation kommen kann. Auf den Systemzustand in Abb. 3.5.15 könnte dann der in Abb. 3.5.16 folgen.

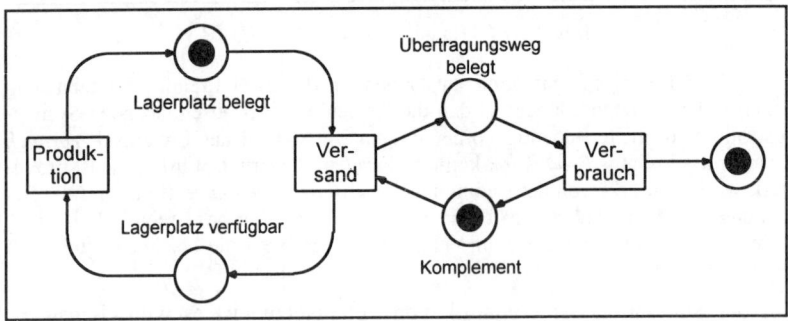

Abb. 3.5.16: Folgezustand zu Abb. 3.5.15

Mit Hilfe von Bedingungs-Ereignis-Netzen lassen sich nur sehr einfache Realitätsausschnitte modellieren. Soll z. B. das Beispiel dahingehend erweitert werden, daß der Übertragungskanal gleichzeitig fünf Objekte aufnehmen kann, so würde dies die Darstellung sehr komplizieren. Um auch solche Situationen einfach modellieren zu können, werden Bedingungs-Ereignis-Netze zu Netzen aus **Stellen und Transitionen** erweitert.

Ein **Petri-Netz aus Stellen und Transitionen**, ein sogenanntes **Stellen-Transitions-Netz**, erweitert die Bedingungs-Ereignis-Netze um die Möglichkeit, in passiven Komponenten, den **Stellen**, **mehrere Marken** zu lagern.

Eine **Transition** kann als aktives Element gleichzeitig mehrere Marken aus Stellen entnehmen und in Stellen ablegen.

Die passiven Komponenten „Stellen" entsprechen den weiter oben erwähnten Instanzen bzw. Ereignissen, die aktiven Elemente „Transitionen" den Kanälen bzw. Bedingungen.

Die **Kapazität** einer Stelle wird begrenzt durch die maximale Anzahl von Marken, die gleichzeitig in dieser Stelle liegen dürfen. Sie wird in der grafischen Darstellung neben der Stelle notiert. Die Anzahl der Marken, die beim Auslösen einer Transition den Stellen entnommen bzw. hinzugefügt werden, werden neben den jeweiligen Pfeilen notiert (vgl. Abb. 3.5.17).

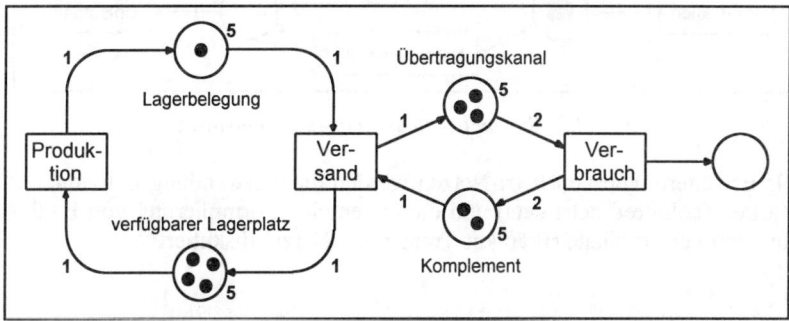

Abb. 3.5.17: Petri-Netz aus Stellen und Transitionen

Das in Abb. 3.5.17 mit einem Stellen-Transitions-Netz modellierte System ist realitätsnäher als das in Abb. 3.5.16. Es können bis zu fünf Exemplare des Produkts auf Lager produziert werden. Der Übertragungskanal zum Verbraucher kann bis zu fünf Produkte gleichzeitig aufnehmen. Erst nach *Versand* eines Produkts, erhält die Stelle *Lagerplatz verfügbar* wieder eine Marke. Für die Transition *Verbrauch* wurde eine Struktur modelliert, bei der durch den Verbraucher immer nur zwei Produkte gleichzeitig entnommen werden können.

Der Zustand eines durch ein Petri-Netz modellierten Gesamtsystems ergibt sich aus der Gesamtheit der Zustände aller Stellen des Netzes. Die Übergänge zwischen den Zuständen einzelner Stellen des Gesamtsystems sind dagegen unabhängig vom Gesamtzustand, d. h. eine Transition kann schalten, sobald ihre unmittelbaren Vorbedingungen erfüllt sind und keine Kontaktsituation vorliegt. Dadurch können mit Hilfe von Petri-Netzen sehr leicht parallel ablaufende Prozesse modelliert werden. Solche parallel ablaufenden Prozesse müssen in manchen Fällen synchronisiert werden, etwa wenn es um die gemeinsame Benutzung von Ressourcen geht. Dazu verwendet man das Konstrukt der **Konfliktsituation**.

Eine **Konfliktsituation** liegt vor, wenn zwei Transitionen (Ereignisse) eine gemeinsame Vorbedingung besitzen und das Schalten einer der beiden Transitionen dazu führt, daß die zweite Transition nicht ausgeführt werden kann.

Nur einer der beiden in Abb. 3.5.18 dargestellten Verbraucher kann das erzeugte Produkt verbrauchen. Sobald eine der beiden Transitionen geschaltet hat, muß die andere warten, bis wieder ein neues Produkt verfügbar ist.

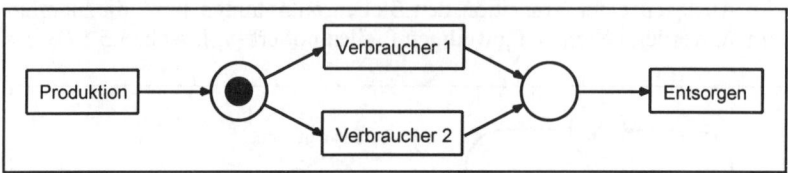

Abb. 3.5.18: Konfliktsituation in einem Petri-Netz

Als Erweiterungen von Petri-Netzen werden die Verwendung individueller Marken (coloured petri-nets) und die allgemeine Formulierung von Bedingungen über Prädikate (Prädikat-Transitions-Netze) diskutiert[24].

3.6　Darstellung und Analyse von Entscheidungsprozessen

3.6.1　Zur Struktur von Entscheidungsprozessen

Handlungen werden häufig durch Bedingungen festgelegt, z. B. „wenn es regnet, dann nimm einen Regenschirm mit, andernfalls nicht". Für eine Systementwicklung sind sämtliche Bedingungs- bzw. Entscheidungsstrukturen innerhalb eines IV-Systems zu erfassen und übersichtlich darzustellen. Dafür bieten sich **Entscheidungsbäume** und **Entscheidungstabellen** an. Bevor die Grundzüge dieser beiden Techniken behandelt werden, wird hier zunächst auf die grundlegende Struktur von Entscheidungsprozessen eingegangen.

Entscheidungen sind zu treffen, wenn es für das Erreichen eines Ziels mehrere Handlungsmöglichkeiten gibt. Für die Entscheidung wird zunächst das Bedingungsmuster der konkreten Situation ermittelt. In Abhängigkeit von den konkret vorliegenden Bedingungen wird eine bestimmte Entschei-

---

24 Vgl. dazu z. B. REISIG [1985] und SCHÖNTHALER/NÉMETH [1992].

dung getroffen. Diese führt dann zur Realisierung einer bestimmten Handlungsalternative. In Abb. 3.6.1 ist diese Grundstruktur eines Entscheidungsprozesses dargestellt.

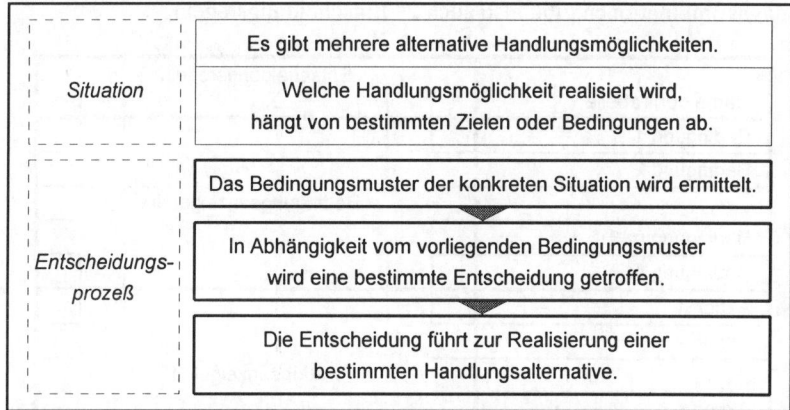

Abb. 3.6.1: Grundstruktur eines Entscheidungsprozesses

Eine einfache Technik zur Darstellung von Entscheidungsprozessen bietet die **Berücksichtigung von Verzweigungen bzw. von Fallunterscheidungen in Programmablaufplänen und Struktogrammen.** Zwei weitere Möglichkeiten zur Abbildung der Struktur von Entscheidungsprozessen werden in den beiden nächsten Abschnitten behandelt.

3.6.2   Entscheidungstabellen

Eine **Entscheidungstabelle** ist die tabellarische Darstellung von Bedingungen und den dadurch ausgelösten Handlungen bzw. Entscheidungen.

Eine Entscheidungstabelle ist nach dem in Abb. 3.6.2 (Seite 104) dargestellten Muster aufgebaut.

Im oberen Teil einer Entscheidungstabelle stehen die **Bedingungen**, und zwar links die Bezeichnungen der Bedingungen und rechts die Anzeige der möglichen Zustände oder Werte der Bedingungen. In einem konkreten Fall werden im Bedingungteil alle relevanten Bedingungen aufgeführt. In dem Teil für die „Bedingungsanzeiger" erscheinen die möglichen Werte bzw. Zustände, die die Bedingungen annehmen können. Dabei kommt es darauf an, jeden möglichen Bedingungswert einer Bedingung mit allen möglichen

Bedingungswerten der anderen Bedingungen zu kombinieren. Zu jeder Kombination von Bedingungswerten gehört dann eine **Entscheidungsregel**. Hat man nur Bedingungen, die die Werte „ja" und „nein" annehmen können, dann bedeutet das bei n Bedingungen, daß es insgesamt 2^n Bedingungskombinationen gibt, also auch 2^n Entscheidungsregeln.

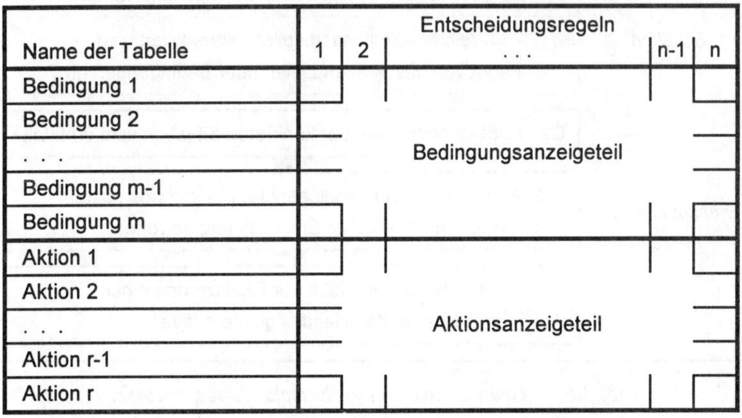

Name der Tabelle	Entscheidungsregeln					
	1	2	...		n-1	n
Bedingung 1						
Bedingung 2			Bedingungsanzeigeteil			
...						
Bedingung m-1						
Bedingung m						
Aktion 1						
Aktion 2			Aktionsanzeigeteil			
...						
Aktion r-1						
Aktion r						

Abb. 3.6.2: Aufbau einer Entscheidungstabelle

Im unteren Teil einer Entscheidungstabelle stehen die **Aktionen bzw. Handlungsmöglichkeiten**, und zwar links die Bezeichnungen der möglichen Aktionen und rechts zu jeder Bedingungssituation bzw. Entscheidungsregel, ob die jeweilige Aktion durchzuführen ist oder nicht.

Abb. 3.6.3 zeigt ein einfaches Beispiel einer Entscheidungstabelle mit zwei Bedingungen und drei möglichen Aktionen.

Entscheidungstabelle für Scheckeinlösung	Entscheidungsregel			
	R1	R2	R3	R4
B1: Konto überzogen?	J	J	N	N
B2: Bisheriges Zahlungsverhalten einwandfrei?	J	N	J	N
A1: Scheck einlösen	⊗		⊗	⊗
A2: Scheck nicht einlösen		⊗		
A3: Kredit einräumen	⊗			

Abb. 3.6.3: Beispiel einer Entscheidungstabelle

An dem Beispiel wird deutlich, daß zu einer Entscheidungsregel auch die Durchführung von zwei (oder mehr) Aktionen gehören kann. Das Beispiel macht auch deutlich, daß Entscheidungsregeln mitunter zusammengefaßt werden können: Die Entscheidungsregeln R3 und R4 können zusammengefaßt werden, weil unabhängig vom Wert der Bedingung B2 immer dieselbe Aktion ausgelöst wird, wenn B1 den Wert „N" annimmt. Abb. 3.6.4 zeigt die vereinfachte Entscheidungstabelle.

Entscheidungstabelle für Scheckeinlösung	Entscheidungsregel		
	R1	R2	R3*
B1: Konto überzogen?	J	J	N
B2: Bisheriges Zahlungsverhalten einwandfrei?	J	N	-
A1: Scheck einlösen	⊗		⊗
A2: Scheck nicht einlösen		⊗	
A3: Kredit einräumen	⊗		

Abb. 3.6.4: Vereinfachte Entscheidungstabelle zu Abb. 3.6.3

Das Beispiel in Abb. 3.6.3 und 3.6.4 enthält Bedingungen, die nur die Werte „ja" und „nein" annehmen können. Dieses ist der einfachste Fall für Bedingungen. In der Praxis kommen häufig auch komplexere Entscheidungssituationen vor, bei denen die Bedingungen mehr als zwei Werte annehmen können. So kann z. B. das Einlösen oder das Nichteinlösen eines Schecks davon abhängig gemacht werden, über welchen Betrag dieser Scheck ausgestellt wurde. An Stelle einfacher ja/nein-Bedingungen, hat man dann Bedingungen in Form von Intervallen aus dem Bereich der reellen Zahlen.

Bei komplexen Entscheidungsproblemen ist es auch möglich, verschiedene Entscheidungstabellen miteinander zu verknüpfen. In einer Tabelle kann dann als Aktion der Übergang in eine nächste Entscheidungstabelle auftauchen. In dieser Tabelle sind dann weitere Bedingungen zu prüfen[25].

3.6.3 Entscheidungsbäume

Eine andere Möglichkeit zur Darstellung von Entscheidungsstrukturen sind Entscheidungsbäume.

In einem **Entscheidungsbaum** werden Entscheidungsbedingungen und die durch sie ausgelösten Aktionen als Baumstruktur dargestellt.

---

25 Zu Einzelheiten wird auf die Literatur verwiesen, z. B. STRUNZ [1977].

Entscheidungsbäume werden meistens von links nach rechts gezeichnet. Abb. 3.6.5 zeigt das Beispiel aus Abb. 3.6.3 als Entscheidungsbaum.

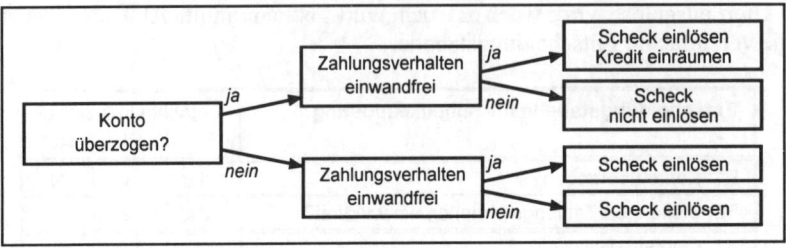

Abb. 3.6.5: Entscheidungsbaum

Ähnlich wie eine Entscheidungstabelle kann auch ein Entscheidungsbaum vereinfacht werden, wie Abb. 3.6.6 zeigt (vgl. auch Abb. 3.6.4).

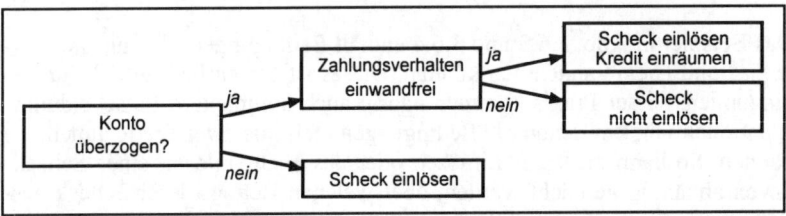

Abb. 3.6.6: vereinfachter Entscheidungsbaum zu Abb. 3.6.5

3.7 Weitere Techniken

3.7.1 Pflichtenhefte

Für Entwicklung, Installation und Beschaffung von IV-Systemen sind Pflichtenhefte ein nützliches und effizientes Instrument. Als verbindliche Grundlage für Vertragsverhandlungen bzw. vertragliche Vereinbarungen oder zur Fixierung der verbindlichen Vorgaben für den Entwurf und die Realisierung eines IV-Systems sind Pflichtenhefte häufig unverzichtbar.

Ein **Pflichtenheft** enthält alle Vorgaben und Anforderungen für ein zu entwickelndes oder zu beschaffendes IV-System.

Je nach Aufgabenstellung und Situation enthält ein Pflichtenheft Angaben zu folgenden Bereichen:

- **Ziele**, die mit der Realisierung eines IV-System verfolgt werden, z. B.
  - Verbesserung der Wirtschaftlichkeit,
  - Einsparungen (Kosten, Personal usw.),
  - Erhöhung der Informationsbereitschaft,
  - Verbesserung von Betriebsbedingungen (Zuverlässigkeit, Servicegrad, Bearbeitungszeiten usw.).
- **Beschreibung des Ist-Zustands** der für das Anwendungssystem vorgesehenen Bereiche (Arbeitsabläufe, Informationsflüsse, Personalsituation usw.).
- Zusammenstellung von **Mengen und Häufigkeiten** für Daten, Arbeitsvorgänge usw. („Mengengerüst").
- **Allgemeine Anforderungen** an das IV-System (vgl. dazu Kapitel 1).
- **Funktionelle Anforderungen** im Hinblick auf die vom IV-System abzudeckenden Aufgabenbereiche.
- **Anforderungen an Benutzerschnittstellen.**
- **Allgemeine Vorgaben** an das Systemkonzept, wie z. B.
  - Bevorzugung von Standardprogrammen,
  - Umfang der angestrebten Lösung („schlüsselfertig"?),
  - Personalschulung,
  - Gewährleistung (z. B. für Störungen, Dokumentation, Zeitverhalten),
  - Ausbaufähigkeit,
  - stufenweise Realisierung.[26]
- **Kosten** für
  - Investitionen (Hardware, Software),
  - Umstellung,
  - laufenden Betrieb.
- Art, Zeitpunkt bzw. Zeitraum und Kosten der **Datenübernahme.**
- **Wartung**sbedingungen.
- Angaben zur **Hardwarekonfiguration** (Ausbaufähigkeit beachten).
- **Systemsoftware** (z. B. Betriebssystem).

Bezüglich der IV-Prozesse enthält ein Pflichtenheft Angaben zu:

- **Datenorganisation:**
  - Datenschlüssel,
  - Definition der Datensätze und der Datenfelder,
  - Beschreibung der nötigen Dateien,
  - Speicherungsform,
  - Angabe der Speichermedien,

---

[26] Diese Vorgaben spielen vor allem bei „Fremdbezug" von IV-Systemen bzw. Systementwicklungsleistungen eine Rolle.

- Datenmodelle,
- Organisation der Datenbank usw.

- **Dateneingabe:**
  - Art der Eingabedaten,
  - Ort, Zeitpunkte und Häufigkeit des Datenanfalls,
  - Form der Dateneingabe,
  - Formate,
  - Eingabekontrollen usw.

- **Verarbeitung:**
  - detaillierte Beschreibung der Verarbeitungsprozeduren,
  - Datenflußpläne,
  - Programmablaufpläne bzw. Struktogramme,
  - Schnittstellen zu anderen Programmen,
  - Art der Benutzerführung,
  - Bildschirmmasken für das Arbeiten im Dialog usw.

- **Datenausgabe:**
  - Art der Ausgabedaten (Zahlen, Text, Tabellen, Zeichnungen usw.),
  - Formate der auszugebenden Daten,
  - Ausgabegeräte,
  - Genauigkeitsanforderungen,
  - Schriftgrößen und Schriftarten usw.

Ist beabsichtigt, für die Systementwicklung bzw. Systembeschaffung Unterstützung außerhalb des eigenen Unternehmens zu suchen (z. B. bei einem Softwarehaus oder einem Unternehmensberater), dann sollte das Pflichtenheft auch die Anforderungen an den Lieferanten festlegen:

- Umfang, Art und Kosten der Lieferantenunterstützung,
- Vertragsbedingungen, zu denen z. B.
  - Lieferbedingungen,
  - Garantiebedingungen und
  - Zahlungsbedingungen gehören,
- Sicherstellung von Datenschutzanforderungen,
- Liefertermine,
- Bonität des Lieferanten (Referenzen usw. verlangen).

Bei der Verwendung bzw. Aufstellung von Pflichtenheften ist es zweckmäßig, schon in einem sehr frühen Stadium einer Systementwicklung ein Pflichtenheft anzulegen. Je früher ein Pflichtenheft angelegt wird, desto gröber wird es natürlich zunächst sein. Im Verlaufe des Systementwicklungsprojekts kann das Pflichtenheft dann schrittweise detailliert werden.

3.7.2 Datenkataloge

> Ein **Datenkatalog** (Data Dictionary) ist ein detailliertes Verzeichnis aller Datenbanken, Dateien, Datensätze und Datenelemente mit Einzelangaben über Strukturen, Datenmodelle, Bezeichnungen von Datenfeldern, Datenformaten usw.[27]

Ein Datenkatalog enthält häufig auch Informationen über Transaktionen und/oder über Anwendungsprogramme, die auf die Datenbank zugreifen.

Datenkataloge werden in verschiedener Weise benutzt. Für Entwurf und Betrieb von Datenbanken kann ein Datenkatalog z. B. folgende Inhalte haben:

- Datennamen mit ausführlicher Angabe, fachlicher Kurzbezeichnung und EDV-technischer Bezeichnung,
- inhaltliche Definitionen, um Verwechslungen auszuschalten,
- Datentyp hinsichtlich des Prozesses, d. h. Angabe, ob es sich um Eingabedaten, Speicherdaten, Zwischenergebnisse oder endgültige Verarbeitungsergebnisse handelt,
- Datenformat und Datentyp (numerisch, alphanumerisch; Länge der Datenfelder usw.),
- Verantwortlichkeit für die Daten,
- Risikoklasse bezüglich Datensicherheit und Datenschutz,
- Mengenangaben zu Anzahl, Benutzungshäufigkeit usw.,
- Entstehungs- und Bedarfszeitpunkt,
- zulässige Wertebereiche,
- Beziehungen zwischen Datenelementen.

Ausführliche Datenkataloge können auch Datenflußpläne und Angaben zu den Verarbeitungsprozessen enthalten.

Anstelle eines Datenkatalogs verwendet man heute meistens ein Repository. Ein Repository kann man als Weiterentwicklung eines Datenkatalogs auffassen.

> Ein **Repository** ist eine Entwicklungsdatenbank, die alle für Planung, Entwicklung und Einführung eines IV-Systems relevanten Daten mit ihren wechselseitigen Beziehungen enthält.

---

27 Der Datenkatalog ist dann gewissermaßen eine Datei der Daten, Datenmodelle, Datenbanken usw., also aller Informationen über die Daten.

Ein Repository enthält u. a. auch methodische Informationen und wird für die Verwaltung der Module eines IV-Systems eingesetzt.

3.7.3 Polaritätsprofile

Eine besondere Technik in Form grafischer Darstellungen sind sogenannte **Polaritätsprofile**, mit denen veranschaulicht werden kann, wie ein System bzw. Teilsystem ausgewählte Kriterien erfüllt. Sie können auch für Systemvergleiche verwendet werden. Abb. 3.7.1 zeigt ein einfaches Beispiel in vertikaler Darstellung.

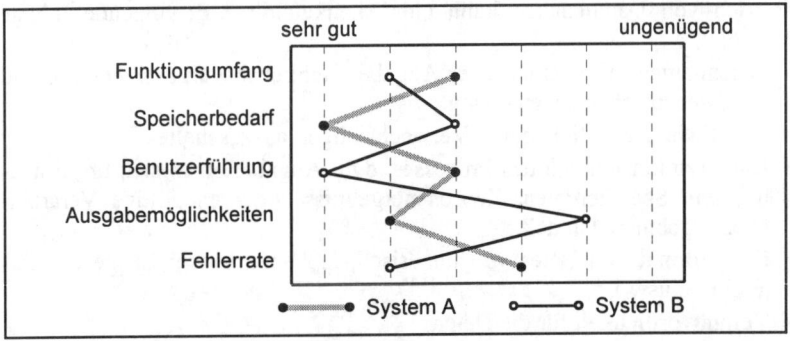

Abb. 3.7.1: Vertikales Polaritätsprofil

Anstelle einer vertikalen Darstellung wie in Abb. 3.7.1 kann ein Polaritätsprofil auch in Kreisform dargestellt werden. Die Erreichung der Kriterien wird dann in verschiedenen Richtungen als Abstand vom Mittelpunkt eines Kreises gezeichnet. Als „Polaritätsprofil" ergibt sich dann ein unregelmäßiger Stern. Abb. 3.7.2 zeigt ein Beispiel. Der Mittelpunkt des Kreises symbolisiert den minimalen, ein Punkt auf dem Kreisbogen den maximal erreichbaren Wert für ein bestimmtes Kriterium.

3.7.4 Konfiguratoren

Konfiguratoren sind Expertensysteme, die komplexe Objekte nach bestimmten Vorgaben und Anforderungen zusammenstellen. Man bezeichnet sie auch als Entwurfssysteme oder Konfigurierungssysteme.

Spezielle Konfiguratoren die in der Systementwicklung eingesetzt werden können, sind Hardware-Konfiguratoren und Software-Konfiguratoren.

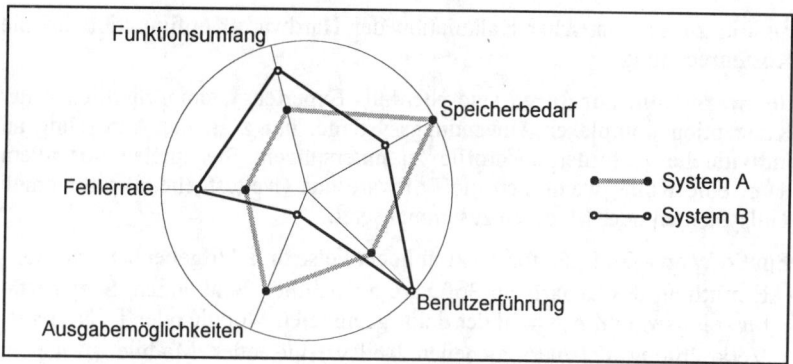

Abb. 3.7.2: Kreisförmiges Polaritätsprofil zu Abb. 3.7.1

Unter einer **Hardware-Konfiguration** versteht man die spezifische Zusammenstellung einzelner Hardwarekomponenten für ein konkretes Anwendungssystem. Diese Konfiguration kann sich an den Datenflüssen orientieren (vorgangsbezogene Konfiguration) oder problemorientiert durchgeführt werden. Zu einer vollständigen Konfiguration gehört auch die Layout-Planung. Ein **Hardware-Konfigurator**[28] unterstützt die Bestimmung einer (optimalen) Hardware-Konfiguration für einen vorgegebenen Zweck.

Hardware-Konfiguratoren basieren auf folgenden Daten:
- Detailinformationen über die verfügbaren Hardwarekomponenten, wie z. B. Prozessoren, Dateneingabegeräte, Datenausgabegeräte, Hauptspeicher, externe Speicher oder Datenübertragungseinrichtungen,
- Angaben über technische Kompatibilitäten und Raumerfordernisse,
- Konfigurationsmodelle, wie z. B. Einplatzsystem, Mehrplatzsystem usw.,
- Angaben über mögliche und zulässige Architekturen,
- Daten zur grafischen Repräsentation einer Hardware-Konfiguration.

Ein Hardware-Konfigurator liefert die folgende Unterstützung[29]:
- Interaktive Auswahl einzelner Komponenten und ihrer Verknüpfungen,
- Sicherstellung von Vollständigkeit und Systemkonsistenz,
- Prüfung der Verträglichkeit mit der einzusetzenden Software und mit organisatorischen Voraussetzungen,
- automatisierte Planung des technischen Layouts der Hardware und
- Berücksichtigung von Standards,

---

28 Vgl. dazu SCHWARZE [1990].
29 Vgl. dazu BARKER/O'CONNER [1989] und KURBEL [1992].

bis hin zu automatischer Kalkulation der Hardware-Konfiguration für die Kostenrechnung.

Software-Konfiguratoren sind ebenfalls Expertensysteme. Sie dienen der Konzeption komplexer Anwendungssysteme, um z. B. die Anpassung an individuelle Anforderungsprofile zu unterstützen. Sie spielen vor allem dann eine Rolle, wenn sich die Software aus (weitestgehend) autonomen Teilsystemen oder Modulen zusammensetzt.

Ein Software-Konfigurator deckt üblicherweise drei Aufgabenbereiche ab:

• Ermittlung des Bedarfs an Software hinsichtlich Funktionen, Speicherfähigkeit usw. und Auswahl der dafür geeigneten Module oder Teilsysteme,

• Verknüpfung der verschiedenen Teilsysteme oder Module zu einem konsistenten und betriebsfähigen Gesamtsystem,

• Voreinstellung der Systemparameter.

4 Initialisierungsphase

In diesem Kapitel werden die Aufgaben der ersten Phase einer Systementwicklung behandelt, wie sie in dem Vorgehensmodell in Abschnitt 2.3.10 definiert wurde. Dazu wird zunächst ein Überblick gegeben und anschließend auf die drei wichtigsten Bereiche der Initialisierung eingegangen, nämlich Auslösung oder eigentliche Initiierung, Entwurf eines ersten, groben Konzepts und erste Durchführbarkeitsuntersuchungen und - bei positiver Entscheidung - Formulierung eines Systementwicklungsauftrags.

4.1 Aufgabenbereiche der Initialisierungsphase

Jede Systementwicklung beginnt mit der **Initialisierungsphase**, die die ersten Schritte der Entwicklung eines konkreten IV-Systems umfaßt.

Die **Anregung oder der Anstoß zur Entwicklung** eines IV-Systems oder zur Modifizierung eines bereits existierenden Systems kann auf unterschiedliche Art zustande kommen. In Abschnitt 4.2 wird deshalb zunächst auf Entwicklungsanlässe und die eigentliche Initialisierung der Planung, Entwicklung und Einführung eines IV-Systems eingegangen.

Nach dem erfolgten „Anstoß" ist die angestrebte Systementwicklung bzw. das angestrebte IV-System zu begründen. Für diese Begründung ist ein erstes, grobes Konzept erforderlich, da sonst eine qualifizierte Entscheidung über die Durchführung einer Systementwicklung nicht möglich ist. Ferner erfolgt eine erste Analyse des Marktes von Standardsoftware, die für den vorgesehenen Anwendungsbereich geeignet ist. Begründung mit Grobkonzept und eventuell Informationen über geeignete Standardsoftware sind Basis einer Durchführbarkeitsuntersuchung. Danach wird entschieden, ob eine Systementwicklung unter wirtschaftlichen und anderen Gesichtspunkten überhaupt durchgeführt werden soll. Auf die Aufgaben beim Entwurf eines **Grobkonzepts** und die wesentlichen Inhalte dieses Grobkonzepts wird in Abschnitt 4.3 eingegangen.

Bei positiver Entscheidung ist das Grobkonzept Grundlage für die Formulierung und Vergabe eines **Systementwicklungsauftrags**, der die Grundlage für die sich anschließenden Systementwicklungsphasen bildet (vgl. Abschnitt 4.4).

In Abb. 4.1.1 sind die vier wesentlichen Schritte bzw. Aufgabenbereiche der Initialisierungsphase zusammenfassend dargestellt.

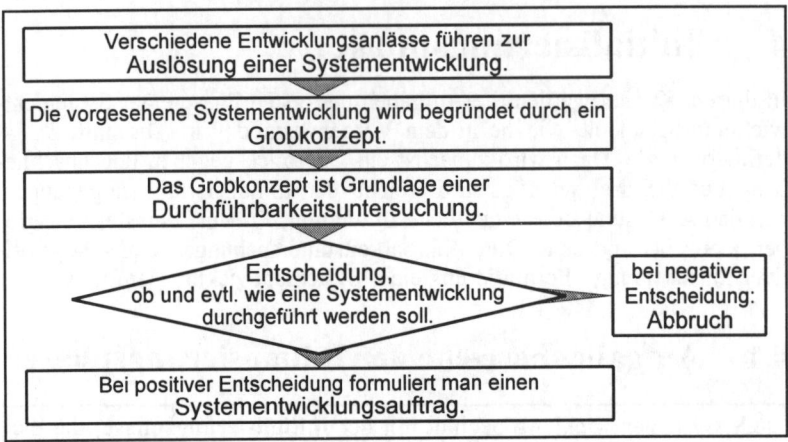

Abb. 4.1.1: Aufgabenbereiche der Initialisierungsphase

4.2   Initiierung und Gründe einer Systementwicklung

4.2.1   Initiatoren einer Systementwicklung

In den meisten Fällen steht am Anfang einer Systementwicklung eine Idee, die zu Überlegungen führt, ob ein bestimmter Aufgaben- oder Anwendungsbereich mit Computerunterstützung ausgeführt werden soll oder ob ein schon vorhandenes IV-System (oder mehrere) durch ein neues integriertes System ersetzt werden soll.

Der **Anstoß** oder die **Anregung** für die Entwicklung oder Einführung eines IV-Systems kann aus verschiedenen Richtungen kommen.

Unternehmensinterne Initiatoren können z. B. aus den folgenden Bereichen kommen:

• **Unternehmensleitung,**
• **Stabsabteilungen** (z. B. Organisationsabteilung),

- **mittleres Management**, das für einen Unternehmensbereich oder eine Fachabteilung verantwortlich ist,
- **Mitarbeiter der Fachabteilungen**,
- **EDV-Abteilung**.

Extern können Systementwicklungen beispielsweise angeregt werden durch:

- Wünsche oder Forderungen von **Kunden** und/oder **Lieferanten** bei überbetrieblicher Informationsverarbeitung (z. B. Just-In-Time-Konzepte oder elektronischer Zahlungsverkehr),
- Angebote oder Innovationen von **Herstellern bzw. Anbietern von Hardware oder Software**,
- Anregungen von im Unternehmen eingesetzten **Unternehmensberatern**,
- Anregungen eines für das Unternehmen arbeitenden **Outsourcing-Dienstleisters**,
- Mitteilungen und Anregungen von **Kammern** (IHK, Handwerkskammer u. a.), **Wirtschaftsverbänden** usw.

Geht die Initiative von Externen aus, dann ist allerdings im Regelfall ein interner „Mit-Initiator" erforderlich.

4.2.2   Auslösende Gründe für eine Systementwicklung

Sachlich werden Systementwicklungen meistens ausgelöst durch
- Unzulänglichkeiten in der bisherigen Informationsverarbeitung,
- Konkurrenzdruck bzw. Wettbewerbsnachteile,
- technischen Fortschritt.

Unzulänglichkeiten in der bisherigen Informationsverarbeitung können sowohl konventionelle Systeme als auch unvollkommene computerunterstützte IV-Systeme betreffen und vielfältiger Art sein, z. B.
- zu lange Antwortzeiten bei Kundenanfragen,
- unvollständige Auskünfte bei Kundenanfragen,
- zu lange Durchlaufzeiten bei der Auftragsabwicklung,
- hohe Fehlerraten,
- Belastung der Mitarbeiter durch ein hohes Maß an einfachsten Tätigkeiten, wie z. B. Sortieren von Belegen, manuelle Dateneingabe,
- hoher Aufwand bei der Verwaltung und Aktualisierung von Daten,
- späte bzw. stark zeitverzögerte Bereitstellung von Informationen,
- unvollständige Informationen,

- bisherige Systeme erlauben keine Anwendung von Optimierungsverfahren, z. B. für Produktionsplanung oder Tourenplanung,
- zu hoher Aufwand für notwendige Systemerweiterungen.

Sachliche Auslöser müssen aber nicht immer Unzulänglichkeiten sein, sondern können sich z. B. auch aus Konkurrenzdruck oder technischem Fortschritt ergeben.

- **Konkurrenzdruck** als Ursache liegt z. B. vor, wenn die Konkurrenz bereits IV-Systeme einsetzt und durch deren Vorteile einen Marktvorsprung erreicht, oder wenn durch IV-Systeme ein Vorsprung gegenüber der Konkurrenz erreicht werden soll.
- **Technischer Fortschritt** ist Auslöser für Systementwicklung, wenn der Betrieb von Altsystemen hohe Kosten verursacht und moderne Hard- und Softwaretechnologien mit den in Betrieb befindlichen IV-Systemen nicht kompatibel sind bzw. nicht kombiniert werden können.

Die **Verfügbarkeit ausgereifter Standardsoftware**, insbesondere integrierter Systeme kann ebenfalls ein Systementwicklungsprojekt auslösen.

Neuerdings nehmen die Fälle zu, in denen **Systementwicklungen durch Geschäftspartner ausgelöst** werden. Gründe sind dann z. B.
- Forderung eines Kunden zur Einbindung der eigenen Produktionssteuerung in ein System zwischenbetrieblich integrierter Informationsverarbeitung,
- Wunsch von Kunden, sich Online elektronisch über Produkte informieren zu können (elektronische Produktkataloge),
- Angebot eines Lieferanten, Auftrags- und Lieferdaten elektronisch zu übermitteln,
- Angebot von Banken und/oder Lieferanten und Kunden zur elektronischen Abwicklung des Zahlungsverkehrs.

Auch rechtliche Anlässe können maßgebend sein, z. B.
- Notwendigkeit zur Einhaltung bestimmter Datenschutzvorschriften,
- Rechtsvorschriften aus dem Sozialversicherungsbereich.

In manchen Fällen können auch nicht-ökonomische Gründe die Auslösung einer Systementwicklung beeinflussen, wie z. B. Verbesserung des Firmenimages oder „Modernitätsstreben".

In Abb. 4.2.1 (Seite 117) sind Entwicklungsanlässe mit Beispielen für die einzelnen Kategorien systematisiert[1].

---

1 Die Systematisierung erfolgte in Anlehnung an HOFFMANN [1989, S. 129].

Gründe für die Auslösung einer Systementwicklung			
interne Gründe		**externe Gründe**	
wirtschaftliche Gründe	*nichtwirtschaftliche Gründe*	*rechtliche Gründe*	*Erwartungen der Geschäftspartner*
langsame Auftragsabwicklung	niedriges Firmenimage	Datenschutz-vorschriften	elektronischer Zahlungsverkehr
hohe Fehlerrate	unmoderne Auftragsabwicklung	sozialgesetzliche Vorschriften	gemeinsames IV-System
Belastung der Mitarbeiter mit Routinearbeiten	noch kein Einsatz moderner Technologien	gesetzliche Regelungen zur Mitbestimmung	elektronische Übermittlung von Geschäftsdaten
späte Informations-bereitstellung			elektronische Produktkataloge
unvollständige Information			Konkurrenzdruck Wettbewerb

Abb. 4.2.1: Gründe für die Auslösung einer Systementwicklung

Es empfiehlt sich, die Gründe, die eine Systementwicklung ausgelöst haben, zu dokumentieren und dabei eine Systematik wie in Abb. 4.2.1 oder einer ähnlichen Art zu verwenden. Damit werden bereits in der Initialisierungs-phase Anforderungen an das zu entwickelnde System festgelegt, und es wird sehr früh die Grundlage für eine Qualitäts- und Erfolgskontrolle der Systementwicklung geschaffen. Teile dieser ersten Dokumentation können auch in ein erstes Pflichtenheft überführt werden[2].

4.3   Konkretisierung der Initialisierung durch ein Grobkonzept

4.3.1 Aufgaben eines Grobkonzepts

Insbesondere bei umfangreichen Aufgabenbereichen und integrierten An-wendungen ist es nach dem Anstoß oder der ersten Idee zu einer System-entwicklung erforderlich, diese Idee in einem ersten, groben Konzept zu präzisieren und soweit zu konkretisieren, daß über die Durchführung einer Systementwicklung entschieden werden kann und gegebenenfalls die dafür erforderlichen Planungen erfolgen können.

---

2 Dokumentation und Pflichtenheft entstehen üblicherweise in mehreren Schritten während einer Systementwicklung. Deshalb empfiehlt es sich, mit einem syste-matischen Vorgehen bei der Erstellung von Dokumentation und Pflichtenheft be-reits in der Initialisierungsphase zu beginnen.

Das **Grobkonzept** dient der Konkretisierung der Ideen zu einer Systementwicklung und ist Grundlage für
- eine erste **Durchführbarkeitsuntersuchung**,
- die **Entscheidung**, ob eine Systemplanung und -entwicklung durchgeführt werden soll,
- die **weiteren Planungen**.

Im einzelnen dient das Grobkonzept folgenden Aufgaben:
- Abgrenzung und **Präzisierung des Problems**,
- **Entwurf eines ersten Lösungsvorschlags** mit möglichen Systemalternativen,
- Schaffung einer **Informationsbasis für eine erste Durchführbarkeitsuntersuchung**, deren Ergebnisse für eine Entscheidung verwendet werden können, ob im Hinblick auf die Unternehmensziele und unter dem Gesichtspunkt der Wirtschaftlichkeit eine Systementwicklung überhaupt sinnvoll ist und weiter verfolgt werden soll.

Bei positiver Entscheidung dient das Grobkonzept als Grundlage für die Bereitstellung differenzierter Informationen über das Problem und ein mögliches IV-System, so daß ein konkreter Systementwicklungsauftrag erteilt und das weitere Vorgehen geplant werden kann[3].

Die konkreten Aufgaben beim Entwurf eines Grobkonzepts orientieren sich an den Gründen, die eine Systementwicklung auslösen, und an den daraus ableitbaren Anforderungen. Entscheidend ist in jedem Fall, daß ein Grobkonzept soviel detaillierte Information enthält, daß eine Durchführbarkeitsuntersuchung möglich ist und eine qualifizierte Entscheidung darüber getroffen werden kann, ob das vorgesehene System überhaupt entwickelt werden soll oder nicht. Darüber hinaus ist das Grobkonzept bereits ein erster Systementwurf, der immer auch mögliche Systemalternativen enthalten sollte. Über den Systementwicklungsauftrag werden damit aus dem Grobkonzept Vorgaben für die eigentliche Entwicklungsarbeit[4] hergeleitet.

Mit dem Entwurf eines Grobkonzepts ist im Regelfall auch eine erste Analyse des Standardsoftwaremarkts verbunden. Die Ergebnisse werden in das Grobkonzept aufgenommen, da dieses auch Aussagen darüber enthalten muß, ob und gegebenenfalls wie das Problem durch Standardsoftware gelöst werden kann.

---

3 Die Konkretisierung des Problembereichs und ein grobes Lösungskonzept sind für die Erteilung eines Systementwicklungsauftrags unverzichtbar.

4 Wie bereits erwähnt wurde, kann aus dem Grobkonzept auch ein erstes Pflichtenheft entwickelt werden.

4.3.2 Inhalte eines Grobkonzepts

Entscheidungsträger müssen anhand des Grobkonzepts
* die Notwendigkeit,
* den Nutzen,
* die voraussichtlichen Kosten,
* die internen und externen Auswirkungen und
* die Dauer

der Planung, Entwicklung und Einführung eines IV-Systems beurteilen können. Ein Grobkonzept muß deshalb hinreichend über das zu entwikkelnde System informieren, um so eine umfassende Entscheidungsgrundlage zu schaffen.

Ein **Grobkonzept** kann, je nach individueller Situation, Informationen enthalten über

• Anwendungsbereich,	• Gründe,
• Ziele,	• Randbedingungen,
• Zeitrahmen,	• Organisationskonzept,
• Systemaufbau,	• Hardwarekonfiguration,
• personelle Maßnahmen,	• Aufwandsschätzung,
• Angaben zur Wirtschaftlichkeit,	• Management der Entwicklung,
• Standardsoftware,	• Verantwortliche,
• erwartete Kosten,	• Projektdauer.

Dazu gehört auch immer die Angabe von möglichen Alternativen.

Für die konkreten Inhalte eines Grobkonzepts ist im Einzelfall der jeweilige Anwendungsbereich, die Organisation des Unternehmens, das Ausmaß, in dem bereits computerunterstützte Systeme eingesetzt werden, usw. maßgebend. Die nachfolgenden **Vorschläge** können deshalb nur Anregungen geben, welche **Inhalte ein Grobkonzept** umfassen sollte, wobei in jeder konkreten Einzelsituation geprüft werden muß, welche Inhalte notwendig sind.
* **Initiator(en)** der Systementwicklung und **Entscheidungsträger**.
* **Anwendungsbereich** und Aufgabengebiet. Dazu gehören u. a.
  - genaue Beschreibung des Anwendungsgebiets,
  - Abgrenzung gegen andere Bereiche,
  - Angaben zur jetzigen Organisationsstruktur des Anwendungsbereichs mit Einbindung im Unternehmen, Anforderungen an Mitarbeiter usw.,
  - Beschreibung der bisher eingesetzten Verfahren und Hilfsmittel zur Verarbeitung, Speicherung und Übertragung von Informationen,

- Beschreibung der Schnittstellen des Anwendungsbereichs zum Umsystem, d. h. zu anderen Bereichen und Stellen oder anderen Systemen,
- Angaben zu Schwachstellen des bisherigen Systems.
• **Gründe** für die Systementwicklung (vgl. dazu Abschnitt 4.2.2).
• **Hauptziele** einer Systementwicklung, die sich teilweise aus den Gründen ergeben können, z. B.
  - Verkürzung der Auftragsdurchlaufzeit,
  - ständige Informationsmöglichkeit über aktuelle Lagerbestände, Kontostände usw.,
  - schnellere Bereitstellung von Informationen,
  - Reduzierung der Fehlerrate,
  - Automatisierung des Datenflusses,
  - Gewinnung von Wettbewerbsvorteilen.
• **Randbedingungen**, die sich z. B. beziehen können auf
  - Mindest- oder Höchstwerte für den Automatisierungsgrad,
  - Kosten, z. B. durch Angabe einer Obergrenze,
  - Art der Projektdurchführung, z. B. Hinzuziehen externer Berater.
• **Zeitrahmen**
• Grobes **Organisationskonzept** mit vorläufigen Angaben über
  - organisatorische Einordnung des Anwendungssystems,
  - Arbeitsabläufe,
  - Schnittstellen zu anderen Systemen,
  - Datenerfassung,
  - Anforderungen an die Präsentation der von dem zu entwickelnden System bereitzustellenden Informationen.
• **Erster grober Entwurf des Systemaufbaus**, evtl. mit Alternativen.
• Am Markt verfügbare **Standardsoftware**, die für den Anwendungsbereich in Frage kommt, mit Informationen zu
  - Anbieter,
  - Funktionsumfang,
  - Preis und sonstige zu erwartende Kosten,
  - Referenzen.
• **Hardwarekonfiguration** bzw. alternative Lösungen, mit Angaben zu
  - Art und Größe der Rechner,
  - peripheren Geräten,
  - Vernetzung,
  - erforderlichen Leistungsdaten.
• Erforderliche **personelle Maßnahmen**, insbesondere
  - Information und Schulung von Mitarbeitern,
  - mögliche Personalfreisetzungen,
  - notwendige Neueinstellungen.

- Kosten- bzw. **Aufwandsschätzung** für die Systementwicklung.
- Informationen, die für eine Untersuchung der **Durchführbarkeit** nötig sind.

Das Grobkonzept muß aber auch Hinweise enthalten auf
- Anbieter von Beratungs- und Unterstützungsleistungen für eine Systementwicklung (z. B. Systemhäuser),
- Angaben über vergleichbare Systeme und Lösungen,
- mögliche personelle Zusammensetzung eines Projektteams,
- Management der Systementwicklung.

Ohne ein grobes Systemkonzept wird die Initialisierung einer Systementwicklung kaum erfolgreich sein können, da für eine qualifizierte Entscheidung über die Durchführung einer Systementwicklung auch dargelegt werden muß, wie ein zukünftiges Informationssystem aussehen könnte[5]. Dieses Grobkonzept ist der erste Teil einer Systementwicklungsdokumentation.

4.3.3 Durchführbarkeitsuntersuchung

Das Grobkonzept ist der erste Entwurf für das (mögliche) zukünftige IV-System. Es ist gleichzeitig die Grundlage für eine Durchführbarkeitsuntersuchung, die dann selbst wieder die Grundlage einer Entscheidung für oder gegen die Entwicklung des vorgesehenen IV-System ist.

Eine **Durchführbarkeitsuntersuchung ist mehr als eine Wirtschaftlichkeitsanalyse.** Sie umfaßt die Untersuchung der Durchführbarkeit in
- funktioneller,
- organisatorischer,
- sozialer,
- finanzieller,
Hinsicht
- technischer,
- personeller,
- rechtlicher,
- wirtschaftlicher

Die Durchführbarkeitsuntersuchung auf der Basis des Grobkonzepts ist die erste im Rahmen einer Systementwicklung. Weitere Durchführbarkeitsuntersuchungen fallen in den späteren Systementwicklungsphasen an[6].

---

5 Der Konjunktiv ist notwendig, da das endgültige Konzept von diesem ersten groben Systemkonzept stark abweichen kann.

6 Auf Einzelheiten der Untersuchung der Durchführbarkeit wird in Kapitel 8 eingegangen.

Durchführbarkeitsuntersuchung zum Systementwicklungsprojekt: _____

Basis: Grobkonzept vom __.__.__	Bearbeiter:

zur Kenntnisname an:	3.
1.	4.
2.	5.

Funktionelle Durchführbarkeit
Können die im Grobkonzept vorgesehenen Funktionen durch das geplante IV-System abgedeckt werden?

Funktion A   ○ Ja   ○ Nein   Bemerkungen:

Funktion B   ○ Ja   ○ Nein   Bemerkungen:

Funktion C   ○ Ja   ○ Nein   Bemerkungen:

usw.

Unvermeidbare funktionelle Einschränkungen:

Technische Durchführbarkeit
Ist die im Grobkonzept vorgesehene Technologie verfügbar?
Prüfung nach technischen Kriterien wie Geschwindigkeit, Kapazität, Sicherheit usw.

Rechner ○ Ja ○ Nein	Peripherie	○ Ja ○ Nein
Netze ○ Ja ○ Nein	sonstiges: ____	○ Ja ○ Nein

Unbedingt einzuhaltende technische Randbedingungen:

Organisatorische Durchführbarkeit
Kann das im Grobkonzept entworfene IV-System in die vorhandene Organisation integriert werden? Können die Schnittstellen geschaffen werden?

Organisatorische Randbedingungen:

Personelle Durchführbarkeit
Sind die Mitarbeiter für die Nutzung des IV-Systems ausreichend qualifiziert?
Können Qualifikationsdefizite durch Schulung und Weiterbildung ausgeglichen werden?
Sind eventuelle Neueinstellungen realisierbar?

Zu berücksichtigende personelle Randbedingungen:

Soziale Durchführbarkeit
Führt das geplante IV-System zu sozialen Unverträglichkeiten? Falls ja: Welche?

Rechtliche Durchführbarkeit
Verträgt sich das Konzept des IV-Systems mit allen tangierten rechtlichen Vorschriften?

Einzuhaltende rechtliche Vorschriften:

Finanzielle Durchführbarkeit
Sind die finanziellen Mittel für die Realisierung des Systems verfügbar?

Wirtschaftliche Durchführbarkeit

Voraussichtlicher Investitionsaufwand für das IV-System:	DM	
Voraussichtlicher laufender Aufwand für das IV-System:	DM	
Voraussichtlicher Nutzen:	1.	2.
3.	4.	5.

Abb. 4.3.1: Muster für eine Durchführbarkeitsuntersuchung

In Abb. 4.3.1 (Seite 122) ist schematisch dargestellt, wie eine Durchführbarkeitsuntersuchung aufgebaut sein kann und welche Fragen im Rahmen der Untersuchung zu klären sind. Dabei sind hier nur exemplarisch typische Kriterien und Fragen angegeben.

Am Ende der Durchführbarkeitsuntersuchung ist zu entscheiden über die Frage:

Soll eine Systementwicklung durchgeführt werden?

Falls ja, ist – sofern das nicht bereits durch das Grobkonzept geschehen ist – weiterhin über die folgenden Fragen zu entscheiden:

• Welchen Aufgaben- bzw. Anwendungsbereich soll das zu entwickelnde System abdecken?
• Welche der alternativen Konzeptionsvorschläge aus dem Grobentwurf sollen als Vorgaben für die Systementwicklung übernommen werden?
• In welchem Umfang soll bei der Systementwicklung auf externe Unterstützung, z. B. durch Systementwicklungshäuser oder Unternehmensberater, zurückgegriffen werden?
• Wie lange wird die Systementwicklung voraussichtlich dauern?
• Welche Mitarbeiter sind für die Systementwicklung verantwortlich?
• Welche Mitarbeiter aus den betroffenen Fachabteilungen werden an der Systementwicklung beteiligt?

Die Durchführbarkeitsuntersuchung und die getroffene Entscheidung sind – wie das Grobkonzept – in der Systementwicklungsdokumentation festzuhalten.

4.4 Systementwicklungsauftrag

Führt die Durchführbarkeitsuntersuchung zu einer positiven Entscheidung, dann ist das Grobkonzept - je nach Ergebnis der Durchführbarkeitsuntersuchung gegebenenfalls unter Beschränkung auf bestimmte Varianten oder Alternativen - Grundlage bzw. wesentlicher Teil eines **Projektvorschlags** mit Begründung.

Projektvorschlag und -begründung sind die Grundlage für einen **Systementwicklungsauftrag**, in dem die für die Planung, Entwicklung und Einführung eines IV-Systems existierenden Vorgaben und Anforderungen und die durchzuführenden Aufgaben konkret formuliert werden.

Der Systementwicklungsauftrag oder Projektauftrag sollte nach einem festen Muster aufgebaut werden.

Die Formulierung des Auftrags wird erleichtert durch Verwendung eines Vordrucks. Abb. 4.4.1 zeigt ein vereinfachtes Muster dafür.

Systementwicklungsauftrag Nr.	**Kurzbezeichnung:**		
Vorhaben (Bezeichnung):			
Anwendungs- bzw. Aufgabenbereich:			
Betroffene Abteilung(en):			
Veranlassende Stelle:			
Verantwortliche Stelle:			
Kategorie: ○ Neuentw.	○ Ersatz	○ Ergänzung	○ Sonstiges:
Größenklasse: ○ bis 1 PM	○ über 1 bis 3 PM	○ über 3 bis 5 PM	
PM ~ Personenmonat ○ über 5 PM	○ ca. _ _ _ _ _ . PM		
Ziele:			
Kritische Erfolgsfaktoren:			
Anforderungen an das System:			
Vorgaben:			
fachliche Vorgaben:			
technische Vorgaben:			
organisatorische Vorgaben:			
Projektteam:			
Projektleiter:			
Projektmitarbeiter:			
externe Beteiligte:			
Projektkosten:			
Projektnutzen:			
Projektorganisation:			
Projektdauer:			
Anfangstermin:	Endtermin:		

Abb. 4.4.1: Systementwicklungsauftrag

Zu Abb. 4.4.1 ist ergänzend folgendes anzumerken:

- Die **Größenklasse** kann auch als Entwicklungsaufwand in DM angegeben werden.

- Zu den **Zielen** gehört außer einer Beschreibung auch eine Meßgröße und die Angabe des Gewichts bzw. der Bedeutung. Die Ziele sollten möglichst ausführlich beschrieben werden. In vielen Fällen wird sich daraus ein komplexes Zielsystem ergeben.

- **Kritische Erfolgsfaktoren** sollten ebenfalls gewichtet werden.

- Die **Anforderungen** an das System hängen mit den kritischen Erfolgsfaktoren und den Zielen zusammen und lassen sich häufig nicht scharf von diesen abgrenzen. Sowohl die Anforderungen als auch die kritischen Erfolgsfaktoren sind gegebenenfalls in einem gesonderten Katalog zusammenzustellen.

- Zu den **fachlichen Vorgaben** gehören Datensystem, Schnittstellen zu Nachbarsystemen, Vorgänge bzw. Aufgabenbereiche, Mengenangaben sowie Informations- und Kommunikationsbeziehungen.

- **Technische Vorgaben** betreffen insbesondere die Hardwarekonfiguration oder bestimmte technische Geräteeigenschaften.

- **Organisatorische Vorgaben** können z. B. sein: „Höchstmaß an ganzheitlicher Aufgabenübertragung an einzelne Arbeitsplätze" oder „hoher Automatisierungsgrad in bestimmten Aufgabenbereichen".

- Angegeben werden sollte immer auch die vorgesehene **Projektorganisation**.

- Der Systementwicklungsauftrag wird ergänzt um einen **Projektplan** mit Ablaufplan für die einzelnen Systementwicklungsschritte, Ausführungszeiten und Terminen sowie Ressourcenbeanspruchung.

Anforderungen an das IV-System und die fachlichen, technischen und organisatorischen Vorgaben werden meistens in einer Anlage zum Systementwicklungsauftrag zusammengestellt. Diese Zusammenstellung ist identisch mit der ersten Fassung eines Pflichtenhefts.

Abb. 4.4.1 kann nur einen groben Umriß für einen Systementwicklungsauftrag vermitteln. In einem konkreten Fall wird ein solcher Auftrag eine Fülle zusätzlicher Detailinformationen enthalten. So können z. B. Einzelheiten über Benutzerschnittstellen, über Datenstrukturen und dgl. festgelegt werden. Auch bestimmte Einzelheiten zu Hardwarekonfigurationen können in einem solchen Projektauftrag vorgegeben werden, z. B. die Forderung, daß ein System über vernetzte PCs zu realisieren ist.

Der Systementwicklungsauftrag enthält alle wichtigen Vorgaben für die späteren Systementwicklungsphasen. Dabei muß allerdings beachtet werden, daß in vielen Fällen einzelne Anforderungen erst im Laufe einer Systementwicklung konkretisiert werden können. Das geht mitunter soweit, daß auch bestimmte Aufgabenbereiche erst sehr spät in ein zu entwickelndes System einbezogen werden.

Werden bei einer Systementwicklung externe Berater eingesetzt (Systementwicklungshäuser, Unternehmensberater oder dergleichen), dann ist es wichtig, daß ein sehr ausführlicher Projektauftrag existiert, der sehr konkrete bzw. präzise Vorgaben in Form eines Pflichtenhefts für die Entwickler und externen Berater enthält. Dieser Projektauftrag oder Systementwicklungsauftrag kann dann auch Grundlage einer vertraglichen Vereinbarung sein.

5 Analysephase

Am Ende der Initialisierungsphase liegt bei einer positiven Entscheidung ein Systementwicklungsauftrag vor. Im Anschluß daran beginnt die eigentliche Systementwicklung mit der Analysephase. Es ist die zweite Phase einer Systementwicklung, wie sie in dem Vorgehensmodell in Abschnitt 2.3.10 definiert wurde. Die Analyse bezieht sich dabei sowohl auf den derzeitigen Zustand der Informationsverarbeitung als auch auf die Ermittlung der Anforderungen, die die zukünftigen Anwender, das Management oder andere Gruppen an das zu entwickelnde IV-System stellen. In dieser Phase ist auch eine Analyse des Marktes von Standardsoftware für den vorgesehenen Anwendungsbereich durchzuführen.

5.1 Ziele und Aufgaben der Analysephase

Die Analysephase baut auf den Ergebnissen der Initialisierungsphase auf.

Ziel der Analysephase ist die Sammlung und Untersuchung aller Informationen, die für die Planung, Entwicklung und Einführung eines IV-Systems von Bedeutung sind, z. B. über

- Arbeitsabläufe,
- Organisationskonzepte,
- Datenstrukturen,
- Methoden bzw. Verfahren,
- Aufbaustrukturen,
- Aufgaben und Funktionen,
- Datenflüsse,
- Hilfsmittel.

Dazu kommen Informationen über geeignete Standardsoftware.
Die Analysephase schafft damit die Grundlagen für die weiteren Phasen einer Systementwicklung.

Die grundsätzliche **Ausgangssituation** der Analysephase ist folgende:
- Die Initialisierungsphase hat zu einer Entscheidung für eine Systementwicklung geführt.
- Es liegt ein Systementwicklungsauftrag vor.
- Der Aufgaben- bzw. Anwendungsbereich für das zu entwickelnde IV-System ist festgelegt.

- Es gibt ein Grobkonzept[1], das in der Initialisierungsphase entworfen wurde und das den Rahmen für das weitere Vorgehen absteckt.
- Es existiert ein (vorläufiges) Entwicklungsteam.

Die Analyse erstreckt sich üblicherweise sowohl auf den **Ist-Zustand** der Informationsverarbeitung in dem geplanten Aufgaben- bzw. Anwendungsbereich, als auch auf den **Soll-Zustand**, d. h. die gewünschten bzw. geforderten Eigenschaften des Systems[2].

Die **Analysephase umfaßt drei Aufgabenbereiche**:

(1) **Ist-Zustands-Analyse** des derzeitigen IV-Systems[3].

(2) **Soll-Zustands-Analyse**[4], die sich auf das gesamte Spektrum der Anforderungen an das zu entwickelnde System bezieht und primär zukunftsorientiert ist, d. h. es erfolgt eine detaillierte **Anforderungsanalyse**. Die Soll-Zustands-Analyse schließt meistens konzeptionelle Überlegungen mit ein. Die Ergebnisse werden in einem **Pflichtenheft** festgehalten.

(3) **Analyse des Marktes für Standardsoftware**, durch die festgestellt werden soll, ob für die Realisierung des IV-Systems geeignete Standardsoftware angeboten wird.

Man beachte folgendes: Ist- und Soll-Zustands-Analyse sollten niemals isoliert, sondern möglichst parallel durchgeführt und immer im Kontext mit anderen Einzelaufgaben der Systementwicklung gesehen werden. Zur Ist-Zustands-Analyse gehört z. B. immer eine intensive Schwachstellenanalyse. Bei der Soll-Zustands-Analyse sollte auch die Durchführbarkeit bzw. Realisierbarkeit von Einzelanforderungen untersucht werden.

Das Ergebnis der Analysephase ist ein Pflichtenheft.

---

1 Dieses Grobkonzept kann bereits alternative Lösungskonzepte enthalten.

2 Dominiert einer dieser Aufgabenbereiche bei der Systementwicklung, liegt eine **istzustandsorientierte** oder eine **sollzustandsorientierte Gestaltungsstrategie** zugrunde. Vgl. dazu die Ausführungen in Abschnitt 2.2.

3 Die Ist-Zustands-Analyse sollte nicht überbetont werden, da sonst der Aufwand dafür zu groß wird und die Gefahr zu starker Orientierung an der Vergangenheit besteht.

4 Es wird hier das Begriffspaar „Ist-Zustands-Analyse" und „Soll-Zustands-Analyse" verwendet, obwohl der Soll-Zustand in seinen Details erst in der Entwurfs- und der Realisierungsphase festgelegt wird. „Soll-Zustands-Analyse" ist hier als Analyse der Vorgaben, Wünsche, Anforderungen und Randbedingungen an das IV-System zu verstehen.

5.2   Ist-Zustands-Analyse

5.2.1   Aufgaben und Ziele der Ist-Zustands-Analyse

Die Ist-Zustands-Analyse ist der erste Teil der Analysephase. Sie wird häufig auch als „Ist-Analyse" bezeichnet und manchmal als eigene Phase der Systementwicklung betrachtet.

Wichtige **Ziele der Ist-Zustands-Analyse** sind:
* Beschaffung aller Informationen über den Anwendungsbereich des geplanten Systems, die für die Entwicklung eines effizienten und anforderungsgerechten IV-Systems notwendig sind.
* Ermittlung von Schwachstellen in der derzeitigen Organisation bzw. Konzeption.

Die Ist-Zustands-Analyse umfaßt eine Reihe von Aufgaben, die sich wie folgt einteilen lassen:

Eine **Ist-Zustands-Analyse** besteht aus den folgenden **vier Teilphasen**, die zugleich die wichtigsten **Aufgabenbereiche** beschreiben:
* **Erfassung** des Ist-Zustands oder Ist-Aufnahme,
* **Beschreibung** des Ist-Zustands,
* **Analyse** des Ist-Zustands auf **Schwachstellen,**
* **Bewertung** des Ist-Zustands im Hinblick auf mögliche Verbesserungen.

5.2.2   Fragenkatalog für die Erfassung des Ist-Zustands

In der ersten Teilphase der Ist-Zustands-Analyse sind für die von der Systementwicklung betroffenen Aufgaben- bzw. Anwendungsbereiche alle relevanten Informationen zu erfassen, um so die Konzeption eines effizienten und anforderungsgerechten IV-Systems zu gewährleisten. Der nachfolgende Katalog von Fragen zeigt exemplarisch, welche Informationen zu erfassen sind[5].

---

5   Zur Erleichterung einer systematischen Ist-Zustands-Analyse empfiehlt sich die Verwendung standardisierter Checklisten oder Fragenkataloge nach dem aufgeführten Muster.

Welche **Arbeitsgänge** kommen vor?
Dazu sind zahlreiche Einzelfragen zu klären, z. B.:
- Wodurch werden Arbeitsgänge ausgelöst?
- Auf welche Stammdaten wird zugegriffen?
- Welche Bewegungsdatenobjekte werden generiert?
- Welche Daten werden als Eingabe benötigt?
- Welche Daten fallen als Ausgabe an?

- Wie häufig bzw. in welchen Zeitabständen ist der Arbeitsgang durchzuführen?

- Wieviel Zeit wird für den Arbeitsgang benötigt? (Bei Schwankungen sind Mittelwert, Streuung und evtl. Häufigkeitsverteilung anzugeben.)
- Welche Methoden und Verfahren werden für die Ausführung benutzt?
- Welche Vordrucke bzw. Formulare werden verwendet?

- Welche anderen Hilfsmittel werden benutzt?

- Welche einzelnen Arbeitsschritte sind durchzuführen?

- Nach welchen Verarbeitungsregeln wird der Arbeitsgang ausgeführt?

- Wie hoch ist die Fehlerrate bei der Bearbeitung?

- Welche Kosten entstehen zur Zeit bei Ausführung des Arbeitsgangs?

- Welche Qualifikation müssen die für die Ausführung des Arbeitsgangs zuständigen Mitarbeiter haben?

In welcher **Reihenfolge** sind Arbeitsgänge durchzuführen?
Auch dazu sind Detailfragen zu klären, u. a.:
- Welches sind für einen Arbeitsgang die unmittelbar vorhergehenden und die unmittelbar nachfolgenden Arbeitsgänge?
- Welche Transportmittel bzw. Übertragungsmittel werden benutzt?

- Wie hoch sind Transport- bzw. Übertragungszeiten?

- Kann die Reihenfolge der Arbeitsgänge variiert werden?

Welche **Schnittstellen** hat das Ist-System in der Gesamtorganisation?
Diese Frage hat eng mit der Einbindung in ein organisatorisches Gesamtkonzept zu tun. Sie betrifft u. a. folgende Einzelheiten:

- Zu welchen anderen Teilsystemen in der Gesamtorganisation existieren Übergänge?

- Welche Daten werden aus anderen Systemen importiert, und welche Formate und Eigenschaften haben diese Daten?

- Welche Daten werden in andere Systeme exportiert?

Welche **Daten bzw. Informationen** werden verarbeitet?
- Von welchem Typ sind die Daten (Zahlen, Worte, alphanumerische Zeichen, Grafikzeichen, Halbtonvorlagen, Bewegtbilder)?
- Welche Struktur haben die Daten?
- Wie sind Datensätze aufgebaut?
- Wie groß sind die Datenfelder?
- Haben die Datenfelder feste oder variable Länge?
- Welche Dateien sind erforderlich?
- Wo werden welche Datenbestände verwaltet?
- Welche Datenmengen sind zu verwalten?
- Wie häufig und in welchen Zeitabständen werden die einzelnen Daten bzw. Informationen benötigt?
- Welche Schlüsselsysteme werden benutzt?
- Welche Qualität haben die Daten?

Wie **entstehen Daten**, wie werden sie erfaßt und übertragen?
- Wo fallen Daten an?
- In welcher Form fallen die Daten an?
- Zu welchen Zeiten fallen die Daten an?
- Welche Datenmengen fallen an?
- Kann der Datenanfall beeinflußt werden?
- Wie werden die Daten erfaßt?
- Wie werden Daten übertragen?
- Wie schnell müssen Daten übertragen werden?
- Welche Hilfsmittel werden zur Datenübertragung eingesetzt?
- Wie hoch ist die Fehlerrate bei der Datenübertragung?

Welche Struktur hat die **Aufbauorganisation**?
- Von welchem Typ ist die Organisation?
- Wieviel Hierarchieebenen gibt es?
- Wie sind Aufgaben den Stellen zugeordnet?

Welche Qualifikationen haben die **Mitarbeiter** zur Zeit?
- Welche Ausbildung haben die Mitarbeiter?
- Welche Kenntnisse besitzen sie über Methoden?
- Inwieweit sind die Mitarbeiter vertraut im Umgang mit IV-Systemen?

In konkreten Fällen kann die Ist-Zustands-Analyse sich auf eine Vielzahl weiterer Detailfragen beziehen.

5.2.3 Erhebungs- und Beschreibungstechniken

Für die Durchführung der Ist-Zustands-Analyse gibt es verschiedene Hilfsmittel und Techniken.

Wichtige **Erhebungstechniken der Ist-Zustands-Analyse** sind:

• Unterlagenstudium,	• Interview,
• Fragebogen,	• Beobachtung,
• Selbstaufschreibung,	• Konferenz.

Informationen über den derzeitigen Zustand eines Informationssystems lassen sich aus einer Vielzahl **vorhandener Unterlagen** entnehmen, z. B.:

- Organigramme,	- Ablaufpläne,
- Stellenbeschreibungen,	- Arbeitsanweisungen,
- Formulare,	- Geschäftsberichte,
- Materialflußpläne,	- Arbeitszettel,
- Listen,	- Organisationshandbücher usw.

Fragebogen sind ein Hilfsmittel zur systematischen Erfassung von Informationen über das Ist-System. Der oben angeführte Fragenkatalog gibt eine Vorstellung davon, wie ein solcher Fragebogen strukturiert werden kann. Dieser Fragebogen wird an alle betroffenen Mitarbeiter bzw. Arbeitsplätze zur Beantwortung verteilt. Die erhobenen Daten werden dann zu einem Gesamtbild zusammengeführt. Da die Fragebögen von den betroffenen Mitarbeitern selbst ausgefüllt werden, besteht allerdings die Gefahr der (bewußten oder unbewußten) unvollständigen oder unrichtigen Beantwortung.

Selbstaufschreibung durch die einzelnen Sachbearbeiter ist verwandt mit der Benutzung von Fragebögen. Während allerdings der Fragebogen die Struktur und die Inhalte der zu erfassenden Informationen präzise abgrenzt, gibt es bei der Selbstaufschreibung ein hohes Maß an Freiheitsgraden. Das birgt die Gefahr unscharfer Informationen, die für die weiteren Aktivitäten der Planung, Entwicklung und Einführung von IV-Systemen wenig nützlich sind.

Informationserfassung durch **Interview** ist sehr personalintensiv. Wichtig ist, daß die Interviews nicht frei gestaltet werden, sondern anhand eines detaillierten Interviewleitfadens erfolgen. Der Vorteil gegenüber Fragebögen ist, daß der Interviewer gegebenenfalls Erläuterungen geben kann oder nachfragen kann, um wirklich präzise Informationen zu bekommen.

Die Erfassung des Ist-Zustands durch **Beobachtung** ist im Fertigungsbereich ein seit langem praktizierter Ansatz. Solche Beobachtungen können vor allem dazu dienen, Zeiten für die Durchführung bestimmter Einzelaktivitäten, Zeiten für Transport- bzw. Übertragungsvorgänge oder Informationen über benutzte Hilfsmittel zu ermitteln. Für die Erfassung von Informationen über Datenstrukturen oder dgl. ist die Beobachtung nicht geeignet. Methodisch kann die Beobachtung so durchgeführt werden, daß man bestimmte Arbeitsplätze oder Arbeitsbereiche über einen bestimmten Zeitraum vollständig erfaßt, oder daß man Daten auf Stichprobenbasis erhebt (hier sei auf den Ansatz des Multimomentverfahrens verwiesen).

Sammlung von Ist-Informationen ist auch über unternehmensinterne **Konferenzen** möglich, an denen alle betroffenen Abteilungen oder Bereiche beteiligt sind. Das erfordert eine straffe Diskussionsleitung und die detaillierte Protokollierung der Ergebnisse.

Für die **Dokumentation** der Ergebnisse der Ist-Erfassung stehen verschiedene Techniken zur Verfügung (vgl. Kapitel 3). Folgende Techniken sind für die Dokumentation des Ist-Zustands besonders geeignet:
- **Verbale Beschreibungen**, insbesondere in strukturierter Sprache, die vor allem für Arbeitsabläufe und einzelne Arbeitsgänge oder Aktivitäten geeignet ist.
- **Tabellarische Darstellungen**, können z. B. für Datenstrukturen, Häufigkeiten der Datenbenutzung usw. verwendet werden.
- **Grafische Darstellungen** in Form von Ablaufdiagrammen, Strukturdiagrammen, Organigrammen usw. eignen sich vor allem für die Darstellung von Systemstrukturen und von Abläufen.
- **Formale Hilfsmittel**, z. B. Entscheidungstabellen, sind besonders zur Darstellung von Methoden und Verfahrensvorschriften geeignet.

5.2.4 Analyse und Bewertung des Ist-Zustands

Nach Erfassung und Dokumentation des Ist-Systems schließt sich eine Analyse des Ist-Zustands an[6], d. h. eine kritische Durchleuchtung der verfügbaren Informationen, um Anregungen für die Konzeption des zu entwikkelnden IV-Systems zu gewinnen. Insbesondere geht es um das Erkennen und die Bewertung von Schwachstellen und Mängeln.

Die Ist-Zustands-Analyse ist immer auch eine **Schwachstellenanalyse**.

---

6 Dabei ist zu beachten, daß schon die Erfassung der Informationen in gewisser Weise eine Analyse ist.

Die folgende Liste hält exemplarisch typische Schwachstellen als Ergebnis einer Ist-Zustands-Analyse:

- zu lange Auftragsdurchlaufzeiten und Liegezeiten,
- Buchhaltungsdifferenzen,
- zu lange Lieferzeiten,
- Fertigstellung des Jahresabschlusses erst im Juli des Folgejahres,
- keine Möglichkeit, sich über den aktuellen Lagerbestand zu informieren,
- Kundenanfragen werden mit großen Verzögerungen beantwortet,
- sehr hohe Lagerbestände aufgrund von Schwächen in der Lagerdisposition,
- schlechte Ausnutzung von Zahlungszielen,
- hohe Fehlerraten bei der Datenerfassung,
- Verzögerungen bei Zahlungseingängen durch Unzulänglichkeiten bei der Auftragsabrechnung und der Rechnungsschreibung.

Anhand der ermittelten Schwachstellen werden gezielte Maßnahmen im Rahmen der Systementwicklung festgelegt. Dazu empfiehlt es sich, die Schwachstellen nach Aufgabenbereichen zu gruppieren und die Ursachen der Schwachstellen zu ermitteln. Mögliche Ursachen sind Unzulänglichkeiten, Fehler oder Schwächen im Bereich der

- Sachmittel,   • Bearbeiter,
- Arbeitsabläufe,   • Daten und/oder
- innerbetrieblichen Kommunikation.

Für eine Bewertung muß in quantifizierbare und nicht quantifizierbare Schwachstellen unterschieden werden.

Quantifizierbare Schwachstellen sind z. B.

- Anzahl der vermeidbaren Überstunden pro Monat,
- durchschnittliche Dauer von unnötigen Lieferverzögerungen,
- Anzahl der Kundenbeanstandungen pro Monat,
- Höhe von Inventurdifferenzen,
- Zinsverluste,
- Verluste durch nicht ausgenutzte Skonti.

Nicht quantifizierbare Schwachstellen sind beispielsweise

- späte Fertigstellung des Jahresabschlusses,
- keine Verfügbarkeit über Informationen zum aktuellen Lagerbestand,
- Verzögerungen bei Kundenanfragen,
- unvollständige Dateien,
- nicht aktuelle Daten,
- fehlende Führungsinformationen.

Die Bewertung von Schwachstellen sollte ergänzt werden durch Angaben dazu, wie diese durch ein IV-System abgestellt werden können. Damit ist dann allerdings schon die Verbindung zur Soll-Zustands-Analyse und zur Entwurfsphase hergestellt.

5.3 Soll-Zustands-Analyse

5.3.1 Ziele und Aufgaben der Soll-Zustands-Analyse

Die Soll-Zustands-Analyse baut auf dem in der Initialisierungsphase entworfenen Grobkonzept[7] und gegebenenfalls auf den Ergebnissen der Ist-Zustands-Analyse auf. Auch sie wird - ebenso wie die Ist-Zustands-Analyse - mitunter als eigene Phase im Rahmen der Systementwicklung angesehen und dann als **Definitionsphase** bezeichnet[8]. Im wesentlichen geht es bei der Soll-Zustands-Analyse um die Ermittlung der Anforderungen an das zu entwickelnde System, so daß auch von einer **Anforderungsanalyse**[9] gesprochen wird. Auf die allgemeinen Anforderungen an IV-Systeme wird hier nicht mehr eingegangen, da diese in Kapitel 1 diskutiert wurden, sondern nur auf die aufgaben- oder problembezogenen inhaltlichen Anforderungen.

Die Durchführung der Soll-Zustands-Analyse beginnt häufig parallel zur Ist-Zustands-Analyse, da für die Festlegung von Anforderungen an ein zu entwickelndes IV-System die Wünsche und Bedürfnisse zukünftiger Benutzer ermittelt werden müssen. Viele Informationen können deshalb zusammen mit der Informationssammlung für die Ist-Zustands-Analyse erhoben werden.

> **Ziel der Soll-Zustands-Analyse** ist eine detaillierte Beschreibung aller Anforderungen an das zu entwickelnde System.

Die Anforderungen können sich u. a. beziehen auf folgende Bereiche:
- organisatorisches Konzept,
- Methoden,
- Daten,
- Benutzerführung,
- Schnittstellen,
- Hardwareeigenschaften,
- Funktionalitäten,
- Oberflächen,
- Antwortzeitverhalten,
- Qualifikationen der Mitarbeiter.

Eine Soll-Zustands-Analyse unterschiedliche Aufgabenbereiche, z. B.:
- Existiert eine Schwachstellenanalyse, dann kann die Soll-Zustands-Analyse darauf aufbauen. Andernfalls beginnt sie mit einer **Beschreibung**

---

7 Dieses ist im Systementwicklungsauftrag, der am Ende der Initialisierungsphase steht, festgehalten.

8 Vgl. beispielsweise BALZERT [1982].

9 Neuerdings wird dieser Bereich als selbständiges Gebiet innerhalb der Informatik/Wirtschaftsinformatik unter der Bezeichnung **Requirements Engineering** aufgefaßt (vgl. z. B. PARTSCH [1991]).

und Abgrenzung des Anwendungsbereichs und einer Analyse des im Rahmen der Systementwicklung zu lösenden „Problems".

• Eine wichtige Aufgabe ist die detaillierte Ermittlung des **Informations- und Kommunikationsbedarfs** der zukünftigen Systembenutzer. Dabei spielen inhaltliche, zeitliche, aber auch Kontextaspekte eine Rolle.

• Ein IV-System kommuniziert mit Anwendern und mit anderen Systemen. Deshalb sind die **Anforderungen an Schnittstellen und Benutzerober- flächen** im Rahmen der Soll-Zustands-Analyse detailliert festzulegen.

• Gleiches gilt für die **Anforderungen an die zukünftigen Benutzer** bzw. die Beschränkungen, die dadurch entstehen, daß die zukünftigen Anwen- der bestimmte Qualifikationen aufweisen (bzw. nicht aufweisen).

• Auch das **organisatorische Konzept** ist im Rahmen der Soll-Zustands- Analyse so zu fixieren, daß damit die Grundlagen für die Aufgaben der Entwurfsphase und der Realisierungsphase geschaffen werden.

Zu den Aufgaben der Soll-Zustands-Analyse gehört aber nicht nur die in- haltliche Festlegung aller Anforderungen an das zukünftige System, son- dern auch die systematische Zusammenstellung dieser Anforderungen in einem **Pflichtenheft** und die Überprüfung der Anforderungen auf Konsi- stenz. Zusammenfassend kann festgehalten werden:

Die **Soll-Zustands-Analyse** umfaßt folgende **Aufgabenbereiche**[10]:

• Problemanalyse,

• Informations- und Kommunikationsbedarfsanalyse,

• Schnittstellen- und Oberflächenanalyse,

• Analyse von Benutzerwünschen und Benutzerprofilen,

• Organisationsanalyse,

• Zusammenstellung aller Anforderungen in einem Pflichtenheft.

Bei der Ermittlung und Festlegung der Anforderungen ist deren Konsistenz zu gewährleisten.

---

10 BALZERT [1982, S. 95ff.] gliedert die Aufgaben wie folgt:

Definition der Anforderungen: Erstellung der Anforderungen im Dialog mit Auf- traggebern und Benutzern; Festlegung von Funktionen und Leistungen; Definiti- on von Benutzerschnittstellen; Beschaffung fehlender Definitionen; Festlegung von Qualitätsmerkmalen; Bestimmung der Entwicklungs- und Zielumgebung.

Beschreibung der Anforderungen: Gruppierung und Klassifizierung; Aufteilung in unbedingt notwendige und wünschenswerte Anforderungen; Beschreibung der Zusammenhänge zwischen Anforderungen.

Überprüfung der Anforderungen auf Konsistenz, Vollständigkeit und Durchführ- barkeit.

In den folgenden Abschnitten werden einige wichtige Aspekte der Soll-Zu-stands-Analyse behandelt, wobei zu Hilfsmitteln und Techniken für die Durchführung der Analyse auf Kapitel 3 verwiesen wird.

5.3.2 Problemanalyse

Ausgehend von der im Systementwicklungsauftrag enthaltenen Aufgaben- und Problembeschreibung und aufbauend auf der Ist-Zustands- und Schwachstellenanalyse beginnt die Soll-Zustands-Analyse mit einer **Pro-blemanalyse** bzw. **Problembeschreibung.** Diese umfaßt:

• Beschreibung und Abgrenzung des Anwendungsbereichs,
• Ermittlung der kritischen Erfolgsfaktoren,
• Ermittlung von Informationsdefiziten und Kommunikationsproblemen,
• Feststellung ad hoc bekannter Problemfelder, Schwachstellen und Un-wirtschaftlichkeiten.

Die Schwachstellenanalyse ist also ein Teil der Problemanalyse.

5.3.3 Informations- und Kommunikationsbedarfsanalyse

Zur detaillierten Festlegung der Anforderungen an ein IV-System sind die Forderungen zu ermitteln, die bezüglich der Informationen und der Kom-munikationsmöglichkeiten an das System gestellt werden. Dazu werden die betroffenen Anwendungsbereiche auf vorhandene Informationsdefizite un-tersucht, und es wird ermittelt, welche Informationsbedarfe existieren. Die-se Aufgabe kann man kurz wie folgt umreißen:

> Durch die **Informationsbedarfsanalyse** wird festgestellt, welche Infor-mationen wann, wo, in welchem Kontext, wie schnell, wem, in welcher Präsentationsform zur Verfügung stehen sollen.

Eine wichtige Dimension einer Informationsbedarfsanalyse ist der **Infor-mationsinhalt**. Er stellt den eigentlichen Kern der Information dar. Durch ihn ist eine Information in ihrer Qualität beschrieben. Dennoch ist die Fest-legung des Informationsinhalts für die Ermittlung des Informationsbedarfs nicht hinreichend.

Für den Informationsempfänger ist auch die **Darstellungsform** der Infor-mationen wichtig. Je nach Situation kann eine grafische, eine tabellarische oder eine verbale Darstellungsform günstig sein.

Informationsbedarf ist meist zeitlich nicht gleichbleibend. Manchmal kann sogar ein Bedarf bezüglich einer bestimmten Information nach einem bestimmten Zeitpunkt nicht mehr existieren (z. B. könnte vor der Einführung eines neuen Produktes ein Bedarf nach Informationen über Marktvolumina und Marktwachstumspotentiale bestehen, nach der Einführung nicht mehr). Deshalb gilt:

Informationsbedarf muß immer zeitpunktbezogen ermittelt werden.

Neben dem Zeitpunkt ist auch der **Kontext für den Informationsbedarf** von Bedeutung. Durch die Kontextbezogenheit soll ausgedrückt werden, daß zwischen der semantischen Interpretation einer Information und der Situation (dem Kontext) Zusammenhänge bestehen. Ein Informationsbedarf bezieht sich also nicht nur auf einen konkreten Zeitpunkt, sondern auch auf einen bestimmten Kontext.

Die Informationsbedarfsanalyse betrifft neben den vorgenannten Aufgaben auch die Speicherung der Informationen sowie Forderungen an Datenstrukturen, Datenmodelle, Datenschlüssel usw.

Bei der Informationsbedarfsanalyse kann es sinnvoll sein, nach Informationsarten zu unterscheiden. Abb. 5.3.1 zeigt mögliche Klassifizierungen.

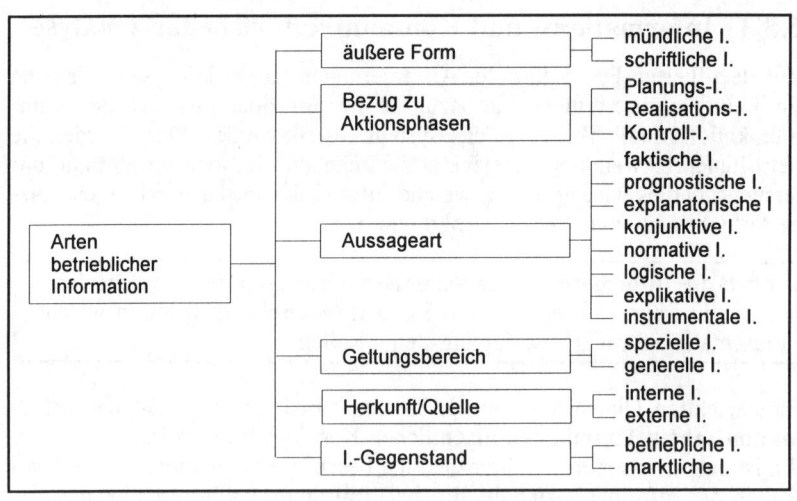

Abb. 5.3.1: Arten betrieblicher Information[11]

Spezielle **Anforderungen an Informationen** sind[12]:

---

11 In Anlehnung an HETTICH [1981, S. 19].
12 Vgl. dazu GROTZ-MARTIN [1976, S. 26ff.], der eine ausführliche Literaturanalyse zur Ermittlung der Qualitätsmerkmale von Informationen durchgeführt hat.

• **Relevanz**: Eine Information ist relevant, wenn sie geeignet ist, den Informationsempfänger bei der Erfüllung einer Aufgabe zu unterstützen. Die Beurteilung der Relevanz obliegt dabei in erster Linie dem Informationsempfänger, da nur dieser feststellen kann, ob die Information zur Problemlösung geeignet ist.

• **Rechtzeitigkeit**: Eine Information ist rechtzeitig, wenn sie zum Zeitpunkt des Informationsbedarfs verfügbar ist. Die Beurteilung der Rechtzeitigkeit obliegt dem Informationsempfänger, da nur dieser den Bedarfszeitpunkt bestimmen kann.

• **Aktualität**: Informationen können nur dann zweckorientiert eingesetzt werden, wenn sie aktuell sind. Aktualität bedeutet, daß der Informationsempfänger bei sich ändernden Sachverhalten immer über die derzeitige Situation informiert ist.

• **Verläßlichkeit**: Bei der Beurteilung der Verläßlichkeit einer Information ist zu prüfen, inwieweit die Verfahren der Gewinnung, Verarbeitung und Weiterleitung von Informationen Einfluß auf die Informationen selbst haben.

• **Genauigkeit**: Das Kriterium Genauigkeit bezieht sich einerseits auf die Eindeutigkeit der Sprache, die zur Beschreibung von Sachverhalten verwendet wird. Andererseits steht Genauigkeit in einem direkten Zusammenhang mit dem Inhalt einer Information.

Neben der Informationsbedarfsanalyse ist in vielen Fällen eine Kommunikationsbedarfsanalyse durchzuführen, bei der es um alle Fragen der Datenübertragung geht. Kurz gefaßt hat sie folgende Aufgabe:

> Durch die **Kommunikationsbedarfsanalyse** wird festgestellt, welche Informationen wann, zwischen welchen Partnern, über welches Medium, über welche Endgeräte, wie schnell, mit welchem Kommunikationsprotokoll übertragen werden sollen.

5.3.4   Schnittstellenanalyse

Jedes IV-System ist eingebettet in ein organisatorisches Umfeld. Deshalb sind in der Analysephase die Anforderungen dieses Umfeldes an die Schnittstellen zu dem IV-System detailliert zu ermitteln. Schnittstellen können unterschieden werden in

• Eingabe- und Ausgabeschnittstellen,
• Schnittstellen zu anderen IV-Systemen,
• Schnittstellen zu Datenbanken,
• Schnittstellen zu externen Partnern (Kunden, Lieferanten, Banken usw.).

Anforderungen an die Schnittstellen können sich z. B. beziehen auf:
* Medien,   • Datenformate,
* Kommunikationsprotokolle,   • Layout.
Das Ergebnis der Schnittstellenanalyse sind Schnittstellenbeschreibungen.

5.3.5 Analyse der Benutzerprofile und Benutzerwünsche

Zur Soll-Zustands-Analyse gehört auch die Ermittlung von Benutzerprofilen und die Erfassung der Benutzerwünsche.

Die **Benutzerprofile** oder Qualifikationsprofile betreffen Ausbildung, Kenntnisse, Fähigkeiten und Erfahrungen der Mitarbeiter, die zukünftig mit dem IV-System arbeiten sollen. Die erforderlichen Qualifikationen sind in der Analysephase detailliert zu ermitteln. Daraus können dann gegebenenfalls Schulungs- und Weiterbildungsmaßnahmen sowie notwendige Aktivitäten der Personalplanung abgeleitet werden.

Die **Benutzerwünsche** sind die Anforderungen bzw. Wünsche der Benutzer an das IV-System. Sie beziehen sich auf folgende Bereiche:

* Datenein- und -ausgabe,   • Systemfunktionalitäten,
* Speicherung,   • Benutzerführung,
* Benutzeroberfläche,   • Automatisierungsgrad,
* Kommunikationsmöglichkeiten,   • Sicherheitsvorstellungen.

Benutzerwünsche können in der Analysephase oft nur unvollständig oder unscharf artikuliert werden. Deshalb empfiehlt sich die Einbeziehung der Benutzer auch in die Entwurfs- und Realisierungsphase, so wie es der Ansatz der evolutionären Systementwicklung vorsieht.

5.3.6 Organisationsanalyse

Die Organisationsanalyse dient der Ermittlung der
* Anforderungen an das dem geplanten IV-System zugrundeliegende Konzept hinsichtlich Aufbauorganisation, Organisation der Abläufe, organisatorischer Prioritäten (z. B. durch Prozeßorientierung) und der
* Anforderungen der vorhandenen Organisation an das IV-System durch Vorgaben oder Rahmenbedingungen.

Die Organisationsanalyse umfaßt die Untersuchung der **Aufbauorganisation** mit Stellen und Stellenbeschreibungen, Hierarchien, Aufgabenzuordnungen, Kommunikationsbeziehungen usw. und die Untersuchung der **Ablauforganisation** mit Aufgaben bzw. Tätigkeiten, Reihenfolge der Tätigkeiten, Transportvorgängen, Hilfsmitteln usw. Dabei spielt zunehmend Geschäftsprozeßorientierung eine Rolle.

5.3.7   Systematisierung der Anforderungen

Die Systemanforderungen sind die Vorgaben für Entwurfs- und Realisierungsphase. Sie können auf unterschiedliche Art systematisiert werden.
Einen Systematisierungsvorschlag enthält Abb. 5.3.2.

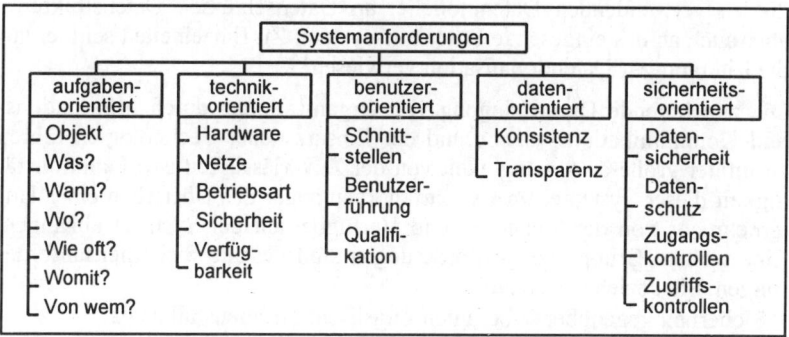

Abb. 5.3.2: Systematik von Systemanforderungen

Zu diesen Anforderungsarten ist folgendes anzumerken: Durch die **aufga-
benorientierten Anforderungen** wird im Detail festgelegt:
• an welchem Arbeitsobjekt was zu tun ist,
• welche Daten dabei benötigt werden,
• wer für die Durchführung zuständig bzw. verantwortlich ist,
• wann eine Aufgabe durchzuführen ist,
• wo die Aufgabe durchgeführt werden soll,
• wie häufig eine Aufgabe anfällt,
• mit welchen Hilfsmitteln und Methoden eine Aufgabe abgewickelt wird.
Es geht um eine detaillierte Analyse und Beschreibung der Anforderungen
an die vom System zu übernehmenden Aufgaben einschließlich einer ge-
nauen Beschreibung der Interaktionen zwischen Mensch und System, der
benutzten Daten usw.

Die **technikorientierten Anforderungen** beziehen sich auf die Hardware
mit den einzelnen Hardwarekomponenten, Netzen usw., auf die vorgesehenen Betriebsarten, aber auch auf Angaben über die Systemverfügbarkeit.
Hier ist z. B. festzulegen, wie gut ein zu entwickelndes IV-System gegen
Systemausfälle bzw. Ausfälle einzelner Komponenten abzusichern ist.

Die **benutzerorientierten Anforderungen** betreffen insbesondere die
Qualifikationen, die die zukünftigen Benutzer des zu entwickelnden Systems haben müssen bzw. haben. Bei einer Systementwicklung können sich

beispielsweise dadurch Randbedingungen ergeben, daß die Qualifikationen der zukünftigen Benutzer nur begrenzt sind und daher das zu entwickelnde System einen sehr hohen Automatisierungsgrad haben muß[13].

Allgemeine **datenorientierte Systemanforderungen** sind z. B. Konsistenz, minimale Redundanz, Flexibilität. Spezielle Forderungen ergeben sich an die zu verwendenden Datenmodelle, an Datenschlüssel, Datenstrukturen aber auch an das eingesetzte Datenbanksystem. Zu Einzelheiten sei hier auf die Literatur zur Datenorganisation verwiesen[14].

Die zunehmende Durchdringung von Organisationen durch Informations- und Kommunikationssysteme und der Einsatz neuer Technologien führen zu immer größerer Abhängigkeit von der Zuverlässigkeit und Funktionsfähigkeit dieser Systeme. Im Extremfall kann sogar das Überleben eines Unternehmens von der Sicherheit und Verfügbarkeit der Systeme abhängen. Eine weitere Gruppe von Anforderungen sind deshalb Sicherheitsanforderungen. Sie beziehen sich auf

• Sicherheit gegenüber unbefugten Zugriffen, Stromausfall usw.,
• Systemverfügbarkeit,
• Zuverlässigkeit des IV-Systems,
• Funktionsfähigkeit sowie
• Datenschutz und andere rechtliche Bereiche (z. B. Arbeitsrecht).

Bezogen auf Daten geht es bei den Sicherheitsforderungen um die Gewährleistung der **Datenintegrität**, d.h.

• Widerspruchsfreiheit der Daten (**Datenkonsistenz**),
• Sicherung der Daten gegen Verlust und Verfälschung sowie
• Einhaltung von rechtlichen Anforderungen an den **Datenschutz**.

Maßnahmen zur Gewährleistung von Sicherheitsanforderungen können wie folgt eingeteilt werden:

• Schutz von Objekten wie Gelände, Gebäude, Räume: **Objektschutz;**
• Schutz von Hardware wie Rechner, Netze: **Hardware-Schutz;**
• Schutz von Anwendungssoftware: **Software-Schutz;**
• Schutz von Daten (nicht nur personenbezogenen): **Datensicherheit.**

Neben den genannten, in Abb. 5.3.2 zusammengestellten Anforderungskategorien ist auch zu prüfen, welche Forderungen an eine mögliche Automatisierung der Abläufe und an die Integration verschiedener Aufgabenbereiche gestellt werden.

---

13 Die Benutzeranforderungen (also Anforderungen durch das IV-System an die Benutzer), sind zu unterscheiden von den Benutzerwünschen. Vgl. dazu Abschnitt 5.3.5.

14 Vgl. z. B. KORTH/SILBERSCHATZ [1991] oder MCFADDEN/HOFFER [1994].

Der **Integrationsgrad** bezieht sich auf das Ausmaß, in dem verschiedene betriebliche Bereiche in einem IV-System miteinander verknüpft werden[15].

Der **Automatisierungsgrad** betrifft das Ausmaß, in dem die Aufgabenbearbeitung durch das IV-System ohne menschliches Eingreifen auskommt. Bei der Ermittlung der Anforderungen an den Automatisierungsgrad ist zu beachten, daß eine technisch mögliche Automatisierung nicht unbedingt angestrebt werden sollte, insbesondere im Hinblick auf soziale und/oder personelle Durchführbarkeit.

5.3.8   Probleme bei der Anforderungsdefinition

Soll-Zustands-Analyse und Festlegung der Anforderungen an ein IV-System bereiten häufig Schwierigkeiten. Gründe dafür sind u. a.:
* Es fehlen geeignete Methoden und Beschreibungsmittel.
* Die Kommunikation mit den Verantwortlichen und den zukünftigen Anwendern ist oft unzureichend oder schwierig.
* Es gibt keine Werkzeuge zur Konsistenz- und Vollständigkeitsprüfung.
* Die beteiligten Fachabteilungen haben häufig sehr unterschiedliche Vorstellungen, die zudem oft revidiert und neu artikuliert werden.

Probleme bzw. Fehler in den Anforderungsdefinitionen können in folgende Klassen unterschieden werden[16]:
* **fehlerhafte Anforderungen**, z. B. nicht erfüllbare Genauigkeitsforderungen, überflüssige Bearbeitungsschritte, Fehler in Formeln;
* **inkonsistente bzw. inkompatible Anforderungen** und Widersprüche zwischen Anforderungen;
* **unklare Anforderungen**, z. B. fehlende Bedingungen, ungenaue Formulierungen.

5.3.9   Dokumentation der Anforderungen im Pflichtenheft

Je nach Vorgehensweise liegen nach Ist- und Soll-Zustands-Analyse neben einer Beschreibung und Abgrenzung des Anwendungsbereichs sowie den erforderlichen Schnittstellen zu existierenden IV-Systemen vor:
* Beschreibung des Ist-Zustands,
* kritische Erfolgsfaktoren,
* Benutzerwünsche,
* Kommunikationsbedarf,
* Schwachstellenanalyse,
* Benutzerprofile,
* Informationsbedarf,
* Anforderungskatalog.

---

15 Vgl. zu integrierten IV-Systemen die Ausführungen am Ende von Abschnitt 1.1.
16 Vgl. dazu BALZERT [1982, S. 97-98].

Die Ergebnisse der Analysephase werden in einem detaillierten **Pflichten-heft** festgehalten, das die Planungsgrundlage für die Entwurfsphase bildet[17]. Die Dokumentation der Anforderungen im Pflichtenheft ist nicht nur eine wichtige Unterlage für die Entwurfsphase. An ihr orientieren sich auch die Kontrollen und Tests, mit denen festgestellt werden soll, ob das System bzw. einzelne Komponenten anforderungsgerecht realisiert wurden.

5.4 Analyse des Marktes für Standardsoftware

5.4.1 Standardsoftware oder Individualsoftware?

Wie bereits in Kapitel 1, insbesondere in Abschnitt 1.2.4, erwähnt wurde, vollzieht sich in der Informationsverarbeitung derzeit ein Wandel, der u. a. durch steigende Kosten für individuell entwickelte Anwendungssysteme gekennzeichnet ist. Hoher Integrationsgrad, funktionale Komplexität und sich schnell verändernde Geschäftsprozesse haben dazu geführt, daß eine wirtschaftliche Entwicklung, Realisierung und Pflege von individuellen betriebswirtschaftlichen Anwendungssystemen immer schwieriger und aufwendiger geworden ist. Neben dem wirtschaftlich kaum noch vertretbaren Aufwand für individuelle Lösungen kommt erschwerend hinzu, daß die Anpassung von Individualsoftware an sich schnell ändernde Anforderungen konzeptionell nicht vorgesehen. Anpassungen und Änderungen sind damit nur mit großem Aufwand möglich[18].

Deshalb geht der Trend heute in vielen Bereichen zu betriebswirtschaftlichen Standard-Anwendungssystemen, die branchenneutral sind und ein breites Spektrum an Funktionen, Geschäftsabläufen und Aufgabenbereichen abdecken. Durch Customizing können diese branchenneutralen Standard-Anwendungssysteme an die jeweiligen individuellen Anforderungen, Prozesse und Datenstrukturen angepaßt werden. Bei der Planung, Entwicklung und Einführung von IV-Systemen spielt deshalb Standardsoftware eine zunehmende Rolle. Im einzelnen lassen sich folgende Gründe für und gegen Standardsoftware anführen:

---

17 Nach BALZERT [1982, S. 102ff.] ist das Ergebnis des Definitionsprozesses, der Teile der Analysephase und der Entwurfsphase umfaßt, eine Dokumentation mit *Pflichtenheft* (detaillierte Beschreibung aller Anforderungen), *Funktionshandbuch* (Funktionen, Parameter, Wirkungen der Funktionen, Fehlersituationen), *Produktmodell* (Anforderungen aus Pflichtenheft und Funktionshandbuch werden mit einer Methode beschrieben), *Begriffslexikon*, *Benutzerhandbuch* (Handhabung und Verhalten des Produkts bezüglich der künftigen Benutzergruppe).

18 Vgl. dazu auch BUCK-EMDEN/GALIMOW [1995, S. 20].

Gründe **für Standardsoftware:**
- Sie ist durchweg kostengünstiger als Individualsoftware.
- Sie ist schneller einzuführen (Entwicklungszeit entfällt).
- Sie ist meistens benutzerfreundlicher.
- Sie besitzt fast immer einen sehr hohen Reifegrad und hohe Qualität.
- Wartung, Pflege und Aktualisierung werden im allgemeinen vom Entwickler der Standardsoftware übernommen.

Gründe **gegen Standardsoftware:**
- Sie ist manchmal nicht problemgerecht.
- Sie muß durch Customizing (meistens mit hohem Aufwand) an die individuellen Erfordernisse angepaßt werden.
- Zur Sicherung eines breiten Absatzmarktes wird Standardsoftware oft sehr allgemein konzipiert. Dadurch enthält sie oft unbenötigte Funktionalitäten, die unnötig hohen Speicherbedarf erfordern und zu unbefriedigenden Bearbeitungszeiten führen.
- Einsatz von Standardsoftware kann zu übereilter Umstellung führen. Dabei wird die Organisation dann manchmal zu sehr an die Software angepaßt und nicht – im Rahmen eines Customizing – umgekehrt.

5.4.2 Vorgehen bei der Softwaremarktanalyse

Grundlage für eine Analyse des Markts für geeignete Standardsoftware ist das Pflichtenheft (s. o.). Anhand der darin enthaltenen Vorgaben wird die Marktanalyse durchgeführt. Dazu gehören:
- Ermittlung derjenigen Softwareproduzenten und -händler, die eine für das jeweilige Anwendungsgebiet infragekommende Software anbieten.
- Ermittlung von Informationen über die im ersten Schritt festgestellten **Anbieter von Standardsoftware**, u. a.
  - Anschrift und Ansprechpartner,   - Größe,
  - Produkte und Dienstleistungen,   - Angebotsschwerpunkte,
  - Referenzen,   - Umsatz(-entwicklung),
  - Marktposition,   - nächstgelegene Niederlassung.
- Ermittlung von Details über die angebotenen **Standardsoftwareprodukte**, u. a.
  - Funktionsumfang,
  - Anforderungen an Organisation, Daten usw.,
  - Hardware- und Systemsoftwareerfordernisse,
  - Anforderungen an die Betriebsbedingungen,
  - Preise, getrennt für die Bereiche Anschaffung, Installation, Customizing, Schulung, Wartung, Pflege, Service.

- Auswahl der Anbieter und Standardsoftwareprodukte, die für den jeweiligen Anwendungsbereich im Hinblick auf die im Pflichtenheft festgelegten Anforderungen geeignet sind, also eine **Vorauswahl.**
- Zusammenstellung der ausgewählten Standardsoftwareprodukte nach den Vorgaben aus dem Pflichtenheft.

In Abb. 5.4.1 sind die Aktivitäten der Marktanalyse für geeignete Standardsoftware und Softwareanbieter als Vorgehensmodell zusammengefaßt.

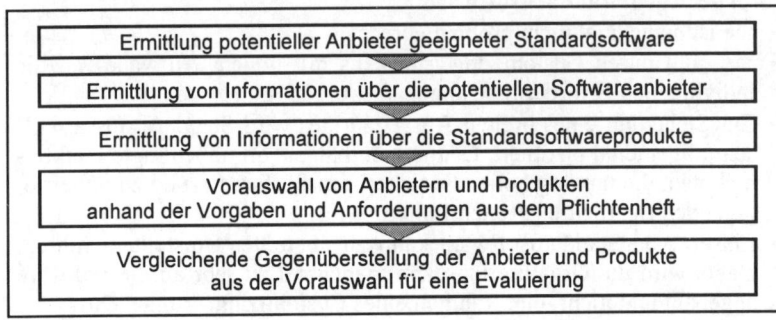

Abb. 5.4.1: Vorgehensmodell für die Analyse des Standardsoftwaremarkts

Das Ergebnis der Standardsoftwaremarktanalyse ist eine Ergänzung bzw. Fortschreibung des Pflichtenhefts für die Planung des weiteren Vorgehens.

5.5   Planung des weiteren Vorgehens

Wie die Initialisierungsphase schließt auch die Analysephase mit einer Durchführbarkeitsuntersuchung ab. Dabei ist zu analysieren, ob die Vorgaben und Anforderungen aus dem Pflichtenheft in funktioneller, technischer, personeller, organisatorischer, sozialer, rechtlicher, finanzieller und wirtschaftlicher Hinsicht umgesetzt werden könnte[19]. Insbesondere ist auch zu untersuchen, ob eine (mögliche) Realisierung als Individualsoftware oder über eine Standardsoftware erfolgen soll. Als Ergebnis erhält man ein unter Beachtung der Realisierbarkeit modifiziertes bzw. fortgeschriebenes Pflichtenheft. Auf der Basis dieses modifizierten Pflichtenhefts wird dann über das weitere Vorgehen entschieden, und es folgt die Entwurfsphase mit der Detailplanung.

---

19 Vgl. dazu im einzelnen Kapitel 8.

6   Entwurfsphase

Durch die Soll-Zustands-Analyse und die Ermittlung der Anforderungen wird der Rahmen für das zu entwickelnde System festgelegt. Das als Ergebnis vorliegende Pflichtenheft ist für die Realisierung in der sich anschließenden Entwurfsphase weiter zu detaillieren. Man spricht deshalb auch vom Detailentwurf.

6.1   Aufgaben der Entwurfsphase

Die in der Entwurfsphase zu lösende Aufgabe kann allgemein wie folgt beschrieben werden:

> In der **Entwurfsphase** sind die in der Analysephase entwickelten und in einem Pflichtenheft niedergelegten Vorgaben und Anforderungen in ein realisierbares Konzept zu überführen und so zu detaillieren und zu spezifizieren, daß sie in der anschließenden Realisierungsphase in eine konkrete Software umgesetzt werden können.
> Die Entwurfsphase heißt auch **Detailentwurf**.

Die wichtigsten Aufgabenbereiche des Detailentwurfs sind:
* **Organisationsentwurf bzw. Entwurf eines organisatorischen Gesamtkonzepts** für den Anwendungs- bzw. Aufgabenbereich des zu entwickelnden IV-Systems. Dazu gehören u. a. Aufgabenbeschreibungen, Arbeitsabläufe, Schnittstellen zur Systemumwelt, Details zum Automatisierungsgrad und Detailüberlegungen im Hinblick auf die integrative Verknüpfung einzelner Aufgabenbereiche, Festlegungen über das Ausmaß des Technikeinsatzes (Durchdringungsgrad), gegebenenfalls Entwurf einer Aufbauorganisation.
* **Datenmodellierung und Datenbankentwurf,** wobei zu beachten ist, daß diese Aufgabe häufig unabhängig von der Entwicklung eines bestimmten IV-Systems zu sehen ist, da Daten heute meistens anwendungsunabhängig modelliert, gespeichert und verwaltet werden.
* Entwurf von **Benutzerschnittstellen und Benutzerführung,** z. B. Einzelheiten der Menüführung eines Anwendungssystems.

• Detaillierte Festlegung der einzelnen Verarbeitungsschritte und ihrer Reihenfolge. Dazu gehört auch der Entwurf von Arbeitsabläufen, von Prozeduren, von Verarbeitungsverfahren und -methoden und von Algorithmen.

• Entwurf einer wirtschaftlichen und problemadäquaten **Datenerfassung**.

• Konzeption der **Datenausgabe**. Dabei spielen verschiedene Einzelfragen
eine Rolle, z. B. Ausgabegerät, Adressat der Ausgabe, auszugebende Daten, Layout der Ausgabe.

• Entwurf von **Datenübertragung**ssystemen.

• Konzeption von **Sicherungssystemen**, zu denen auch Maßnahmen für
den Katastrophenfall gehören.

• **Hardware**konfiguration.

Bei Einsatz von Standardsoftware entfallen die softwareentwicklungs- bzw.
programmbezogenen Entwurfsaufgaben. Statt dessen sind detaillierte Angebote für die in Frage kommenden Standardsoftwareprodukte einzuholen
und es ist eine bestmögliche Standardsoftware auszuwählen.

6.2   Grundlagen des Systementwurfs

Für den Entwurf von IV-Systemen gibt es Anforderungen, Strategien,
Grundsätze und Prinzipien, deren Beachtung die Entwurfsarbeit erleichtert
und die der Qualitätssicherung dienen. Auf eine Reihe von Strategien,
Grundsätzen und Prinzipien wurde bereits in den Kapiteln 1 und 2 eingegangen. Nachfolgend werden als Ergänzung dazu wichtige spezielle Ent-
wurfsprinzipien behandelt, deren Beachtung Effizienz, Sicherheit und Wartbarkeit eines IV-Systems erhöhen[1].

Prinzip der funktionalen Abstraktion und Datenabstraktion
Abstraktion ermöglicht Konzentration auf wesentliche Details. Funktionale
Abstraktion bezieht sich auf Operationen, Prozeduren oder Algorithmen.
Datenabstraktion bedeutet die Bindung von Operationen an die Datentypen.

Geheimnisprinzip
Das Geheimnisprinzip besagt, „daß für den Benutzer einer funktionalen Ab-
straktion oder eines abstrakten Datentyps alle implementierungsbezogenen
Interna verborgen, d. h. nicht sichtbar sind." (BALZERT [1982, S. 213])

Prinzip der Modularisierung
Modularisierung wird in der Entwurfsphase intensiv praktiziert, da hier die
Module eines IV-Systems konkret gebildet werden.

---

1 Zu Einzelheiten sei auf BALZERT [1982, S. 190-261] verwiesen.

Eigenschaften eines **Moduls** sind[2]:
- Funktionale Abstraktion und Datenabstraktion (s. o.),
- Kontextunabhängigkeit bis auf eine klar definierte Schnittstelle,
- Spezifizierung durch eine Beschreibung der Schnittstellen,
- Verwirklichung des Geheimnisprinzips (s. o.),
- Lokalität, d. h. alle für die Ausführung des Moduls erforderlichen Informationen sind an einer Stelle,
- schmale Datenkopplung, d. h. „schmale" Schnittstellen, über die nur Daten übergeben werden (s. u.),
- Überschaubarkeit.

Modularisierung erfolgt üblicherweise stufenweise als optimale Zerlegung des Systems in Teilsysteme, Untersysteme und Module, wie sie in Abb. 6.2.1 veranschaulicht ist. Dabei ist zu beachten, daß verschiedene Teilsysteme durchaus auf dasselbe Untersystem zugreifen können und daß verschiedene Untersysteme dieselben Module benutzen können[3]. Diese Untersysteme bzw. Module sind in Abb. 6.2.1 grau hervorgehoben.

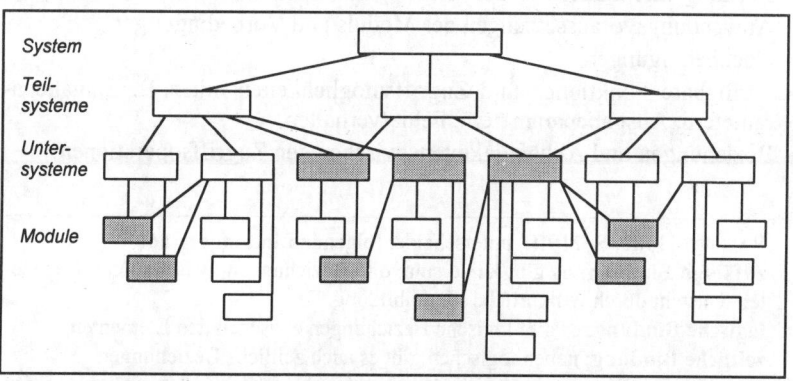

Abb. 6.2.1: Hierarchische Zerlegung in Teilsysteme und Module

Prinzip der funktionalen und informalen Bindung
Bindung bezieht sich auf den inneren Zusammenhalt bzw. die Intensität der Beziehungen der Elemente eines Moduls. **Funktionale Bindung** bedeutet,

---

2   Vgl. dazu BALZERT [1982, S. 215f.].
3   Das ist z. B. der Fall, wenn in einem System bestimmte, jeweils als eigener Modul konzipierte Verarbeitungsprozeduren, Ausgaberoutinen oder Bildschirmmasken von unterschiedlichen Systemkomponenten benutzt werden.

daß alle Elemente eines Moduls an einer einzigen abgeschlossenen Funktion beteiligt sind. In einem Modul werden nur die Funktionen zusammengefügt, die auch zusammengehören. **Informale Bindung** existiert, wenn mehrere abgeschlossene, funktional gebundene Funktionen eines Moduls auf einer einzigen Datenstruktur operieren[4].

Prinzip der schmalen Datenkopplung
Module kommunizieren über Schnittstellen durch Dateninput und Datenoutput mit ihrer Umwelt. Schmale Datenkopplung verlangt eine Minimierung dieser Kommunikation.

Prinzip der vollständige Schnittstellenspezifikation
Module stellen innerhalb eines Systems bestimmte Leistungen zur Verfügung. Andere Module müssen diese Leistungen kennen und wissen, wie sie in Anspruch genommen werden können. Aufgrund des Geheimnisprinzips werden diese Informationen nur über eine Schnittstellenbeschreibung zur Verfügung gestellt. Dazu gehört u. a.[5]:

- Beschreibung der Aufgaben des Moduls,
- Angabe des Modultyps,
- Leistungsmerkmale, wie Geschwindigkeit, Speicherbedarf,
- Anwendungsvoraussetzungen des Moduls und Vorbedingungen,
- Nachbedingungen,
- verfügbare Funktionen und Zugriffsmöglichkeiten mit z. B. Eingabeparametern, Ausgabeparametern, Fehlerverhalten,
- Beziehungen und Abhängigkeiten zwischen den Zugriffsoperationen.

---

4 BALZERT [1982, S. 219ff.] unterscheidet folgende **Bindungsarten**:
   zufällige Bindung: es gibt keine sinnvolle Beziehungen zwischen den Elementen, entsteht durch willkürliche Modulbildung,
   logische Bindung: es gibt logische Beziehungen zwischen den Elementen,
   zeitliche Bindung: neben logischen gibt es auch zeitliche Beziehungen,
   prozedurale Bindung: verschiedene, evtl. unabhängige Aktivitäten werden nacheinander ausgeführt,
   kommunikative Bindung: Elemente eines Moduls benutzen dieselben Ein- und Ausgabedaten,
   sequentielle Bindung: Ausgabedaten einer Aktivität sind die Eingabedaten einer folgenden Aktivität,
   informale Bindung: mehrere abgeschlossene, funktional gebundene Funktionen eines Moduls greifen auf die gleichen Daten zu,
   funktionale Bindung: alle Elemente eines Moduls sind an einer einzigen, abgeschlossenen Funktion beteiligt.

5 Vgl. BALZERT [1982, S. 251].

Prinzip der Systemergonomie[6]
IV-Systeme müssen ergonomisch gestaltet werde. Das betrifft die Arbeitsplatzgestaltung im klassischen Sinne, also ergonomische Anforderungen an
die Gestaltung von Bildschirmarbeitsplätzen, an Tastaturen, an Bildschirme,
an Geräuschentwicklung usw., aber auch die Softwareergonomie. Software-
ergonomie bezieht sich auf eine benutzergerechte Gestaltung von Anwendungsprogrammen. Dazu gehören z. B.

• übersichtliche und leicht erlernbare Benutzerführung,
• Benutzerfreundlichkeit von Dialogsystemen, insbesondere Selbsterklärung, Statusmeldungen und gutes Antwortzeitverhalten,
• Bildschirmlayout nach dem WYSIWYG-Prinzip (what you see is what
  you get), d. h. vor allem Identität von Bildschirm- und Druckausgabe, die
  vor heute vor allem mit graphischen Benutzeroberflächen erreicht wird..

Prinzip der Qualitätssicherung
Dieses Prinzip betrifft die Forderung nach permanenter Qualitätssicherung.
Sie beginnt mit vorbeugenden Maßnahmen der **Qualitätsplanung und
-lenkung**, die sich auf alle Aktivitäten der Systemplanung und -entwicklung
beziehen. Für abgeschlossene Aktivitäten findet eine **Qualitätskontrolle**
und gegebenenfalls Mängelbeseitigung statt. Auf Qualitätssicherung wird in
Kapitel 9 eingegangen.

Prinzip der Dokumentation
Alle wichtigen Aktivitäten der Planung, Entwicklung und Einführung eines
IV-Systems sind in einer **Entwicklungsdokumentation** festzuhalten. Die
Systemdokumentation enthält alle Informationen über das IV-System
selbst. Dokumentation wird in Kapitel 11 behandelt.

Prinzip der problemadäquaten Systemarchitektur
Die Architektur eines IV-Systems umfaßt alle Eigenschaften und Merkmale
des Systems, insbesondere solche, durch die es sich von anderen Systemen
unterscheidet und wird von einer Vielzahl von Faktoren bestimmt. Dazu
gehören z. B.[7]:

• Aufbau des Systems, organisatorisches Konzept, Integrationsgrad, Automatisierungsgrad,

---

6 „Die Ergonomie ist ein Teilgebiet der Arbeitswissenschaft. Unter Benutzung
   anatomischer, psychologischer, physiologischer, soziologischer und technischer
   Erkenntnisse liefert sie Methoden, um die Grenzen der Ausführbarkeit und Er-
   träglichkeit menschlicher Arbeit zu bestimmen. Sie befaßt sich mit der Ermittlung von Grundlagen einer menschenbezogenen Arbeitsgestaltung." (REFA
   [1984, S. 125])
7 Vgl. STRUNZ [1992, S. 44].

- Anforderungen der Benutzer,
- Architektur der Hardware, einschließlich Hardwarekonfiguration,
- Art der Datenmodelle,
- eingesetzte Softwareentwicklungswerkzeuge und -methoden,
- Art der Modularisierung,

aber auch

- Standards und Normen,
- Qualifikation der Systementwickler,
- verfügbare Ressourcen,
- gesellschaftliche Wertvorstellungen.

Zu den Grundlagen des Systementwurfs gehört auch die Vorgabe von Gestaltungsstrategien, wie z. B. Top-Down- oder Bottom-Up-Strategie. Dazu wird im einzelnen auf die Ausführungen über Gestaltungsstrategien in Kapitel 2 verwiesen.

6.3 Organisatorische Einbettung eines Systems

6.3.1 Organisationskonzept

Einem IV-System, insbesondere einem integrierten System, liegt immer ein organisatorisches Konzept der folgenden Art zugrunde:
Es gibt eine interne organisatorische Systemarchitektur. Da ein IV-System immer in eine Systemumwelt eingebettet ist, existiert ferner eine Schnittstellenorganisation zur Systemumwelt und die organisatorische Integration in die Systemumwelt bzw. deren Organisation.
Zu den Aufgaben der Entwurfsphase gehört auch der Entwurf dieser Schnittstellen und die organisatorische Integration eines IV-Systems. Diese primär betriebswirtschaftliche Aufgabe ist eine der wichtigsten im Rahmen der Planung, Entwicklung und Einführung eines IV-Systems. Nachfolgend werden nur einige wichtige Aspekte angesprochen.

6.3.2 Organisatorische Integration

Für eine erfolgreiche Integration eines IV-Systems in eine Gesamtorganisation sind Überlegungen zu Aufbauorganisation, Ablauforganisation, Verantwortung, Zuständigkeiten, Aufgabenverteilung usw. anzustellen. Das Zusammenspiel mit anderen, auch konventionellen IV-Systemen, die Einbeziehung der Mitarbeiter in das neue System und andere Fragen spielen ebenso eine Rolle wie Schnittstellen und mögliche Beschränkungen (s. u.).

Beim Entwurf eines Organisationskonzepts sollten neuere Ansätze der Organisationsgestaltung in den Vordergrund rücken.

Das klassische Organisationsverständnis geht von Zielen und Strategien aus, die mit bestimmten Aufgaben erreicht bzw. realisiert werden sollen. Deshalb werden bei der Organisationsplanung Aufgaben und die für die Aufgabenabwicklung benötigten Daten modelliert. Die Aufgaben werden dabei meistens über die hierarchische Aufbaustruktur einer Organisation abgebildet. Die Erreichung der Ziele durch die Aufgaben geschieht unter Einsatz von Personal und Sachmitteln, die entsprechend beschafft werden müssen, und die ebenfalls durch Daten beschrieben werden.

Abb. 6.3.1 stellt das schematisch dar.

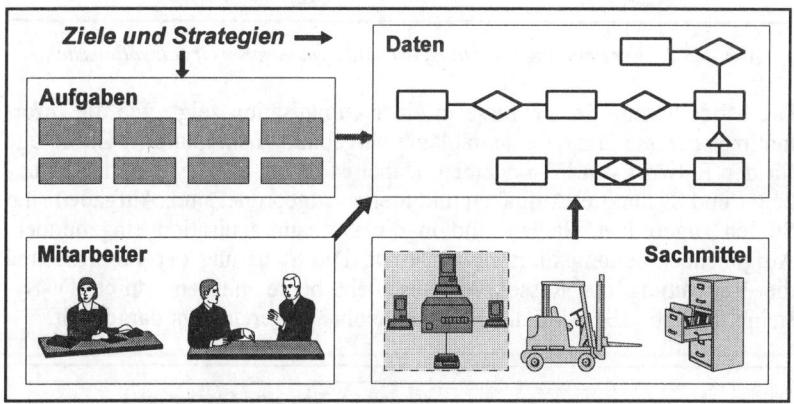

Abb. 6.3.1: Elemente der klassischen Organisationsmodellierung

Entsprechend dem klassischen Organisationsverständnis sind die dazu entworfenen IV-Systeme primär auf bestimmte Aufgaben oder Funktionen ausgerichtet.

In neueren Ansätzen werden Aufgaben bzw. Funktionen vorrangig als Elemente der in einer Organisation ablaufenden Prozesse und nicht mehr in ihrer hierarchischen Über- und Unterordnungsstruktur betrachtet. Ein Prozeß ist dabei eine Folge aller Aufgaben oder Aktivitäten zur Erreichung eines bestimmten Ergebnisses (Produkt, Dienstleistung usw.). Das führt zu einer prozeßorientierten Organisationsmodellierung. Dabei ist für den Entwurf der organisatorischen Integration eines IV-Systems zu beachten, daß Prozesse innerhalb der meistens funktionsorientierten Aufbauorganisation ablaufen. Abb. 6.3.2 (Seite 154) veranschaulicht das.

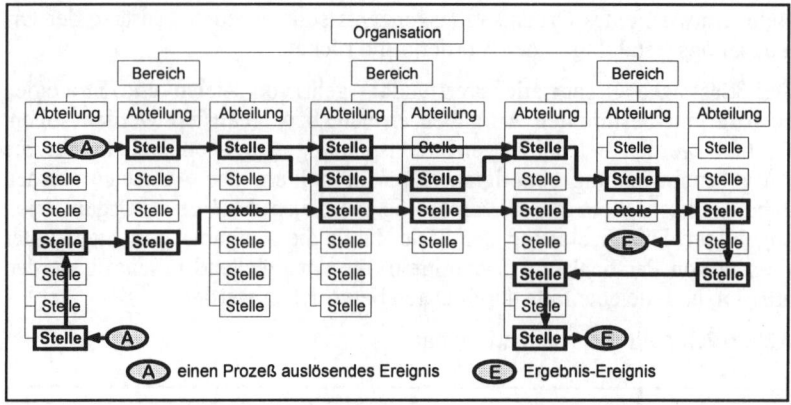

Abb. 6.3.2: Verknüpfung von statischer und dynamischer Organisationssicht

Die Modellierung der Prozesse in einer Organisation zeigt, wie die Informationsprozesse in die Gesamtabläufe eingebunden sind, und ist Grundlage für den Entwurf von IV-Systemen. Dabei ist davon auszugehen, daß Mitarbeiter und Sachmittel Aufgaben und Stellen zugeordnet sind. Aufgaben sind Stellen zugeordnet. Stellen sind in die Aufbauorganisation eingebunden. Aufgabenbearbeitung führt zu Abläufen. Die Steuerung der Prozesse und die Verwaltung der Ressourcen geschieht heute meistens durch IV-Systeme. In Abb. 6.3.3 sind diese Zusammenhänge vereinfacht dargestellt.

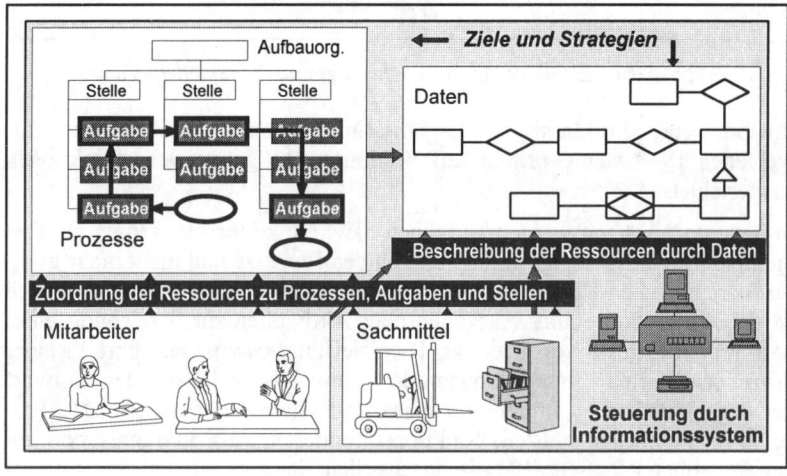

Abb. 6.3.3: Elemente einer Organisationsmodellierung

Ein spezielles Organisationsproblem ist der Entwurf eines Konzepts für die Umstellung von bisherigen Systemen auf das zu entwickelnde IV-System. Dabei ist u. a. zu klären, ob für eine begrenzte Zeit oder einen begrenzten Bereich Parallelbetrieb vorzusehen ist oder nicht. Hauptziele sind die Minimierung des Fehler- und Ausfallrisikos und die Wirtschaftlichkeit.

6.3.3   Schnittstellen zur Systemumwelt

Die organisatorische Integration eines IV-Systems geschieht über seine Schnittstellen. Diese sind so zu entwerfen, daß nicht nur eine reibungslose Integration möglich ist, sondern vor allem auch ein effizienter Betrieb des Systems.

Neben Benutzerschnittstellen, auf die in Abschnitt 6.4.4 eingegangen wird, geht es um Schnittstellen für die Ein- und Ausgabe, zu Datenbanken und zu anderen IV-Systemen. Bei den **Eingabeschnittstellen** geht es vor allem um die Konzeption einer wirtschaftlichen, bei regelmäßigem Anfall großer Datenmengen möglichst automatisierten Datenerfassung[8]. Der Entwurf von **Ausgabeschnittstellen** bezieht sich auf die Gestaltung von Bildschirmmasken und -layout, Drucker- oder Plotterausgaben usw.[9]

Schnittstellen zu Datenbanken sind erforderlich, da Daten heute üblicherweise anwendungsunabhängig gespeichert werden und IV-Systeme über entsprechende Schnittstellen und Datenbankverwaltungssysteme auf diese Daten zugreifen. Der Schnittstellenentwurf hängt stark von dem benutzten bzw. vorgesehenen Datenbanksystem ab.

Schnittstellen zu anderen IV-Systemen sind Voraussetzung für die interne Kommunikation der Systeme. Diese unmittelbare Kommunikation ist für effiziente Systeme unverzichtbar. Häufig geschieht diese Kommunikation allerdings nicht unmittelbar, sondern indirekt über gemeinsam benutzte Datenbanken. Beim Entwurf der Schnittstellen sind Details bis hin zu Kommunikationsprotokollen usw. festzulegen.

6.3.4   Beschränkungen beim Systementwurf

Beim Entwurf der organisatorischen Integration eines IV-Systems sind häufig Beschränkungen durch die Gesamtorganisation zu beachten. Derartige Beschränkungen können sich durch die mit oder an dem System arbeitenden Benutzer und deren Qualifikation ergeben. Diskrepanzen zwischen den

---

8   Zum Entwurf einer wirtschaftlichen Datenerfassung vgl. Abschnitt 6.4.3.

9   Zu Entwurfsfragen einer wirtschaftlichen Datenausgabe vgl. Abschnitt 6.4.4.

für das zu entwerfende System vorgesehenen Benutzeranforderungen und dem tatsächlichen Ausbildungsstand, dem tatsächlichen Qualifikationspotential und -niveau sowie der Qualifizierungsbereitschaft der Mitarbeiter können zu Konflikten führen. Benutzerschnittstellen und Systemfunktionen sind deshalb so zu entwerfen, daß solche Konflikte minimiert werden.

Andere Beschränkungen für den Detailentwurf können sich

- durch bereits installierte IV-Systeme, mit denen das zu entwerfende System direkt kommunizieren soll,
- aus vorhandener Hardware,
- durch vorgegebene bzw. vorgeschriebene Entwicklungswerkzeuge, Methoden usw.,
- durch vorgeschriebene Kommunikationsprotokolle

und eventuell aus anderen Bereichen ergeben.

6.4 Entwurfselemente

Die Entwurfsphase umfaßt eine Vielzahl von Einzelaufgaben. In diesem Abschnitt werden die wichtigsten Aufgabenbereiche gegliedert nach den folgenden Entwurfselementen behandelt:

- Datenorganisation,
- Datenerfassung,
- Datenausgabe,
- Benutzerschnittstellen,
- Benutzerführung,

- Datenübertragung,
- Algorithmen und Methoden,
- Arbeitsabläufe,
- Hardware,
- Sicherungssysteme.

6.4.1 Datenorganisation

Im Rahmen des Detailentwurfs geht es bei den Daten vor allem um die Konzeption und Installation anwendungsunabhängiger Datenspeicherung durch entsprechende Datenbanken, die damit zusammenhängenden Fragen der Datenstrukturierung und um die Datenmodellierung.

Auf Einzelheiten zu den Entwurfsaufgaben der Datenorganisation wird nicht eingegangen[10], da dieses Gebiet zu umfangreich ist. Es werden nur einige anwendungsbezogene, auch für das Customizing von Standardsoftware wichtige Aspekte behandelt.

---

10 Es wird auf die einschlägige Literatur verwiesen z. B. KORTH/SILBERSCHATZ [1991], MCFADDEN/HOFFER [1994], VOSSEN [1994] und ZEHNDER [1994].

Typische Kennzeichen von IV-Systemen im kaufmännischen und Verwaltungs-Bereich ist: Es sind große Datenmengen mit relativ einfachen Algorithmen bzw. Verfahren zu verarbeiten und wirtschaftlich und sicher zu verwalten. Die meisten Daten werden von verschiedenen Stellen einer Organisation benötigt.

Auf Materialdaten greifen z. B. die folgenden Stellen zu: Einkauf, Materialverwaltung, Lagerverwaltung, Buchhaltung, Arbeitsvorbereitung, Kalkulation. Die Daten- und Informationsbedürfnisse der verschiedenen Stellen sind dabei unterschiedlich, wie Abb. 6.4.1 veranschaulicht.

	Nr.	Beschreibung	Lieferant	Lieferzeit	Bestand	Zu/Ab	Preis	Lagerort
Materialdatensatz	Nr.	Beschreibung	Lieferant	Lieferzeit	Bestand	Zu/Ab	Preis	Lagerort
Einkauf	Nr.	Beschreibung	Lieferant	Lieferzeit		Zu/Ab	Preis	
Materialverwaltung	Nr.	Beschreibung		Lieferzeit	Bestand	Zu/Ab	Preis	Lagerort
Lagerverwaltung	Nr.	Beschreibung			Bestand	Zu/Ab		Lagerort
Buchhaltung	Nr.	Beschreibung	Lieferant			Zu/Ab	Preis	
Arbeitsvorbereitung	Nr.	Beschreibung				Zu/Ab		
Kalkulation	Nr.	Beschreibung				Zu/Ab	Preis	

Abb. 6.4.1: Unterschiedliche Datenbedürfnisse verschiedener Benutzer

Aufgabenbereiche der Datenorganisation sind:
• **Entwurf der Datenstrukturen** und **Modellierung der Daten**.
Ein **konzeptionelles oder semantisches Datenmodell** beschreibt die Daten und ihre Strukturen unabhängig von einem konkreten Datenbanksystem bzw. einer Implementierung. Ein **logisches Datenbankmodell** beschreibt die logische Struktur der Daten in einer Datenbank.
• **Bestimmung von Schlüsseln** zur Identifizierung von Daten (s. u.).
• Bestimmung zeit- und kostenoptimaler **Speicherungsformen**.
• Bestimmung optimaler **Manipulations- bzw. Verarbeitungsverfahren** im Hinblick auf ein wirtschaftliches Gesamtkonzept eines IV-Systems,
• Auswahl und Implementierung eines geeigneten Datenbanksystems[11].

Abb. 6.4.2 (Seite 158) veranschaulicht die verschiedenen Betrachtungsebenen für Daten und Datenstrukturen. Die **semantische Ebene** präsentiert die Daten in einer anwendungsgerechten Form. Die **logische Datenstruktur** ist so allgemein, daß sie allen Anwendungen gerecht wird. Bei der **physischen Datenstruktur** geht es vor allem um die physischen Probleme der Speicherung und des Datenzugriffs.

11 Existiert bereits ein Datenbanksystem, dann erfolgt der Entwurf der Datenorganisation auf der Basis dieses Datenbanksystems.

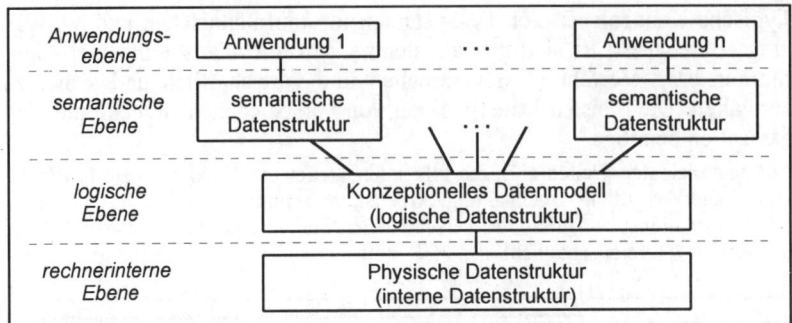

Abb. 6.4.2: Betrachtungsebenen der Datenorganisation

Datenschlüssel spielen für die Speicherung und das Wiederauffinden von Daten eine wichtige Rolle und müssen bei Individualsoftware festgelegt werden. Bei Standardsoftware sind sie üblicherweise in ihrer Struktur vorgegeben.

Ein Schlüssel oder **Datenschlüssel** ist ein Datenfeld oder eine Kombination von Datenfeldern oder von Attributen, mit denen es möglich ist, einen Datensatz oder ein Objekt eindeutig zu identifizieren[12].

Schlüssel sollen manchmal auch zusätzliche Informationen über das Objekt enthalten. Ein typisches Beispiel sind Autokennzeichen, bei denen aus den ersten Buchstaben Stadt bzw. Landkreis, in dem das Fahrzeug zugelassen ist, zu erkennen ist.

Man unterscheidet folgende Schlüsselarten.

Identifikationsschlüssel oder identifizierender Schlüssel: Das zu charakterisierende Objekt wird durch einen Identifikationsschlüssel eindeutig bestimmt. Es gibt keine zwei verschiedenen Objekte mit gleichem Identifikationsschlüssel.

Klassifikationsschlüssel oder klassifizierender Schlüssel: Die Objekte werden durch den Schlüssel bestimmten Klassen zugeordnet. Dafür enthält der Schlüssel Informationen über Eigenschaften des klassifizierten Objekts. Klassifikationsschlüssel haben allerdings häufig den Nachteil, daß sie nicht eindeutig sind, d. h. zwei verschiedene Objekte können durchaus den gleichen Schlüssel haben.

Verbundschlüssel: Ein klassifizierender Teil eines Schlüssels wird durch einen identifizierenden Teil ergänzt.

---

12 Mitunter wird der Schlüsselbegriff weiter gefaßt, und es wird nicht zwingend die eindeutige Identifizierbarkeit verlangt.

Beispiele für Verbundschlüssel sind Autokennzeichen und die in jedem Buch ent-
haltene ISBN-Nummer (International Standard Book Number). Die ISBN-Nummer
3 482 56318 7 klassifiziert in der ersten Stelle nach Sprachraum („3" für Deutsch),
in der nächsten Stelle nach Verlagen („482" bezeichnet den NWB-Verlag). Daran
schließen sich ein identifizierender Teil „56318" für die Nummer eines bestimmten
Buches und eine Kontrollziffer („7") an.

Enthält ein Schlüssel Informationen über bestimmte Eigenschaften des betreffenden Objekts, dann nennt man einen solchen Schlüssel auch sprechen-
den Schlüssel oder Informationsschlüssel bzw. informierenden Schlüssel.

Ein Schlüsselsystem beeinflußt Effizienz und Benutzbarkeit eines IV-Systems. Deshalb sollten die folgenden **Grundforderungen** an ein Schlüsselsystem beachtet werden:

* **Eindeutigkeit,**
* **laufende Zuteilbarkeit,** d. h. jedes neue Objekt erhält einen Schlüssel,
* **ausreichende Anzahl** verschiedener Schlüsselnummern, damit der
  Schlüssel nicht irgendwann „zu klein" wird,
* **Kürze,**
* **Flexibilität,**
* **Wiederverwendbarkeit,** d. h. die Vergabe von frei werdenden Schlüs-
  seln sollte problemlos möglich sein.

6.4.2   Dateneingabe bzw. Datenerfassung

Datenerfassung ist die Eingabeschnittstelle des IV-Systems zur Umwelt.

Datenerfassung umfaßt alle Aktivitäten, um die in Prozessen anfallenden Informationen für eine maschinelle Verarbeitung zur Verfügung zu
stellen.

Sofern Datenerfassung nicht automatisch erfolgt (z. B. über automatische
Meß- oder Zählgeräte), entsteht bei der Datenerfassung teilweise erhebli-
cher Aufwand. Dafür sind vor allem folgende Gründe maßgebend:

* In vielen Bereichen sind für die Datenerfassung manuelle Teilfunktionen
  unverzichtbar (z. B. Ausfüllen maschinenlesbarer Belege).
* Die Leistung von nichtautomatischen Datenerfassungsgeräten hängt fast
  immer von menschlicher Leistungsfähigkeit und Arbeitsgeschwindigkeit
  ab.

Der **Entwurf einer wirtschaftlichen Datenerfassung** ist deshalb besonders
wichtig. Neben den verschiedenen Hardwarekomponenten spielen dafür die
verschiedenen Organisationsformen der Datenerfassung eine Rolle (s. u.).

Beim Systementwurf ist zu beachten, daß Datenerfassung im allgemeinen in mehreren Stufen erfolgt, für die ein organisatorisches Konzept zu entwerfen ist. Je nach Art der Daten und der Datenentstehung sowie der realisierten Erfassungsform sind alle oder einzelne der in Abb. 6.4.3 aufgeführten Schritte nötig. Dazu kommen programmgesteuerte Aktivitäten wie Verdichten, Sichern, Zusammenführen von Daten usw.

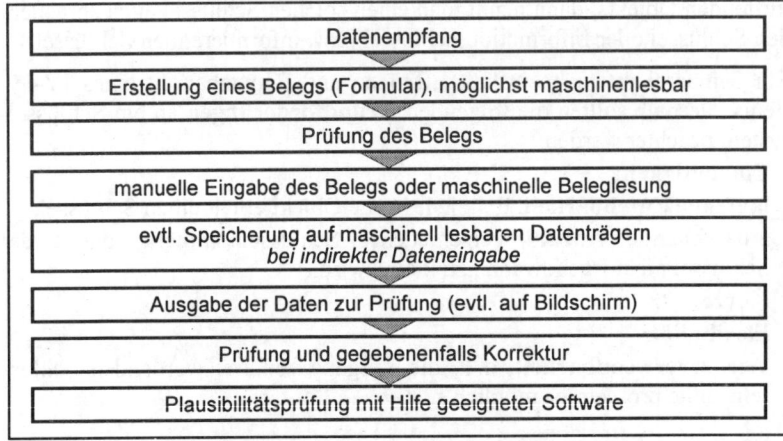

Abb. 6.4.3: Schritte einer Datenerfassung

Abb. 6.4.4 zeigt die verschiedenen **Organisationsformen** der Datenerfassung im Überblick.

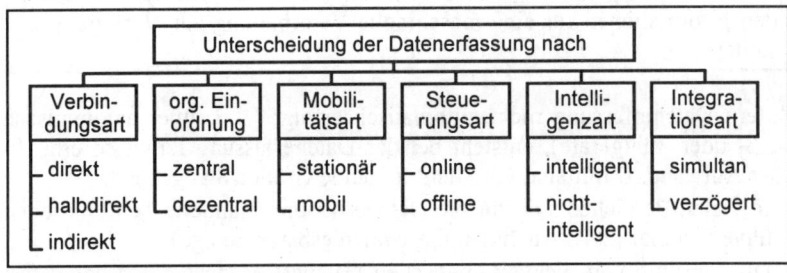

Abb. 6.4.4: Organisationsformen der Datenerfassung

Für die Optimierung der Datenerfassung eines Anwendungsproblems können diese Organisationsformen auch miteinander kombiniert werden. Die einzelnen Eingabearten bedeuten:

Bei der **direkten Dateneingabe** werden die anfallenden Daten unmittelbar in das IV-System eingegeben. Dafür kommen folgende Möglichkeiten in Frage: **manuelle Eingabe**, z. B. über eine Tastatur, **akustische Eingabe**, **automatische Eingabe**.

Bei der **halbdirekten Dateneingabe** werden die Daten zunächst auf Urbelegen erfaßt. Die Daten werden auf diesen Primärdatenträgern so aufgezeichnet, daß sie unmittelbar durch ein entsprechendes Lesegerät gelesen werden können. In diesem Zusammenhang wird auch von maschineller Beleglesung gesprochen.

Bei **indirekter Dateneingabe** werden die anfallenden Daten zunächst auf maschinell lesbare Datenträger übertragen. Diese Datenträger werden dann über entsprechende Hardwarekomponenten in das eigentliche IV-System eingegeben. Abb. 6.4.5 veranschaulicht die Zweistufigkeit der indirekten Datenerfassung.

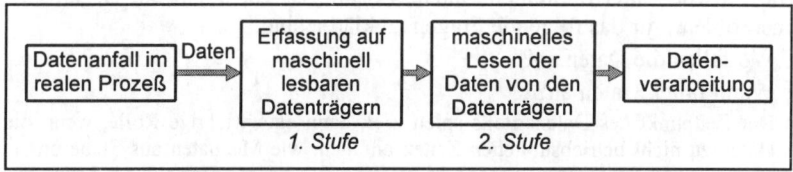

Abb. 6.4.5: Zweistufigkeit bei indirekter Datenerfassung

Bei **dezentraler Datenerfassung**, werden die Daten am Ort der Datenentstehung erfaßt. Bei **zentraler Erfassung** gibt es dafür eine zentrale Stelle.

Bei **stationärer Datenerfassung** sind die Erfassungsgeräte fest an einem Ort installiert. Werden tragbare Geräte verwendet, so spricht man von **mobiler Datenerfassung**[13].

Bei einer **Offline-Datenerfassung** besteht kein Steuerungszusammenhang zwischen Datenerfassung und der Verarbeitung der Daten. Die **Online-Datenerfassung** erfolgt im Regelfall im Dialogbetrieb, sie ist direkt und programmtechnisch in die Verarbeitung der Daten integriert.

Bei einer **intelligenten Datenerfassung** ist eine Datenvorverarbeitung im Datenerfassungsgerät möglich. Damit wird das Datenerfassungsgerät praktisch zu einem eigenständigen Rechner. Bei **nicht-intelligenter** Erfassung werden die Daten, so wie sie anfallen, nur auf einen maschinell verarbeitbaren Datenträger übertragen, ohne daß damit irgendwelche logischen oder arithmetischen Operationen durchgeführt werden.

---

13 In diesem Zusammenhang ist auch auf die Möglichkeiten der Spracheingabe hinzuweisen.

Simultane Datenerfassung erfolgt unmittelbar zum Zeitpunkt des Entstehens der Daten, **verzögerte Datenerfassung** erst mit einer gewissen zeitlichen Verzögerung.

Anforderungen an eine wirtschaftliche Datenerfassung:

• Soweit wie möglich sollten Daten automatisch, d. h. nicht manuell erfaßt werden. Dadurch können Kosten, Erfassungsdauer und Fehlerrate gesenkt werden.

• Häufig vorkommende Daten sollten in Kurzform eingebbar sein.

• Urbelege sollten so gestaltet werden, daß sie für die Dateneingabe unmittelbar verwendet werden können.

• Mit der Dateneingabe sollte sofort eine Fehlerprüfung bzw. Plausibilitätskontrolle erfolgen.

Die Entwurf einer optimalen Datenerfassung ist vor allem ein Organisationsproblem, für das folgende Fragen zu klären sind:

• Wo fallen die Daten an?

• Wann fallen Daten an?

Der Zeitpunkt des Datenanfalls spielt z. B. dann eine wichtige Rolle, wenn die Daten zu nicht betriebsüblichen Zeiten anfallen, wie Meßdaten aus Steuerungen permanent laufender Prozesse (Elektrizitätswerk, Gasversorgung u. ä.). Muß über Steuerungsmechanismen auf solche Daten schnell reagiert werden, dann ist eine dezentrale, direkte Online-Erfassung erforderlich.

• In welchen Zeitabständen fallen Daten an?

• Kann der Datenanfall beeinflußt werden?

• Von welcher Art sind die anfallenden Daten? Sind es Texte, Zahlen oder andere Zeichen oder evtl. sogar Bilder? Haben die Daten feste Formate? Wie umfangreich sind zusammengehörige Daten bzw. aus wieviel Zeichen bestehen die Informationseinheiten (z. B. sehr lange Texte, zweistellige Zahlen oder nur Impulse, wie bei Zählern)?

• In welcher Form fallen die Daten an?

Daten können z. B. so entstehen, daß sie mit Hilfe entsprechender Geräte direkt erfaßt werden können. Fahrzeuge, die eine Zählstelle passieren, können über eine in die Fahrbahn eingelassene Induktionsschleife gezählt werden. Erzeugte Güter können auf einem Transportband über Lichtschranken gezählt werden; ebenso die ein Geschäft betretenden oder es verlassenden Kunden. Werden Personen befragt, so kann man - bei vorgegebenen Antwortmöglichkeiten - die Antworten über Markierungen auf einem Fragebogen eintragen lassen. Die Daten können dann über einen Markierungsleser erfaßt werden. Dazu sind allerdings noch manuelle Arbeitsschritte nötig, wie z. B. Einlegen der Fragebögen in das Lesegerät. Dieses Beispiel zeigt auch, wie die Form des Datenanfalls beeinflußt werden kann, hier nämlich über vorgegebene Antwortkategorien und markierbare Felder.

- Welche Datenmengen fallen an?
- Wie kann auf die zu erfassenden Daten zugegriffen werden?
- Wie aktuell muß die Datenerfassung sein? Ist Echtzeitbetrieb erforderlich?

Für den Entwurf einer Datenerfassung spielt auch die Zuverlässigkeit der Daten und der Dateneingabe eine Rolle. Gegebenenfalls sind zusätzliche Kontrollen oder Überprüfungen vorzusehen. Damit in Zusammenhang steht die Frage nach der Genauigkeit der Daten. Ferner sind Sicherheitsanforderungen zu beachten.

Im Zusammenhang mit dem Entwurf einer Datenerfassung bzw. einer Dateneingabe für das IV-System ist auch auf die Möglichkeit des **Dynamischen Datenaustauschs** zwischen Anwendungsprogrammen hinzuweisen, für den meistens die Abkürzung **DDE (Dynamic Data Exchange)** verwendet wird[14]. Von Bedeutung sind auch die verschiedenen Erscheinungsformen von EDI[15], und die damit verbundenen Möglichkeiten der direkten, Online-Dateneingabe von externen IV-Systemen.

6.4.3 Datenausgabe

Für den Entwurf einer Datenausgabe sind u. a. folgende Fragen zu klären:

- Welche Daten bzw. Informationen sollen zu welchen Zeitpunkten an welcher Stelle verfügbar sein? Diese Frage hängt eng mit der Realisierung einer optimalen Informationsversorgung zusammen.
- Wer ist Adressat der Ausgabe?
- Für welchen Zweck sollen die auszugebenden Daten verwendet werden?
- Welche Art von Ausgabe soll erfolgen: Bericht, Dokument, Nachricht?
- In welchen Formaten und in welchem Layout sollen die Daten ausgegeben werden?
- Über welches Medium soll die Ausgabe erfolgen?
- Sollen die Daten in einer durch das System bestimmten Form ausgegeben werden oder soll der Benutzer individuelle Auswahl- und Abfragemöglichkeiten haben[16].

Beim Entwurf der Datenausgabe sind verschiedene Forderungen zu beachten.

---

14 DDE wird insbesondere von der Benutzeroberfläche Windows unterstützt.

15 Electronic Data Interchange ~ Elektronischer Datenaustausch

16 Zumindest bei Standardsoftware gehört die Möglichkeit individueller Selektionen und Abfragen heute zum Standard.

Anforderungen an die Datenausgabe
- Einfache und leicht erlernbare Ausgabesteuerung.
- Einfache und leicht erlernbare Abfragesprachen für die Realisierung individueller Abfragen bzw. Ausgaben.
- Bereitstellung der Daten zum richtigen Zeitpunkt.
- Bereitstellung der Daten am richtigen Ort und beim richtigen Adressaten.
- Ausgabe der Daten im erforderlichen Format, in einem übersichtlichen Layout und in einer angemessenen Typographie.
- Wahlmöglichkeiten für Ausgabemedien, Formate, Typographie und Layoutgestaltung.

Abb. 6.4.6 zeigt, wie bei der Datenausgabe nach Adressat, Wahrnehmbarkeit, Verbindungsart und Dauerhaftigkeit unterschieden werden kann.

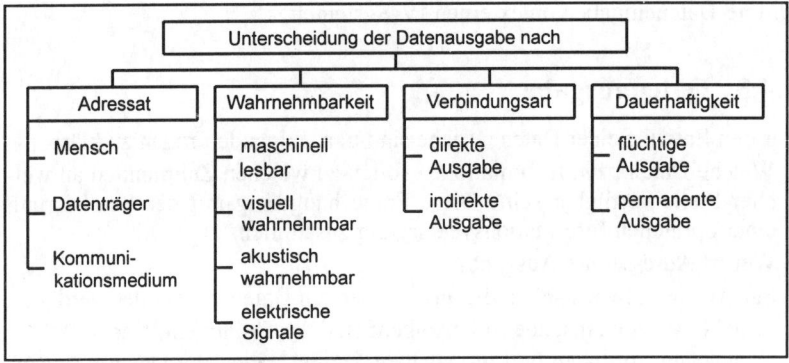

Abb. 6.4.6: Typologie der Ausgabearten

6.4.4 Benutzerschnittstellen

Die in der Literatur oft auch als **Mensch-Maschine-Schnittstelle** bezeichnete **Benutzerschnittstelle** stellt das Bindeglied zwischen Benutzer und Anwendungssystem dar.

Zu einer Benutzerschnittstelle gehören neben der Software auch Teile der Hardware, vor allem Peripheriegeräte. Mit Hilfe dieser Peripheriegeräte tritt der Benutzer mit dem Anwendungssystem in einen Dialog. Dieser Dialog wird von der Software geführt.

Beim Systementwurf geht es um eine ergonomische Gestaltung von Benutzerschnittstellen[17] mit dem Ziel, die Mensch-Maschine-Schnittstelle an den Menschen und seine Bedürfnisse optimal anzupassen. Die **Gestaltung ergonomischer Benutzerschnittstellen** muß sich dabei an den folgenden **Rahmenfaktoren** orientieren:

* Menschen und deren Anforderungsprofil, das vor allem auch durch die Formen und Möglichkeiten der Informationsaufnahme, -verarbeitung und -speicherung bestimmt ist. Hier finden sich Disziplinen wie die Psychologie und die Ergonomie wieder.
* Organisationsstrukturen im Arbeitsumfeld des Menschen. Diese bestimmen die Arbeitsaufgabe und die Arbeitsteilung zwischen Mensch und Computer.
* Technische Möglichkeiten (und evtl. auch Grenzen) der Umsetzung ergonomischer Benutzerschnittstellen.

Objekte der Gestaltung sind demzufolge:
* die Software mit der Gestaltung der Benutzeroberfläche einschließlich der Dialogführung und
* die Hardware, vor allem die Entscheidung über die Art des Einsatzes von Ein- und Ausgabemedien.

Beim Entwurf kann man verschiedene **Sichten auf die Benutzerschnittstelle** einnehmen:
* Bei der **Eingabeschnittstelle** geht es um die Art und Weise der Zeicheneingabe des Benutzers (Funktionstasten, Maus, Lichtgriffel usw.).
* Bei der **Ausgabeschnittstelle** ist festzulegen, auf welche Weise Daten an den Benutzer ausgegeben werden sollen (z. B. Datengruppierung, Orts- und Farbcodierung usw.).
* Die **Dialogschnittstelle** betrifft die Art des Dialoges zwischen Benutzer und Softwaresystem. Dieser wird bestimmt durch Dialogtechniken, wie z. B. Menü- oder Kommando-Eingabe, aber auch durch die Hilfestellungen des Systems für den Benutzer und die Regelungen zur Behandlung von Fehlersituationen.
* Die **Werkzeugschnittstelle** beinhaltet alle Zugriffe auf Software-Werkzeuge und Daten.

---

17 Als Synonym für ergonomische Benutzerschnittstellen wird häufig der Begriff der Software-Ergonomie verwendet. „Software-Ergonomie ist die Erkenntnis der Möglichkeiten der Anpassung benutzbarer Softwarekomponenten eines Computersystems an die relevanten Eigenschaften und Bedürfnisse des Menschen, um ihnen einen hohen Nutzen möglichst vieler Fähigkeiten und Fertigkeiten zu ermöglichen." (BALZERT [1990, S. 588])

• Die **Organisationsschnittstelle** bezieht sich auf den Zusammenhang der Arbeitsaufgaben eines Benutzers mit den Arbeitsaufgaben anderer Benutzer. Zu dieser Ebene gehören z. B. Arbeitsteilung, Regelung der Arbeitsabläufe, Regelung der Kooperation. Außerdem beinhaltet die Organisationsschnittstelle die Abstimmung der Werkzeuge des Software-Systems mit den übrigen Werkzeugen des Benutzers (z. B. Kopplung eines Electronic-Mail-Systems mit der hausinternen Post).

Diese Sichten liegen dem sogenannten IFIP[18]-Modell[19] zugrunde, das in Abb. 6.4.7 schematisch dargestellt ist.

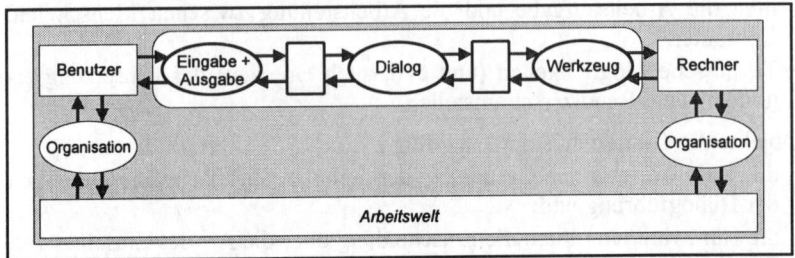

Abb. 6.4.7: Schematische Darstellung des Schnittstellenmodells nach IFIP[20]

Beim Entwurf von Eingabe- und Ausgabeschnittstellen geht es vor allem um die Konzeption von **Bildschirmmasken**, die die Kommunikation des Anwenders mit dem System erleichtern und unterstützen. Über den Bildschirm erhält der Benutzer diejenigen Informationen, die er im Dialog mit dem Anwendungssystem benötigt. Die Informationsdarstellung auf dem Bildschirm sollte nicht willkürlich, sondern nach ergonomischen Gesichtspunkten erfolgen. Ergonomisch bedeutet hier, die Präsentation der Informationen auf eine Art zu gestalten, die dem Benutzer eine möglichst schnelle und korrekte Identifizierung der Informationen erlaubt. Die Informationsgestaltung auf dem Bildschirm erfolgt nach folgenden Kriterien:

• Format von Zeichen und Symbolen,
• Helligkeit und Kontrast,
• Farben,
• Layout (Aufteilung des Bildschirms in Arbeitsbereich, Befehlsbereich, Eingabebereich, Bereich für Statusmeldungen usw.),
• Codierung.

18 International Federation for Information Processing.
19 Vgl. dazu ausführlich BALZERT [1986], DZIDA [1983] und TEPPER [1991].
20 In Anlehnung an DZIDA [1983, S. 8].

Über die **Dialogschnittstelle** tritt der Benutzer mit dem Computer in eine wechselseitige Kommunikation, sie repräsentiert für ihn das Anwendungssystem. Basis bzw. Voraussetzung für eine ergonomische Dialogschnittstelle ist eine benutzeroptimale Bildschirmmaske. Die Dialogschnittstelle sollte selbsterklärend sein und dem Benutzer jeder Zeit folgende Fragen beantworten:

• In welchem Teil oder Modul des Systems befinde ich mich?
• Welches ist bei normaler Anwendung des Systems der nächste Bearbeitungsschritt?
• In welchem Status befindet sich derzeit das System bzw. die aktive Systemfunktion? (Eingabebereit, Verarbeitung läuft, Fehlermeldung, Warnung, Hinweise usw.)
• Wie kann ich zum letzten Schritt zurück kommen?
• Wie kann ich zum Programmanfang zurück kommen?
• Wie kann ich den letzten Bearbeitungsschritt rückgängig machen?
• Wie kann ich einen Fehler korrigieren?
• Wie kann die Systembenutzung unterbrochen werden?

Für den Entwurf von optimalen Dialogschnittstellen ist auch festzulegen, welche Nachrichten und Kommentare jeweils auf dem Bildschirm erscheinen sollen. Dabei geht es vor allem um

• Statusmeldungen,
• Fehlermeldungen,
• Aufforderungen an den Benutzer zu bestimmten Aktionen und
• Eingabebestätigungen.

Alle Systemmeldungen sollten folgende Eigenschaften besitzen:
• notwendige und hinreichende Information,
• selbsterklärend,
• Angabe zulässiger Aktionen und Werte.

Bei der Gestaltung von Dialogsystemen sollten folgende Grundsätze Beachtung finden:

• Aufgabenangemessenheit,
• Steuerbarkeit,
• Fehlerrobustheit.
• Selbstbeschreibungsfähigkeit,
• Erwartungskonformität,

Bestimmte Benutzeraktivitäten sollten auf möglichst einfache Art, beispielsweise durch „Short-Cuts" oder Funktionstasten, ausgelöst werden. Das betrifft insbesondere

• Aufruf einer Aktion,
• Speicherung,
• Aufruf einer Hilfefunktion,
• Rückgängigmachen einer Aktion,
• Verlassen eines Menüpunkts,
• Cursorbewegungen.

Häufig vorkommende Befehlsfolgen sollten über Makros[21] aufgerufen werden können.

Die **Werkzeugschnittstelle** beinhaltet die Funktionen, die dem Benutzer innerhalb eines zur Aufgabenerfüllung eingesetzten IV-Systems zur Verfügung stehen[22]. Die Funktionalität, die die Werkzeugschnittstelle bieten muß, hängt vom Zweck des Systems und vom Einsatzgebiet ab. Wichtige Funktionen sind „Speichern", „Laden", „Rückgängig machen".

Die **Organisationsschnittstelle** stellt die Verknüpfung zwischen der Gestaltung der technischen Bedingungen und der Organisationsgestaltung dar. Ziel muß es sein, die Technik mit der Organisation so zu verbinden, daß der Handlungsspielraum des Organisationsmitglieds in bezug auf die technischen Bedingungen so groß wie möglich ausfällt. Inhalt ist die Funktionszuordnung zwischen Mensch und Maschine[23].

6.4.5 Benutzerführung

IV-Systeme bestehen meistens aus einer Vielzahl von Teil- und Untersystemen. Sofern Verarbeitungsprozesse nicht automatisch ablaufen, kommt es dabei in der Entwurfsphase darauf an, diese Teilsysteme und Module in einer übersichtlichen, möglichst einfachen und selbsterklärenden Benutzerführung oder Programmsteuerung zusammenzubinden. Dafür stehen verschiedene Steuerungsarten zur Verfügung[24], nämlich

• Menütechnik,
• Funktionstastensteuerung,
• Steuerung über graphische Symbole[25] in Verbindung mit Fenstertechnik,
• Steuerung über eine Befehlssprache.

Neben der Auswahl einer adäquaten Steuerungsart geht es um den Entwurf eines optimalen Konzepts der eingesetzten Steuerungsart(en).

Bei der **Menütechnik** kann der Benutzer aus einer vorgegebenen Menge von Befehlen und/oder Unterprogrammen bzw. Modulen eine Funktion auswählen. Das geschieht meistens über Tasten durch Zuordnung von Buchstaben oder Zahlen zu den auf dem Bildschirm angebotenen Funktionen oder über Cursorsteuerung.

---

21 Ein Makro ist eine Befehlsabfolge, die mit einem Befehl ausgelöst werden kann.
22 Vgl. Steinhoff [1991, S. 34].
23 Vgl. Beck/Janssen/Ziegler [1993, S. 24].
24 Vgl. Oetinger [1988, S. 67].
25 Man spricht in diesem Zusammenhang auch von einer grafischen Benutzeroberfläche bzw. -schaltfläche.

Die Menütechnik hat folgende Eigenschaften[26]:
• Die Befehle werden in den Menüs zur Auswahl aufgelistet.
• Lexikalische und syntaktische Fehler werden vermieden. Der Befehl steht bereits in der richtigen Schreibweise im Menü.
• Der Benutzer kann durch den menügesteuerten Dialog geführt werden, indem nur die aktuell verfügbaren und sinnvollen Optionen aus dem Menü ausgewählt werden können. Die damit verbundene Abschirmung kann zu Einschränkungen der Effizienz und Steuerbarkeit führen.
• Die Interaktion mittels Menüauswahl benötigt manchmal mehr Zeit als die Interaktion über eine Befehlssprache. Dies wirkt sich besonders bei in der Befehlssprache geübten Benutzern als Nachteil aus. Mit der Möglichkeit einer Menüauswahl über Short-Cuts kann dieser Nachteil jedoch teilweise ausgeglichen werden.

Folgende Menüarten lassen sich unterscheiden:
Einfache Menüs bestehen aus einer Liste von Befehlen, die auf einer oder mehreren Bildschirmseiten zur Auswahl angeboten werden.
Bei **linearen Menüstrukturen** werden genau festgelegte Menüsequenzen durchlaufen. Der Benutzer hat keine Möglichkeit, Einfluß auf diese Sequenz auszuüben.
Die häufigste Menüform ist die **Baumstruktur** bzw. ein **Menübaum**. Die Auswahl innerhalb eines Menübaums beginnt in der obersten Ebene des Baums, der Wurzel. Von hier kann der Benutzer durch seine Auswahl zu unterschiedlichen Menüs in einer Ebene unterhalb des aktuellen Menüs gelangen. Menüs auf der gleichen Ebene wie das aktuelle Menü können nicht direkt, sondern nur indirekt über höhere Menüs angesteuert werden. Ein einfaches Beispiel eines Menübaums zeigt Abb. 6.4.8.

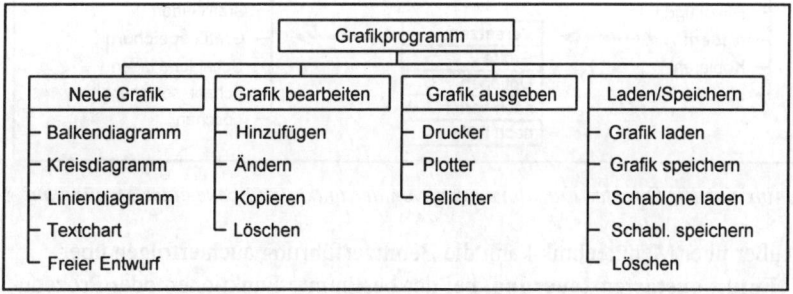

Abb. 6.4.8: Menübaum

---

26 Vgl. dazu WANDMACHER [1993, S. 247f.] und EBERLEH [1988, S. 123].

Ein Menübaum zeigt den hierarchischen Aufbau der im System enthaltenen Funktionen, Prozeduren und Teilsysteme. Dazu werden einzelne Menüteile bzw. -aufrufe weiter zerlegt. Zu dem Beispiel aus Abb. 6.4.8 ist das exemplarisch in Abb. 6.4.9 gezeigt.

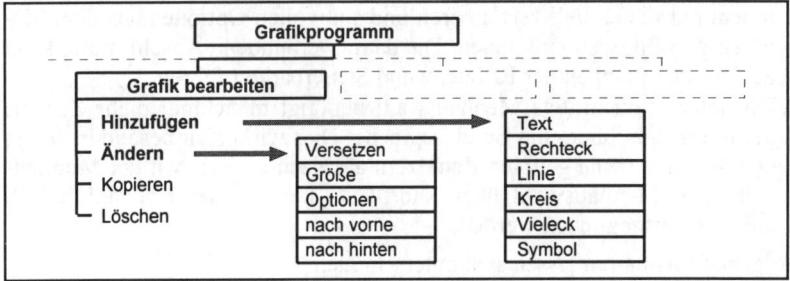

Abb. 6.4.9: Menübaum mit Funktionsaufrufen

Beim Entwurf einer Menüführung ist auf eine benutzerfreundliche Gestaltung zu achten. Dazu gehört u. a., daß man „quer durch den Baum" Funktionen in anderen Ästen direkt aufrufen kann. Das führt zu vernetzten Menüs. In Abb. 6.4.10 (Seite 170) ist das exemplarisch veranschaulicht. Die Menüaufrufe können über Tasten (z. B. bestimmte Buchstaben) oder über Cursorsteuerung (mit Tasten oder Maus) erfolgen.

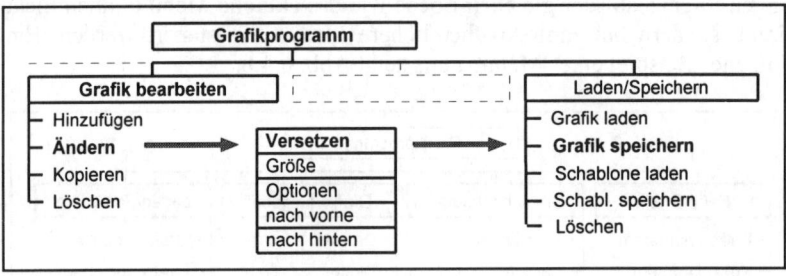

Abb. 6.4.10: Direkter Funktionsaufruf von der untersten Ebene eines Menübaums

Außer über Menütechnik kann die Benutzerführung auch erfolgen über
- **Funktionstastensteuerung**, bei der bestimmte Funktionen oder Prozeduren über Tasten aufgerufen werden,
- Steuerung über eine **Befehlssprache**, wie z. B. bei Datenbankabfragen,
- Steuerung über **graphische Symbole**, wobei der Dialog dann meistens unter Benutzung einer Maus stattfindet.

Hinzuweisen ist auch auf **Fenstertechnik.** Auf dem Bildschirm sind gleichzeitig mehrere virtuelle Bildschirme (Fenster) sichtbar. Der Benutzer kann
zwischen den Fenstern wechseln, wobei immer nur ein Fenster für die Eingabe aktiviert ist. Mit einer Maus können die Fenster angewählt, vergrößert,
verkleinert oder verschoben werden.

Zur Benutzerführung gehören auch **Hilfesysteme.** Diese unterstützen den
Anwender bei der Systemnutzung und ermöglichen eine einfache Bedien-
barkeit. Das Spektrum, welches mit dem Begriff „Hilfesystem" abgedeckt
wird, ist relativ groß und reicht von einfachen Handbuchinhalten auf dem
Bildschirm bis hin zu Systemen, die dem Benutzer selbständig Hinweise
geben.

Leistungen von Hilfesystemen können beispielsweise sein:

• Sie geben Auskunft über den Leistungsumfang eines Systems.

• Der Benutzer kann sich über Wirkung und Ausführung bestimmter Befehle informieren.

• Der Benutzer kann sich Auskunft über Art und Grund der vom System
  erwarteten Eingaben geben lassen.

• Bei folgenschweren Aktionen kann das Hilfesystem eine Warnung an den
  Benutzer ausgeben.

Gegenüber Handbüchern haben Hilfesysteme folgende Vorteile[27]:

• Hilfesysteme können die Informationssuche erleichtern[28], indem relevante Informationen zum Problem des Benutzers auf dem Bildschirm ge-
  sammelt präsentiert werden.

• Hilfesysteme haben die Möglichkeit, Zustände des Anwendungssystems
  abzufragen und in die Hilfeleistung einfließen zu lassen. Bei Verwendung
  eines Handbuches muß der Benutzer den Systemzustand selbst erfassen
  und bei der Auswahl der relevanten Informationen berücksichtigen.

• Ein Hilfesystem kann leichter auf dem aktuellen Stand gehalten werden
  als ein Handbuch. Voraussetzung ist eine Verknüpfung mit dem Anwendungssystem auf der Implementierungsebene.

6.4.6 Datenübertragung

In der Entwurfsphase sind auch Details zu Datenübertragung und Kommunikation festzulegen. Dazu gehört zunächst die Auswahl geeigneter Daten-
übertragungs- und Kommunikationsarten, die in Abb. 6.4.11 zusammenfassend dargestellt sind.

---

27 Vgl. dazu BAUER/HERBERG/SCHWAB [1987, S. 119].

28 Handbücher sind leider oft so aufgebaut, daß der Benutzer in mehreren Kapiteln
   nachschlagen muß, um sein Problem zu lösen.

172   *Kapitel 6: Entwurfsphase*

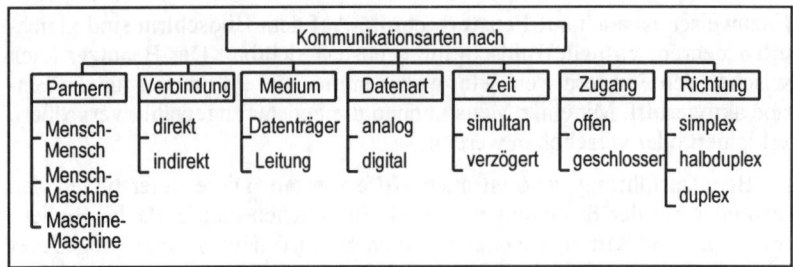

Abb. 6.4.11: Kommunikationsarten

Auf die wichtigsten Kommunikationsarten wird kurz eingegangen.

Geschlossene Kommunikationssysteme beziehen sich im allgemeinen auf die Hardware eines Herstellers, wodurch im Regelfall Inkompatibilitäten zu anderen Hardwareeinheiten entstehen. Sie genügen heute üblichen Anforderungen an Kommunikationssysteme nicht mehr.

Offene Systeme sind durch folgende Eigenschaften charakterisiert[29]:
• Kommunikationsanwendung und Datenübertragungssystem sind getrennt, d. h. technisch und in ihrer Konzeption eigenständige Systeme.
• Es besteht gleichberechtigte Kommunikation zwischen allen miteinander kommunizierenden Partnern.
• Das Kommunikationssystem erlaubt den Anschluß beliebiger Endgeräte auf Basis einheitlicher und standardisierter Schnittstellen am „Rand" des Kommunikationsnetzes.

Für den Systementwurf ist auch eine geeignete **Verbindungsart** zu bestimmen. Aus wirtschaftlicher Sicht sind folgende Unterscheidungen relevant.
• Nach der **Dauer des Zustandekommens** einer Verbindung: **Wählverbindung**, bei der eine Verbindung zwischen Datenstation und Datenübertragungsleitung nur für die Dauer der tatsächlichen Benutzung hergestellt wird. **Standverbindung**, bei der zwischen zwei Datenstationen eine Übertragungsleitung für einen längeren Zeitraum besteht, und zwar auch dann, wenn keine Daten übertragen werden.
• Nach der **Vermittlungsart: Leitungsvermittlung** (Durchschaltevermittlung), bei der für die Dauer der Datenübertragung eine durchgehende physische Verbindung zwischen den beiden Datenstationen aufgebaut wird[30]. Leitungsvermittlung hat den Vorzug, daß eine direkte Übertra-

---

29 Vgl. FRANCK [1986], S. 8-9.
30 Ein bekanntes Beispiel für Leitungsvermittlung ist die Herstellung einer Verbindung zwischen zwei Telefonanschlüssen bei einem Telefongespräch.

gung vom Sender zum Empfänger ohne Zeitverzögerung stattfinden kann. Es besteht jedoch bei starker Inanspruchnahme eines Datenübertragungsnetzes die Gefahr, daß die Verbindungsherstellung nur verzögert stattfindet. **Paketvermittlung**, bei der nur eine indirekte oder scheinbare (virtuelle) Verbindung zwischen zwei Datenstationen aufgebaut wird. Für die Übertragung werden die Daten in Einheiten von meistens fester Länge, sogenannten Datenpakete, aufgeteilt. Die mit Adreß- und Steuerinformationen versehene Datenpakete werden in das Datenübertragungsnetz eingespielt und in Vermittlungseinheiten bis zur Verfügbarkeit einer Leitung für den weiteren Transport gespeichert. **Nachrichtenvermittlung**, besitzt die gleichen Grundeigenschaften wie die Paketvermittlung, allerdings werden nicht Datenpakete fester Größe übertragen, sondern Nachrichten beliebiger Länge.

Für die nicht interne Datenübertragung gibt es verschiedene Dienste. Dabei unterscheidet man Teledienste und Trägerdienste. **Teledienste** decken auch anwendungsorientierte Aufgaben der Datenübertragung ab. Die Kommunikationspartner können bei Benutzung dieser Dienste unmittelbar in Verbindung treten. Im Bereich der Deutschen Telekom gehören zu den Telediensten beispielsweise Telefon, Telefax, Datex-J. **Trägerdienste** bieten dagegen keine anwendungsbezogenen Leistungen. Die Kommunikationspartner können bei Benutzung dieser Dienste nicht unmittelbar in Verbindung treten. Wichtige Trägerdienste sind Datex-L (leitungsvermittelte Datenübertragung im Datex-Netz), Datex-P (paketvermittelte Datenübertragung im Datex-Netz). Im sogenannten ISDN (Integrated Services Digital Network), das zur Zeit aufgebaut wird, werden verschiedene Dienste angeboten.

Für den Entwurf von Datenübertragungssystemen sind heute unbedingt die gültigen Normen und Standards zu beachten, z. B. das sogenannte ISO/OSI-Referenzmodell für die Kommunikation in offenen Systemen[31] oder die Standards von EDIFACT[32].

Beim Entwurf von Datenübertragungssystemen sind eine Reihe von Eigenschaften und Kriterien festzulegen bzw. zu beachten. Die wichtigsten sind:
- Art der Verbindungsherstellung (Wähl- oder Standverbindung),
- Vermittlungsart (paket- oder leitungsvermittelt),
- Übertragungsform (analog, digital),
- Übertragungsbreite,
- Betriebsart (Simplex, Halbduplex, Duplex),

---

31 ISO ist die Abkürzung von International Standardization Organization und OSI für Open Systems Interconnection.

32 Electronic Data Interchange For Administration, Commerce and Transport.

- Verbindungsart (direkt, indirekt),
- Medium (Leitung, Datenträger),
- Zugang (offen, geschlossen),
- Übertragungsleistung bzw. -geschwindigkeit, die üblicherweise nach der Anzahl der je Sekunde übertragenen Bits in bit pro Sekunde (bps) gemessen wird, manchmal auch in Kilobit (Kbps), Megabit (Mbps) oder Gigabit pro Sekunde (Gbps). Die Übertragungsleistung hängt sehr stark vom gewählten Übertragungsmedium ab.

Eine Rolle spielen auch

- Fehlerwahrscheinlichkeit (Verhältnis aus fehlerhaft übertragenen Zeichen zur Gesamtzahl der übertragenen Zeichen)
- Möglichkeiten zur automatischen Fehlerlokalisierung und Fehlerbeseitigung,
- maximale Geschwindigkeit,
- Transfergeschwindigkeit (wegen Steuerzeichen und Zeichen zur Fehlererkennung und Fehlerkorrektur ist diese niedriger als die Datenübertragungsgeschwindigkeit),
- Benutzungsgebühren (einmalige Anschlußgebühr, monatliche Grundgebühr, Verbindungsgebühr, Zusatzeinrichtungen).

6.4.7 Algorithmen und Methoden

In der Entwurfsphase sind auch die Einzelheiten der eigentlichen Verarbeitung der Daten festzulegen. Das betrifft Verarbeitungsverfahren und -methoden, Algorithmen und Prozeduren.

Die elementaren Verarbeitungsformen für Daten kann man nach ihrer Wirkung auf den Datenbestand unterscheiden. In Abb. 6.4.12 sind sie graphisch zusammengefaßt.

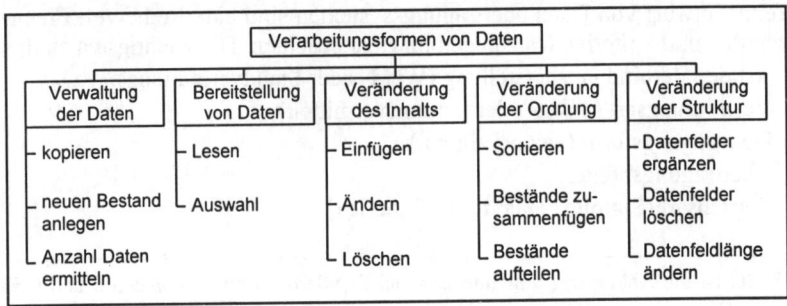

Abb. 6.4.12: Verarbeitungsformen von Daten

Betrachtet man die Verarbeitungsprozesse in einem IV-System, so können verschiedene Arten von Verarbeitungsprozeduren unterschieden werden, insbesondere:

- Eingabe- und Ausgabeprozeduren,
- Prozeduren zur Fehlerbehandlung,
- Prozeduren zur Gewährleistung der Datensicherheit,
- Prozeduren zur Datenverwaltung,
- Verarbeitung im eigentlichen Sinne.

Ein **Algorithmus** ist ein Verfahren zur Lösung einer bestimmten Klasse von Problemen und besteht aus einer Folge bestimmter Operationen. Diese Operationen sind die einzelnen Schritte, die bei der eigentlichen Verarbeitung der Daten auszuführen sind.

Folgende Arten von Operationen können unterschieden werden:
- Arithmetische Operationen, wie Addition, Multiplikation, Division usw.
- Logische Operationen, zu denen die aus der Logik bekannten Grundoperationen (z. B. Negation, Verknüpfung über das logische „oder" und das logische „und") gehören sowie Vergleichs- und Verschiebeoperationen.

Spezielle Operationen sind Datentransfer-Operationen, z. B. Speicherung, Übertragung, Eingabe, Ausgabe, und Programmsteuer-Operationen, wie z. B. Sprung oder Unterbrechung.

Die einzelnen Operationen werden in einer bestimmten Reihenfolge zu einem Algorithmus zusammengestellt. Dabei können unterschiedliche Entwurfstechniken benutzt werden, z. B. strukturierte Texte oder Pseudocode, Programmablaufpläne oder Struktogramme.

Algorithmen werden in der Realisierungsphase in Programme umgesetzt. Diese werden unter Verwendung von Programmiersprachen formuliert.[33]

In der Entwurfsphase sind auch geeignete Methoden festzulegen. Diese können entstammen aus Betriebswirtschaftslehre, Mathematik, Statistik, Operations Research oder anderen Bereichen. Kriterien für die Auswahl einer problemadäquaten **Methode** sind z. B.:

- Eignung für das Problem,
- Komplexität,
- Anforderungen an den Benutzer,
- Anforderungen an die Daten,
- Automatisierungsfähigkeit,
- Rechenzeitbedarf,
- Speicherbedarf.

---

[33] Zu weiteren Einzelheiten wird auf die Literatur verwiesen, z. B. GOLDSCHLAGER/ LISTER [1989] oder GOODMANN/HEDETNIEMI [1977].

Beim Methodenentwurf sind verschiedene Sichten und Interessen der an einer Systementwicklung beteiligten bzw. davon betroffenen Gruppen zu berücksichtigen. Abb. 6.4.13 veranschaulicht dieses Problem.

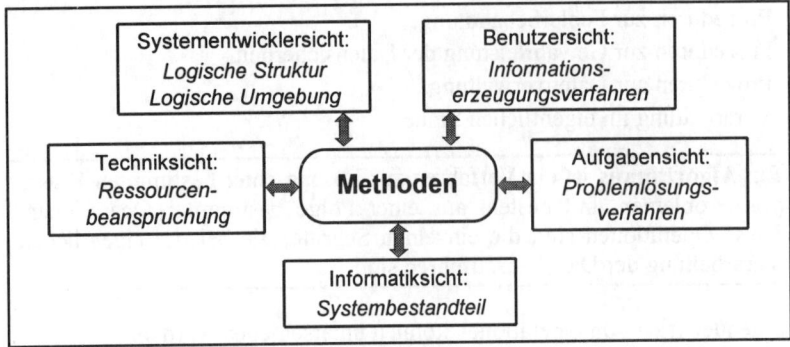

Abb. 6.4.13: Sichten bei der Methodenwahl

6.4.8 Arbeitsabläufe und Organisationsstrukturen

Algorithmen sind in übergeordnete Abläufe eingebunden. Auch dafür sind in der Entwurfsphase bis ins einzelne gehende Spezifizierungen vorzunehmen. Dabei geht es allgemein um die in einem IV-System ablaufenden Prozesse, zu denen nicht nur Algorithmen gehören, sondern auch die Organisation und das Konzept dieser Prozesse. Diese können wiederum in übergeordnete Prozesse eingebunden sein.

Im Zusammenhang mit Prozessen spielen heute zunehmend Geschäftsprozesse und deren optimale Gestaltung eine Rolle.

Ein **Geschäftsprozeß** (Unternehmensprozeß, Business Process):
- besteht aus logisch zusammengehörigen Vorgängen, die man häufig als **Vorgangskette** bezeichnet (ein **Vorgang** besteht aus einer oder mehreren Aufgaben/Aktivitäten, die durch Stellen ausgeführt werden);
- ist ziel- bzw. ergebnisorientiert,
- ist stets wertschöpfend,
- ist verbunden mit dem Austausch von Informationen bzw. Leistungen zwischen Objekten in der Organisation
- wird durch ein auslösendes Startereignis aktiviert (Informationsinput),
- wird durch ein Endereignis bzw. ein Ergebnisereignis beendet (Informationsoutput und physischer Output).

Unternehmensübergreifend entspricht ein Geschäftsprozeß der sogenannten Wertschöpfungskette. **Gestaltungsaufgaben für Geschäftsprozesse sind:**
- zeitliche und räumliche Anordnung der Prozeßelemente,
- interne Integration, da Geschäftsprozesse Abteilungsgrenzen überschreiten; **Prozeßorganisation ist zu einem erheblichen Teil Schnittstellenorganisation,**
- externe Integration von Kunden, Lieferanten, Banken, Verbänden, Staat usw. in Geschäftsprozesse.

Beim prozeßorientierten Systementwurf ist davon auszugehen, daß reale Prozesse durch Aufgabenträger beschrieben werden können, die auf drei Ebenen angesiedelt sind:
- Ebene der Organisationsumwelt,
- Ebene der Organisation, in der vor allem Stellen abgebildet werden,
- Informationssystemebene.

Jede Ebene ist in die übergeordnete Ebene eingebettet, wie Abb. 6.4.14 veranschaulicht.

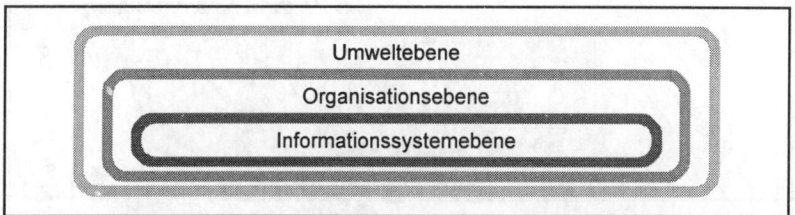

Abb. 6.4.14: Drei-Ebenen-Sicht von Geschäftsprozessen

Bei der Modellierung ist es zweckmäßig, anstelle konkreter Aufgabenträger Klassen zu betrachten, wie bei der objektorientierten Systementwicklung. Die Klassen von Aufgabenträgern und ihre Beziehungen zueinander können durch **Klassendiagramme** abgebildet werden.

Die auf den drei Ebenen identifizierten Klassen bilden die Grundlage für die Ablaufmodellierung in **Prozeßdiagrammen**. Prozeßdiagramme bestehen aus einer Reihe von Aktionen. Eine Aktion bezeichnet dabei die Ausführung einer Aufgabe durch eine Aufgabenträger-Klasse in einem gegebenen Handlungskontext bzw. Prozeßzusammenhang. Dieses Grundkonzept ist in Abb. 6.4.15 veranschaulicht, wobei in der Unternehmensumwelt von „Handlungen" der Aufgabenträger gesprochen wird. Diese lösen Prozesse aus. Auf der Organisationsebene gibt es die den Stellen zugeordneten Aufgaben, durch die die Prozeßaktivitäten modelliert werden. Klassen auf der Ebene der Informationssysteme besitzen „Methoden" oder „Algorithmen".

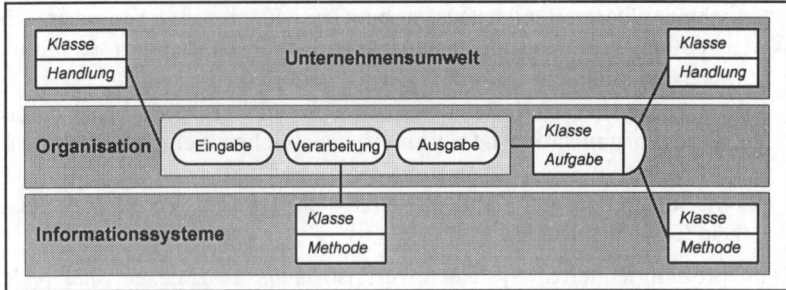

Abb. 6.4.15: Drei-Ebenen-Ansatz zur Prozeßmodellierung

Abb. 6.4.16 zeigt die Beziehungen zwischen **statischen Sichten** der Klassendiagramme und **dynamischen Sichten** der Prozeßdiagramme einer ganzheitlichen, integrierten Organisationsmodellierung.

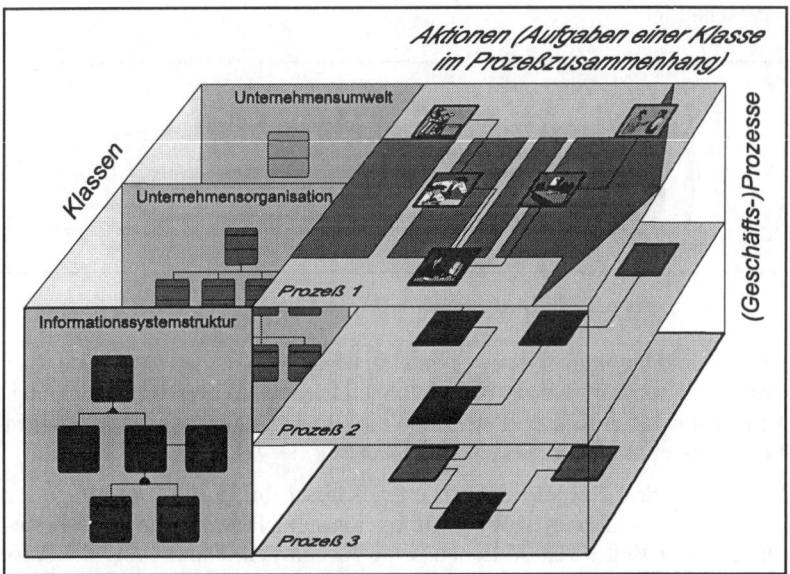

Abb. 6.4.16: Statische und dynamische Sicht einer Organisationsmodellierung

6.4.9 Hardware

In vielen Fällen werden IV-Systeme für eine schon vorhandene Hardware entwickelt. Dann entfällt der Hardwareentwurf. Ist das nicht der Fall, dann ist auch die Hardware im Detail zu entwerfen. Dazu gehören u. a. folgende Aufgaben, wobei bestimmte Aufgaben bei Rechnerverbundsystemen mehrfach anfallen:

• Auswahl einer geeigneten Hardwarearchitektur.

• Auswahl einer geeigneten Zentraleinheit (Prozessortyp(en), Verarbeitungsgeschwindigkeit, Hauptspeicherkapazität).

• Auswahl der Peripheriegeräte wie Bildschirmterminals, Datenerfassungsgeräte, Drucker, Plotter usw., wobei individuelle Details berücksichtigt werden müssen, z. B. Geschwindigkeit, Ausgabequalität, Anforderungen an Farbdarstellung und Genauigkeit.

• Auswahl einer Netzarchitektur, einschl. Topologie und Zugriffsverfahren.

Beim Hardwareentwurf ist in konkreten Fällen eine Vielzahl von technischen Einzelheiten zu berücksichtigen. Der Entwurf kann unterstützt werden durch sogenannte Hardwarekonfiguratoren (vgl. dazu die Ausführungen in Abschnitt 3.7.4).

6.4.10 Sicherungssysteme

Zu den Entwurfselementen gehören auch Sicherungs- und Kontrollsysteme. Es muß gewährleistet werden, daß

• nur befugte Benutzer Zugang zu dem System haben,

• alle Operationen im System die Gewährleistung von Konsistenz garantieren,

• die Fehlerfreiheit der Daten sichergestellt ist und

• die Abläufe protokolliert werden, um bei auftretenden Fehlern oder Sicherheitsproblemen Rekonstruktionen zu ermöglichen.

Der Entwurf von Sicherungssystemen bezieht sich auf mehrere Schichten:

• Maßnahmen im Bereich der Software, z. B. Zugriffsschutz durch Paßwörter,

• Maßnahmen im Bereich der Hardware, z. B. abschließbare Terminals,

• organisatorische Maßnahmen,

• räumliche Maßnahmen, z. B. Einrichtung spezieller Sicherheitszonen.

Nach der Art, wie Maßnahmen im Bedarfsfall greifen, können vorbeugende, kontrollierende und korrigierende Maßnahmen unterschieden werden.

> Als **Datensicherheit** bezeichnet man den Schutz von Daten vor Zugriffen von unberechtigten Personen und den Schutz gegen zufälliges oder absichtliches Verändern oder Zerstören der Daten.

Zur Gewährleistung von Datensicherheit gehören technische und organisatorische Maßnahmen, um den Datenbestand physisch vor Verlust, Beschädigung und unerlaubtem Zugriff zu sichern. Dazu sollten beim Entwurf folgende Forderungen verwirklicht werden:

• Das Datenbanksystem sollte den Benutzerbetrieb überwachen und dokumentieren, damit unberechtigte Operationen im nachhinein festgestellt werden können.

• Die Benutzer einer Datenbank müssen vor Zugriff auf die Daten identifiziert sein. Auf diese Weise können unberechtigte Benutzer von vornherein ausgeschlossen werden.

• Daten müssen überprüfbar sein und sollten in regelmäßigen Abständen Revisionen unterzogen werden. Nur so kann vielfach Datenmißbrauch aufgedeckt werden.

• Daten müssen jederzeit rekonstruierbar sein, damit im Falle ihrer (möglicherweise unbeabsichtigten) Zerstörung keine Folgeschäden auftreten.

• Daten müssen gegen Zerstörung durch Feuer, Diebstahl oder auf andere Art geschützt sein.

Bei allen Datensicherheitsmaßnahmen ist zu beachten, daß es einen absoluten Schutz bzw. eine absolute Sicherheit nicht geben kann. Alle Maßnahmen werden von Menschen konzipiert und realisiert und sind deshalb auch durch Menschen zu umgehen.

Datenschutz bezieht sich auf die rechtliche Seite des unbefugten Zugriffs auf Daten. Es geht dabei in erster Linie um die Einhaltung von Vorschriften, wie sie im Bundesdatenschutzgesetz festgelegt sind, aber auch in anderen Gesetzen (z. B. Betriebsverfassungsgesetz). Derartige gesetzliche Vorschriften haben beim Systementwurf den Charakter von Randbedingungen, die unbedingt eingehalten werden müssen.

6.5   Auswahl von Standardsoftware

Soll das IV-System durch Standardsoftware realisiert werden, treten an die Stelle der meisten Überlegungen aus Abschnitt 6.4 Aufgaben der Auswahl einer geeigneten Standardsoftware. Darauf wird nachfolgend eingegangen.

6.5.1 Ein Phasenmodell für die Standardsoftwareauswahl

Bei der Standardsoftwareauswahl empfiehlt sich ein systematisches Vorgehen in folgenden Phasen, die auch die Aufgaben aus der Analysephase und die mit der Standardsoftwareauswahl zusammenhängende Frage „Standardsoftware oder Individualsoftware?" berücksichtigen:

- **Aufgabenanalyse** und Entwicklung eines ersten groben IV-Konzepts als Grundlage für die nächsten Schritte.
- Formulierung eines detaillierten **Anforderungskatalogs** in Form eines Pflichtenhefts.
- **Analyse des Softwaremarkts** im Hinblick auf Software, die für den speziellen Einsatzbereich geeignet ist.
- Aufstellung eines detaillierten **Pflichtenhefts** für den Softwarelieferanten bzw. zur Auswahl der am besten geeigneten Software.
- **Einholung von Angeboten.**
- **Analyse und Bewertung** der angebotenen Standardsoftware.
- **Entscheidung** für eine bestimmte Software und **Einführung.**

Abb. 6.5.1 veranschaulicht das Vorgehensmodell[34].

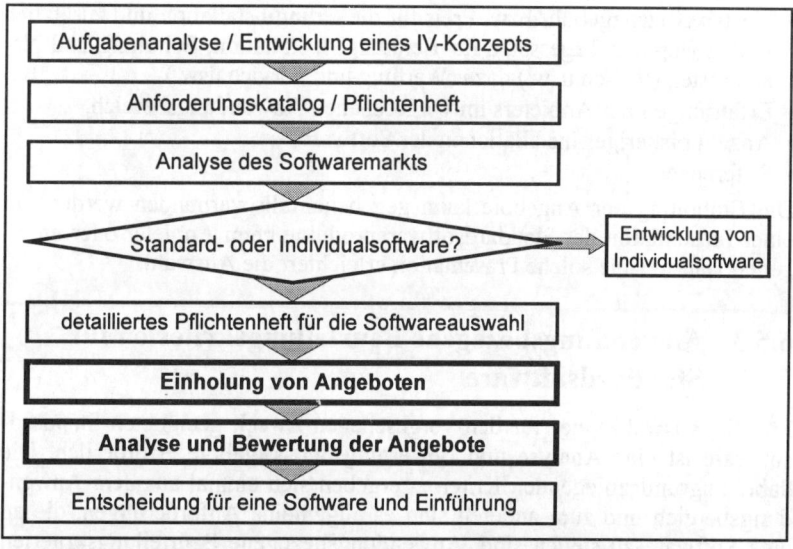

Abb. 6.5.1: Vorgehensmodell für die Standardsoftwareauswahl

In Abb. 6.5.1 sind die hier interessierenden Phasen der eigentlichen Softwareauswahl, nämlich „Angebotseinholung" und „Analyse und Bewertung der Angebote" besonders hervorgehoben.

---

34 Vgl. hierzu auch die Vorgehensmodelle für die Einführung von Standardsoftware in Abschnitt 2.3.8.

6.5.2 Einholung von Angeboten für Standardsoftware

In der Analysephase wird eine Standardsoftwaremarktanalyse durchgeführt, die mit einer Vorauswahl geeigneter Produkte verbunden ist. Soll Standardsoftware eingesetzt werden, dann sind die potentiellen Anbieter zur Abgabe von Angeboten aufzufordern. Dafür ist ein detailliertes Pflichtenheft zu erstellen, das dann Grundlage für die Angebotsabgabe sein muß. Die Angebote sollten in jedem Fall auch detaillierte Angaben enthalten über

- Lieferbedingungen,
- Garantiebedingungen,
- Wartungs- und Servicebedingungen,
- Konditionen einer Probeinstallation,
- Möglichkeiten und Bedingungen der Unterstützung bei Einführung der Standardsoftware,
- Kosten (Lizenzgebühr bzw. Preis für die Grundinstallation und zusätzlich je Arbeitsplatz; Tagessätze für Beratung, Installation, Schulung und Nebenkosten (Reisen usw.) dazu; Wartung und Service usw.),
- Erfahrungen des Anbieters im vorgesehenen Anwendungsbereich,
- Anzahl bisheriger Installationen der Software,
- Referenzen.

Die Einholung der Angebote kann gegebenenfalls verbunden werden mit einer Präsentation der Standardsoftwareprodukte beim Anbieter oder im eigenen Hause. Eine solche Präsentation erleichtert die Auswahl.

6.5.3 Anwendungsbezogene Beurteilungskriterien für Standardsoftware

Für die Auswahl einer für den vorgesehenen Zweck geeigneten Standardsoftware ist eine Analyse und Bewertung der Angebote erforderlich. Die dabei zugrundezulegenden Kriterien ergeben sich einmal aus dem Anwendungsbereich und zum anderen sind es allgemeine Anforderungen, die an eine Software zu stellen sind. Anwendungsbezogene Beurteilungskriterien werden nachfolgend behandelt, allgemeine Kriterien in Abschnitt 6.5.4.

Funktionalität der Software
Anwendungssoftware wird für die Bewältigung bestimmter betrieblicher Aufgaben eingesetzt. Die Beurteilung einer Software muß sich deshalb in hohem Maße daran orientieren, wie gut und vollständig die Aufgabenerfüllung durch die Software ist.

> Durch die **Funktionalitätsprüfung** ist die **Übereinstimmung von funktionellen Anforderungen und Softwarefunktionen** festzustellen.

Grundlage ist ein Pflichtenheft mit einem detaillierten Anforderungs-, Aufgaben- und Kriterienkatalog. Eine pauschale Beurteilung reicht auf keinen Fall aus, denn die Software muß alle Einzelaufgaben erfüllen, und zwar auch Spezial- und Sonderfälle. Bei der Prüfung selbst sollte man sich auf keinen Fall auf die Beschreibungen oder Handbücher verlassen, sondern mit Testdaten die Funktionalitäten testen.

Ist keine vollständige Übereinstimmung von Softwareleistung und Anforderungen gegeben, ist folgendes zu prüfen:

• Kann die Software um fehlende Funktionen **ergänzt** werden? Sofern das möglich ist, ist der dafür erforderliche Aufwand zu ermitteln.

• Kann die Übereinstimmung von Softwareleistung und Anforderungen durch vertretbare interne **Anpassungsmaßnahmen** erreicht werden?

Zur Prüfung der Funktionalität gehört auch die Klärung folgender Frage:

• Kann die Software später mit vertretbarem Aufwand an geänderte Anforderungen angepaßt werden? **Anpassungsfähigkeit bzw. Flexibilität** sind unverzichtbare Eigenschaften. So müssen Lohnabrechnungsprogramme an Tarif- und Steueränderungen angepaßt werden, bei Lagerhaltungsprogrammen sollten Dispositionskriterien geändert werden können (z. B. eiserner Bestand, Meldemenge).

Zur Untersuchung der Funktionalität gehört schließlich auch die Prüfung der Frage, ob und inwieweit eine bestimmte Software mit anderen IV-Systemen verknüpft werden kann, um eine hohe Integration der Informationsverarbeitung und damit eine hohe Effizienz zu erreichen.

Quantitative Leistungsdaten
Neben der Funktionalität spielen quantitative Leistungsdaten für die Softwarebeurteilung eine Rolle. Dabei geht es u. a. um:

• **Laufzeitverhalten**: Laufzeiten lassen sich nach unterschiedlichen Ansätzen messen, z. B. über durchschnittliche, minimale und maximale **Bearbeitungszeiten** häufiger Arbeiten, oder über durchschnittliche, minimale und maximale **Antwort- und Reaktionszeiten**.

• Zulässige **Datenmengen**: Diese hängen vor allem von Hardwareeigenschaften ab.

Ein- und Ausgabemöglichkeiten
Bei der **Eingabe** ist auf folgendes zu achten:

• Daten, die wiederholt benötigt werden (z. B. Personalstammdaten), sollten nur einmal eingegeben werden müssen.

• Standarddaten und Suchschlüssel sollten in verkürzter Form (Abkürzung, Kennziffer) eingegeben werden können.

• Bei der Dateneingabe sollten Korrekturen leicht und schnell möglich sein.

• Die Daten sollten bei der Eingabe so weit wie möglich auf Fehler und Plausibilität geprüft werden.

Bei der **Ausgabe** ist u. a. folgendes wichtig:

• **Übersichtlichkeit** und **Schnelligkeit.**

• **Wählbares Ausgabemedium** (Bildschirm, Drucker, Plotter).

• Formate, Layout, Daten usw. einer Ausgabe sollten wählbar sein, um spezielle Informationswünsche befriedigen zu können.

Benutzerfreundlichkeit
Kriterien für die Beurteilung der Benutzerfreundlichkeit sind u. a.:

• Führt das Programm den Benutzer unmittelbar durch entsprechende **Hinweise** und **Erläuterungen**, so daß ein Nachschlagen in einem Handbuch entfallen kann? Gegebenenfalls muß es möglich sein, zusätzliche Erläuterungen bzw. Kommentare über eine Hilfe-Funktion aufzurufen.

• Kann das Programm auch von Ungeübten problemlos benutzt werden?

• Ist die Software gegen **Bedienungsfehler** (z. B. versehentliches Drücken einer falschen Taste, zu langes Drücken einer Taste) abgesichert? (Forderung nach Robustheit)

• Wie hoch ist der **Einarbeitungsaufwand**?

• Erlaubt die **Benutzerführung** ein effizientes Arbeiten mit der Software?

• Der **Bildschirmaufbau** sollte übersichtlich sein und für alle Programmteile den gleichen Grundaufbau haben.

• Ist die Eingabe von Daten **benutzerfreundlich**? Nach Möglichkeit sollte die Eingabe von Ziffern, Buchstaben oder einfachen Symbolen genügen. Jede Eingabe längerer Zeichenfolgen birgt Fehlerquellen und führt zu unnötigen Verzögerungen der Informationsverarbeitung.

• Ist der **Zustand des Systems** (z. B. Erwartung einer Eingabe, Bearbeitung eines Vorgangs) am Bildschirm erkennbar?

• Ist das **Handbuch** vollständig und übersichtlich aufgebaut?

Aus Benutzersicht wünschenswert ist eine Kurzbeschreibung der Software mit allen für das Programm wichtigen Befehlen und Abkürzungen sowie kurzen Erläuterungen (evtl. in Schlagworten).

An dieser Stelle ist erneut darauf hinzuweisen, daß ein intensiver Test der vorgesehenen Software unverzichtbar ist. An diesem Test sollten auch Mitarbeiter beteiligt sein, die später mit dem System arbeiten. Dabei ist darauf zu achten, daß mit konkreten betrieblichen Daten gearbeitet wird, so daß möglichst alle Spezialfälle Berücksichtigung finden. Gute Software sollte grundsätzlich aus sich selbst heraus, d. h. ohne Verwendung eines Benutzerhandbuchs, einsetzbar sein.

Dokumentation

Zu jedem Programm gehört eine ausführliche Dokumentation, die u. a. Einzelheiten enthält über folgende Bereiche:

• Allgemeine Systembeschreibung,

• Daten- und Dateidefinitionen,

• Betriebsbeschreibung mit Angaben für das sogenannte Operating: Programmstart, Eingabe, Ausgabe, Fehlermeldungen und -behandlung.

In Abb. 6.5.2 sind die anwendungsbezogenen Beurteilungskriterien zusammengefaßt.

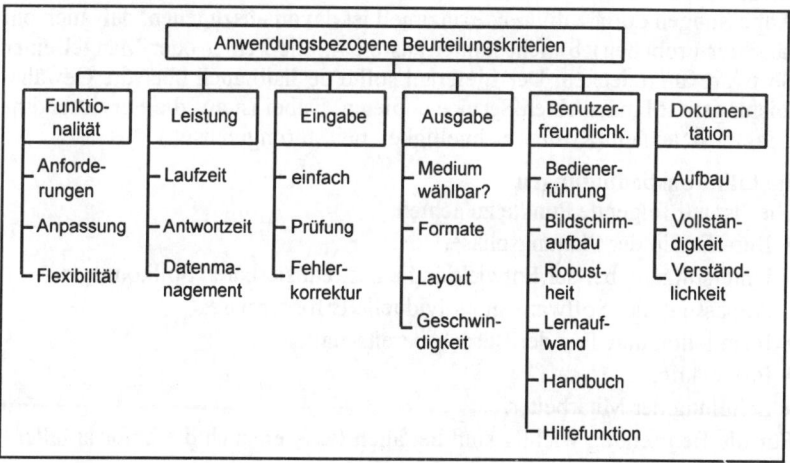

Abb. 6.5.2: Anwendungsbezogene Beurteilungskriterien für Software

6.5.4   Allgemeine Beurteilungskriterien für Standardsoftware

Nachfolgend sind allgemeine Gesichtspunkte genannt, die bei der Softwarebeschaffung herangezogen werden können.

Vertrag

Bei der Vertragsgestaltung für Softwarebeschaffung sollte auf folgendes geachtet werden:

• Detaillierte Vereinbarung des **Liefer-** und **Leistungsumfangs**, auch im Hinblick auf Dokumentation, Einführung und Beratung, Schulung usw.

• Vereinbarung eines **Probebetriebs**.

- Beginn der **Garantiezeit** erst nach dem erfolgreichen Abschluß eines Probebetriebs.
- **Garantiebedingungen.**
- **Konditionen für zukünftige Programmodifikationen, -aktualisierungen und -erweiterungen** aufgrund geänderter Anforderungen.
- Regelungen über Wartungs- und Serviceleistungen (s. u.).

Wartung und Service
Software ist ein kompliziertes und empfindliches Produkt, für das ein Wartungs- bzw. Störungsdienst vorhanden sein sollte, um unerwartet auftretende Fehler schnell zu beseitigen und erforderliche Modifikationen und Anpassungen durchzuführen. Prinzipiell ist davon auszugehen, daß auch ein längerer Probebetrieb nicht immer ausreicht, alle Fehler oder Mängel einer Software aufzudecken. Der Lieferant sollte deshalb auch über die Gewährleistungsfrist hinaus einen Service anbieten. Dabei ist auf die Servicebedingungen zu achten (Kosten, Schnelligkeit bei Störungen usw.).

Installationsbedingungen
Hier ist auf folgende Punkte zu achten:
- Beratung in der Planungsphase,
- Unterstützung bei der Entwicklung eines realisierbaren Sollkonzepts,
- Anpassung der Software an individuelle Erfordernisse,
- Installation und Test der Betriebsbereitschaft,
- Probeläufe,
- Schulung der Mitarbeiter.

Für die Beurteilung wichtig sind bei allen Punkten auch die dafür anfallenden Kosten.

Datenschutz und Datensicherheit[35]
Nicht nur aufgrund gesetzlicher Bestimmungen des Datenschutzes, sondern auch wegen betrieblicher Geheimhaltungsbestimmungen ist Software auch unter Gesichtspunkten des Datenschutzes und der Datensicherheit zu beurteilen. Dabei ist vor allem zu prüfen, inwieweit Software Schutz bietet vor
- unerlaubten Zugriffen auf zu schützende Daten,
- unerlaubten Zugriffen auf zu schützende Programme,
- Veränderung oder Zerstörung von Daten und Programmen durch Dritte.

Softwarekosten
Dabei ist in einmalige und laufende Kosten zu trennen[36].

---

35 Vgl. hierzu auch Abschnitt 6.4.10 (Seite 179f.).
36 Zu Einzelheiten sei verwiesen auf die Wirtschaftlichkeitsbetrachtungen in Kapitel 8.

Weitere Beurteilungskriterien sind:
- **Referenzen** über erfolgreiche Installationen einer Software,
- **Anzahl der bisherigen Installationen,**
- **Programmiersprache** (wichtig für spätere Änderungen),
- **Modularität,** die Anpassungen und Erweiterungen erleichtert,
- **Schnittstellen,** d. h. inwieweit sind problemlose Verbindungen zu anderen vorhandenen oder noch zu beschaffenden Programmen möglich.

Die angeführten allgemeinen Beurteilungskriterien für die Softwareauswahl sind in Abb. 6.5.3 zusammengefaßt.

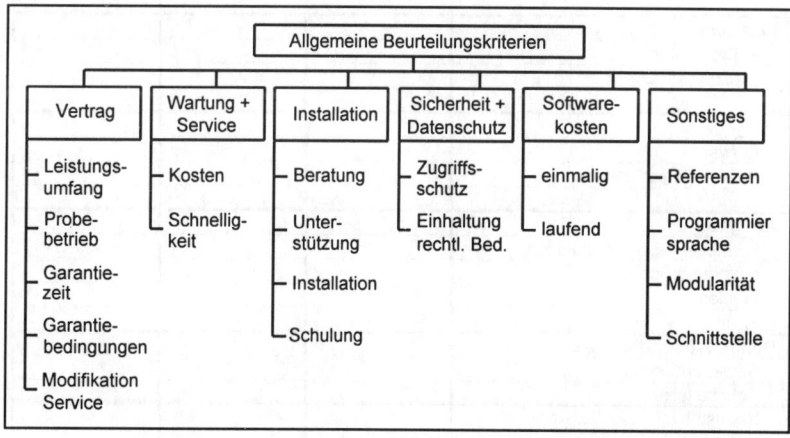

Abb. 6.5.3: Allgemeine Beurteilungskriterien für die Softwareauswahl

Außer den angeführten Beurteilungskriterien gibt es weitere, die zum Teil auch durch die jeweilige Aufgabenstellung bestimmt werden.

6.5.5   Auswahl einer geeigneten Standardsoftware

Die Auswahl einer „optimalen" Standardsoftware geschieht zweckmäßigerweise dadurch, daß man anhand der Vorgaben aus dem Pflichtenheft und den sonstigen Kriterien die einzelnen Softwareprodukte systematisch analysiert, bewertet und gegenübergestellt. Dabei können Ansätze wie die Nutzwertanalyse[37] hilfreich sein. Abb. 6.5.4 (Seite 188) zeigt schematisch einen Vordruck zur Unterstützung von Bewertung und Vergleich.

---

37 Vgl. dazu die Ausführungen zur Nutzwertanalyse in Kapitel 8.

	Software A	Software B	Software C
Funktionen			
Funktion 1			
Funktion 2			
...			
nicht abdeckbare Funktionen bzw. Vorgaben aus dem Pflichtenheft			
Vorgabe:			
Vorgabe:			
...			
organisatorische Anpassungen			
Maßnahme:			
Maßnahme:			
...			
Leistung			
Antwortzeiten			
Laufzeitverhalten			
...			
Eingabe			
Aufwand			
Plausibilitätsprüfungen			
...			
Ausgabe			
Formatierungsmöglichkeiten			
Layoutmöglichkeiten			
Medien			
...			
Benutzerfreundlichkeit			
Bedienerführung			
Schnittstellen			
Robustheit			
Handbuch			
Hilfefunktion			
...			
Vertragsgestaltung			
Lieferbedingungen			
Garantiebedingungen			
...			
Kosten			
Lizenzgebühren Grundsystem			
Lizenzgebühren je Arbeitsplatz			
Customizing			
Beratungshonorare			
Schulungshonorare			
Honorarnebenkosten			
...			
usw.			

Abb. 6.5.4: Muster eines Arbeitsblatts zur Unterstützung des Vergleichs von Standardsoftware

7   Realisierungsphase

In dem hier zugrundeliegenden Vorgehensmodell[1] ist die Realisierungsphase die vierte Phase. Die in der Entwurfsphase entwickelten Details zum organisatorischen Konzept des Systems, zu seiner Integration in die Gesamtorganisation, zu Aufbau und Struktur der Programme, zu Schnittstellen des Systems zur Umwelt und andere Vorgaben werden jetzt in ein konkretes System umgesetzt. Dabei fallen für Entwicklung von Individualsoftware und für Einführung von Standardsoftware unterschiedliche Aufgaben an. Auf beide Aufgabenbereiche wird in diesem Kapitel eingegangen.

7.1   Aufgaben der Realisierungsphase

Bei Entwicklung von **Individualsoftware** umfaßt die **Realisierungsphase** folgende Aufgaben:

*   **Realisierung** und **Implementierung** des auf logischer/konzeptioneller Ebene in der Analyse- und Entwurfsphase erstellten Datenmodells[2].
*   **Programmierung**, d. h. Umsetzung der Detailentwürfe in lauffähige Programme.
*   **Programmtest**, d. h. Überprüfung der Programme auf formale und inhaltliche Richtigkeit.
*   **Reorganisationsmaßnahmen** zur Festlegung neuer Arbeitsabläufe, Aufgabenzuordnungen usw.
*   **Systemtest**, bei dem das Gesamtsystem unter Einbeziehung der zukünftigen Anwender auf Funktionsfähigkeit und Fehlerfreiheit getestet wird. Am Ende des erfolgreich abgeschlossenen Systemtests steht ein funktionsfähiges System, das dann der Nutzung zugeführt werden kann.

---

1   Vgl. Abschnitt 2.3.10.
2   Auf die Diskussion der Aspekte der Realisierung und Implementierung von Datenmodellen in einem Datenbanksystem wird hier verzichtet. Damit wird der Bedeutung der Datenorganisation als primär anwendungssystemunabhängiger Aufgabe der Informationsverarbeitung entsprochen. Vgl. zu Entwurf und Realisierung einer Datenbank z. B. KORTH/SILBERSCHATZ [1991], MCFADDEN/HOFFER [1994] oder VOSSEN [1994].

- **Inbetriebnahme**, wobei u. a. zu überlegen ist, inwieweit zu Beginn der Systemnutzung altes und neues System parallel betrieben werden sollen.
- Insbesondere bei inkrementeller Systementwicklung und bei Weiterentwicklungen bestehender IV-Systeme ist die Verwaltung der einzelnen Softwareteilsysteme bzw. Softwaremodule und ihrer Versionen, die sogenannte **Konfigurations- oder Versionenverwaltung**, eine weitere Aufgabe.

Bei Einführung von **Standardsoftware** treten an die Stelle von Programmierung und Test die speziellen Aufgaben **Softwarebeschaffung** und **Customizing**, d. h. die Anpassung der Standardsoftware an die individuellen Erfordernisse. Letzteres geschieht häufig in Verbindung mit Reorganisationsmaßnahmen, u. a. weil Standardsoftware nicht beliebig anpaßbar ist und statt dessen vielfach die Anpassung der Organisation an Eigenschaften, Einstellungen und Vorgaben der Standardsoftware notwendig macht.

7.2   Programmierung

7.2.1   Aufgaben und Vorgehensweise bei der Programmierung

> Kernaufgabe der **Programmierung** ist die Umsetzung der einzelnen Funktionen und Verarbeitungsschritte der im Detailentwurf festgelegten Module in Befehle einer Programmiersprache.

Bei der Programmierung geht man meistens in folgenden Phasen vor:
- Erstellen von **Modulbeschreibungen** in Pseudocode (bzw. grafischen Beschreibungen als Struktogramm oder Programmablaufplan) anhand der Vorgaben aus dem Detailentwurf. Dieser Schritt wird häufig bereits in der Entwurfsphase vorbereitet.
- Codierung des Programms in einer Programmiersprache. Dieses Programm wird **Quellprogramm** genannt.
- Das Quellprogramm wird dann, sofern nicht mit einem Interpreter gearbeitet wird, durch einen Compiler in ein maschinenorientiertes Programm, das sogenannte Ziel- oder **Objektprogramm** umgewandelt. Dieses wird in einem letzten Schritt mit den bereits vorhandenen Bibliotheksfunktionen zum ausführbaren Programm zusammengeführt (Link- oder Binde-Vorgang).
- Der Compiler übernimmt auch die **Überprüfung des Quellprogramms auf grammatikalische Fehler** (Syntaxfehler) und teilweise auch die

Kontrolle auf **logische Fehler** (Semantikfehler). Eine vollständige Umwandlung des Quellprogramms in ein Objektprogramm ist erst nach Beseitigung dieser Fehler möglich.

• **Überprüfung der Programmlogik** mit Hilfe von Testdaten und evtl. Korrektur des Programms. Bei dieser Prüfung ist darauf zu achten, daß alle denkbaren Sonderfälle in den Daten vorkommen. Außerdem sollten bei den Tests auch große Datenmengen verwendet werden, um sicherzustellen, daß das Programm auch diese fehlerfrei und in angemessenen Zeiten bewältigt (vgl. auch Abschnitt 7.3).

7.2.2 Prinzipien der Programmierung

Für die Programmierung gibt es eine Reihe von Prinzipen und Anforderungen, deren Beachtung hohe Effizienz der Programmierarbeit und gute Qualität der Programme gewährleistet.

Dazu gehören die in Kapitel 1 genannten **allgemeinen Anforderungen an IV-Systeme**

• Wirtschaftlichkeit,   • Produktivität,
• Fehlerfreiheit,   • Zuverlässigkeit,

sowie die **Anforderungen an den Aufbau von IV-Systemen**

• Modularität,   • Hierarchisierung,
• Transparenz,   • Parametrisierung,
• Kompatibilität,   • Portabilität,
• Sicherheit,   • Vollständigkeit und
• Strukturiertheit,   • Widerspruchsfreiheit.

Von besonderer Bedeutung ist das **Prinzip der strukturierten Programmierung**. Dieses Prinzip basiert auf dem Begriff des Strukturblocks.

Ein **Strukturblock**

• besitzt genau einen Eingang und genau einen Ausgang und
• ist seinerseits aus elementaren Strukturblöcken aufgebaut, die aus
  - einfachen Verarbeitungsschritten,
  - Unterprogramm- bzw. Funktionsaufrufen,
  - Auswahlstrukturblöcken und
  - Schleifenstrukturblöcken

bestehen[3].

---

3 Vgl. zu Einzelheiten z. B. GERKEN [1989, S. 38f.].

> Das **Prinzip der strukturierten Programmierung** fordert, daß Module und damit auch Programme ausschließlich als **Strukturblöcke** realisiert werden, die die genannten Eigenschaften aufweisen.

Die strukturierte Programmierung kann bereits in der Entwurfsphase durch Beschreibung der Funktionen von Modulen in **Pseudocode** vorbereitet werden. Durch die grafische Hervorhebung der Strukturkonstrukte der strukturierten Programmierung (Sequenz, Auswahl, Wiederholung) mit Hilfe von **Struktogrammen** kann die Verständlichkeit der gewählten Lösung sowohl bei Darstellung in Pseudocode als auch bei Formulierung in einer Programmiersprache erhöht werden.

Durch die strukturierte Programmierung soll vor allem die Nachvollziehbarkeit eines Programms erhöht werden. Das ist für spätere Änderungen und Modifikationen durch andere Programmierer wichtig.

Abb. 7.2.1 zeigt noch einmal schematisch den Zusammenhang zwischen dem Prinzip der **Modularisierung** (Entwurfsphase) und dem Prinzip der **Strukturierung** der Abläufe innerhalb eines Moduls (Realisierungsphase). Dabei wird gleichzeitig die Abgrenzung der Aufgabenbereiche der Entwurfsphase (Zerlegung des Systems in einzelne Module und Bestimmung der Schnittstellen) von denen der Realisierungsphase, in der die Detaillierung der Abläufe innerhalb eines Moduls im Vordergrund steht, deutlich.

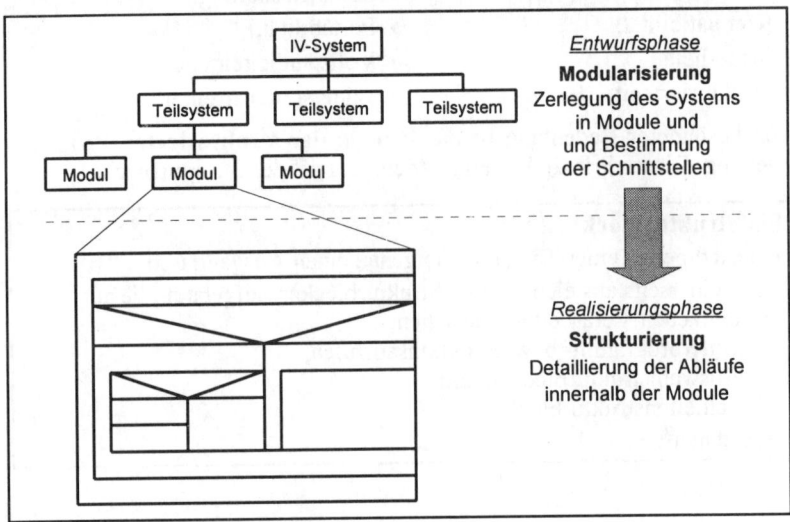

Abb. 7.2.1: Schwerpunkte der Entwurfs- und der Realisierungsphase

> Das **Prinzip der Verbalisierung** besagt, Ideen, Konzepte und Strukturen eines Programms in Worten auszudrücken und zu erläutern. Dadurch werden sie sichtbar und dokumentiert[4].

Verbalisierung wird erreicht durch mnemotechnische Bezeichnungen, Verwendung einer selbstdokumentierenden Programmiersprache und Kommentare zum Quellcode. Dabei ist allerdings von Kommentaren ohne Erklärungswert Abstand zu nehmen[5].

> Das **Prinzip der problemadäquaten Datentypen** fordert, daß lokal verwendete Datenstrukturen und die zur Parameterübergabe zwischen Modulen verwendeten Datenstrukturen auf das jeweilige Problem abgestimmt bzw. dem Problem angemessen sein sollten, d. h. zusammengehörige Daten sind in Strukturen oder Listen zusammenzufassen[6].

Problemadäquatheit der Datentypen bezieht sich auch auf die Datenbezeichnungen. Variablennamen sollten den Problembezug verdeutlichen und nicht zu kurz gewählt werden. Für Konstanten sollten Bezeichner verwendet werden, die zu Beginn der jeweiligen Quelldateien definiert werden. Dieses Vorgehen erhöht die Änderungsfreundlichkeit von Programmen.

Manche IV-Systeme umfassen bis zu einigen Millionen Zeilen Programmcode. Dieser Programmcode muß effizient und entsprechend der Organisation des Programmierteams verwaltet werden. Voraussetzung dafür ist eine geeignete Zerlegung des Systems im Rahmen der Entwurfsphase in einzelne Programme (Systementwurf) und Module (Programmentwurf).

> Das **Prinzip der homogenen Aufgabenverteilung** besagt, daß gleiche oder ähnliche Aufgaben zusammengefaßt und von denselben Programmierern oder Programmierteams bearbeitet werden.

Alle Eingabeschnittstellen, alle Verarbeitungsprozeduren eines bestimmten Typs, alle Bildschirmausgaben oder alle Druckerausgaben sollten jeweils „aus einer Hand" kommen. Dadurch wird Einheitlichkeit, Benutzerfreundlichkeit und leichte Wartbarkeit erreicht.

---

4 Vgl. BALZERT [1982, S. 383].

5 Überflüssig ist beispielsweise folgende Erläuterung:
   ```
   i := i + 5      // Erhöht i um 5
   ```

6 Vgl. hierzu im einzelnen BALZERT [1982, S. 385ff.].

Abb. 7.2.2 veranschaulicht, wie die Programmieraufgaben anhand einer Zerlegung eines Systems in Module auf einzelne Programmierer oder Programmierteams erfolgen kann. Die grauen Flächen umschließen gleichartige Module.

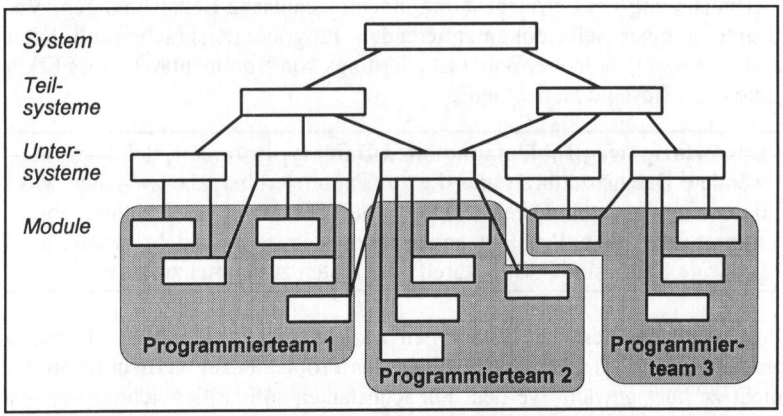

Abb. 7.2.2: Zerlegung eines Systems und Zuordnung der Entwicklungsaufgaben (in Anlehnung an PAGE-JONES [1988, S. 291])

Bei der Realisierung des Prinzips der homogenen Aufgabenverteilung sollte folgendes beachtet werden: Den einzelnen Programmierteams sollten jeweils möglichst unabhängige Teilsysteme zur Entwicklung zugewiesen werden, um die notwendige Kommunikation zwischen den Teams möglichst niedrig zu halten.

7.2.3 Programmierwerkzeuge

Bei der Programmierung können - je nach Hardware und Systemsoftware - verschiedene Werkzeuge eingesetzt werden, die die Programmierarbeit erleichtern. Wichtige Werkzeuge sind:

- Texteditoren,
- Struktogrammgeneratoren,
- Programmiersprachen,
- Compiler,
- Programmgeneratoren,
- Datenbanksysteme,
- Makro-Rekorder.

Nachfolgend sind wichtige Eigenschaften dieser Werkzeuge erläutert.

Ein **Texteditor** ist ein spezielles Programm, mit dem der Quelltext eines Programms erfaßt werden kann. Texteditoren zur Unterstützung der Programmierung sind über die normale Textmanipulationsfunktion hinaus z. T. mit Anpassungen für die verwendete Programmiersprache ausgestattet, die beispielsweise Strukturkonstrukte, Kommentare oder Konstanten automatisch erkennen und farbig hervorheben. Über diese Hilfen kann ein Teil der Syntaxfehler bereits im Editiervorgang erkannt werden.

Struktogrammgeneratoren erleichtern die Erstellung von Programmcode gegenüber der Verwendung von Texteditoren erheblich: Es werden nur noch Programmanweisungen (s. u.) eingegeben. Strukturkonstrukte werden üblicherweise menügesteuert in Form von Struktogrammelementen erzeugt. Aus den Struktogrammen wird vom Struktogrammgenerator automatisch Quelltext generiert, wobei die eingegebenen Programmanweisungen übertragen und die Strukturkonstrukte automatisch in die verwendete Zielsprache übersetzt werden.

Zu den Werkzeugen gehören auch **Programmiersprachen**, die für die Formulierung der Programmbefehle verwendet werden. Auf sie wird in Abschnitt 7.2.5 ausführlicher eingegangen.

Compiler für eine bestimmte Programmiersprache sind nicht nur Werkzeuge für die Übersetzung des Programmcodes in Maschinensprache, sondern sie stellen in der Regel auch einen Texteditor zur Bearbeitung der Quelldateien zur Verfügung. Compiler, die es erlauben, Module einzeln zu übersetzen und in Bibliotheken abzulegen, sind darüber hinaus mit **Bibliotheksverwaltungsprogrammen** und **Bindern**[7] ausgestattet. Komfortable Entwicklungsumgebungen umfassen zusätzlich die Möglichkeit, mehrere Quelldateien als ein **Projekt** zu verwalten und je nach Notwendigkeit neu zu übersetzen und zum Gesamtsystem zusammenzubinden.

Programmgeneratoren bezeichnen eine Klasse von Werkzeugen der Programmierung, bei denen die Programmentwicklung weitgehend interaktiv und menügesteuert vorgenommen werden kann. Ein Programmgenerator erzeugt dabei aus Vorgaben „automatisch" Programmcode in der jeweiligen Programmiersprache. Spezielle Programmgeneratoren sind z. B.:
- **Entscheidungstabellenvorübersetzer** erzeugen aus Entscheidungstabellen Quellcode der zu dem eingesetzten Übersetzer gehörigen Programmiersprache. Dabei wird auch eine Überprüfung der Entscheidungstabelle auf Redundanz, Vollständigkeit und Konsistenz vorgenommen.
- (Bildschirm-)**Maskengeneratoren** erzeugen aus nicht-prozeduralen Vorgaben Bildschirmmasken in bestimmtem (standardisiertem) Layout.
- **Berichtsgeneratoren** liefern Ausgaberoutinen.

---

7 Ein Binder ist ein Programm zum Zusammenfügen von Programmteilen, die unabhängig voneinander programmiert wurden, zu einem ladefähigen Programm

- **Menügeneratoren** dienen der vereinfachten Programmierung der Menüführung.

Programmgeneratoren basieren in der Regel auf Datenbankmanagementsystemen (DBMS) oder besitzen standardisierte Schnittstellen zu DBMS.

Datenbanksysteme bieten heute in den meisten Fällen auch eigene Sprachen, die eine Systementwicklung auf der Basis eines solchen Datenbanksystems unterstützen.

Im Rahmen der „Programmierung" innerhalb von Standardanwendungsprogrammen über sogenannte Makro-Sprachen sind als Werkzeug auch **Makro-Rekorder** zu nennen. Über ein solches Tool können vom Anwender wiederholt auszuführende Bearbeitungsschritte aufgezeichnet und bei Bedarf wieder „abgespielt" werden.

Abb. 7.2.3 faßt die Werkzeuge zusammen.

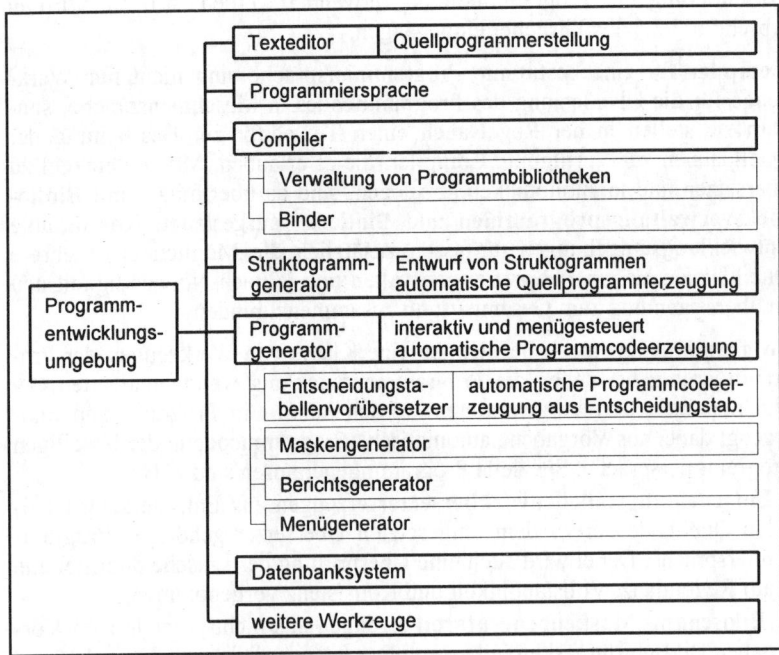

Abb. 7.2.3: Programmierwerkzeuge

Eine **Entwicklungsumgebung** bezeichnet die Gesamtheit aller – meist aufeinander abgestimmter – Werkzeuge, die den Systementwickler bei seiner Arbeit unterstützen. Eine **Programmentwicklungsumgebung** unterstützt die Programmierung und sollte es ermöglichen, sämtliche Module in einem zentralen Repository transparent für alle Entwickler zu verwalten. Ein **Repository** ist eine Entwicklungsdatenbank, die alle für die Systementwicklung relevanten Daten, aber auch methodische Informationen, mit ihren wechselseitigen Beziehungen enthält. Ein Repository kann man als Weiterentwicklung eines Datenkatalogs auffassen. Die oben erwähnten Werkzeuge können als Komponenten einer Programmentwicklungsumgebung aufgefaßt werden.

7.2.4 Einsatz von Spezialsoftware bei der Systementwicklung

Bei der Entwicklung von Individualsoftware spielen nicht nur die im vorhergehenden Abschnitt erläuterten Programmierwerkzeuge eine Rolle, sondern auch am Markt angebotene Spezialprogramme. Diese Spezialprogramme können zur Abdeckung bestimmter Funktionalitäten einer Individualsoftware eingesetzt werden, vor allem bei der Datenausgabe. Dabei ist folgende Überlegung maßgebend: Viele der heute am Markt angebotenen Standardsoftwareprodukte bieten nicht nur vielfältige, sondern im allgemeinen auch sehr ausgereifte und komfortable Funktionen. Das betrifft z. B. die Gestaltungsmöglichkeiten von Textverarbeitungssoftware, die Bearbeitungs- und Layoutmöglichkeiten von Tabellenkalkulationsprogrammen oder die Darstellungsmöglichkeiten von Grafiksoftware.

Bei der Entwicklung von Individualsoftware muß deshalb immer überlegt werden, inwieweit bestimmte Routinen oder Module neu programmiert werden sollen oder ob man sich für bestimmte Ausgaben und Prozeduren der Möglichkeiten von Spezialprogrammen bedienen soll.

Bei der Entwicklung eines regionalen Wirtschaftsinformationssystems auf der Basis eines Standard-Datenbanksystems wurde beispielsweise darauf verzichtet, eigene Module für Tabellenausgaben und für Grafikausgabe zu entwickeln. Statt dessen wurden Standardsoftwareprodukte eingesetzt: ein Tabellenkalkulationsprogramm und eine Grafiksoftware. Innerhalb des individuell entwickelten Teils des Wirtschaftsinformationssystems wurden spezielle „Datenexportfunktionen" eingefügt, mit denen der Transfer der Daten zu den Standardsoftwareprodukten möglich war. Zu dem Tabellenkalkulationsprogramm wurden mit Hilfe von Makrobefehlen vorgefertigte „Standardtabellen" entwickelt. Der Einsatz der Standardsoftware bot hier den Vorteil, daß individuelle Datenanalysen und Aufbereitungen mit dem Tabellenkalkulationsprogramm bequem möglich waren. Ähnliches galt für den Einsatz der Grafiksoftware.

Zu einem Werkzeug zur Geschäftsprozeßmodellierung wurde eine Schnittstelle zu einer einschlägigen Textverarbeitungssoftware entwickelt, über das dann alle Berichte usw. ausgegeben werden konnten.

7.2.5 Programmiersprachen

Eine wichtige Überlegung für die Programmierung ist die Wahl einer geeigneten Programmiersprache aus dem Spektrum der heute verfügbaren Sprachen. Abb. 7.2.4 gibt zunächst einen Überblick. Dabei sind verschiedene Unterscheidungskriterien möglich, z. B. in Generationen, nach Maschinennähe oder in prozedural und nicht-prozedural.

Bezeichnung	Klassifikation		Charakteristische Eigenschaften	Beispiele
Maschinen-sprache	1. Gene-ration	proze-dural	Maschinencode; nur Binärzeichen; effiziente Ausnutzung der Hardware; nicht portabel	
Assembler	2. Gene-ration	proze-dural	maschinennah; mnemotechnische Befehlsna-men; gute Hardwareausnutzung; nicht portabel	
höhere Programmier-sprachen	3. Gene-ration	proze-dural	maschinenunabhängige Syntax leicht portabel	FORTRAN, COBOL, ALGOL, PASCAL
Makrosprachen	3. Gene-ration	proze-dural	aggregierte Befehlssprache, Programmierung häufiger Abläufe durch einen Befehl	GPSS, SIMULA, MPSX, APEX
4GL-Sprachen[8]	4. Gene-ration	nicht-pro-zedural		SQL, FOCUS, NATURAL
KI-Sprachen[9]	5. Gene-ration	nicht-pro-zedural	speziell für Probleme aus dem Bereich der Künstlichen Intelligenz	PROLOG, LISP
Objektorientierte Sprachen			speziell für objektorientierte Systementwicklung geeignet	SMALLTALK, C++
Planungs-sprachen			Endbenutzerwerkzeuge zur individuellen Problemlösung	
Methoden-banken			Bereitstellung von Methoden unter einer entsprechenden Oberfläche zur einfachen und individuellen Problemlösung	

Abb. 7.2.4: Typologie der Programmiersprachen

Die Entwicklung neuerer Programmiersprachen ist teilweise darauf zurückzuführen, daß die meisten prozeduralen Programmiersprachen der 3. Generation die Programmierarbeit nicht optimal unterstützen.

Bei einer **prozeduralen Programmiersprache** werden die Verarbeitungs-algorithmen durch eine Abfolge von Operationen explizit formuliert. Das „Wie?" einer Problemlösung steht im Vordergrund. Bei einer **nicht-proze-duralen Sprache** werden die einzelnen Schritte einer Problemlösung nicht explizit spezifiziert. Im Vordergrund steht die Problemformulierung, d. h.

---

8 4GL ist die Abkürzung für 4th generation programming language

9 KI ~ Künstliche Intelligenz

das „Was?". Die wichtigsten Klassen prozeduraler Programmiersprachen
werden nachfolgend kurz erläutert.

Unter **Maschinensprache** versteht man eine Programmiersprache, die von
einem Computer unmittelbar verstanden werden kann. Maschinensprachen
hängen von der Hardwarearchitektur ab und arbeiten mit einer individuellen, hardwarespezifischen Befehlsstruktur. Das Schreiben eines Programms
in Maschinensprache ist aufwendig und außerordentlich fehleranfällig.

Eine **maschinenorientierte Programmiersprache**, häufig auch als **Assembler** bezeichnet, ist ebenfalls maschinenspezifisch, hat aber eine leichter verständliche Syntax als Maschinensprache. Üblicherweise werden der
gesamte Zeichenvorrat des lateinischen Alphabets, die Ziffern des Dezimal-
systems und einige Sonderzeichen verwendet.

Assembler und Maschinensprache werden vor allem dann verwendet, wenn
es auf kurze Verarbeitungszeiten und/oder geringen Speicherbedarf an-
kommt. Sie haben gegenüber den nachfolgend beschriebenen höheren Programmiersprachen häufig den Vorteil einer besseren Ausnutzung der Hard-
wareressourcen.

Mit auf den Problemraum bezogenen höheren Programmiersprachen kann
der Programmieraufwand stark verringert werden. Klassische Vertreter dafür sind **COBOL** für kaufmännisch/administrative und **FORTRAN** oder
ALGOL für technisch/naturwissenschaftliche Anwendungen.

Mit der Verbreitung von Programmiersprachen wie **C, PASCAL** oder **ADA**
hat in den letzten Jahren jedoch ein anderer Aspekt bei der Entscheidung
für eine geeignete Programmiersprache an Bedeutung gewonnen: Die auf
den Problemraum bezogene Wahl der Programmiersprache tritt zugunsten
einer Vereinheitlichung der verwendeten Programmiersprache innerhalb
und zwischen verschiedenen Organisationen zurück. In vielen Unterneh-
mungen sind sowohl **kaufmännisch/administrative** als auch **technisch/
naturwissenschaftliche** Anwendungssysteme im Einsatz, so daß die Verwendung einer einheitlichen Programmiersprache insbesondere im betriebswirtschaftlichen Bereich vielfältige Anforderungen an die Sprache nach
sich zieht, z. B.:
- Schnittstellen zu den Datenbanken einer Unternehmung,
- Möglichkeit der Erzeugung hocheffizienten Programmcodes, wo dies gefordert ist,
- Verfügbarkeit der Sprache auf allen verbreiteten Hardware- und Betriebs-
  system-Plattformen.

Daneben gewinnt in diesem Zusammenhang die Möglichkeit der Modularisierung eines Systems durch separat compilierte und in Bibliotheken ableg-

bare Module sowie die Erfüllung der Prinzipien der Strukturierten Programmierung besondere Bedeutung.

Die Erfüllung der genannten Anforderungen ist in den meisten Fällen nicht mehr durch eine einzige Programmiersprache möglich. Vielmehr wird eine Programmiersprache als **Basis** für eine Systementwicklung ausgewählt und durch geeignete andere Sprachen ergänzt. Hier können etwa genannt werden die Einbeziehung von maschinennahen **Assembler**-Routinen in ein C-Quellprogramm zur Erhöhung der Effizienz bestimmter Teilfunktionen. **Datenbankschnittstellen** lassen sich in viele Programmiersprachen durch die standardisierte Datenbanksprache SQL (s. u.) integrieren. Diese in eine „Wirtssprache" eingebetteten Befehle einer anderen Programmiersprache müssen vor dem Compilieren in einem separaten Durchgang in Befehle der Wirtssprache umgesetzt werden. Dies wird automatisiert durch sogenannte **Pre-Compiler** bzw. Vor-Übersetzer durchgeführt.

Die Grenze zwischen der 3. und 4. Programmiersprachengeneration ist fließend. Zur 4. Generation gehören nicht-prozedurale Sprachen aber auch solche mit prozeduralen und objektorientierten Elementen. Häufig ist die Basis einer Sprache der 4. Generation ein Datenbanksystem, ein Maskengenerator und ein Reportgenerator, z. B. bei FOCUS oder NATURAL[10].

Die wichtigsten Kennzeichen von Programmiersprachen der 4. Generation sind[11]:

*   sie sind deskriptiv statt prozedural,
*   sie verwenden vorbereitete Befehle für die Datenmanipulation, maskengesteuerte Bildschirmeingaben und verfolgen das Prinzip der Informationswiedergewinnung,
*   sie sind in eine Entwicklungsumgebung integriert,
*   sie bieten in der Regel Möglichkeiten der Manipulation relationaler Datenbanken, wobei als Standardsprache SQL verwendet wird,
*   die Produktivität der Programmierer ist mit Sprachen der 4. Generation höher als bei Verwendung von Sprachen der 3. Generation,
*   sie sind nicht auf alle Problemklassen anwendbar,
*   sie führen zu schlechteren Laufzeiteigenschaften der Programme im Systembetrieb als Sprachen der ersten drei Generationen.

Neuerdings gewinnen **objektorientierte Programmiersprachen** an Bedeutung, da Systementwicklungen zunehmend über objektorientierte Ansätze erfolgen. Heute wird der objektorientierte Ansatz von vielen als Schlüsseltechnologie, insbesondere im Bereich der grafischen Benutzeroberflächen,

---

10 Vgl. KURBEL [1990, S. 346].
11 Vgl. HANSEN [1992, S. 362f.].

angesehen. Für die Realisierung objektorientierter Systementwicklungen sind eine Reihe spezieller objektorientierter Sprachen entwickelt worden, z. B. C++, SMALLTALK, Objective C, Object Pascal, CLOS (Common Lisp Object System).

Es gibt eine Reihe weiterer Programmiersprachen, die nicht ohne weiteres einer der bereits behandelten Kategorien zugeordnet werden können. Dazu gehören:

• Funktionale Programmiersprachen wie LISP, APL,
• Logische Programmiersprachen wie z. B. PROLOG (**Programming in Logic**) und
• Programmiersprachen, die speziell für die Programmierung für verteilte und/oder parallele Systeme geschaffen wurden.

Für spezielle Anwendungen sind in den vergangenen Jahrzehnten sogenannte **Makrosprachen** entwickelt worden, bei denen ganze Aufgabenkomplexe über einen einzigen Befehl aufgerufen werden können. Solche Makrosprachen sind z. B. entstanden für die Behandlung von Simulationsproblemen (GPSS, Simula) oder für die Bearbeitung von Aufgabenstellungen aus der Linearen Optimierung (MPSX, APEX). Mit ihnen lassen sich Aufgabenstellungen aus diesen Bereichen sehr schnell und effizient programmieren, allerdings unter einem manchmal nicht unerheblichen Leistungsverlust bezüglich Rechenzeit.

Durch die in den letzten Jahren aufgrund der billigen Hardware einsetzende Dezentralisierung der Informationsverarbeitung erlangen Programmiersprachen, mit denen der Anwender seine Probleme ohne spezielle IV-Kenntnisse lösen kann, eine zunehmende Bedeutung. Solche **Planungssprachen**, häufig auch als **Endbenutzersprachen** bzw. **Endbenutzerwerkzeuge** bezeichnet, bieten u. a. mächtige Befehle für einschlägige Verarbeitungsprozeduren, einfache Analyse- und Prognoseverfahren, vielseitige Möglichkeiten für Berichtsgenerierung und Grafiken. Je nach Aufgabenschwerpunkt kann man verschiedene Klassen von Planungssprachen unterscheiden:

• Tabellenkalkulationssysteme mit matrizenförmiger Datendarstellung und umfangreichem Methoden- und Verfahrensangebot,
• Analysesysteme mit einer zeitorientierten Datendarstellung und Methoden zur Diagnose und Prognose,
• Modellgenerierungssysteme zur Lösung von Planungs- und Entscheidungsproblemen.

Insbesondere Tabellenkalkulationssysteme, die dem Benutzer eine große Vielfalt an individuellen Datenverarbeitungsmöglichkeiten bieten, stehen heute in vielfältiger Form zur Verfügung. Der Benutzer hat hier die Möglichkeit, durch Eingabe leicht verständlicher Befehle, seine speziellen Aufgaben vom Computer individuell bearbeiten zu lassen. Zu erwähnen sind auch Datenbanksysteme mit individuellen Gestaltungsmöglichkeiten.

Verwandt mit den Planungssprachen sind **Methodenbanken**. Zu einer Methodenbank gehören Methoden in Form von Programmbausteinen oder Einzelprogrammen, Komponenten für die Verwaltung, Benutzung und Manipulation der Methoden und Schnittstellen zu Datenbanken. Das Grundsystem einer Methodenbank wird ergänzt um ein dem jeweiligen Einsatzzweck angepaßtes Anwendungssystem mit Komponenten für Informationen über die Methodenbasis (Methodendokumentationssystem), einem Benutzerführungssystem, einem Ausgabesystem für eine benutzergerechte Ergebnispräsentation und gegebenenfalls einem Hilfesystem zur Benutzerunterstützung.

Für leicht verständliche, zuverlässige und wartungsfreundliche Programme sollte eine Programmiersprache folgendes bieten[12]:
* einen ausreichenden Vorrat an Datentypen und -strukturen,
* Hilfsmittel für die Modularisierung,
* Sprachelemente, die eine schrittweise Verfeinerung erlauben und damit die Top-Down-Strategie unterstützen,
* Steuerkonstrukte der strukturierten Programmierung,
* Möglichkeiten für die Verbalisierung von Programmtexten.

Da Sprachen der 3. Generation hinsichtlich der genannten Anforderungen keine ausreichende Unterstützung bieten, werden zusätzlich die weiter oben genannten Werkzeuge ergänzend eingesetzt.

7.3   Programmtest

7.3.1   Aufgaben von Programmtests

Tests sind ein wichtiges Element der **Softwarequalitätssicherung**[13].

Programmtests gehören zu den analytischen Qualitätssicherungsmaßnahmen und dienen der Feststellung, ob ein Programm oder ein Modul eines Programms die in den vorangegangenen Systementwicklungsphasen formulierten Anforderungen erfüllt.

---

12 Vgl. KURBEL [1990, S. 346].

13 Fragen der Softwarequalitätssicherung werden in Kapitel 9 ausführlich behandelt. In diesem Kapitel geht es nur um die speziellen Qualitätssicherungsmaßnahmen des Programmtestens in der Realisierungsphase.

Wichtige bei einem Test zu prüfende Qualitätseigenschaften eines Programms sind[14]:

- Laufzeiteffizienz,
- Speichereffizienz,
- funktionale Korrektheit,
- funktionale Vollständigkeit,
- Robustheit.

Bei Programmtests steht die Überprüfung der **funktionalen Korrektheit** und der Robustheit im Vordergrund.

Bei Prüfung der funktionalen Korrektheit ist festzustellen, ob das Programm alle Funktionen korrekt ausführt. Dazu sind alle zulässigen Datenkonstellationen zu berücksichtigen. Bei der Vielzahl möglicher Datenkonstellationen und wegen der Komplexität vieler Programme ist es vielfach nicht möglich, die Korrektheit eines Programms zu „beweisen", d. h. es so zu testen, daß Fehler mit absoluter Sicherheit ausgeschlossen werden können. Es kann dann nur darum gehen, die Fehlerwahrscheinlichkeit zu minimieren.

Bei der **Robustheit** geht es um die Überprüfung, ob und inwieweit das Programm gegen Fehlbedienungen usw. empfindlich ist.

Auf die verschiedenen Testverfahren kann in diesem Rahmen nicht im Einzelnen eingegangen werden[15]. Nachfolgend wird nur auf einige wirtschaftlich relevante Aspekte des Testens eingegangen.

7.3.2   Teststrategien und Testprinzipien

Tests im Rahmen der Realisierungsphase werden bei größeren Systemen üblicherweise über eine **Bottom-Up-Strategie** durchgeführt. Es werden zunächst einzelne Programmbausteine bzw. Programmmodule überprüft (**Modultest**). Die erfolgreich getesteten Module werden miteinander verknüpft. Die verknüpften Module werden wieder getestet (**Programmtest, Integrationstest**). Auf diese Weise wird von unten nach oben (also Bottom-Up) schrittweise das Gesamtsystem über seine einzelnen Bausteine getestet.

Das Testen schließt ab mit dem **Systemtest**, bei dem insbesondere die Funktionalität des Gesamtsystems in bezug auf die Spezifikationen geprüft wird.

---

14 Vgl. dazu die ausführliche Darstellung bei LIGGESMEYER [1992, S. 17].

15 Dazu wird auf die einschlägige Spezialliteratur verwiesen, insbesondere auf die Monographie von LIGGESMEYER [1990].

Für das Testen selbst ist eine grundsätzliche Unterscheidung die in statische Analyse und dynamisches Testen[16].

> Die **statische Analyse** untersucht die Qualität eines Programms unter der wesentlichen Vorbedingung, daß das Programm nicht ausgeführt wird und keine Testwerte vorgegeben werden.

Mit einer statischen Analyse ist es nicht möglich, die funktionelle Korrektheit eines Moduls zu prüfen. Sie beschränkt sich im wesentlichen auf die Berechnung von Maßgrößen, mit deren Hilfe bestimmte Qualitätsaspekte eines Programms getestet werden, die auf potentielle Fehler hindeuten. Darüber hinaus können Grafiken und Tabellen erzeugt werden, die beispielsweise einen Kontrollfluß eines Programms übersichtlich abbilden.

> Beim **dynamischen Testen** wird das Programm oder ein Modul mit Testdaten ausgeführt, um Lauffähigkeit und Funktionalität zu prüfen.

Da Testdaten immer nur eine kleine Auswahl aus allen möglichen Daten sein können, sind dynamische Tests immer **Stichprobentests**. Sie können deshalb nur zu Wahrscheinlichkeitsaussagen über die Korrektheit des Programms bzw. Moduls führen.

Die Ausführung eines Moduls kann beim dynamischen Testen sowohl gedanklich durch Nachverfolgung der Befehlsfolgen auf dem Papier als auch werkzeuggestützt durchgeführt werden. Wegen des Stichprobencharakters dynamischer Tests können vorhandene Fehler lediglich mit bestimmten Wahrscheinlichkeiten nachgewiesen werden. Es kann nicht bewiesen werden, daß ein Modul oder Programm fehlerfrei ist. Das versuchen weitergehende Verfahren wie die Verifikation und der symbolische Test.

Bei der **Verifikation** wird versucht, mit mathematischen Verfahren die Korrektheit eines Moduls zu beweisen.

Bei Durchführung von **symbolischen Tests** wird der Programmablauf statt mit konkreten Eingabewerten mit symbolischen Werten durchgeführt.

> Je nachdem, ob die Programmlogik oder die richtige Arbeitsweise eines Programms beim Testen im Vordergrund steht, unterscheidet man:
> • **White-Box-Test**, bei dem die Richtigkeit des Programms durch Überprüfung der einzelnen Befehle und der Befehlsfolgen kontrolliert wird.
> • **Black-Box-Test**, bei dem anhand von Testdaten geprüft wird, ob alle Funktionen vom Programm richtig ausgeführt werden. Die detaillierten internen Programmabläufe interessieren dabei nicht.

---

16 Vgl. dazu ausführlich LIGGESMEYER [1992].

Wichtige **Prinzipien** beim Programm- bzw. Modultest sind u. a.:
- **Prinzip der Vollständigkeit**: Alle Programmzweige und alle Datenkonstellationen sollen überprüft werden.
- **Prinzip der minimalen Fehlerwahrscheinlichkeit**: Die Wahrscheinlichkeit für nicht entdeckte Fehler soll so gering wie möglich sein.

Darüber hinaus ist hier auf die Prinzipien der Qualitätssicherung hinzuweisen, auf die in Kapitel 9 eingegangen wird.

7.3.3   Kategorien von Programmfehlern

In Programmen können unterschiedliche Arten von Fehlern auftreten.

> Ein **Fehler** ist jede Abweichung der Ausprägung einer Qualitätseigenschaft von der vorgesehenen Soll-Ausprägung.
> Ein **Programmfehler** ist jede Inkonsistenz zwischen Programm und Detailentwurf[17].

Mögliche Kriterien für die Bildung von Fehlerkategorien sind[18]:
- betroffene Qualitätseigenschaft,
- Phase der Fehlerentstehung,
- Phase der Fehlererkennung und -behebung,
- Aufwand zur Fehlerbehebung,
- Art der Inkonsistenz zwischen Programm und Detailentwurf,
- Fehlerursache,
- Fehlerwirkung.

Nach der Ursache können Fehler folgendermaßen klassifiziert werden[19]:
- Berechnungsfehler, z. B.
  - fehlerhafte Variablendefinition,
  - falsche Variablenreferenz,
  - falscher Wert einer Konstanten oder eines arithmetischen Operators,
  - Anweisung an falscher Stelle,
  - fehlende Berechnung,
  - Fehler im Algorithmus.
- Bereichsfehler, z. B.
  - falsche Variablenreferenz,
  - falscher Wert einer Konstanten,

---

17 Vgl. LIGGESMEYER [1990, S. 31].
18 Vgl. dazu LIGGESMEYER [1990, S. 32f.].
19 Vgl. dazu auch LIGGESMEYER [1990, S. 33ff.] und MYERS [1979].

- falscher relationaler Operator,
- Anweisung nicht an richtiger Stelle.
• Kontrollflußorientierte Fehler, z. B.
  - fehlende, überflüssige oder fehlerhafte Anweisung,
  - Anweisung nicht an richtiger Stelle,
  - fehlender oder nicht ausführbarer Programmzweig,
  - falsche Verzweigungsbedingung oder falsche Wiederholungsbedingung.
• Datenflußorientierte Fehler, z. B.
  - fehlende, mehrfache oder falsche Variablendefinition,
  - fehlende, überflüssige oder falsche Variablenreferenz.
• Konstanten- und Operatorenfehler, z. B.
  - falsche Konstante oder falscher Koeffizient in einer Berechnung,
  - Verwendung eines falschen relationalen Operators,
  - Verfälschung eines relationalen Ausdrucks um eine Konstante,
  - falscher boolscher Ausdruck.
• Funktionale Fehler, z. B.
  - spezifizierte Funktion gar nicht oder fehlerhaft realisiert,
  - Verfälschung eines relationalen Ausdrucks um eine Konstante,
  - falscher boolscher Ausdruck.

Die angegebene Fehlerklassifikation ist nicht überschneidungsfrei. Weitere mögliche Fehlerarten sind:

• Datenreferenzfehler, z. B. Zugriffe auf nicht initialisierte Variablen oder Benutzung von Variablen eines falschen Typs,
• Datendeklarationsfehler, z. B. falsche Initialisierung von Variablen,
• Vergleichsfehler, z. B. Verwendung falscher Vergleichsoperatoren oder falscher Bezugsvariablen,
• Eingabe-/Ausgabefehler,
• Schnittstellenfehler.

7.3.4 Testdatenerzeugung

Bei einem dynamischen Test wird das Modul bzw. das Programm mit konkreten Eingabedaten versehen und ausgeführt. Die **Testdatengenerierung** nimmt deshalb eine besonders wichtige Stellung ein. Grundsätzliche Forderung an die Testdaten ist, daß sie so beschaffen sein müssen, daß die Wahrscheinlichkeit für noch verbleibende Fehler möglichst klein ist. Für die Erstellung von Testdaten gibt es verschiedene Möglichkeiten[20]:

---

20 Grundsätzlich geht es bei der Erzeugung von Testdaten für dynamische Testverfahren um die Generierung einer Stichprobe, die repräsentativ, fehlerintensiv, redundanzarm und ökonomisch ist (vgl. LIGGESMEYER [1990], S. 51).

• **Synthetische Erzeugung von Testdaten**, die eine systematische Überprüfung von Funktionen, Programmlogik und Schnittstellen erlauben.
• Verwendung von **Testdatengeneratoren**, d. h. speziellen Programmen zur Erzeugung der Daten für die Tests.
• Verwendung von existierenden echten Daten, die mit dem zu entwickelnden System verarbeitet werden sollen.
• Erzeugung von Testdaten durch bereits ausgetestete Komponenten.

Testdatengeneratoren erlauben eine automatische Erzeugung von Testdaten aus dem Quellprogramm und übernehmen dabei folgende Aufgaben:
• Analyse der Datenstrukturen und des Kontrollflusses,
• Ermittlung der Testpfade (Programmwege und Verzweigungen),
• Testdatenzuweisung.

Bei der **synthetischen Erzeugung** von Testdaten werden die Daten so bestimmt, daß möglichst alle Zweige einer Programmkomponente wenigstens einmal durchlaufen werden. Hinzu kommen Randwerte oder „Grenzwerte" von zulässigen Wertebereichen, um festzustellen, ob diese noch richtig verarbeitet werden. Mit Werten, die „gerade außerhalb" des Wertebereichs liegen, wird getestet, ob das Programm solche Werte auch tatsächlich zurückweist.

7.4 Systemtest

Der Programmtest umfaßt das Austesten einzelner Module, der Unterprogramme und des gesamten Programms. Dabei geht man üblicherweise nach einer Bottom-Up-Strategie vor (s. o.). Nach erfolgreicher Beendigung der Programmtests muß insbesondere bei größeren Anwendungssystemen noch ein Systemtest erfolgen, in den dann auch die zukünftigen Anwender einbezogen werden. Beim Systemtest kann man, wenn sich der Programmtest vor allem auf das Austesten der Module und Unterprogramme beschränkt, in folgenden Stufen vorgehen:
• **Integrationstest**, bei dem das Zusammenwirken aller Programme des Gesamtsystems geprüft wird.
• **Verfahrenstest**, bei dem die Funktionen des Gesamtsystems überprüft werden. Dabei spielt auch die Benutzung von Massendaten im Testbetrieb eine Rolle.
• **Probebetrieb**, bei dem die endgültige Nutzung simuliert wird. Dieser Probebetrieb wird hier als eigentlicher Systemtest aufgefaßt.

Durch den Probebetrieb erhält der künftige Benutzer erstmals Gelegenheit, mit dem neuen System zu arbeiten. Der Probebetrieb liefert Informationen über das Systemverhalten im Nutzungsbetrieb und über die Fähigkeiten der Benutzer mit dem System umzugehen. Für den Probebetrieb ist folgendes zu beachten[21]:

• Alle Unterlagen, Protokolle und Informationen aus dem Probebetrieb sind systematisch zu sammeln, um später die Abläufe rekonstruieren zu können.

• Bei Laufzeitproblemen im Systembetrieb sollte für alle Einzelaktivitäten der zeitliche Ablauf festgehalten werden.

• Alle Beteiligten sollten während des Probebetriebs alle Unzulänglichkeiten usw. schriftlich festhalten.

Am Ende des Probebetriebs erfolgt eine Analyse der Betriebsergebnisse, wobei es vor allem um folgende Punkte geht[22]:

• Inhaltliche Richtigkeit,
• formale Richtigkeit,
• Hantierbarkeit,
• Zeitverhalten,
• Wirtschaftlichkeit,
• Ablaufprobleme.

Sofern der Probebetrieb keine zufriedenstellenden Ergebnisse liefert, müssen die festgestellten Fehler bzw. Mängel beseitigt werden. Dazu kann auch eine evtl. Erweiterung um noch fehlende Funktionen gehören.

Der Probebetrieb kann auch Hinweise und Anregungen liefern für erforderliche organisatorische Anpassungen und für evtl. notwendig werdende Einweisungs- bzw. Schulungsmaßnahmen für die zukünftigen Benutzer.

Der Systemtest schließt mit der endgültigen „Produktionsfreigabe" für das entwickelte IV-System bzw. die einzuführende Standardsoftware ab, und es folgt die Inbetriebnahme des Systems.

7.5 Reorganisationsmaßnahmen

Zur Realisierung eines IV-Systems, aber auch zur Einführung von Standardsoftware, gehören im Regelfall organisatorische Maßnahmen. Das gilt insbesondere für integrierte IV-Systeme.

Bei einer Reorganisation geht es vor allem darum, die für eine Einbettung bzw. Integration des neuen IV-Systems in das organisatorische Umfeld

---

21 Vgl. END/GOTTHARDT/WINKELMANN [1990, S. 259].
22 Vgl. dazu END/GOTTHARDT/WINKELMANN [1990, S. 259].

erforderlichen Änderungen und Anpassungen zu realisieren. Das betrifft folgende Aufgabenbereiche:

In der **Aufbauorganisation** sind u. a.
• Aufgabenzuordnungen zu Stellen (neu) festzulegen,
• Verantwortlichkeiten neu zu regeln,
• Stellenbeschreibungen zu ändern,
• die Aufbaustruktur entsprechend zu ändern.

In der **Ablauforganisation** sind u. a.
• Prozesse zu definieren und zu beschreiben,
• an das IV-System angrenzende Abläufe entsprechend anzupassen,
• Prozeßverantwortliche zu bestimmen,
• Schnittstellen zu anderen IV-Systemen und zur Systemumwelt zu realisieren,
• noch vorhandene manuelle Bearbeitungsvorgänge zu modifizieren,
• Hilfsmittel zu beschaffen oder anzufertigen.

Dazu können weitere Maßnahmen kommen, z. B.
• Festlegung neuer Nummern- oder Schlüsselsysteme für Stellen, Aufgaben, Material, Produkte und dergleichen,
• Herstellung adäquater Vordrucke,
• Schaffung räumlicher Voraussetzungen,
• Schulungsmaßnahmen, um den Mitarbeitern die für die geänderte Organisation bzw. die geänderten Arbeitsplätze erforderlichen Qualifikationen zu vermitteln.

7.6   Einführung von Standardsoftware

7.6.1   Beschaffung und Installation der Standardsoftware

Die Einholung von Angeboten für einzusetzende Standardsoftware und die Auswahl eines Produkts wurde in Abschnitt 6.5 behandelt[23]. Nach Auswahl eines bestimmten Standardsoftwareprodukts erfolgt in der Realisierungsphase die Beschaffung der Software. Dazu ist - in Abhängigkeit von den

---

23 Beide Aktivitäten können auch der Realisierungsphase zugeordnet werden. Die Zuordnung einzelner Aufgaben zu den Phasen der Planung, Entwicklung und Einführung eines IV-Systems ist nicht immer eindeutig möglich, sondern oft willkürlich. Von der hier gewählten Zuordnung kann also durchaus abgewichen werden.

Bedingungen des Lieferanten - häufig zu entscheiden, ob die Software gekauft werden soll, oder ob „nur" ein Nutzungs- oder Leasingvertrag abgeschlossen wird.

Die Beschaffung der Standardsoftware selbst kann je nach spezieller Situation u. a. folgende Einzelaktivitäten umfassen, die man teilweise auch der Entwurfsphase zuordnen kann:

- **Bestimmung des Liefer- und Leistungsumfangs** hinsichtlich
  - benötigter Module, Komponenten oder Teilsysteme der Software,
  - Dienst- und Beratungsleistung für die Analyse- und Entwurfsphase (z. B. für die Planung von Reorganisationsmaßnahmen),
  - Dienstleistungen bzw. Unterstützung für die Installation,
  - Dienst- und Beratungsleistung für das Customizing (s. u.),
  - Schulung.
- Bestimmung der **Anzahl der benötigten Lizenzen**, sofern das nicht schon in der Entwurfsphase geschehen ist.
- Abschluß eines **Kauf-, Nutzungs-** oder **Leasingvertrags.**
- Abschluß eines **Dienstleistungs-, Beratungs-** und/oder **Schulungsvertrags.**
- Festlegungen für den benötigten bzw. gewünschten Umfang von **Wartung und Service** während der Nutzung der Standardsoftware.
- Abschluß eines **Wartungs-** und **Servicevertrags.**

Für die **Installation** der Standardsoftware sind zunächst die notwendigen **Hardwarevoraussetzungen** zu schaffen. Dazu können je nach individueller Situation gehören:

- Beschaffung neuer Hardwaresysteme,
- Beschaffung einzelner Hardwarekomponenten,
- Ausbau oder Erweiterung bestehender Hardwaresysteme.

Dazu können gegebenenfalls auch räumliche Maßnahmen kommen.

Für die eigentliche Installation ist vorab zu klären, ob diese

- durch eigenes Personal,
- durch den Softwarevertreiber,
- durch eigenes Personal und Personal des Softwarevertreibers gemeinsam,
- unter Beteiligung eines externen Beratungsunternehmens oder
- vollständig durch ein externes Beratungsunternehmen

durchgeführt werden soll. Im letzteren Fall ist es erforderlich, auch mit diesem Unternehmen einen entsprechenden Beratungs- oder Dienstleistungsvertrag abzuschließen.

7.6.2   Customizing

Standardsoftware ist üblicherweise nicht unmittelbar nutzbar, sondern muß für den jeweiligen speziellen Einsatzzweck bzw. die individuellen Anforderungen des Nutzers eingerichtet werden.

> Standardsoftware muß üblicherweise auf die speziellen Bedürfnisse des Anwenders („Kunde" bzw. „Customer") eingestellt werden. Diesen Vorgang nennt man **Customizing**.

Customizing erfordert anwendungsübergreifende, globale und anwendungsspezifische Einstellungen[24].

Anwendungsübergreifende, globale Aktivitäten eines Customizing sind z. B. Einstellung bzw. Festlegung von

• Ländern, zu denen Geschäftsbeziehungen bestehen,
• Sprachen, die im System unterstützt werden sollen,
• Kontenplänen,
• Standardeinstellungen zur Kontenfindung,
• Währungen und Maßeinheiten,
• Kalendern und Feiertagen,
• Konfiguration zur Steuerung von Standardvorgängen,
• Geschäftsbereichen,
• Buchungskreisen.

Anwendungsspezifische Aktivitäten eines Customizing beziehen sich jeweils auf ein spezielles Anwendungsgebiet z. B. Materialwirtschaft, Vertrieb. Festgelegt werden dabei Details z. B. zu

• Zahlungsvorgängen,
• Mahnungsvorgängen,
• Dispositionskriterien (z. B. im Materialwesen),
• Prognosen,
• Preisfindung,
• Konditionen,
• Format und Layout von Druck- oder Bildschirmausgaben,
• Zugriffs- und Nutzungsberechtigungen.

Das in Abschnitt 2.3.8 behandelte Vorgehensmodell der SAP AG für die Einführung der industriellen Standardsoftware R/3 (vgl. auch Abb. 2.3.14), ist ein möglicher Rahmen für ein systematisches Customizing. Dabei ist es

---

24 Vgl. dazu z. B. BUCK-EMDEN/GALIMOW [1995].

allerdings schwierig, Customizing präzise von anderen Aktivitäten bei der
Einführung einer Standardsoftware abzugrenzen. Hier wird davon ausgegangen, daß die Hauptaktivitäten eines Customizing in der Phase „Detaillierung und Realisierung" liegen. Diese Phase ist in Abb. 7.6.1 noch einmal
dargestellt.

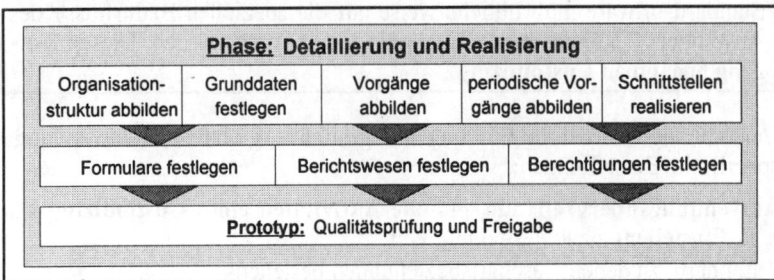

*Abb. 7.6.1: Phase „Detaillierung und Realisierung" im Vorgehensmodell der
SAP AG für die Einführung von R/3[25]*

Wie Abb. 7.6.1 zeigt, ergeben sich aus der Phase „Detaillierung und Realisierung" folgende Aktivitäten bzw. Aufgabenbereiche des Customizing:

• Abbildung der **Organisationsstruktur** in der Standardsoftware insbesondere durch Definition bzw. Abgrenzung von Bereichen.

• Festlegung von **Grunddaten** durch Definition von Stammdatensätzen
und detaillierte Festlegung der Datenstrukturen.

• Abbildung der **Prozesse** im System und gegebenenfalls Anpassung der
Organisation an die Erfordernisse der Standardsoftware.

• Einrichtung der **Schnittstellen** zu anderen IV-Systemen und zum Umsystem, einschließlich Einrichten von Peripheriegeräten.

• Festlegung des Layouts und der konkreten Informationsinhalte von **For-
mularen und Berichten** unter Beteiligung der betroffenen Anwender.

• Differenzierte Festlegung der **Zugriffs- und Nutzungsberechtigungen**
für einzelne Mitarbeiter und für Mitarbeitergruppen.

Die in der Phase „Vorbereitung des Produktivbetriebs" anfallenden Aktivitäten dienen der Umsetzung der im Rahmen des Customizing getroffenen
Festlegungen und gehören damit ebenfalls zur Realisierungsphase. In Abb.
7.6.2 (Seite 213) sind die Phasenaktivitäten noch einmal zusammenfassend
dargestellt.

---

25 Vgl. dazu SAP [1994, S. 9-4].

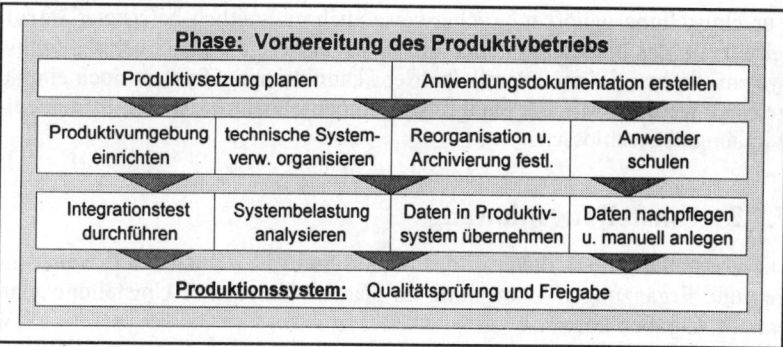

Abb. 7.6.2: Phase „Vorbereitung des Produktivbetriebs" im Vorgehensmodell der SAP AG für die Einführung von R/3[26]

7.7 Inbetriebnahme

7.7.1 Aufgabenbereiche bei der Inbetriebnahme

Der letzte Schritt der Entwicklung einer Individualsoftware bzw. der Einführung einer Standardsoftware ist die **Inbetriebnahme** des IV-Systems. Auch damit sind eine Reihe von einzelnen Aktivitäten verbunden, da insbesondere bei größeren Anwendungssystemen die **Umstellung** auf ein neues IV-System nicht abrupt erfolgen sollte. Die Umstellung umfaßt u. a. folgende **Aufgabenbereiche**:

- **Organisatorische Maßnahmen**, die in Abschnitt 7.5 behandelt wurden.
- **Beschaffung von Hardware** einschließlich Um- und Aufrüstung sowie Ergänzungsbeschaffungen.
- **Beschaffung** zusätzlich erforderlicher **Standardsoftware**.
- **Räumliche Maßnahmen**, die erforderlich werden, wenn größere Hardwaresysteme installiert werden, oder wenn Computer vernetzt werden.
- **Schulung** und Einweisung des Personals.
- **Personalwirtschaftliche Maßnahmen**, z. B. durch erforderliche Neueinstellung von Spezialisten.
- **Übernahme des bisherigen Datenbestands.** Das kann in konkreten Fällen sehr aufwendig sein. In diesem Aufgabenbereich fallen auch mögliche Datenkonvertierungen, wenn von einem System auf ein anderes System gewechselt wird und die Daten entsprechend übertragen werden müssen.
- Eigentliche Inbetriebnahme des entwickelten IV-Systems.

---

26 Vgl. dazu SAP [1994, S. 9-4].

Zur Umstellung gehört möglicherweise auch ein zeitlich befristeter **Parallelbetrieb** des neuen Systems mit dem bisherigen Datenverarbeitungssystem. Während dieses Parallelbetriebs kann das neue System noch einmal getestet werden. Mit der endgültigen Inbetriebnahme ist die Systementwicklung abgeschlossen.

7.7.2 Umstellungsplanung

Die Umstellung vom alten auf das neue System ist – auch bei Erweiterungen und Ergänzungen – sorgfältig zu planen. Ein solcher Umstellungsplan enthält Angaben über

- Tätigkeiten mit Reihenfolge und Terminen,
- Ausführende,
- Verantwortliche,
- beteiligte Lieferanten
- Maßnahmen für den Katastrophenfall.

Berücksichtigt werden müssen dabei u. a. folgende Maßnahmen:

- Manuelle Tätigkeiten, z. B. Dateneingabe,
- computerunterstützte Aktivitäten, z. B. maschinelle Datenübernahme,
- Sicherung von „Altbeständen" der Daten,
- personelle Verteilung der Umstellungsaufgaben,
- Gewährleistung bzw. Planung der Geräteverfügbarkeit,
- Planung der Umstellungsart (s. u.),
- Kontrollen.

7.7.3 Umstellungsarten

Für die Umstellung gibt es prinzipiell die folgenden Möglichkeiten mit den dazu angeführten charakteristischen Eigenschaften:

- **Direkte Umstellung**:
  - unmittelbarer Übergang vom alten auf das neue System,
  - Durchführung meistens während einer arbeitsfreien Zeit,
  - sehr risikoreich.
- **Parallelbetrieb**:
  - Verarbeitung der Daten während einer Übergangsphase mit dem alten und mit dem neuen System,
  - hohe Sicherheit bzw. geringes Risiko,
  - hohe Kosten,
  - höhere Belastung der Anwender.

- **Versuchsbetrieb:**
  - das neue System arbeitet in einer Versuchsphase mit alten Daten, anhand derer die Korrektheit des Systems überprüft werden kann,
  - entspricht dem oben erläuterten Probebetrieb,
  - aktuelle Daten werden in dieser Zeit noch über das alte System verarbeitet,
  - geringes Risiko,
  - Verzögerung der Systemeinführung.
- **Systembezogene stufenweise Umstellung:**
  - das neue System wird schrittweise eingeführt, z. B. durch aufeinanderfolgende Inbetriebnahme einzelner Module;
  - ein neues Teilsystem wird erst in Betrieb genommen, wenn das zuletzt eingeführte Teilsystem ohne Beanstandungen läuft.
- **Organisatorische stufenweise Umstellung:**
  - ein neues System wird erst an einem oder wenigen Arbeitsplätzen eingeführt,
  - erst wenn sich das System dort bewährt, wird es auch an den anderen betroffenen Arbeitsplätzen eingeführt.
- **Pilot-Installation:**
  - Spezialform von Versuchsbetrieb und horizontaler stufenweiser Umstellung,
  - bei Softwareprodukten für einen anonymen Markt werden Testanwender ausgewählt, bei denen Probeinstallationen vorgenommen werden.

Welche Umstellungsart gewählt wird, hängt von den konkreten Umständen des individuellen Falls ab.

7.7.4 Umstellungsmaßnahmen

Bei der Einführung des neuen Systems und der damit verbundenen Umstellung sind eine Reihe von Maßnahmen erforderlich. Über die wichtigsten wird nachfolgend ein Überblick gegeben.

Die **Datenübernahme** besteht aus folgenden Schritten:
- Sammeln der Daten,
- Konvertierung der Daten,
- Testen der konvertierten Daten.

Für die Übernahme gibt es die folgenden Möglichkeiten:
- sukzessive Datenkonvertierung bei „Benutzung" der Daten;
- schrittweise Datenkonvertierung „nach und nach", unabhängig von der Nutzung der Daten;
- Konvertierung an einem Stichtag.

Hardwarebeschaffung und -installation wird nur dann erforderlich, wenn mit der Systementwicklung und -einführung eine Neubeschaffung von Hardware verbunden ist, oder wenn das neue System Ergänzungen oder Erweiterungen schon vorhandener Hardware erfordert. Dabei sind verschiedene Aufgaben zu bewältigen, deren Grundlage die im Rahmen der Entwurfsphase festgelegten Hardwareanforderungen sind.

Die Beschaffung der Hardware beginnt mit der Einholung von Angeboten bzw. einer Ausschreibung. Bei der Auswahl der Firmen, die man zur Abgabe eines Angebots auffordert, sind folgende Grundsatzüberlegungen anzustellen.

- Soll die Auftragsvergabe evtl. an einen Generalunternehmer erfolgen?
- Wird eine schlüsselfertige Lösung angestrebt, oder soll die Hardware und die Software über getrennte Lieferanten bezogen werden?
- Soll die Hardware komplett von einem Hersteller sein, oder wird auch eine „mixed Hardware" zugelassen?
- Sollen ausschließlich in der Praxis bewährte Produkte eingesetzt werden, oder sollen gegebenenfalls auch neue Produkte oder neue Technologien in die Überlegungen einbezogen werden?
- Soll der Lieferant eine etablierte Firma (mit entsprechender Erfahrung) sein, oder will man auch Neulingen eine Chance geben?
- Inwieweit muß Branchenerfahrung des Anbieters verlangt werden?

Neben diesen Fragen werden im Einzelfall noch andere Kriterien bei der Auswahl potentieller Lieferanten eine Rolle spielen. Entscheidend müssen schließlich immer die sich aus der individuellen Aufgabenstellung ergebenden Anforderungen sein.

Neben der eigentlichen Hardwarebeschaffung können folgende Maßnahmen erforderlich werden:

- bauliche Maßnahmen, insbesondere bei Vernetzungen oder für die Schaffung räumlicher Sicherheitszonen,
- blendfreie Beleuchtung und antistatische Fußböden,
- Klimatisierung,
- Energieversorgung,
- Beschaffung von speziellen Möbeln usw.

Bei der Hardwareinstallation ist festzulegen, an welchen Stellen die einzelnen Hardwarekomponenten aufgestellt werden. Diese Frage ist arbeitsplatzindividuell zu lösen. Auch für die Aufstellung peripherer Geräte, die von mehreren Anwendern genutzt werden (z. B. Drucker, Plotter), ist der Ort der Aufstellung zu bestimmen.

Zur **Softwareinstallation** gehört das Einrichten der Software auf der für die endgültige Nutzung vorgesehenen Hardware. Mit der Softwareinstallation ist auch die Einrichtung von Sicherheitsmaßnahmen, wie Zugriffskontrollen usw. erforderlich. Im allgemeinen ist die Softwareinstallation mit einem Probebetrieb verbunden, auf den bereits hingewiesen wurde.

Bei der **Systemintegration** geht es in erster Linie um die Verknüpfung bzw. Verbindung des installierten Systems mit der Systemumwelt. Rechnerintern spielen dabei vor allem die Schnittstellen des Systems zu anderen IV-Systemen eine Rolle. Auch die Herstellung von internen Verbindungen zur Benutzung anwendungssystemunabhängiger Datenbanken ist hier zu erwähnen.

Sofern der **Probebetrieb** nicht erst nach erfolgter Systemintegration vorgenommen wird, ist nach der Integration in jedem Fall eine zweite Probebetriebsphase vorzusehen.

Mit der Einführung eines IV-Systems sind im allgemeinen auch **Informations- und Schulungsmaßnahmen** verbunden. Da es hier in erster Linie darum geht, die Mitarbeiter im Umgang mit dem neuen System zu schulen, wird eine Vielzahl von Maßnahmen aus diesem Bereich in die Einführungsbzw. Inbetriebnahmephase fallen.

Im allgemeinen empfiehlt es sich, die von einem neu zu entwickelnden IV-System betroffenen Mitarbeiter möglichst frühzeitig in die Systementwicklung einzubeziehen. Bei IV-Systemen mit einem breiten Anwendungsbereich ist es natürlich nicht möglich, sämtliche betroffenen Mitarbeiter an der eigentlichen Entwicklung zu beteiligen, sondern man muß sich auf einen Teil der zukünftigen Nutzer beschränken. Diese Mitarbeiter können dann z. B. schon in frühen Phasen Prototypen austesten, bei der Formulierung und Festlegung der Anforderungen an das System beteiligt werden usw. Die übrigen Mitarbeiter sollten in frühen Projektphasen über das geplante System informiert werden, um das Entstehen von Hemmschwellen und Akzeptanzproblemen zu vermeiden.

Ist das System ausgetestet, muß parallel zu Inbetriebnahme und Umstellung eine Schulung aller von dem System betroffenen Mitarbeiter erfolgen. Bei denjenigen, die unmittelbar mit dem System arbeiten werden, muß diese Schulung sehr intensiv erfolgen. Bei denen, die nur mittelbar von dem IV-System betroffen sind, reichen möglicherweise Informationsveranstaltungen aus.

Je nach Art des Systems empfiehlt es sich, parallel zur Inbetriebnahme des Systems einen „Benutzerservice" aufzubauen, der sicherstellt, daß alle mit dem System arbeitenden Nutzer bei auftretenden Problemen einen Ansprechpartner haben.

7.8   Konfigurations- oder Versionenverwaltung

Konfigurationsverwaltung oder **Konfigurationsmanagement** bezieht sich grundsätzlich auf die Verwaltung der verschiedenen Versionen eines IV-Systems, sowie dessen Elemente und deren gegenseitige Beziehungen. Die Verwaltung unterschiedlicher Versionen fällt allerdings auch in die Nutzungsphase, da während der Systemnutzung häufig Aktualisierungen und Erweiterungen eines Systems vorgenommen werden, die dann dazu führen, daß unterschiedliche Versionen existieren (können). Man spricht in diesem Zusammenhang auch vom **Versionenverwaltung** oder **Versionenmanagement**.

Im Rahmen der Systementwicklung bezieht sich Konfigurationsmanagement vor allem auf die Gewährleistung von Konsistenz, Übersichtlichkeit und Vollständigkeit aller Systemelemente bzw. Komponenten sowie auf die Nachvollziehbarkeit der Systementwicklung. Insofern hängt die Konfigurationsverwaltung sehr eng mit der Entwicklungsdokumentation zusammen, die die entscheidende Informationsgrundlage für das Konfigurationsmanagement ist.

Konfigurationselemente sind Phasenergebnisse, die selbständig geprüft, geändert oder verwaltet werden. Im Rahmen des Konfigurationsmanagements werden alle Konfigurationselemente identifiziert, auf Vollständigkeit und Übereinstimmung mit den Anforderungen überprüft und in das sogenannte **Konfigurationsverzeichnis** eingetragen. Darüber hinaus werden der Zustand und die Struktur des Systems festgehalten und alle Änderungen systematisch überwacht[27]. Konfigurationsmanagement ist die Basis für die Handhabung der verschiedenen, während der Systementwicklung existierenden Versionen des Änderungsdienstes sowie für das Identifizieren von Auswirkungen, die sich durch Änderungen und Korrekturen ergeben.

7.9   Ausblick: Die Nutzungsphase

7.9.1   Abgrenzung zwischen Systementwicklung und Systembetrieb

Mit der Inbetriebnahme des entwickelten IV-Systems ist die Systementwicklung abgeschlossen und es beginnt die Nutzungs- oder Betriebsphase. Die Grenze zwischen Systementwicklung und Systembetrieb kann allerdings aus folgenden Gründen nicht immer scharf gezogen werden:

---

27 Vgl. zu Einzelheiten dazu END/GOTTHARDT/WINKELMANN [1990, S. 83].

• Die Inbetriebnahme eines Systems beginnt im allgemeinen mit dem Probebetrieb (s. o.), an den sich häufig eine Phase des Parallelbetriebs von
neuem und altem System anschließt. In einem solchen Fall ist die Fixierung eines Zeitpunkts für den Beginn
der Systemnutzung schwierig, da dieser mit dem Beginn des Probebe-
triebs oder aber mit dem Beginn des Parallelbetriebs zusammen fallen
oder sogar erst danach liegen kann.
• Vielfach erfolgt die Inbetriebnahme eines Systems schrittweise. In einem
solchen Fall wird die Vorgehensweise der inkrementellen Systementwicklung auf die Inbetriebnahme des Systems übertragen. Auch hier ist
die Fixierung eines Zeitpunkts für die Inbetriebnahme des Systems
schwierig.

Schließlich ist darauf hinzuweisen, daß auch während des Systembetriebs
noch Fehler in einem IV-System auftreten können, die beseitigt werden
müssen. Eine solche Aufgabe fällt prinzipiell noch in den Zuständigkeits-
bereich der Systementwicklung, wird aber während der Nutzungsphase
ausgeführt.

Im Zweifelsfall sollte man davon ausgehen, daß der Systembetrieb beginnt,
wenn wenigstens Teile des Systems Aufgaben der Informationsverarbeitung
vollständig übernehmen, ohne daß ein Parallelbetrieb stattfindet. Bei größeren Systemen, die schrittweise in Betrieb genommen werden, ergibt sich
damit ein zeitlich fließender Übergang.

7.9.2   Systemwartung und Systempflege

Während der Nutzungsphase müssen IV-Systeme regelmäßig gewartet und
gepflegt werden. Dazu gehören auch die Behebung noch vorhandener Fehler, die Ergänzung fehlender Funktionen und die endgültige Anpassungen
an die Benutzeranforderungen. Es handelt sich dabei um Maßnahmen einer
qualitativen Verbesserung der Software.

In der Nutzungsphase fallen häufig auch Systemaktualisierungen und Systemerweiterungen an, denn

• die betrieblichen Anforderungen oder
• die organisatorische Leistungsfähigkeit durch neue Konzepte

kann sich ändern bzw. kann steigen. Hinzu kommt, daß sich gesetzliche
Anforderungen (z. B. Steuergesetzgebung) im Zeitablauf ändern können
und daß im Bereich Hardware, Standardsoftware usw. ständig Neuerungen
am Markt angeboten werden. Diese im Umfeld einer Systemnutzung lie-
gende Dynamik führt dazu, daß IV-Systeme nicht „statisch" genutzt werden, sondern im allgemeinen „dynamisch" und in regelmäßigen oder unre-

gelmäßigen Abständen aktualisiert und erweitert werden. Bei diesen Aktualisierungen und Erweiterungen fallen prinzipiell die gleichen Aufgaben an wie bei einer Systementwicklung. Der Unterschied liegt vor allem darin, daß man nicht ein völlig neues System entwickelt, sondern ein vorhandenes System weiterentwickelt. Zuständig für solche dynamischen Weiterentwicklungen von IV-Systemen sollten in jedem Fall die Systementwickler sein.

7.9.3 IV-Systeme als Wirtschaftsgut

Abschließend sei hier darauf hingewiesen, daß es unter ökonomischen Gesichtspunkten von großer Bedeutung ist, IV-Systeme als Wirtschaftsgut aufzufassen. Bei größeren IV-Systemen fallen erhebliche Aufwendungen (vor allem für Personal bzw. Fremdaufträge) an, so daß es sich hier um beträchtliche Investitionen handelt. Diese Investitionen müssen aktiviert und abgeschrieben werden, und für sie sollte ebenso eine Investitionsplanung durchgeführt werden, wie für die übrigen Investitionen eines Unternehmens oder einer öffentlichen Verwaltung. Dabei spielen insbesondere Durchführbarkeitsuntersuchungen eine Rolle (vgl. Kapitel 8).

8   Durchführbarkeitsuntersuchungen

Durchführbarkeitsuntersuchungen finden nach dem hier zugrundegelegten Vorgehensmodell (vgl. Abschnitt 2.3.10) mit unterschiedlichen Schwerpunkten und in verschiedenen Ausprägungen in allen Phasen einer Systementwicklung statt. In den nachfolgenden Abschnitten werden die verschiedenen Aspekte von Durchführbarkeitsuntersuchungen behandelt. Dabei stehen wirtschaftliche Gesichtspunkte im Vordergrund. Ein spezieller Aspekt sind die am Ende des Kapitels behandelten Aufwandsschätzungen.

8.1   Ziele und Aufgaben von Durchführbarkeitsuntersuchungen

IV-Systeme erfordern üblicherweise nicht nur ein hohes Maß an Technikeinsatz, sondern führen auch zu organisatorischen Veränderungen und zu veränderten Arbeitsbedingungen für die Mitarbeiter. Das gilt auch für Weiterentwicklungen existierender IV-Systeme und die Einführung von Standardsoftware. Diese tief- und weitreichenden Änderungen in organisatorischer, technischer und sozialer Hinsicht durch die Einführung von IV-Systemen erfordern sorgfältige Überlegungen zur Frage der Durchführbarkeit oder Realisierbarkeit. In vielen Fällen werden IV-Systeme von bestimmten Zielvorstellungen her entwickelt. Diese Zielvorstellungen münden in einen detaillierten Anforderungskatalog oder ein detailliertes Pflichtenheft ein. Dabei kann es vorkommen, daß Anforderungen formuliert werden, die mit wirtschaftlich vertretbarem Aufwand nicht realisierbar sind oder die zu kaum zumutbaren Arbeitsbedingungen für Mitarbeiter führen. Vorstellbar ist auch, das ein System konzipiert wird, das nach dem geltenden Stand der Technik noch nicht realisiert werden kann.

> **Grundaufgabe von Durchführbarkeitsuntersuchungen** ist die Validierung des jeweiligen Ergebnisses einer Systementwicklungsphase oder Teilphase und die Überprüfung, ob das Ergebnis funktionellen, technischen, organisatorischen, personellen, sozialen, rechtlichen, finanziellen und wirtschaftlichen Anforderungen, Vorgaben und Randbedingungen gerecht wird.

222 Kapitel 8: Durchführbarkeitsuntersuchungen

> Die Untersuchung der Durchführbarkeit oder Realisierbarkeit ist in jeder
> Phase einer Systementwicklung Grundlage für die Entscheidung, ob das
> Systementwicklungsprojekt überhaupt weiter vorangetrieben werden
> soll, und, falls diese Entscheidung positiv ausfällt, welche der möglichen
> Varianten oder Alternativen für die weitere Systementwicklung in
> nachfolgenden Phasen oder Schritten zugrunde gelegt werden sollen.

Durchführbarkeit wird also phasenbegleitend während des gesamten Entwicklungsprozesses untersucht. Das bedeutet, daß unter Berücksichtigung
der jeweiligen Zielvorstellungen jeder einzelne Schritt einer System-
wicklung immer auch vor dem Hintergrund der Durchführbarkeit oder
Realisierbarkeit gesehen werden muß.

Durchführbarkeitsuntersuchungen haben aber auch das Ziel, sicherzustellen, daß das Ergebnis einer Systementwicklung ein unter den genannten
Aspekten optimales System ist. Mit Durchführbarkeitsuntersuchungen werden Fehlentwicklungen vermieden. Sie dienen damit auch der Risikoredu-
zierung.

Voraussetzung für die Untersuchung der Durchführbarkeit ist die Verfügbarkeit entsprechender Informationen. Diese können der Systemdokumentation und der Entwicklungsdokumentation entnommen werden. Damit ist
zugleich eine wichtige Aufgabe der Dokumentation[1] festgelegt.

Wichtig ist die Tatsache, daß es bei der Durchführbarkeitsuntersuchungen
im Regelfall nicht um „Ja-Nein-Entscheidungen" geht, sondern daß auch
alternative Ansätze und Konzepte sowie graduelle Unterschiede überprüft
und validiert werden müssen. Das betrifft Hardwarekonfigurationen, programmtechnische Überlegungen, organisatorische Aspekte und andere
Bereiche. Diese alternativen Ansätze und Konzepte werden validiert und
gegenübergestellt. Es wird dann versucht, ein im Hinblick auf die gesetzten
Ziele und Anforderungen, aber auch im Hinblick auf die verschiedenen,
durch die Aspekte der Durchführbarkeitsuntersuchungen bestimmten Randbedingungen optimales Konzept festzulegen. Es gilt also:

> **Durchführbarkeitsuntersuchungen** dienen der **Validierung alternati-
> ver Systemkonzepte** und der **Realisierung** eines im Hinblick auf Unter-
> nehmensziele und Systemanforderungen **optimalen IV-Systems** unter
> Berücksichtigung des funktionell, technisch, organisatorisch, personell,
> sozial, rechtlich, finanziell und wirtschaftlich Machbaren.

---

1 Vgl. dazu Kapitel 11.

Durchführbarkeitsuntersuchungen sind auch bei Einführung von Standardsoftware notwendig, und zwar unter Berücksichtigung aller oben genannten Aspekte.

Diese grundlegenden Aufgaben der Untersuchung der Durchführbarkeit, können in eine Fülle von Detailaufgaben untergliedert werden. Darauf wird in den folgenden Abschnitten eingegangen. Zu beachten ist dabei, daß Durchführbarkeitsuntersuchungen sich nicht immer auf das gesamte IV-System beziehen müssen, sondern auch für einzelne Teile, Komponenten oder Module getrennt vorgenommen werden.

8.2 Funktionelle Durchführbarkeit

Funktionelle Durchführbarkeit bezieht sich auf den geplanten Einsatzzweck bzw. Anwendungsbereich.

Durch die Untersuchung der **funktionellen Durchführbarkeit** wird geprüft, ob die vorgesehenen Aufgabenbereiche bzw. die gewünschten Funktionalitäten vollständig realisiert werden können.

Im einzelnen erstreckt sich die Untersuchung der funktionellen Durchführbarkeit auf zahlreiche Teilbereiche, von denen nachfolgend einige aufgeführt sind.

- Möglichkeit zur vollständigen Abdeckung der verlangten Funktionen,
- Verfügbarkeit problemadäquater Methoden und Algorithmen,
- funktionsgerechtes Zeitverhalten (Antwortzeiten, Verarbeitungszeiten, Zugriffszeiten, Übertragungsgeschwindigkeiten),
- Benutzerführung und Benutzerfreundlichkeit,
- ergonomische Gestaltung der Hardwarekomponenten, mit denen Benutzer direkt arbeiten,
- Gestaltung der Schnittstellen zur Umwelt und zu anderen IV-Systemen,
- Einhaltung von Standards und Normen, um z. B. einen problemlosen Datentransfer zu ermöglichen,
- Bereitstellung anforderungsgerechter Informationen zur richtigen Zeit, beim richtigen Adressaten und in angemessener Präsentationsform,
- ausreichende Sicherheit gegen Fehlbedienungen,
- Robustheit,
- Zuverlässigkeit,
- Einhaltung rechtlicher Vorschriften (Datenschutz, Arbeitsrecht).

Die Untersuchung der funktionellen Durchführbarkeit orientiert sich an den Vorgaben der jeweiligen Systementwicklungsphase. Insbesondere spielen hier Anforderungskataloge und Pflichtenhefte eine wichtige Rolle. Da diese Vorgaben mit fortschreitender Systementwicklung immer weiter konkretisiert und detailliert werden, ist die Überprüfung der funktionellen Durchführbarkeit für alle Phasen einer Systementwicklung wichtig. Wie detailliert eine solche Überprüfung erfolgt, hängt von dem abzudeckenden Aufgabenbereich, von den allgemeinen Anforderungen hinsichtlich Zuverlässigkeit usw. und den Zielen der Systementwicklung ab. Auf jeden Fall ist zu beachten, daß eine solche Prüfung unterschiedlich intensiv erfolgen kann.

Im Rahmen der Untersuchung der funktionellen Durchführbarkeit ist für einzelne Systemfunktionen auch zu prüfen, ob der erwartete Nutzen einer Systemfunktion den voraussichtlichen Aufwand für die programmtechnische Realisierung der Funktion rechtfertigt. Weiterhin ist zu prüfen, inwieweit gewünschte Funktionen durch Verwendung von Modulen aus Funktionsbibliotheken realisiert werden können.

Für die Untersuchung der funktionellen Durchführbarkeit verwendet man zweckmäßigerweise einen Auszug aus dem Pflichtenheft, in dem alle gewünschten Funktionen des IV-Systems zusammengestellt sind. Abb. 8.2.1 zeigt schematisch, wie eine solche Untersuchung aufgebaut sein kann.

Durchführbarkeitsuntersuchung zum Systementwicklungsprojekt: _____
Prüfung der funktionellen Durchführbarkeit für Modul/Teilsystem: _____
○ Initialisierungsphase | ○ Analysephase | ○ Entwurfsphase | ○ Realisierungsphase
Basis: Pflichtenheft vom __.__.__ | Bearbeiter: | Datum: __.__.__
Können die im Grobkonzept vorgesehenen Funktionen durch das geplante IV-System abgedeckt werden?
Funktion A   ○ Ja   ○ Nein   Einschränkungen oder Modifikationen:
Funktion B   ○ Ja   ○ Nein   Einschränkungen oder Modifikationen:
Funktion C   ○ Ja   ○ Nein   Einschränkungen oder Modifikationen:
usw.
Unvermeidbare funktionelle Einschränkungen:
Bemerkungen:

Abb. 8.2.1: Muster für die Untersuchung der funktionellen Durchführbarkeit

Neben Systementwicklern und dem Management des Systementwicklungsprojekts sind an der Untersuchung der funktionellen Durchführbarkeit die zukünftigen System-Benutzer aktiv und besonders intensiv zu beteiligen. Nur durch Rückkopplung mit den zukünftigen Anwendern kann eine erfolgreiche Validierung der Systemfunktionalitäten erfolgen.

8.3   Technische Durchführbarkeit

Technische Durchführbarkeit bezieht sich sowohl auf die Hardwareseite des zu entwickelnden IV-Systems als auch auf Software-Technologie und andere Bereiche. Sie ist wichtig, weil IV-Systeme bzw. deren Realisierung im technischen Bereich mitunter Einschränkungen unterliegen.

> Untersuchung der **technischen Durchführbarkeit** bezieht sich auf:
> * Verfügbarkeit der vorgesehenen Technologie,
> * Schaffung oder Existenz allgemeiner technischer Voraussetzungen,
> * Schaffung oder Existenz individueller technischer Voraussetzungen.

Im einzelnen geht es vor allem um folgende Fragen:
* Existieren die für das IV-System erforderlichen Technologien?
* Können die für die Realisierung des zu entwickelnden Systems erforderlichen allgemeinen technischen Voraussetzungen überhaupt geschaffen bzw. am Markt beschafft werden?
  Diese beiden Fragen betreffen grundsätzliche Überlegungen zur technischen Durchführbarkeit, z. B. Übertragungs- und Verarbeitungsgeschwindigkeiten, Speicherkapazitäten, Speicherzugriffszeiten, Größe und technische Eigenschaften von Bildschirmen.
* Existieren im Unternehmen die technischen Voraussetzungen für die Systemrealisierung bzw. können diese Voraussetzungen mit vertretbarem Aufwand geschaffen werden?
  Diese Frage bezieht sich auf die speziellen Gegebenheiten des jeweiligen Unternehmens. Sie entsteht dadurch, daß IV-Systeme häufig für bereits existierende Hardwarekonfigurationen entwickelt werden und dadurch technische Randbedingungen gesetzt werden. Es muß dann geprüft werden, ob das System diesen Hardware-Bedingungen gerecht wird bzw. ob es mit vertretbarem Aufwand möglich ist, die vorhandene Hardware gegebenenfalls anzupassen oder zu erweitern[2].

Die Untersuchung der technischen Durchführbarkeit führt zu einer Reihe von Detailfragen, wie z. B.
* Sind Verarbeitungs- und Übertragungsgeschwindigkeiten ausreichend?
* Ist die Genauigkeit ausreichend?

---

2 Der Einsatz von Standardsoftware scheitert z. B. manchmal, weil die vorhandene Hardware nicht leistungsfähig genug ist.

- Ist die Zentraleinheit ausreichend dimensioniert? Dazu gehört die Beantwortung zahlreicher Einzelfragen zu Prozessortyp und -leistung, Hauptspeicherkapazität, Taktgeschwindigkeit usw.
- Entsprechen Eigenschaften und Leistung der Peripherie den Anforderungen?
- Ist das System bzw. sind die einzelnen Komponenten erweiterbar?
- Besteht technische Kompatibilität zu vorhandenen Systemen?
- Ist die technische Zuverlässigkeit ausreichend?
- Ist die Gewährleistung von Sicherheitsforderungen möglich bzw. ausreichend?

Auch die technische Durchführbarkeit muß in allen Phasen einer Systementwicklung untersucht werden. In der Initialisierungsphase bezieht sie sich auf die grundsätzliche Frage, ob überhaupt die allgemeinen technischen Voraussetzungen existieren, um das geplante IV-System realisieren zu können. Mit fortschreitender Entwicklung erfolgt diese Untersuchung immer detaillierter und intensiver.

Durchführbarkeitsuntersuchung zum Systementwicklungsprojekt: _____
Prüfung der technischen Durchführbarkeit
○ Initialisierungsphase   ○ Analysephase   ○ Entwurfsphase   ○ Realisierungsphase
Basis: Pflichtenheft vom __.__.__ | Bearbeiter: | Datum: __.__.__
Ist die vorgesehene Technologie verfügbar? Prüfung nach technischen Kriterien wie Geschwindigkeit, Kapazität, Sicherheit usw.
Rechner: Hauptspeicher   Kapazität [ ]   Zugriffszeit [ ]   *Beschränkungen:*
Plattenspeicher   Kapazität [ ]   Zugriffszeit [ ]   *Beschränkungen:*
Prozessor(en)   Arbeitsgeschwindigkeit [ ]   *Beschränkungen:*

Drucker: Geschwindigkeit [ ]   Auflösung/Genauigkeit [ ]
           Papierformat [ ]
           Beschränkungen:

usw.
Unbedingt einzuhaltende technische Randbedingungen:
Bemerkungen:

Abb. 8.3.1: Muster zur Untersuchung der technischen Durchführbarkeit

In jüngster Zeit wird beispielsweise zunehmend die Frage diskutiert, inwieweit man bestimmte Aufgabenbereiche eines Unternehmens durch die Mitarbeiter zu Hause abwickeln läßt. Dafür kann den Mitarbeitern in ihrer Wohnung ein PC installiert werden, der dann über eine Datenleitung mit dem IV-System des Unternehmens verbunden ist. Derzeit scheitern solche Pläne in vielen Fällen noch daran, daß für bestimmte, datenintensive Aufgaben eine ausreichend leistungsfähige Datenübertragung mit sehr hohen Kosten verbunden ist. Die technischen Voraussetzungen für ein solches System wären nur mit einem unverhältnismäßig hohen Aufwand zu realisieren.

In Abb. 8.3.1 (Seite 226) ist schematisch gezeigt, wie eine Untersuchung der technischen Durchführbarkeit erfolgen kann.
In die unterteilten Kästen werden dabei links die Vorgaben aus dem Pflichtenheft bzw. dem Anforderungskatalog und links die realisierbaren Werte eingetragen.

8.4 Organisatorische Durchführbarkeit

Jedes IV-System ist eingebettet in eine Gesamtorganisation. Das kann die Organisation eines Unternehmens, einer Behörde, eines Verbands oder dergleichen sein, es kann sich hier aber auch um eine unternehmensübergreifende Organisation, wie z. B. bei über- oder zwischenbetrieblicher Informationsverarbeitung, handeln. In allen Phasen einer Systementwicklung ist deshalb zu prüfen, ob sich das geplante oder in Entwicklung befindliche System mit den Bedingungen und Vorgaben des organisatorischen Umfelds verträgt.

Das bedeutet nicht zwingend, daß ein System an die vorhandenen organisatorischen Randbedingungen vollständig angepaßt werden muß, sondern im Rahmen der Überprüfung der organisatorischen Durchführbarkeit ist auch festzustellen, ob das organisatorische Umfeld so modifiziert (verbessert) werden kann, daß das geplante oder in Entwicklung befindliche System in dieses Umfeld integriert werden kann. Das betrifft z. B. Arbeitsabläufe, Schnittstellen zu anderen (auch manuellen) Systemen, Benutzeroberflächen usw.

Auch bei der Einführung von Standardsoftware spielt die organisatorische Durchführbarkeit eine wichtige Rolle. Zu untersuchen ist dabei folgendes:

- Vertragen sich Konzept bzw. Struktur und Detailvorgaben der Standardsoftware mit der vorhandenen Organisation?
- Kann die Standardsoftware im Rahmen des Customizing an die organisatorischen Erfordernisse angepaßt werden?

• Falls eine Anpassung der Standardsoftware für bestimmte Aspekte nicht möglich ist: Kann und sollte die Organisation so modifiziert werden, daß die Standardsoftware einsetzbar ist?

Zusammenfassend läßt sich folgendes sagen:

> Bei der Überprüfung der **organisatorischen Durchführbarkeit** wird untersucht, ob die organisatorischen Voraussetzungen für die Realisierung eines Systems vorliegen bzw. ob sie geschaffen werden können.

8.5   Personelle und soziale Durchführbarkeit

IV-Systeme sind selten vollautomatische Systeme, die ohne jegliches Eingreifen von Menschen arbeiten. Das bedeutet, daß integraler Bestandteil der meisten IV-Systeme Menschen sind. Von diesen Menschen, d. h. von ihren Qualifikationen, von ihren Kenntnissen, Fähigkeiten und Fertigkeiten hängt es u. a. ab, wie IV-Systeme im Detail ausgelegt werden.

Soll beispielsweise im Rahmen der Entwicklung eines Vertriebssystems ein Teilsystem für die Durchführung von Absatzprognosen integriert werden, dann können sich aus den Qualifikationen der zukünftigen Anwender des Systems Einschränkungen ergeben. Von einem nicht entsprechend ausgebildeten Mitarbeiter kann man nicht verlangen, selbständig im Computerdialog zu entscheiden, welches von mehreren komplexen statistischen Verfahren auf eine bestimmte Zeitreihe angewendet werden soll. Dazu sind tiefgehende Methodenkenntnisse der Statistik erforderlich. Gegebenenfalls muß man sich hier mit einfachen Prognoseverfahren begnügen oder an dieser Stelle eine „Automatik" in das System einbauen.

Für die Untersuchung der personellen Durchführbarkeit ist vor allem zu prüfen, welche Qualifikationen zukünftige Benutzer des Systems aufweisen müssen, ob globale Qualifikationsdefizite durch Einstellung neuer Mitarbeiter gelöst werden können, und inwieweit es möglich ist, vorhandene Mitarbeiter durch geeignete Schulungs- bzw. Weiterbildungsmaßnahmen für den Umgang mit dem System zu qualifizieren.

Ein nützliches Hilfsmittel bei der Untersuchung der personellen Durchführbarkeit sind Polaritätsprofile[3], mit denen vorhandene und erforderliche Qualifikationsprofile der Mitarbeiter gegenübergestellt werden können.

Im weiteren Sinne gehört zur Untersuchung der personellen Durchführbarkeit auch die Untersuchung von Hemmschwellen und Akzeptanzproblemen und die Prüfung, ob und gegebenenfalls mit welchen Maßnahmen diese beseitigt werden können.

---

3   Vgl. dazu Abschnitt 3.7.3.

> **Personelle Durchführbarkeit** liegt vor, wenn Anzahl und Qualifikationen der Mitarbeiter die Realisierung und den Betrieb eines geplanten IV-Systems ermöglichen.

Insbesondere bei Eigenentwicklung von IV-Systemen kann es zweckmäßig sein, die Untersuchung der personellen Durchführbarkeit getrennt für die folgenden Personengruppen durchzuführen:

• **Mitarbeiter im Bereich der Systementwicklung**, denn die Eigenentwicklung eines IV-Systems ist nur möglich und kann nur dann zu anforderungsgerechten Ergebnissen führen, wenn entsprechend qualifizierte Mitarbeiter in ausreichender Anzahl verfügbar sind.

• **Mitarbeiter für Systembetreuung und Systemwartung**, denn ein nachhaltig erfolgreicher Einsatz von IV-Systemen erfordert die Betreuung dieser Systeme durch entsprechend qualifizierte Mitarbeiter. Das schließt die Unterstützung und Beratung der Anwender ebenso ein wie im Laufe des Systembetriebs erforderliche Systemaktualisierungen, Anpassungen und Modifikationen.

• **Systemanwender**, denn es ist eine notwendige Voraussetzung für einen erfolgreichen Betrieb eines IV-Systems, daß die Benutzer mit diesem System ohne Probleme umgehen können. Voraussetzung dafür sind geeignete Benutzerschnittstellen und Benutzerführungen. Gleiches gilt für die Qualifizierung der Mitarbeiter für einen effizienten Umgang mit dem System, und zwar auch bezüglich der in dem System benutzten Modelle und Methoden.

Personelle Durchführbarkeit ist auch dann zu prüfen, wenn ein vollautomatisches System entwickelt werden soll. Das bezieht sich in jedem Fall auf die beiden oben erwähnten Personengruppen „Mitarbeiter in der Systementwicklung" und „Mitarbeiter in der Systembetreuung und -wartung". Aber auch bei den Anwendern ist unter Umständen zu prüfen, ob für ein vollautomatisches System die nötige Akzeptanz vorhanden ist oder geschaffen werden kann.

Da computerunterstützte Systeme (immer noch) in der Kritik stehen, zu sozialen Ungerechtigkeiten und Härten zu führen, bis hin zu dem Vorwurf inhumaner Arbeitsbedingungen, sollte bei einer Systementwicklung immer auch die **soziale Durchführbarkeit** geprüft werden, die häufig auch als „Sozialverträglichkeit" bezeichnet wird. Sie bezieht sich auf

• die sozialorientierten Aspekte der Arbeitsbedingungen im und am System,

• die Art, wie zukünftige Anwender in das System eingebunden sind,

• ob und in welchem Ausmaß Anwender Arbeitserleichterungen finden und andere Aspekte. Eine besondere Rolle spielt dabei sicherlich auch der Automatisierungsgrad. In bestimmten Fällen ist nämlich zu überlegen, ob man einen niedrigeren Automatisierungsgrad realisiert, um soziale Härten als Folge der Einführung eines IV-Systems zu vermeiden.

Soziale Durchführbarkeit ist gegeben, wenn die Eigenschaften eines zu entwickelnden oder einzuführenden IV-Systems nicht zu sozialen und gesellschaftlichen Unzumutbarkeiten und Unverträglichkeiten führen.

8.6   Rechtliche und finanzielle Durchführbarkeit

Die Entwicklung von IV-Systemen wird auch von rechtlichen Bestimmungen tangiert. Dazu gehören folgende Bereiche:

* Datenschutzrecht,
* Vertragsrecht,
* Mitbestimmungsrecht,
* Urheberrecht,
* Wettbewerbsrecht,

* Telekommunikationsrecht,
* Arbeitsrecht,
* Produkthaftungsrecht,
* Lizenzrecht,
* Strafrecht.

Dabei sind nicht nur gesetzliche Bestimmungen zu beachten, sondern es ist insbesondere auch auf die aktuelle Rechtsprechung zu achten.

Rechtliche Durchführbarkeit liegt vor, wenn durch ein geplantes IV-System keine rechtlichen Bestimmungen verletzt werden.

Spezielle rechtliche Fragen sind beispielsweise:

* Wie kommen auf elektronischem Wege Verträge und Willenserklärungen zustande[4]?
* Wie kann die eigenhändige Unterschrift ersetzt werden[5]?
* Wie sind die Bestimmungen des Betriebsverfassungsgesetzes anzuwenden[6] bzw. welche Bedingungen ergeben sich daraus für das IV-System?

Selbstverständlich ist bei der Entwicklung eines IV-Systems auch laufend zu überprüfen, ob die Entwicklung des Systems bzw. die Beschaffung einer Standardsoftware und der spätere Betrieb finanziell realisierbar sind. Dazu gehört die Untersuchung von

---

4   Vgl. dazu z. B. JABUREK [1990, S. 48ff].
5   Vgl. dazu beispielsweise BACHHOFER [1993] und CAP GEMINI SCS [1991, S.33].
6   Vgl. KUBICEK [1991, S.13f].

* Höhe des erforderlichen Kapitaleinsatzes,
* Finanzierungsmöglichkeiten und
* Dauer und Kosten der Kapitalbindung

sowie die Aufstellung eines zeitbezogenen Finanzplans.

> **Finanzielle Durchführbarkeit** liegt vor, wenn Entwicklung und Betrieb eines IV-Systems finanzierbar sind.

Im Unterschied dazu bezieht sich die im nächsten Abschnitt behandelte wirtschaftliche Durchführbarkeit auf die Wirtschaftlichkeit im Sinne des Wirtschaftlichkeitsprinzips.

Auf Einzelheiten zu Fragen der rechtlichen und der finanziellen Durchführbarkeit kann hier nicht eingegangen.

8.7   Wirtschaftliche Durchführbarkeit

8.7.1   Zum Problem der Wirtschaftlichkeit von IV-Systemen

Der wirtschaftliche Aspekt ist im allgemeinen der wichtigste – und häufig auch der einzige – Teil einer Durchführbarkeitsuntersuchung.

> **Wirtschaftliche Durchführbarkeit** bezieht sich auf die Untersuchung der Frage, ob das zu entwickelnde oder in Entwicklung befindliche IV-System dem Grundsatz der Wirtschaftlichkeit gerecht wird.

Das Wirtschaftlichkeitsprinzip als Handlungsmaxime ist ein klassischer Grundsatz in Theorie und Praxis. Es sollte grundsätzlich auch auf die Entwicklung und den Betrieb von IV-Systemen Anwendung finden. Dabei können jedoch Schwierigkeiten entstehen, da IV-Systeme häufig nicht uneingeschränkt und unmittelbar am Wirtschaftlichkeitsprinzip orientiert werden können.

Üblicherweise wird Wirtschaftlichkeit über monetär quantifizierbare Faktoren gemessen. Gelangt man dabei zu keinem brauchbaren Ergebnis, versucht man die Wirtschaftlichkeit durch die Einbeziehung nicht monetär quantifizierbarer und qualitativer Faktoren zu untersuchen. Vor allem die qualitativen Faktoren sind allerdings häufig nur schwierig zu messen und manchmal kaum zu konkretisieren. Das betrifft z. B. den Einsatz von IV-Systemen zu Erreichung von Wettbewerbsvorteilen oder zur Sicherung der Konkurrenzfähigkeit.

Für die Untersuchung der wirtschaftlichen Durchführbarkeit können teilweise die betriebswirtschaftlichen Verfahren der Wirtschaftlichkeitsanalyse und der Investitionsrechnung verwendet werden. Die charakteristischen Eigenschaften von IV-Systemen führen allerdings zu einigen besonderen Problemen, insbesondere dadurch, daß eine Reihe von oft wesentlichen Einflußgrößen der Wirtschaftlichkeit nicht in der erforderlichen Form quantifizierbar sind. Aus diesem Grunde sind für die Untersuchung der Wirtschaftlichkeit von IV-Systemen spezielle Verfahren entwickelt worden.

In den folgenden Unterabschnitten wird ein Überblick über die Möglichkeiten der Wirtschaftlichkeitsanalyse von IV-Systemen gegeben, wobei der Schwerpunkt in der Einbeziehung auch der nicht monetär quantifizierbaren und qualitativen Faktoren in die Wirtschaftlichkeitsanalyse liegt. Auf die Verfahren der Wirtschaftlichkeits**rechnung** wird nur kurz und exemplarisch eingegangen, da diese in der einschlägigen betriebswirtschaftlichen Literatur behandelt werden (vgl. auch Abschnitt 8.7.4).

8.7.2 Gegenstand der Wirtschaftlichkeitsanalyse

> Wirtschaftliche Durchführbarkeit bezieht sich immer auf die konkrete organisatorische Konzeption eines geplanten bzw. in Entwicklung befindlichen IV-Systems.

Es muß deshalb festgestellt werden, welche Systemalternativen in Frage kommen. Dabei muß beachtet werden, daß es nicht immer nur darum geht, komplette Systeme bzw. Konzepte gegenüberzustellen, sondern daß Alternativen auch aus Varianten in Teilbereichen eines Gesamtsystems bestehen können. So können z. B. Anwendungssysteme häufig durch unterschiedliche Hardwarekonfigurationen realisiert werden. Auch für die Entwicklung von Programmen bieten sich häufig verschiedene Varianten an, indem z. B. eine unterschiedliche Intensität der Modularisierung erfolgt. Die zu untersuchenden Alternativen sind deshalb zu konkretisieren und zu präzisieren.

> Die Analyse der wirtschaftlichen Durchführbarkeit muß sich gegebenenfalls auch auf Teilsysteme und Varianten beziehen.

8.7.3 Kritische Erfolgsfaktoren und Wirtschaftlichkeit

Bei der Planung und Entwicklung von IV-Systemen erübrigt sich eine detaillierte Wirtschaftlichkeitsanalyse in manchen Fällen dadurch, daß bestimmte Situationen ein IV-System erzwingen.

Wenn beispielsweise ein Versandhandel für die Bearbeitung der eingehenden Aufträge ein spezielles IV-System einsetzt, das die Bearbeitung sämtlicher Aufträge innerhalb von 24 Stunden ermöglicht, dann werden Konkurrenten dieses Versandhandels aus Konkurrenzgründen gezwungen sein, ein vergleichbares IV-System einzuführen. In einer solchen Situation erhebt sich dann nur noch die Frage, ob ein solches System finanziert werden kann.

Bei der Entwicklung von IV-Systemen ist deshalb zunächst immer zu fragen, ob beherrschende Einflußfaktoren für die Wirtschaftlichkeit vorhanden sind, aufgrund derer eine Entscheidung ohne eine detaillierte Wirtschaftlichkeitsanalyse getroffen werden kann. Diese Vorüberlegungen hängen eng zusammen mit den sogenannten kritischen Erfolgsfaktoren.

> **Kritischen Erfolgsfaktoren** sind allgemein die Faktoren, die maßgeblich den Erfolg eines Gesamtsystems (Unternehmung, Behörde, Verband usw.) oder eines Teilsystems bestimmen.

> **Kritische Erfolgsfaktoren und/oder Wettbewerbssituationen** können Entscheidungen für einen Einsatz von IV-Systemen erzwingen und eine detaillierte Untersuchung der Wirtschaftlichkeit erübrigen.

Im Rahmen einer Systementwicklung spielen solche, eine Wirtschaftlichkeitsanalyse erübrigenden Faktoren besonders in der Initialisierungsphase eine Rolle[7]. Dies nicht zuletzt auch deshalb, weil in dieser Phase für eine detaillierte Wirtschaftlichkeitsuntersuchung keine ausreichende Informationsbasis vorhanden ist.

8.7.4 Wirtschaftlichkeitsrechnung

In diesem Abschnitt wird zunächst auf die Wirtschaftlichkeits**rechnung** eingegangen, und zwar vor allem auf die Vorgehensweise. Auf Einzelheiten der Methoden zur Wirtschaftlichkeitsrechnung wird verzichtet.

Für eine Wirtschaftlichkeitsrechnung werden alle Größen benutzt, die monetär quantifizierbar sind[8]. Im wesentlichen handelt es sich dabei um Kostenpositionen. Hinzu kommen bestimmte Erträge, die einem auf Wirtschaftlichkeit zu untersuchenden IV-System ursächlich zugeordnet werden können. Mit den monetär quantifizierbaren Größen wird dann mit einem geeigneten Verfahren der Wirtschaftlichkeitsrechnung für jede Systemalter-

---

7 Dabei hüte man sich jedoch vor einer „Koste-es-was-es-wolle-Mentalität"!
8 Auf die Berücksichtigung nicht monetär quantifizierbarer Einflußgrößen wird im Abschnitt 8.7.5 eingegangen.

native die Wirtschaftlichkeit bestimmt bzw. es wird festgestellt, welche Alternative die wirtschaftlichste ist.

Bei den Kosten ist in einmalige und laufende Kosten zu trennen.

Die **einmaligen Kosten** entstehen mit der **Entwicklung** und der **Einführung eines IV-Systems**. Es gehören dazu Kosten für

• Systementwicklung i. e. S. bzw. Beschaffung der Standardsoftware,
• Hardwarebeschaffung,
• Beraterhonorare,
• Reisekosten, Spesen usw.,
• Mitarbeiterschulung (Reisekosten, Seminargebühren usw.),
• Reorganisationsmaßnahmen,
• Customizing (bei Standardsoftware),
• Kosten der eigentlichen Umstellung (Datenkonvertierung, Parallelbetrieb usw.).

Neben einmaligen Kosten sind für eine Wirtschaftlichkeitsanalyse auch die durch ein IV-System entstehenden laufenden Kosten zu berücksichtigen.

Laufende Kosten des **Systembetriebs** sind u. a.:

• Kosten für Wartung, Systempflege und Updates bei Standardsoftware,
• Abschreibungen auf Hardware und auf Software,
• Mieten, Kapitalkosten usw.,
• Kosten für Verbrauchsmaterial,
• laufende Organisationskosten,
• Raumkosten und Energiekosten,
• Steuern und Versicherungen,
• Personalkosten.

Für eine konkrete Wirtschaftlichkeitsanalyse empfiehlt es sich, die groben Kostenartenkataloge der vorstehenden Übersichten weiter zu differenzieren, um eine ausreichende Vollständigkeit und Zuverlässigkeit der verwendeten Kosteninformationen sicherzustellen. Da die meisten Kosten zukunftsbezogene Werte sind, kann es in vielen Fällen sinnvoll sein, die zukunftsorientierten Schätzungen als **Intervallschätzungen** durchzuführen, in dem untere und obere Grenzen angegeben werden.

Die meisten Ansätze klassischer Wirtschaftlichkeitsrechnungen versuchen, neben den Kosten auch die mit einer Investition verbundenen **Erträge** zu ermitteln und in die Untersuchung der Wirtschaftlichkeit einzubeziehen.

Bei der Entwicklung und Einführung von IV-Systemen ist das im allgemeinen sehr schwierig, da sich IV-Systemen nur selten direkt Erträge zuordnen lassen. Das liegt an der Art der Leistungen, die mit IV-Systemen erbracht werden.

Direkt zurechenbare Erträge entstehen durch ein IV-System, wenn dieses System nicht nur für die Nutzung im eigenen Unternehmen eingesetzt wird, sondern wenn es geplant ist, das System auch anderen Unternehmen für die Abwicklung von IV-Aufgaben zur Verfügung zu stellen. In einem solchen Fall werden mit einem IV-System Einnahmen erzielt, die in eine Wirtschaftlichkeitsrechnung auf der Ertragsseite einbezogen werden können. Solche Leistungen für Fremde können durch das Gesamtsystem (Hard- und Software), aber auch durch Teilsysteme erbracht werden. Letzteres ist der Fall, wenn beispielsweise nur die Hardware zu bestimmten Zeiten vermietet wird.

Als **Erträge** eines IV-Systems kann man auch die durch das System bewirkten Kostensenkungen auffassen und diese dann entsprechend in einer Wirtschaftlichkeitsrechnung berücksichtigen. Beispiele dafür sind:
- Senkung von Lagerkosten durch computerunterstützte Lagerbestandsoptimierung,
- Senkung der Kosten für einen Fuhrpark durch computerunterstützte optimale Tourenplanung,
- Senkung von Kapitalbindungskosten durch kürzere Auftragsbearbeitungszeiten,
- Zinsersparnisse durch schnellere Rechnungsschreibung und bessere Ausnutzung von Skonti,
- Senkung von Beschaffungskosten durch erhöhte Markttransparenz aufgrund computerunterstützter Marktanalysen bzw. Lieferantenrecherchen.

Eine allgemeine Klassifikation der durch Kostenreduzierungen erzielbaren „Erträge" ist nicht möglich, da diese von der Art bzw. dem Typ des jeweiligen IV-Systems und dem konkreten Einzelfall abhängen. Entscheidend ist in jedem Fall, daß sich die Kostenreduzierungen tatsächlich quantifizieren lassen. Eine „Senkung von Kosten", bei der nicht feststeht, um welchen Betrag die Kosten gesenkt werden, ist für eine Wirtschaftlichkeits**rechnung** nicht verwertbar. Diese Informationen können nur bei den Verfahren der qualitativen Wirtschaftlichkeitsanalyse berücksichtigt werden.

Mit den monetär quantifizierbaren Einflußgrößen der Wirtschaftlichkeit ist dann eine **Wirtschaftlichkeitsrechnung** möglich. Dazu sei auf die üblichen Verfahren der Wirtschaftlichkeits- bzw. Investitionsrechnung verwiesen:
- **statische Ansätze** mit
  - Kostenvergleichsrechnung,
  - Gewinnvergleichsrechnung,
  - Rentabilitätsrechnung,
  - Amortisationsrechnung,

- **dynamische Ansätze** mit
  - Kapitalwertmethode,
  - Annuitätenmethode,
  - Methode des internen Zinsfußes,
- **simultane Ansätze**.

Für eine Wirtschaftlichkeitsrechnung bei IV-Systemen kommen vor allem Kostenvergleichsrechnung und Kapitalwertmethode in Betracht.

> Bei der **Kostenvergleichsrechnung** werden die durchschnittlichen jährlichen Kosten der in Betracht kommenden Konzepte bzw. Lösungsmöglichkeiten ermittelt und gegenübergestellt. Kostenreduzierungen werden dabei mit einem negativen Vorzeichen berücksichtigt.

Die Kostenvergleichsrechnung ist geeignet, um verschiedene Systemkonzepte miteinander zu vergleichen und festzustellen, welche der möglichen Alternativen die wirtschaftlichste ist. Sie hat dabei den Vorteil, einfach zu sein und sollte bei jeder Systementwicklung – wenn es irgend geht – angewendet werden, damit bereits in der Planungs- und Entwicklungsphase die zukünftigen Kosten ungefähr bekannt sind.

Die klassische Kostenvergleichsrechnung ist allerdings nur dann geeignet, wenn die verglichenen Alternativen (annähernd) gleiche Leistungen erbringen und wenn Nutzungsdauer und Investitionskapital (annähernd) gleich sind[9].

Die Kostenvergleichsrechnung setzt auch voraus, daß die jährlichen Kosten während der Nutzungsdauer des Systems annähernd konstant sind. Gibt es hier größere Schwankungen und ist die zeitliche Kostenentwicklung bei den Alternativen unterschiedlich, dann empfiehlt es sich, einen dynamischen Ansatz der Wirtschaftlichkeitsrechnung zu verwenden. Dafür kommt insbesondere die Kapitalwertmethode infrage.

Bei einem IV-System werden mit der **Kapitalwertmethode** die erwarteten, zukünftigen Kosten und die erwarteten, zukünftigen Kosteneinsparungen bzw. Erträge in den Jahren der Nutzung des Systems auf den Investitionszeitpunkt abgezinst. Dabei wird ein Zinsfuß zugrunde gelegt, der üblicherweise über dem Marktzinsfuß liegt, da er auch einen Bestandteil für das Investitionsrisiko enthält.

---

9 Bezieht man, wie hier angeregt, auch die „Erträge", die auf Grund von Kostensenkungen entstehen, in den Vergleich mit ein, dann entfällt die Voraussetzung der gleichen Leistung der verglichenen Alternativen.

Bei der **Kapitalwertmethode** werden alle mit einer Investition verbundenen Kosten und Erträge auf den Investitionszeitpunkt[10] abgezinst. Der Kapitalwert C_0 einer Investition ergibt sich zu

$$C_0 = \sum_{t=1}^{T} \frac{K_t - E_t}{q^t} - A.$$

Dabei bedeuten

T die Nutzungsdauer des Systems,

K_t Kosten im Jahr t $(t = 1, ..., T)$,

E_t Erträge im Jahr t $(t = 1, ..., T)$,

q den Zinsfaktor: $q = 1 + \frac{p}{100}$, mit dem Kalkulationszinsfuß p,

A Aufwendungen für die Systementwicklung.

Ein besonderes Problem bei Wirtschaftlichkeitsrechnungen stellt die Bestimmung oder Festlegung der **Nutzungsdauer** des IV-Systems dar. Sowohl bei der Kostenvergleichsrechnung als auch bei der Kapitalwertmethode muß diese bekannt sein. Gegebenenfalls muß die Nutzungsdauer in zweckmäßiger Weise festgelegt werden. Dabei sollte man davon ausgehen, daß heute IV-Systeme in unveränderter Form nur eine relativ kurze Zeit genutzt werden. Die Entwicklung in der Hardware- und Softwaretechnologie führt in vielen Fällen zu schnellen Änderungen. Diese bestehen in manchen Fällen in dem vollständigen Ersatz von Systemen, in anderen Fällen in Modifikationen, Erweiterungen oder Anpassungen.

Die klassischen Verfahren der Investitions- und Wirtschaftlichkeitsrechnung sind bei der Analyse von IV-Systemen und deren Wirtschaftlichkeit nur begrenzt verwendungsfähig, da

• die erforderlichen Daten nicht oder nicht in der erforderlichen Genauigkeit beschafft oder geschätzt werden können und

• viele Einflußgrößen auf die Entscheidung über ein geplantes bzw. zu entwickelndes IV-System nicht monetär quantifizierbar sind und sich damit einer quantitativen Wirtschaftlichkeitsrechnung entziehen.

Inzwischen gibt es aber eine Reihe von Ansätzen, mit denen eine solide Entscheidungsvorbereitung möglich ist. Auf diese Ansätze, die auch nicht monetär quantifizierbare Einflußgrößen berücksichtigen, wird im nächsten Abschnitt eingegangen.

---

10 Dieser muß bei einem IV-System nicht mit dem Zeitpunkt der Inbetriebnahme übereinstimmen.

8.7.5 Nicht monetär quantifizierbare Einflußgrößen der wirtschaftlichen Durchführbarkeit

Da es eine Vielzahl von Einflußgrößen gibt, die nicht monetär quantifizierbar sind, ist es für die Untersuchung der wirtschaftlichen Durchführbarkeit in den meisten Fällen notwendig, auch die Einflußgrößen zu berücksichtigen, die nicht in Geld bewertet werden können. Bei diesen Einflußgrößen wird unterschieden in

• quantifizierbare, aber nicht monetär bewertbare Einflußgrößen und
• qualitative Einflußgrößen.

Einige Größen, die die wirtschaftliche Durchführbarkeit einer Systementwicklung beeinflussen, **sind zwar quantifizierbar, aber nicht in Geld zu bewerten.** Ihre Ausprägungen lassen sich durch reelle Zahlen ausdrücken und vergleichen.

Beispiele für solche Einflußgrößen sind:

• Dauer der Verkürzung von Auftragsdurchlaufzeiten,
• Zeit, um die Daten bzw. Informationen schneller bereitgestellt werden,
• Prozentsatz, um den die Fehlerrate bei der Verarbeitung und/oder Übertragung von Daten abnimmt,
• Zeit bzw. Dauer, um die die Erteilung von Auskünften oder Angeboten an Kunden verkürzt wird,
• Dauer, um die die Übertragung von Daten beschleunigt wird.

Viele Einflußgrößen der wirtschaftlichen Durchführbarkeit sind nicht metrisch meßbar bzw. nicht quantifizierbar, sondern können nur durch qualitative Ausprägungen gemessen werden, wie z. B. „gut", „mittelmäßig" oder „schlecht". Diese qualitativen Einflußgrößen spielen aber bei der Untersuchung der wirtschaftlichen Durchführbarkeit vielfach eine entscheidende Rolle und müssen deshalb berücksichtigt werden.

Zu diesen qualitativen Einflußfaktoren gehören beispielsweise:

• klarere und übersichtlichere Organisationsstrukturen,
• Entlastung aller Ebenen von Routineaufgaben und Routineentscheidungen, z. B. in Form einer verbesserten Materialbereitstellung oder durch Führungsinformationssysteme,
• erhöhte Aktualität der Informationsbereitstellung,
• verbesserte Präsentation von Informationen,
• Möglichkeit zur Anwendung neuer Verfahren (z. B. aus dem Operations Research oder aus der Statistik),
• verbesserte Ausnutzung von Kapazitäten,
• Erhöhung der Absatzchancen durch detailliertere und schnellere Marktforschung, Marktbeobachtung und Marktbeeinflussung.

Ein Problem ist häufig die **Bewertung qualitativer Einflußgrößen.** In den meisten Fällen können qualitative Einflußgrößen jedoch auf einer Ordinal-

oder Rangskala bewertet werden, die nicht zu viele Ausprägungen haben sollte. Die Ausprägungen selbst richten sich nach der Art der Einflußgröße[11]. Abb. 8.7.1 zeigt Beispiele.

sehr gut	gut	befriedigend	ausreichend	nicht ausreichend
sehr hoch	hoch	durchschnittlich	niedrig	sehr niedrig
sehr schnell	schnell	durchschnittlich	langsam	sehr langsam
5	4	3	2	1
2	1	0	-1	-2

Abb. 8.7.1: Ordinal- oder Rangskalen zur Bewertung qualitativer Einflußgrößen

Anstelle von fünf Ausprägungen kann man auch eine andere Anzahl möglicher Ausprägungen verwenden. Es empfiehlt sich, auf keinen Fall mehr als zehn Ausprägungen zuzulassen, denn die Bewertung selbst ist außerordentlich schwierig und immer subjektiv geprägt. Eine zu differenzierte Skala täuscht eine Genauigkeit vor, die praktisch kaum erreicht werden kann.

Bewertungen der geschilderten Art werden u. a. bei der Nutzwertanalyse verwendet, auf die im nächsten Abschnitt eingegangen wird.

8.7.6 Nutzwertanalyse

Bei der Nutzwertanalyse werden die nicht in Geld bewertbaren Einflußgrößen auf einer Rangskala bewertet, um dadurch einen quantitativen Wirtschaftlichkeitsvergleich zu ermöglichen. Die Vorgehensweise ist vom methodischen Ansatz her verhältnismäßig einfach. Sie wird anhand von Abb. 8.7.2 (Seite 240) erläutert.

Zunächst werden die zu berücksichtigenden Einflußfaktoren ermittelt. In Abb. 8.7.2 sind diese allgemein mit „Einflußfaktor 1", „Einflußfaktor 2" usw. bezeichnet worden. Für jeden Einflußfaktor wird ein Gewicht festgelegt, das die Bedeutung des Einflußfaktors für die zu treffende Entscheidung wiedergibt. Für die Festlegung der Gewichte gibt es zwei Ansätze:

• Die Einflußfaktoren werden mit Prozentwerten so gewichtet, daß die Summe der Gewichte 100% ergibt. Dieser Ansatz hat den Nachteil, daß bei zusätzlichen oder wegfallenden Einflußfaktoren die Gewichte neu festgelegt werden müssen, da sonst die Summe nicht mehr 100 ergibt.
• Es werden ganze Zahlen von 1 bis 5 oder von 1 bis 10 als Gewichte verwendet. Dabei ist es ohne Schwierigkeiten möglich, Einflußfaktoren wegzulassen oder zu ergänzen.

---

11 Zu Einzelheiten über Meßskalen sei verwiesen auf SCHWARZE [1994b, S. 32ff.]

| | Ge-wicht | Alternative 1 | | Alternative 2 | | Alternative 3 | |
		Bewer-tung	Punkt-wert	Bewer-tung	Punkt-wert	Bewer-tung	Punkt-wert
Einflußfaktor 1	g_1	w_{11}	$g_1{*}w_{11}$	w_{21}	$g_1{*}w_{21}$	w_{31}	$g_1{*}w_{31}$
Einflußfaktor 2	g_2	w_{12}	$g_2{*}w_{12}$	w_{22}	$g_2{*}w_{22}$	w_{32}	$g_2{*}w_{32}$
Einflußfaktor 3	g_3	w_{13}	$g_3{*}w_{13}$	w_{23}	$g_3{*}w_{23}$	w_{33}	$g_3{*}w_{33}$
. . .	...	...	...	...	...	...	...
Einflußfaktor i	g_i	w_{1i}	$g_i{*}w_{1i}$	w_{2i}	$g_i{*}w_{2i}$	w_{3i}	$g_i{*}w_{3i}$
. . .	...	...	...	...	...	...	...
Punktwertsumme			$\Sigma g_i{*}w_{1i}$		$\Sigma g_i{*}w_{2i}$		$\Sigma g_i{*}w_{3i}$

Abb. 8.7.2: Tabellenschema zur Nutzwertanalyse

Eine zu stark differenzierte Gewichtung der Einflußfaktoren ist wenig sinnvoll, da die Bedeutung von qualitativen Einflußfaktoren für die Wirtschaftlichkeit immer subjektiv geprägt ist und eine differenzierte Gewichtung eine praktisch nicht erreichbare Genauigkeit vortäuscht.

Im nächsten Schritt wird ermittelt, wie gut der jeweilige Einflußfaktor von der entsprechenden Alternative erfüllt bzw. erreicht wird. Die Bewertung erfolgt üblicherweise durch Zuordnung ganzer Zahlen und ist für jede zur Diskussion stehende Alternative und jeden Einflußfaktor durchzuführen. In Abb. 8.7.2 sind drei Alternativen angenommen worden.

Für jede Alternative und jeden Einflußfaktor ermittelt man nun einen Punktwert als Produkt aus Gewicht des Einflußfaktors und Bewertung des Einflußfaktors[12]. Anschließend wird für jede untersuchte Alternative die Summe der Punktwerte gebildet. Die höchste Punktwertsumme kennzeichnet die auszuwählende Alternative.

Die Durchführung der genannten Schritte in einer Tabelle wie Abb. 8.7.2 gewährleistet systematisches Vorgehen und Übersichtlichkeit.

Das nachfolgende, stark vereinfachte Beispiel veranschaulicht die Vorgehensweise.

Es ist eine Entscheidung über ein aus Hard- und Software bestehendes System sowie Beratung und Service des Lieferanten zu treffen (vgl. Abb. 8.7.3, Seite 241). Es stehen drei Systemalternativen (A, B und C) zur Auswahl. Die „Einflußfaktoren"

---

12 Werden die Einflußfaktoren mit Prozenten gewichtet, so verwendet man für die Bestimmung der Punktwerte üblicherweise die den Prozentwerten entsprechenden Dezimalbrüche, also z. B. 0,3 statt 30%.

wurden mit Prozentwerten gewichtet und für die drei Alternativen mit Punkten auf
einer Skala von 0 bis 10 bewertet. Aus Abb. 8.7.3 geht hervor, daß System A etwas
schlechter bewertet wird als die beiden gleich bewerteten Systeme B und C.

	Ge-wicht	System A Bewer-tung	System A Punktwert	System B Bewer-tung	System B Punktwert	System C Bewer-tung	System C Punktwert
Hardware	30%	6	0,3*6=1,8	9	0,3*9=2,7	8	0,3*8=2,4
Software	40%	8	0,4*8=3,2	7	0,4*7=2,8	6	0,4*6=2,4
Beratung	10%	4	0,1*4=0,4	2	0,1*2=0,2	5	0,1*5=0,5
Service	20%	2	0,2*2=0,4	2	0,2*2=0,4	4	0,2*4=0,8
Punktwertsumme			5,8		6,1		6,1

Abb. 8.7.3: Beispiel zur Nutzwertanalyse

In der praktischen Anwendung werden Nutzwertanalysen weitaus differenzierter vorgenommen, als es das vorstehende Beispiel verdeutlichen kann. Dadurch können für Einflußfaktorengruppen Zwischensummen der Punkt-
werte bestimmt werden. Es empfiehlt sich, die Einflußfaktoren zu Gruppen zusammenzufassen. Da-
werte bestimmt werden.

In Abb. 8.7.4 sind die Einzelschritte der Durchführung einer Nutzwertanalyse noch einmal zusammenfassend dargestellt.

Schema zur Durchführung einer Nutzwertanalyse

(1) Festlegung der zu vergleichenden Alternativen.
(2) Festlegung der Einflußfaktoren, und zwar so detailliert, daß eine qualifizierte Bewertung möglich ist. Einteilung der Faktoren in Gruppen.
(3) Festlegung der Gewichte der Einflußfaktoren, entweder als Prozent-
zahl oder auf einer Skala von 1 bis 5 oder 1 bis 10.
(4) Bewertung jedes Einflußfaktors für jede Alternative auf einer Ordinal-
oder Rangskala; zweckmäßigerweise durch ganzzahlige Werte von 1
bis 5 oder von 1 bis 10.
(5) Ermittlung der Punktwerte für jeden Einflußfaktor und für jede Alternative als Produkt aus Gewicht des Einflußfaktors und Bewertung des
Einflußfaktors.
(6) Bestimmung der Punktwertsummen für jede Alternative.
(7) Ermittlung der Alternative(n) mit der größten Punktwertsumme.

Abb. 8.7.4: Schema zur Durchführung einer Nutzwertanalyse

Die Nutzwertanalyse ist für die Untersuchung der wirtschaftlichen Durchführbarkeit ein wichtiges und nützliches Verfahren, vor allem deshalb, weil bei diesem Ansatz auch die nicht in Geld bewertbaren Einflußfaktoren berücksichtigt werden können und weil der methodische Ansatz einfach ist.

Die Nutzwertanalyse ist allerdings auch mit Problemen verbunden, z. B.:

• Für die **Gewichtung der Einflußfaktoren** gibt es keine objektiven Kriterien. Sie hängt von subjektiven Ziel- und Wertvorstellungen ab.

• Die **Bewertungen der Einflußfaktoren** sind ebenfalls subjektiv, es sei denn, die Ausprägungen dieser Faktoren sind im Sinne von „besser oder schlechter", „kleiner oder größer" oder dgl. vergleichbar[13].

• Gewichte und Bewertungen als reelle Zahlen zu vergeben und damit dann Punktwerte und eine Punktwertsumme auszurechnen, täuscht eine exakte Meßbarkeit und Berechenbarkeit vor, die faktisch nicht vorhanden ist.

Bei Anwendung der Nutzwertanalyse muß man sich dieser Probleme immer bewußt sein, da sie die Aussagefähigkeit der Ergebnisse einschränken. Andererseits ist festzustellen, daß die Nutzwertanalyse ein nützlicher methodischer Ansatz ist.

Wenn man den Ansatz der Nutzenanalyse konsequent anwendet und dabei einen detaillierten Katalog von Einflußfaktoren, die man dann zweckmäßigerweise gruppiert, zugrunde legt, liefert die Nutzwertanalyse eine gute Entscheidungsgrundlage. Das ist vor allem auf folgende Gründe zurückzuführen:

• Eine differenzierte Nutzwertanalyse zwingt dazu, die Einflußfaktoren der wirtschaftlichen Durchführbarkeit detailliert zu ermitteln und systematisch zusammenzustellen.

• Die Gewichtung der Einflußfaktoren zwingt dazu, die Bedeutung der einzelnen Faktoren festzulegen und auf diese Weise unwichtige und wichtige Einflußgrößen zu unterscheiden.

• Die Bewertung der Einflußfaktoren für die verschiedenen Alternativen zwingt zu einer intensiven und differenzierten Beurteilung der verschiedenen Systemkonzepte.

Mit der Systematik des Vorgehens bei der Nutzwertanalyse wird eine gute Entscheidungsgrundlage geschaffen. Man sollte allerdings vermeiden, die berechneten Punktwertsummen wie metrische Größen zu verwenden. Unterscheiden sich die Punktwertsummen von zwei oder mehr Alternativen nur geringfügig, dann sollte man die endgültige Entscheidung nicht von ei-

---

13 Eine weitgehende Objektivität kann bei nicht monetär bewertbaren quantitativen Einflußfaktoren erreicht werden, da hier meistens metrische Meßbarkeit (z. B. Zeit oder Geschwindigkeit) gegeben ist.

ner so geringen Differenz abhängig machen, sondern die sich nur wenig in ihrer Punktwertsumme unterscheidenden Alternativen noch einmal sorgfältig miteinander vergleichen.

8.7.7 Nutzenanalyse[14]

Die Nutzenanalyse ist ein gegenüber der Nutzwertanalyse komplexerer Ansatz, der ebenfalls versucht, Nachteile und Einschränkungen der klassischen Wirtschaftlichkeitsrechnung zu überwinden. Charakteristisches Kernstück der Nutzenanalyse ist die Klassifizierung der Auswirkungen eines IV-Systems bzw. alternativer Systemkonzepte nach zwei Dimensionen, nämlich
- Unterscheidung verschiedener **Nutzenkategorien** (vgl. Abb. 8.7.5) und
- **Realisierungschancen** für einzelne Nutzen.

Nutzenkategorien	Erläuterung
Kategorie I: *direkter Nutzen*	Einsparung derzeitiger Kosten
Kategorie II: *relativer Nutzen*	Einsparung zukünftiger Kosten
Kategorie III: *schwer faßbarer Nutzen*	qualitative Faktoren

Abb. 8.7.5: Nutzenkategorien der Nutzenanalyse

Die **Realisierungschancen werden über Wahrscheinlichkeiten ausgedrückt**, wobei man sich bei der Nutzenanalyse mit der Unterscheidung in **hoch, mittel, gering** begnügt.

Die drei Nutzenkategorien und die drei Realisierungschancen führen zu neun Nutzentypen (vgl. Abb. 8.7.6). Zu jedem Feld der Tabelle gehört ein bestimmter Nutzentyp.

		Realisierungschance		
		hoch	mittel	gering
Nutzen-	I: *direkter Nutzen*	①	③	⑥
kate-	II: *relativer Nutzen*	②	⑤	⑧
gorie	III: *schwer faßbarer Nutzen*	④	⑦	⑨

Abb. 8.7.6: Nutzentypen nach Nutzenkategorie und Realisierungschance

Für die neun Nutzentypen in Abb. 8.7.6 wird bei der Nutzenanalyse eine Rangordnung aufgestellt. Am höchsten wird dabei der direkte Nutzen mit

---

14 Vgl. zur Nutzenanalyse NAGEL [1990, S. 71ff.].

hoher Realisierungschance eingestuft und am niedrigsten der schwer faß-
bare Nutzen mit geringer Realisierungschance. Die Rangordnung der neun
Nutzentypen geht aus den eingekreisten Zahlen in den Feldern von
Abb. 8.7.6 hervor.

Die **Nutzen** in den einzelnen Jahren werden den neun Nutzentypen (Felder
in Abb. 8.7.6) zugeordnet und **in Geldwerten** angegeben.

Das Verfahren der Nutzenanalyse wird nachfolgend an einem vereinfachten
Beispiel erläutert.

Das Beispiel bezieht sich auf den Einsatz eines IV-Systems im Rechnungswesen.
Die geschätzte Nutzungsdauer beträgt vier Jahre. Die Spalten zu den Realisierungschancen sind dementsprechend in vier Unterspalten (eine für jedes Jahr) aufgeteilt.
In Abb. 8.7.7 sind einige Nutzenarten zu den drei Nutzenkategorien aufgeführt. Je
nach Realisierungschance und Nutzungsjahr sind für die Nutzenarten Nutzenwerte
in Geldeinheiten eingetragen worden (Angaben in 1000 DM).

Kat.	Nutzenart	Realisierungschance											
		hoch				mittel				gering			
		1	2	3	4	1	2	3	4	1	2	3	4
I.	Einfacher Datenaustausch	20	30	30	35	30	40	50	60	40	50	60	70
	Materialeinsparung	5	5	5	5	10	10	10	10	20	20	20	20
	Personaleinsparung	10	10	10	10	25	25	25	25	30	30	30	30
II.	Bessere Finanzdisposition	10	10	15	15	25	25	30	30				
	Zinsersparnis	10	10	10	10	20	20	20	20	30	30	30	30
	Weniger Forderungsausfälle	5	5	5	5					20	20	20	20
III.	Bessere Führungsinformationen	10	10	10	10	15	15	15	15	30	30	30	30
	Höhere Datensicherheit	20	20	20	20	25	25	25	25	30	30	30	30

Abb. 8.7.7: Beispiel zur Nutzenanalyse

Für jede Nutzenkategorie, jede Realisierungschance und jedes Jahr bestimmt man
nun den Gesamtwert des Nutzens. Diese Summen enthält Abb. 8.7.8.

Kat.		Realisierungschance											
		hoch				mittel				gering			
		1	2	3	4	1	2	3	4	1	2	3	4
I.	Gesamtnutzen	35	45	45	50	65	75	85	95	90	100	110	120
II.	Gesamtnutzen	25	25	30	30	45	45	50	50	50	50	50	50
III.	Gesamtnutzen	30	30	30	30	40	40	40	40	60	60	60	60

Abb. 8.7.8: Gesamtnutzen des Beispiels zur Nutzenanalyse

Die Gesamtnutzen werden anschließend nach Nutzentyp (1 bis 9, vgl. Abb. 8.7.6) und Nutzungsjahr zusammengestellt, wobei diese Gesamtwerte über die Nutzentypen auch kumuliert werden. Diese Zusammenstellung ist in Abb. 8.7.9 erfolgt.

	Nutzentyp (vgl. Abb. 8.7.6)								
	①	②	③	④	⑤	⑥	⑦	⑧	⑨
1. Jahr	35	25	65	30	45	90	40	50	60
kumuliert	*35*	*60*	*125*	*155*	*200*	*290*	*330*	*380*	*440*
2. Jahr	45	25	75	30	45	100	40	50	60
kumuliert	*45*	*70*	*145*	*175*	*220*	*320*	*360*	*410*	*470*
3. Jahr	45	30	85	30	50	110	40	50	60
kumuliert	*45*	*75*	*160*	*190*	*240*	*350*	*390*	*440*	*500*
4. Jahr	50	30	95	30	50	120	40	50	60
kumuliert	*50*	*80*	*175*	*205*	*255*	*375*	*415*	*465*	*525*

Abb. 8.7.9: Nutzenwerte und kumulierte Nutzen nach Jahren und Nutzentypen

Im nächsten Schritt der Nutzenanalyse werden die in Abb. 8.7.9 zusammengestellten Nutzenwerte mit den durchschnittlichen laufenden Kosten verglichen.

Die jährlichen laufenden Durchschnittskosten betragen in diesem Beispiel DM 180.000. Abb. 8.7.9 zeigt, daß bei Berücksichtigung der ersten drei Nutzentypen das System nicht vorteilhaft ist, da in allen Jahren die über die Nutzentypen kumulierten Nutzenwerte unter den Jahresdurchschnittskosten liegen. Nimmt man Nutzentyp 4 hinzu, dann ergibt sich im dritten Jahr eine positive Differenz aus kumuliertem Nutzenwert und Jahresdurchschnittskosten. Bei Berücksichtigung der Nutzentypen 1 bis 5 ergibt sich eine positive Differenz schon vom ersten Jahr an.

Der Kosten-Nutzen-Vergleich kann auch grafisch durchgeführt werden, wie aus Abb. 8.7.10 (Seite 246) ersichtlich ist. Auf der Abszisse werden die Nutzungsjahre abgetragen, auf der Ordinate die kumulierten Kosten. Für jeden Nutzentyp ergibt sich eine Kurve, wobei zu Nutzentyp 1 die unterste und zu Typ 9 die oberste Linie gehört. Die Linien geben grafisch an, welchen **Gesamtwert der Nutzen** bis zu dem betreffenden Nutzentyp in den einzelnen Jahren hat. Abb. 8.7.10 zeigt, daß ab Berücksichtigung von Nutzentyp 5 das System von Anfang an vorteilhaft ist. Berücksichtigt man nur die ersten drei Nutzentypen, dann ist das System immer unvorteilhaft. Bei Berücksichtigung bis Typ 4 existieren Vorteile ab dem dritten Jahr.

Die Ausführungen zeigen, daß die Nutzenanalyse für die Beurteilung eines einzelnen Systems und weniger für einen Vergleich ausgelegt ist.

Der **Vorteil** der Nutzenanalyse liegt in der Unterscheidung verschiedener Nutzenkategorien und der Berücksichtigung verschiedener Realisierungschancen. Diese Differenzierung führt zu einer qualifizierten Bewertung eines IV-Systems.

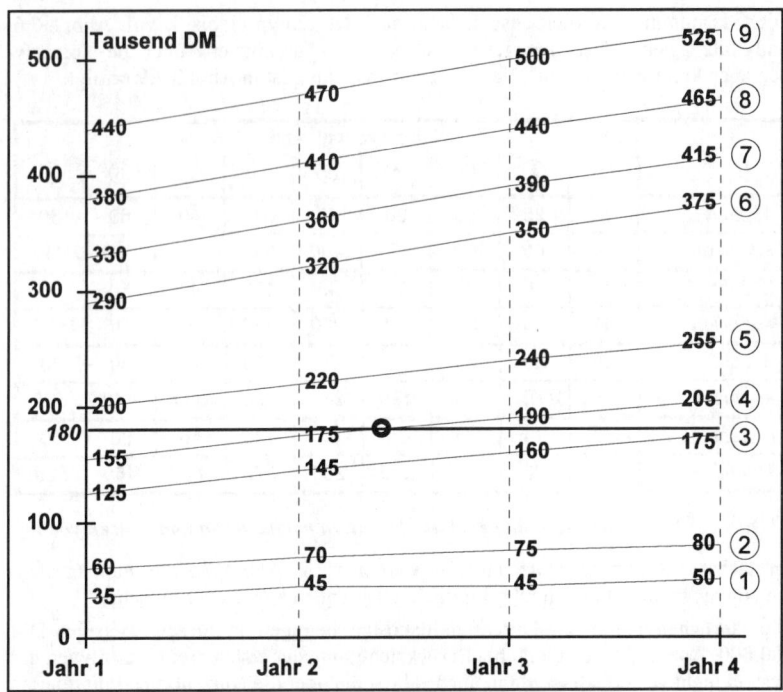

Abb. 8.7.10: Grafischer Nutzen-Kosten-Vergleich

Ein wesentlicher **Nachteil** ist, daß der Ansatz die Bewertung der Nutzenarten für jedes Nutzungsjahr in Geldeinheiten verlangt. Praktisch lassen sich hier nur mehr oder weniger grobe Schätzwerte angeben. Falls große Unsicherheit bei der Ermittlung dieser Schätzwerte besteht, kann es sich empfehlen, für jeden Wert eine pessimistische und eine optimistische Schätzung durchzuführen. Evtl. kann zusätzlich noch eine „wahrscheinliche" oder „erwartete" Schätzung erfolgen. Für jede der zwei bzw. drei Schätzungen kann dann eine eigene Nutzenanalyse tabellarisch und/oder grafisch durchgeführt werden: als **pessimistische, wahrscheinliche** und **optimistische Nutzenanalyse**.

8.7.8 Ein Vorgehensmodell für die Untersuchung der wirtschaftlichen Durchführbarkeit

Es gibt weitere Verfahren zur Untersuchung der wirtschaftlichen Durchführbarkeit im Rahmen einer Systementwicklung, bei denen es sich teilweise um Modifikationen oder Varianten der vorstehend beschriebenen Ansätze handelt[15].

Zusammenfassend ist festzustellen:
Die Untersuchung der wirtschaftlichen Durchführbarkeit ist fast immer mehrstufig. Außerdem werden meistens mehrere Methoden bzw. Ansätze angewendet. Sofern nicht bereits aufgrund kritischer Größen bzw. kritischer Erfolgsfaktoren eine Entscheidung getroffen werden kann, wird die Wirtschaftlichkeit zunächst anhand der monetär quantifizierbaren Größen untersucht. Führt das zu keiner eindeutigen Entscheidung, werden nicht monetär quantifizierbare und qualitative Einflußgrößen in die Entscheidungsfindung einbezogen.

Abb. 8.7.11 veranschaulicht dieses phasenweise Vorgehen bei der Untersuchung der wirtschaftlichen Durchführbarkeit im Rahmen einer Systementwicklung bzw. Einführung von Standardsoftware.

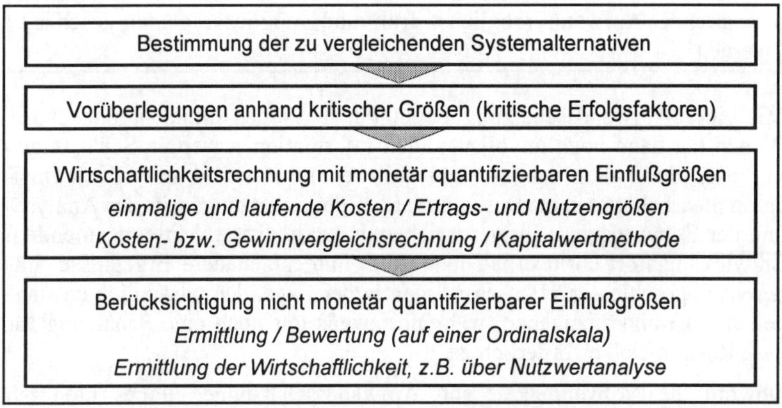

Bestimmung der zu vergleichenden Systemalternativen

Vorüberlegungen anhand kritischer Größen (kritische Erfolgsfaktoren)

Wirtschaftlichkeitsrechnung mit monetär quantifizierbaren Einflußgrößen
einmalige und laufende Kosten / Ertrags- und Nutzengrößen
Kosten- bzw. Gewinnvergleichsrechnung / Kapitalwertmethode

Berücksichtigung nicht monetär quantifizierbarer Einflußgrößen
Ermittlung / Bewertung (auf einer Ordinalskala)
Ermittlung der Wirtschaftlichkeit, z.B. über Nutzwertanalyse

Abb. 8.7.11: Phasen der Untersuchung der wirtschaftlichen Durchführbarkeit

Die Untersuchung der wirtschaftlichen Durchführbarkeit mündet in jeder Systementwicklungsphase in die Entscheidung über die Fortsetzung des Systementwicklungsprojekts und über das genaue Konzept des zu realisierenden IV-Systems ein. Dabei ist zu beachten, daß vielfach auch partielle Untersuchungen der wirtschaftlichen Durchführbarkeit durchgeführt werden, um bestimmte Teilkomponenten eines IV-Systems optimal auszulegen.

---

15 Vgl. z. B. die umfassende Übersicht bei NAGEL [1990].

8.8 Aufwandsschätzung von Softwareentwicklungsprojekten

Im Zusammenhang mit der Untersuchung der wirtschaftlichen Durchführbarkeit spielt die Aufwandsschätzung für eine Systementwicklung eine Rolle. In diesem Abschnitt werden Verfahren für die Schätzung des Aufwands von **Softwareentwicklungsprojekten** behandelt. Sie beziehen sich damit nur auf einen Teil der **System**entwicklung.

8.8.1 Aufgabe und Ziele von Aufwandsschätzungen

Ob Softwareentwicklungsprojekte realisiert werden, hängt unter anderem davon ab, welcher Aufwand für eine solche Softwareentwicklung betrieben werden muß.

> Mit einer **Aufwandsschätzung** soll der für eine Softwareentwicklung zu erwartende Aufwand möglichst früh und möglichst genau geschätzt werden.

Mit einer Aufwandsschätzung beginnt man in der Initialisierungsphase. Wegen der dann noch unvollständigen Informationen werden Schätzungen in dieser Phase allerdings nur sehr grob sein können und mit großen Unsicherheiten behaftet sein. Deshalb werden die Schätzungen in der Analyse- und der Entwurfsphase fortgeschrieben und aktualisiert. Mit zunehmendem Entwicklungsfortschritt erhält man dann immer genauere Ergebnisse. Für bereits abgeschlossene Phasen ist man in der Lage, den tatsächlich entstandenen Aufwand anzugeben, während jeweils nur noch eine Schätzung für das „Restprojekt" erforderlich ist.

Obwohl die Notwendigkeit von Aufwandsschätzungen unbestritten ist, werden sie vielfach vernachlässigt. Oft werden nur ungefähre Kosten geschätzt, wobei meistens die einzige quantitative Maßgröße die intuitiv geschätzte Anzahl der Programmanweisungen ist, die dann mit den durchschnittlichen Kosten pro Anweisung multipliziert wird[16].

Die mit Abstand wichtigste Kostenart bei Softwareentwicklungen sind die Personalkosten. In der Regel stehen die übrigen Kosten entweder von vornherein fest oder können durch Anwendung von Prozentsätzen aus den

---

16 Überträgt man einen solchen Ansatz auf den Anlagenbau, dann könnte die Kalkulation der Entwicklungskosten für eine Werkzeugmaschine darin bestehen, die erwartete Anzahl der Schrauben mit einem bei früheren Projekten ermittelten durchschnittlichen Entwicklungsaufwand pro Schraube zu multiplizieren.

Personalkosten ermittelt werden. Die dabei entstehenden Ungenauigkeiten fallen nicht stark ins Gewicht, da diese Kosten im Vergleich zu den Personalkosten gering sind. Deshalb gilt:

> Mit den Verfahren der **Aufwandsschätzung** werden in erster Linie die direkten Personalkosten oder der Personaleinsatz (z. B. in Personenmonaten [PM]) bestimmt.

Bei den Maßeinheiten für den Personaleinsatz gibt es allerdings häufig Schwierigkeiten der Umrechnung. Während die Personenstunde relativ klar ist, gibt es keine festen Regeln, wieviele Personenstunden einem Personentag, -monat oder -jahr entsprechen[17].

Mit Aufwandsschätzungen werden unterschiedliche **Ziele** verfolgt. Die Ergebnisse werden u. a. benötigt

• für die Vorkalkulation, z. B. für Angebote,

• als Vorgabe für Steuerung, Überwachung und Kontrolle eines Projekts,

• als Grundlage für Vergleiche,

• als Basis einer zuverlässigen Termin- und Mitarbeitereinsatzplanung,

• für die Nachkalkulation (auch um die Genauigkeit des Schätzverfahrens zu überprüfen)[18].

In der Praxis sind Aufwandsschätzungen häufig mit nicht unerheblichen **Schwierigkeiten** verbunden, zu denen vor allem die folgenden gehören[19]:

• Oft fehlt eine eindeutige schriftliche Definition der Anforderungen an ein Softwareentwicklungsprojekt.

• Hardware- und Softwarekomponenten werden ständig weiterentwickelt, so daß „alte" Schätzverfahren oft nicht mehr adäquat sind.

• Es fehlt eine einheitliche Terminologie.

• Eine Quantifizierung vieler Einflußgrößen ist nur schwer möglich.

• Die Qualität von Software ist nur schwer meßbar.

---

17 HERRMANN [1983, S. 57] macht folgenden Vorschlag:
   1 Personenjahr = 12 Personenmonate = 240 Personentage = 1920 Personenstunden
   Ob ein 8-Stunden-Tag noch angemessen ist, ist jedoch fraglich. Fraglich ist auch, ob mit einem Mitarbeiter ein Projekt vom Umfang 1 PM exakt in einem Monat machbar ist, da Verlustzeiten wie Urlaub, Ausbildung, Krankheiten und ähnliches zu berücksichtigen sind. BALZERT [1982, S. 77f.] schlägt daher vor, 1 Personenjahr mit 10 Personenmonaten gleichzusetzen.
18 Vgl. hierzu SATTLER [1978, S. 39-40].
19 Vgl. dazu im einzelnen SATTLER [1978, S. 40] und WOLVERTON [1974, S. 615].

- Verschiedene Softwareentwicklungsprojekte sind nur bedingt vergleichbar (z. B. bezüglich Verwendbarkeit, Flexibilität, Übertragbarkeit).
- Softwareentwicklung ist ein kreativer Prozeß, dessen einzelne Schritte wissenschaftlich noch nicht eindeutig erforscht sind.
- Die Produktivität von Programmierern ist keine „Naturkonstante", sondern vielmehr von zahlreichen Faktoren wie Motivation, Erfahrung und der Arbeitsumgebung abhängig.
- Oft ist der Entwicklungsfortschritt eines Softwareentwicklungsprojekts nicht objektiv feststellbar.
- Der Schluß von einem Projekt auf ein anderes ist nur unter zahlreichen Nebenbedingungen zulässig.
- Es gibt kaum empirische Daten über Softwareentwicklungsprojekte.

Ein Aufwandsschätzungsverfahren soll nun trotz der zahlreichen Schwierigkeiten realistische Ergebnisse liefern, die u. U. nicht nur aus den Gesamtkosten oder der Gesamtzeit bestehen, sondern auch das Projektmanagement unterstützen, indem z. B. eine Aufteilung des Aufwands auf überschaubare Teilaufgaben ermöglicht und eine anforderungsgerechte Mitarbeiter- und Ressourceneinsatzplanung unterstützt wird. Ein Verfahren sollte außerdem in der Lage sein, die Auswirkungen von Änderungen der Eingangsparameter (z. B. der Anforderungsdefinition) auf den Aufwand darzustellen.

8.8.2 Ein Vorgehensmodell für die Aufwandsschätzung

Die meisten Verfahren für die Aufwandsschätzung von Softwareentwicklungsprojekten laufen nach einem gleichen Grundmuster ab. Zunächst wird die Softwareentwicklungsaufgabe strukturiert, anschließend werden die für den Aufwand ausschlaggebenden Einflußgrößen festgelegt und deren Wert und Einfluß geschätzt. Dann wird der erwartete Aufwand geschätzt, wobei viele Ansätze die Auswirkungen der Einflußgrößen in bereits abgeschlossenen Vergleichsprojekten berücksichtigen. Durch einen Soll-Ist-Vergleich und eine Analyse der Abweichungsursachen können die meisten Ansätze für spätere Schätzungen verbessert werden. Diese Vorgehensweise ist in Abb. 8.8.1 (Seite 251) schematisch dargestellt.

Einzelne Schritte aus dem Vorgehensmodell sind bei manchen Ansätzen nicht explizit vorhanden, insbesondere fehlt häufig bei einfachen Verfahren die „Rückkopplung" der Ergebnisse. Auch der Schätzzeitpunkt und der Umfang der Schätzung weichen bei den verschiedenen Verfahren voneinander ab. Der Schätzzeitpunkt hängt vom Vorhandensein der benötigten Informationen ab, der Umfang der Schätzung von deren Verwendung.

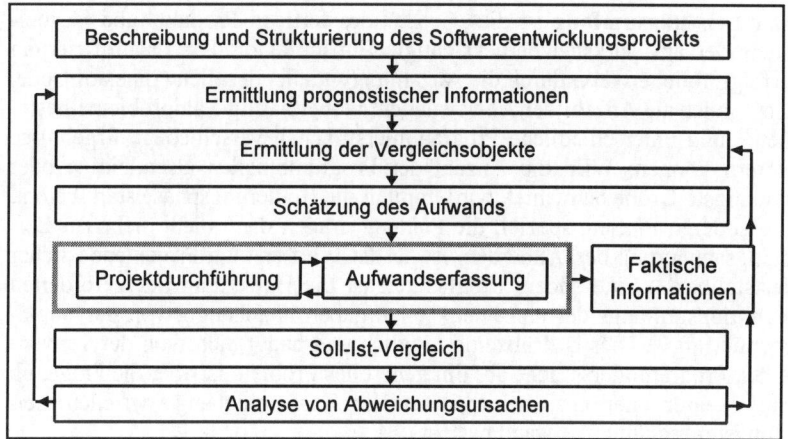

Abb. 8.8.1: Generelle Vorgehensweise bei der Aufwandsschätzung
(in Anlehnung an NOTH/KRETZSCHMAR [1985, S. 3])

Übliche Verwendungszwecke der Schätzergebnisse sind[20]:
• Unterstützung der Investitionsentscheidung, z. B.:
  - Kalkulation der Softwarekosten,
  - Kosten-Nutzen-Analyse.
• Ermittlung von Plangrößen
  - für das gesamte Projekt (etwa Kapazitätsplanung, Terminplanung mit Anfangs-, End- und Zwischenterminen oder Finanzplanung) bzw.
  - für Projektabschnitte, z. B. Kapazitätsplanung (Spezialisteneinsatz) und Terminplanung (Zwischentermine).

8.8.3   Einflußgrößen des Softwareentwicklungsaufwands

Der Aufwand für ein Softwareentwicklungsprojekt hängt von verschiedenen Faktoren ab. Für eine zuverlässige Schätzung ist es erforderlich, diese Faktoren möglichst vollständig zu berücksichtigen. Eine besondere Schwierigkeit ergibt sich dabei daraus, daß verschiedene Einflußgrößen nicht quantifizierbar sind, sondern nur nominal gemessen werden können. Nachfolgend sind wichtige Einflußgrößen, die den Aufwand für ein Softwareentwicklungsprojekt bestimmen, zusammengestellt[21].

---

20 Vgl. NOTH/KRETZSCHMAR [1985, S. 5].
21 Vgl. dazu im einzelnen HERRMANN [1983] Abschnitt 4 und NOTH/KRETZSCHMAR [1985] Abschnitt 2.2.

Kapitel 8: Durchführbarkeitsuntersuchungen

Der **Leistungsumfang** ist die „Größe" des fertigen Produkts und ist meistens der am stärksten berücksichtigte Einflußfaktor. Die Quantifizierung erfolgt üblicherweise durch die Anzahl der Quellcodezeilen (Lines of Code, LoC) oder die Anzahl der Anweisungen, wobei häufig Zählprobleme bestehen[22] und unterschiedliche Programmiersprachen verschiedene Ergebnisse liefern können. Wird die Anzahl der Programmzeilen als alleinige oder wichtigste Größe betrachtet, wird implizit die Codierungsphase stark betont, die anderen Phasen, speziell die Planung, tragen dann nicht mehr zur Leistungssteigerung bei. Außerdem ist der Ist-Wert erst am Projektende sicher feststellbar[23]. Eine andere Möglichkeit ist die Bewertung des geforderten Funktionsumfangs der einzelnen Teilaufgaben unabhängig von der Implementierung[24]. Dies ist frühzeitig möglich und hängt nicht von der verwendeten Programmiersprache ab. Ein generelles Problem ist aber die Frage, ob ein linearer oder ein überproportionaler Zusammenhang zwischen Leistungsumfang und Aufwand besteht.

Die **Komplexität** entspricht der Schwierigkeit einer Aufgabe. Dabei wird meist eine subjektive Klassifizierung einzelner Teilprodukte vorgenommen.

Softwarequalität ist die Beschaffenheit eines Softwareprodukts, die es für seinen späteren Verwendungszweck geeignet macht[25]. Wichtige Qualitätsmerkmale sind:

- Funktionsumfang,
- Portabilität,
- Benutzerfreundlichkeit,

- Zuverlässigkeit,
- Effizienz,
- Wartbarkeit.

Eine besondere Schwierigkeit der Berücksichtigung von Qualität bzw. Qualitätsmerkmalen bei der Aufwandsschätzung ergibt sich aus der Tatsache, daß Qualität nur schwer zu messen ist und nur für das fertige Produkt feststellbar ist. Außerdem können einzelne Qualitätsmerkmale „negativ korreliert" sein, beispielsweise schließen sich Effizienz und Portabilität in gewissen Grenzen aus.

Der Aufwand hängt auch von **Organisation** und **Management** eines Softwareentwicklungsprojekts ab. Die Analyse von Entwurfs- und Codierungsergebnissen erlaubt z. B. eine frühzeitige Fehlerkorrektur und senkt dadurch die Kosten. Eine Quantifizierung der Wirkungen ist aber kaum möglich.

---

22 Wie werden Kommentarzeilen, wie Zeilen mit mehreren Befehlen gezählt? Wie ist der Programmtext vor der Zählung zu formatieren?

23 Vgl. NOTH/KRETZSCHMAR [1985, S. 8ff.] und HERRMANN [1983, S. 88ff.]

24 Vgl. HERRMANN [1983, S. 88ff.].

25 Vgl. zu dieser Definition HERRMANN [1983, S. 77]. Auf Fragen der Softwarequalität wird ausführlich in Kapitel 9 eingegangen.

Standardisierung und **Methodeneinsatz** (z. B. Top-Down-Entwicklung, Strukturierte Programmierung) erhöhen langfristig die Produktivität und senken somit den Aufwand.

Softwareentwicklungsaufwand hängt stark von **Qualifikation, Erfahrung und Motivation des Entwicklungspersonals** ab[26]. Da Qualifikation und Motivation kaum meßbar sind, wird nur die Dauer der Programmiererfahrung berücksichtigt.

Werkzeugnutzung, d. h. die Verwendung von Entwicklungssystemen, Quellcodegeneratoren, Dokumentationshilfen und anderen Werkzeugen, aber auch die Mächtigkeit der verwendeten Programmiersprache beeinflussen den Aufwand. Allerdings ist auch hier nicht geklärt, in welchem Ausmaß das geschieht.

Noch schwieriger als die Bewertung der einzelnen Einflußgrößen ist die Ermittlung der Zusammenhänge zwischen den Einflußgrößen und deren gemeinsamer Einfluß auf den Aufwand. Eine qualitative Darstellung der Abhängigkeiten liefert das in Abb. 8.8.2 dargestellte „Teufelsquadrat"[27]. Die Ecken stehen für die Ziele der Softwareentwicklung:

• Quantität,   • Qualität,
• Projektdauer,   • Kosten.

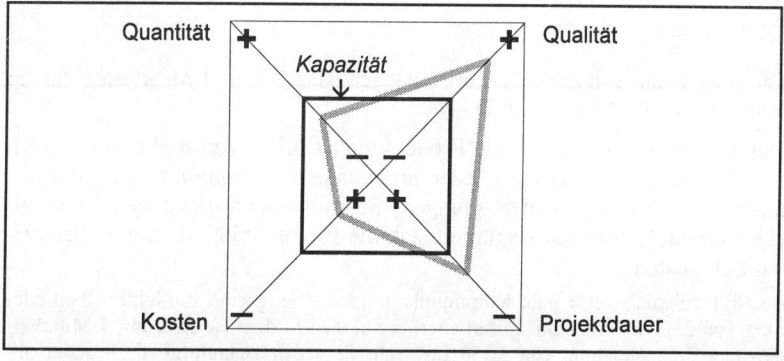

Abb. 8.8.2: Das „Teufelsquadrat" (nach NOTH/KRETZSCHMAR [1985, S. 6]).

Die vier Ziele in Abb. 8.8.2 konkurrieren um eine begrenzte Kapazität (symbolisiert durch die Fläche des inneren Quadrats). Verbesserungen in einer Richtung (+ steht für „gut", – für „schlecht") haben Einbußen auf den

---

26 Vgl. HERRMANN [1983, S. 87].
27 Vgl. NOTH/KRETZSCHMAR [1985, S. 6].

anderen Seiten zur Folge. Die Bedeutung der Projektdauer für den Aufwand hängt mit dem steigenden Kommunikationsaufwand bei größerer Mitarbeiterzahl zusammen.

Die Abhängigkeit des Softwareentwicklungsaufwands von der **Qualität** und der **Quantität** ist offensichtlich. Der Einfluß der **Projektdauer** wird treffend durch das sogenannte **BROOKsche Gesetz** beschrieben[28]:

> *„Adding manpower to a late project makes it later."*

Ursache ist die Tatsache, daß „neue" Mitarbeiter durch „alte" eingearbeitet und beaufsichtigt werden müssen und dadurch die Produktivität sinkt. Generell beeinflußt die Kommunikation der einzelnen Teammitglieder untereinander deren Produktivität. Ohne Berücksichtigung der Kommunikation wird der Zeitbedarf t für ein Projekt mit einem geschätzten Aufwand von A Personenjahren mit steigender Anzahl n der Teammitglieder abnehmen. Es gilt:

$$(1) \quad t \approx \frac{A}{n}$$

Nimmt man die Produktivität P in LoC/Jahr[29] für jedes Teammitglied als konstant an und soll ein Projekt mit einem geschätzten Gesamtumfang von U in LoC von n Personen realisiert werden, dann werden insgesamt t Jahre benötigt:

$$(2) \quad t = \frac{U}{nP}$$

Für ein Programm mit 20.000 LoC benötigen danach z. B. 4 Mitarbeiter, die pro Jahr je 4.000 LoC schreiben, 1,25 Jahre.

Das gilt jedoch nur, wenn die Produktivität P nicht von n abhängt. Üblich ist aber, daß die Teammitglieder untereinander kommunizieren (Besprechungen, informelle Unterhaltungen, Schnittstellenfestlegungen, schriftliche Berichte). Dadurch verringert sich die Produktivität, da diese Tätigkeiten Zeit kosten.

Bewirkt beispielsweise jede Kommunikationsbeziehung eine Produktivitätsminderung von 250 LoC/Jahr pro Mitarbeiter, ergibt sich in dem Beispiel mit 4 Mitarbeitern eine Jahresleistung von 3.250 LoC/Jahr für jedes Teammitglied, da jeder mit den drei anderen kommuniziert (Minderung: 3×250 =750). Es werden dann für 20.000 LoC 1,538 Jahre benötigt. Bei 9 Mitarbeitern reduziert sich die Produktivität entsprechend auf 2.000 LoC/Jahr.

Allgemein wirkt sich die Kommunikation in einem Team wie folgt aus: In einem Team mit n Mitgliedern kommuniziert üblicherweise jedes Mitglied

---

28 Vgl. z. B. BALZERT [1982, S. 461].
29 LoC ~ Lines of Code (Programmzeilen)

mit jedem der übrigen n-1 Teammitglieder. Die Anzahl der Kommunikationsbeziehungen beträgt dann insgesamt

$$\binom{n}{2} = \frac{n(n-1)}{2}.$$

Bei einem Kommunikationsaufwand K pro Kommunikationsbeziehung ergibt daraus folgende Bestimmungsgleichung für die Projektdauer[30]:

(3) $t \sim \dfrac{1}{n} + K\binom{n}{2} = \dfrac{1}{n} + K\,\dfrac{n(n-1)}{2} \approx \dfrac{1}{n} + K\,\dfrac{n^2}{2}$

Abb. 8.8.3 zeigt den Verlauf der Kurven zu den Formeln (1) und (3).

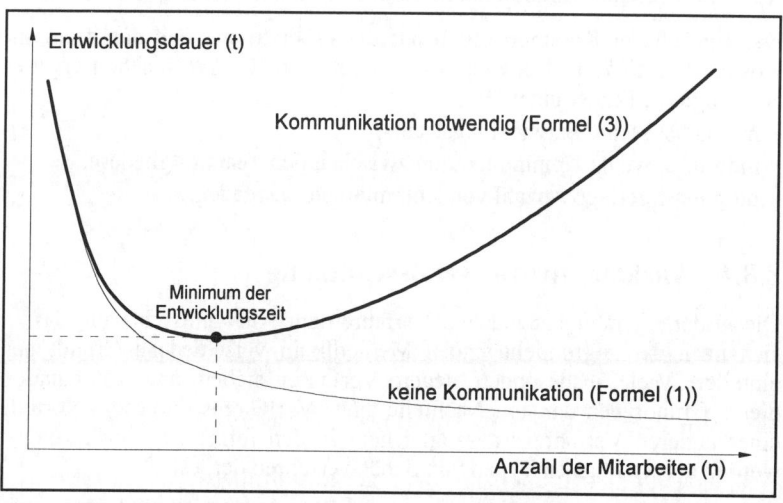

Abb. 8.8.3: Einfluß der Kommunikation auf den Gesamtaufwand
(nach BALZERT [1982, S. 464])

(3) besitzt ein Minimum an der Stelle $n \approx \sqrt[3]{\frac{1}{k}}$. Das ist die hinsichtlich der Zeit optimale Mitarbeiterzahl, deren Erhöhung oder Verringerung sowohl den Aufwand als auch die Projektdauer negativ beeinflußt.

Der Zeitaufwand für eine Softwareentwicklung mit bekannter Anzahl Programmzeilen (LoC) ergibt sich wie folgt[31]:

---

30 Vgl. dazu BALZERT [1982, S. 463].
31 Vgl. BALZERT [1982, S. 463].

$$(4) \quad t = \frac{U}{n(P-(n-1)K)} = \frac{U}{nP\left(1-(n-1)\frac{K}{P}\right)} = \frac{U}{nP\left(1-(n-1)\frac{K_p}{100}\right)}$$

Dabei gilt:

U = Zeilenumfang in LoC

n = Anzahl der Teammitglieder

P = Produktivität pro Person ohne Kommunikation (LoC/Jahr)

K = Kommunikationsaufwand pro Kommunikationsbeziehung pro Jahr (LoC/Jahr)

K_p = prozentualer Kommunikationsaufwand pro Beziehung

Der Einfluß der Kommunikation auf die Produktivität und damit auf die Kosten darf also nicht unterschätzt werden. Für die Organisation ergeben sich folgende Forderungen[32]:

• möglichst kleine Entwicklungsteams,
• möglichst wenig Kommunikation zwischen den Teammitgliedern,
• möglichst geringe Anzahl von Kommunikationspfaden.

8.8.4 Ansätze zur Aufwandsschätzung

Die in der Literatur behandelten Verfahren zur Aufwandsschätzung lassen sich nach der zugrundeliegenden Methodik in verschiedene Grundtypen einteilen. Viele, insbesondere neuere Verfahren stellen eine Kombination dieser Grundtypen dar, um Nachteile eines Verfahrens durch die Vorteile eines anderen Verfahrens auszugleichen. In den folgenden Ausführungen werden die wichtigsten Typen von Schätzverfahren dargestellt.

Bei **Analogieverfahren** schätzt man den Aufwand einer Softwareentwicklung in folgenden Schritten:

• Suche nach einem abgeschlossenen Projekt, das dem aktuellen Projekt sehr ähnlich ist.
• Ermittlung von Unterschieden zwischen dem aktuellen und dem Vergleichsprojekt.
• Schluß von den Kosten des Vergleichsprojekts auf das neue Projekt unter Berücksichtigung der Unterschiede der Projekte[33].

---

32 Vgl. BALZERT [1982, S. 466].
33 Zu Einzelheiten vgl. HERRMANN [1983, S. 125].

Analogieverfahren, die auch als **Top-Down-Schätzungen** bezeichnet werden[34], basieren auf Erfahrungswerten, die bei ähnlichen Projekten in der Vergangenheit erzielt wurden. Analogieverfahren sind in der betrieblichen Praxis wahrscheinlich am weitesten verbreitet. Wegen ihrer Unternehmensabhängigkeit gibt es aber kaum standardisierte Ansätze. Die Qualität der Schätzungen hängt wesentlich von der Erfahrung des Schätzenden ab. Die Erfahrungswerte werden dabei sinnvoll in einer sogenannten **Cost Data Base** oder Erfahrungsdatenbank gespeichert[35]. Die Auswahl und Bewertung der gespeicherten Daten erfolgt allerdings intuitiv durch den Schätzenden.

> **Relations-** oder **Indexverfahren** sind eine Weiterentwicklung der Analogieverfahren[36]. Auch hier werden direkte Vergleiche mit abgeschlossenen Projekten vorgenommen, jedoch erfolgt die Anpassung an Unterschiede in den verglichenen Projekten durch einen formalisierten Ansatz.

Die Einflußfaktoren, die bei dem aktuellen Projekt und einem Vergleichsprojekt verschieden sein können, werden als Indizes mit dem „Normalwert" 100 betrachtet. Ein Index für den Faktor „verwendete Programmiersprache" kann dann z. B. folgendermaßen festgelegt werden:

COBOL = 100;   Assembler = 140;   RPG = 80;   PL/1 = 75

„Erfahrungen der Programmierer" können z. B. mit folgenden Indizes bewertet werden:

3 Jahre = 100;   1 Jahr = 125;   5 Jahre = 75.

Die Auswertung der festgestellten Indizes erfolgt dann nach festen Regeln. Bei dem Verfahren INVAS (Integriertes Verfahren zur Aufwandsschätzung), das eine Kombination aus Relations- und Gewichtungsverfahren (s. u.) ist[37], werden für jeden Faktor Projekte gesucht, die die gleichen oder ähnlichen Indizes aufweisen. Aus dem Aufwand der Vergleichsobjekte wird dann das arithmetische Mittel gebildet. Aus den Ergebnissen für jeden Faktor wird schließlich ein gewichtetes Mittel je nach Einfluß des einzelnen Faktors ermittelt, das den erwarteten Aufwand darstellt.

Multiplikatorverfahren versuchen eine differenziertere Schätzung des Aufwands.

---

34 Vgl. beispielsweise WOLVERTON [1974, S. 618].

35 Vgl. dazu z. B. WOLVERTON [1974, S. 626]; HERRMANN [1983, S. 125].

36 Vgl. dazu z. B. NOTH/KRETZSCHMAR [1985, S. 45] oder SATTLER [1978, S. 22].

37 Vgl. dazu NOTH/KRETZSCHMAR [1985, S. 24 und S. 105ff.].

Bei **Multiplikatorverfahren**[38] wird das Softwareprodukt in Teilproduk-
te zerlegt, denen direkt ein Aufwand zuzuordnen ist (z. B. Anzahl der
Programmzeilen, LoC). Dann wird die Anzahl dieser Einheiten mit dem
Aufwand pro Einheit multipliziert (z. B. Gesamtaufwand oder Personal-
aufwand je Programmzeile). Dieser Aufwand pro Einheit kann durch
Nachkalkulationen aus abgeschlossenen Projekten ermittelt werden[39].
Durch Addition erhält man dann den Gesamtaufwand der Softwareent-
wicklung.

Schwierigkeiten bereitet die Zerlegung des Softwareprodukts und die
Schätzung der Werte „Aufwand pro Einheit". Multiplikatorverfahren basieren i. d. R. auf der Annahme einer proportionalen Beziehung zwischen Leistungsumfang und Gesamtaufwand.

Produktivitätsverfahren sind Weiterentwicklungen der Multiplikatorverfahren. Auch hier wird zunächst die Projektgröße geschätzt. Durch Division
durch einen Produktivitätswert (z. B. LoC je Personenmonat, ermittelt aus
abgeschlossenen Projekten) ergibt sich der nötige Personaleinsatz, der dann
z. B. mit dem Stundensatz bewertet wird und so die Personalgesamtkosten
ergibt. Wie bei den Multiplikatorverfahren wird von einer linearen Beziehung zwischen Projektgröße und Personaleinsatz ausgegangen, der Einfluß
der Kommunikation wird nicht berücksichtigt.

Bei **Faktorenverfahren** wird versucht, mit Hilfe von Regressions- und
Korrelationsanalysen den Einfluß der Werte bestimmter Faktoren auf
den Aufwand in der Form einer Schätzgleichung abzubilden[40].

Die Kosten stellen bei diesem Ansatz die abhängige Variable in einer mathematischen Funktion dar, deren unabhängige Variablen die Einflußfaktoren sind. Die Schätzfunktionen versucht man allgemein aus Vergangenheitswerten zu bestimmen. Die eigentliche Aufwandsschätzung besteht
dann darin,
• die aktuellen Werte der unabhängigen Variablen zu bestimmen und
• die Kosten zu berechnen, indem die Variablenwerte in die Schätzfunktion
  eingesetzt werden.

---

38 Eine andere Bezeichnung für Multiplikatorverfahren lautet „Aufwand-pro-Ein-
   heit-Methode" (NOTH/KRETZSCHMAR [1985, S. 22]). Diese Bezeichnung läßt das
   Prinzip des Ansatzes erkennen.
39 Vgl. HERRMANN [1983, S. 111].
40 Vgl. dazu HERRMANN [1983, S. 145] und NOTH/KRETZSCHMAR [1985, S. 23].

Die Genauigkeit des Verfahrens hängt davon ab, wieviel abgeschlossene Projekte mit welchen Faktoren bei der Bestimmung der Schätzfunktion berücksichtigt wurden. Auch die Korrelation der einzelnen Faktoren mit den Kosten und untereinander spielen hierbei eine Rolle[41].

Nach dem Aufwandsschätzungsverfahren der System Development Corporation wird der Aufwand mit Funktionen der folgenden Art geschätzt:

$$y_j = K + \sum_{i=1}^{m} a_i x_i \quad , j = 1,\ldots,3, \ .$$

Dabei bezeichnet

y_1 die Personenmonate,

y_2 Computerstunden,

y_3 bisher vergangene Projektmonate.

Die Einflußfaktoren x_i sind 13 bzw. 14 Faktoren aus einer ursprünglichen Menge von 94 Faktoren. Die Koeffizienten der Gleichungen müssen jeweils unternehmensspezifisch mit statistischen Verfahren geschätzt werden[42]. Für die Personenmonate gilt beispielsweise[43]:

$$y_1 = -33,63 + 9,15x_3 + 10,73x_8 + 0,51x_{26} + 0,46x_{30} + 0,40x_{41} + 7,28x_{42} + 21,45x_{48.1}$$
$$+ 13,53x_{48.5} + 12,35x_{51} + 58,82x_{53} + 30,61x_{56} + 29,55x_{72} + 0,54x_{75} - 25,20x_{76}$$

wobei gilt:

x_3 = Mängel an Kenntnis der Betriebsanforderungen, je nach Stärke 0, 1 oder 2,

x_8 = Stabilität des Entwurfs je nach Stärke 0, 1, 2 oder 3,

x_{26} = Prozentanteil mathematischer Instruktionen,

x_{30} = Prozent Informationsspeicherungs- und -wiedergewinnungsinstruktionen,

x_{41} = Anzahl der Unterprogramme,

x_{42} = Programmiersprache,

$x_{48.1}$ = Programmtyp ist kommerziell (Ja = 1, Nein = 0),

$x_{48.5}$ = Stand-alone-Entwicklung (Ja = 1, Nein = 0),

x_{51} = Systemerfahrung (Ja = 1, Nein = 0),

x_{53} = Gleichzeitige Entwicklung der Hardware (Ja = 1, Nein = 0),

x_{56} = Benutzung im Direktzugriff (Ja = 1, Nein = 0),

x_{72} = verschiedene Hardware für Programmierung und Betrieb (Ja = 1, Nein = 0),

x_{75} = Anzahl der Reisen, die zur Projektdurchführung nötig sind,

x_{76} = Programmentwicklung im militärischen Bereich (Ja = 1, Nein = 0).

---

41 Vgl. dazu im einzelnen SATTLER [1978, S. 48].

42 Aufgrund Linearität und gegenseitiger Abhängigkeiten der einzelnen Faktoren ergibt sich für die Schätzung ein großer Standardfehler (SATTLER [1978, S 48]).

43 Vgl. dazu im einzelnen SATTLER [1978, S. 49] und NOTH/KRETZSCHMAR [1985, S. 67]. Aufgrund der heutigen Werkzeuge usw. wird dieses Verfahren in der ursprünglichen Form kaum mehr angewendet.

> Bei **Prozentsatzverfahren** wird von der Verteilung des Aufwands auf die verschiedenen Phasen einer Systementwicklung in abgeschlossenen Projekten ausgegangen. Diese Verteilung benutzt man, um auf die Kostenverteilung im aktuellen Projekt zu schließen.

Prozentsatzverfahren sollen die Kontrolle und Steuerung des Entwicklungsprozesses unterstützen und ergänzen dadurch die übrigen Verfahren.

Prinzipiell gibt es drei verschiedene Möglichkeiten des Einsatzes von Prozentsatzverfahren[44]:

• Zunächst werden die absoluten Gesamtkosten des Projektes mit einem anderen Kalkulationsverfahren geschätzt; dieser Aufwand kann dann auf die einzelnen Phasen aufgeteilt werden, um die Projektplanung und -kontrolle zu unterstützen.

• Es wird der Aufwand einer Entwicklungsphase (z. B. der Programmierung) detailliert geschätzt. Von diesem wird dann auf den Gesamtaufwand geschlossen.

• Der Aufwand späterer Entwicklungsphasen bei einem laufenden Projekt kann geschätzt werden, nachdem die Ist-Werte früherer Phasen vorliegen.

Beispiel (Die 40-20-40-Faustregel): Eine (empirische) Faustregel gibt an, daß 40% des Personalaufwands auf die Analyse und den Entwurf, 20% auf Codierung und Debugging und 40% auf den Test eines Softwareproduktes entfallen[45]. Sind die Personal-Istkosten E für die Phase Analyse und Entwurf bekannt, können damit die Kosten für die Codierung (C) und den Test (T) einfach berechnet werden:

$$C = \frac{0,2}{0,4} E = 0,5E \qquad\qquad T = \frac{0,4}{0,4} E = E$$

WOLVERTON [1974, S. 619] definiert **Bottom-Up-Verfahren** wie folgt: Das Projekt wird in relativ kleine Einheiten aufgeteilt, und zwar so weit, bis weitgehend klar ist, welche Schritte und Fähigkeiten zur Realisierung jeder Einheit nötig sind. Der Aufwand jeder Einheit kann dann geschätzt werden. Die Summe über alle Einheiten ergibt den Gesamtaufwand des Softwareentwicklungsprojekts. Der Vorteil eines solchen Verfahrens ist, daß die Aufwandsschätzung im wesentlichen durch die Entwickler selbst vorgenommen wird. Andererseits wird der Gesamtaufwand nicht sofort überblickt und es besteht die Gefahr, sich in Details zu verlieren. WOLVERTON schlägt deshalb vor, das Ergebnis durch eine Top-Down-Schätzung (Analogieverfahren) zu überprüfen.

---

44 Vgl. dazu NOTH/KRETZSCHMAR [1985, S. 23] und HERRMANN [1983, S. 173].
45 Vgl. WOLVERTON [1974, S. 629] und HERRMANN [1983, S. 175f.].

HERRMANN [1983, S. 136] gibt eine etwas andere Definition der Bottom-Up-Verfahren: Zur Kalkulation der Gesamtaufgabe wird aus den Teilaufgaben eine repräsentative Stichprobe gewählt, die detailliert kalkuliert wird. Das Gesamtergebnis ergibt sich, indem das Ergebnis der Stichprobe auf die Gesamtaufgabe übertragen wird.

8.8.5 Ein Gewichtungsverfahren

Das nachfolgend beschriebene **Gewichtungsverfahren** wurde auf Basis von empirischen Untersuchungen bei der SIEMENS AG entwickelt[46]. Es ist auf Projekte mit einer Größe von weniger als 40.000 Befehlen beschränkt. Der Aufwand wird in fachlichen Aufwand und DV-Aufwand aufgeteilt:

Gesamtaufwand = Fachlicher Aufwand + DV-Aufwand

Für den **fachlichen Aufwand** gilt:

Fachlicher Aufwand $= FU \cdot FT \cdot FE$.

Der **DV-Aufwand in Personenmonaten** ergibt sich aus:

DV-Aufwand $= DU \cdot DT \cdot DE \cdot DO \cdot DW \cdot DS$.

Es bedeuten:

FU gibt den Problemumfang an und wird mittels der Funktion in Abb. 8.8.4 aus der Anzahl der fachlichen Funktionen bestimmt.

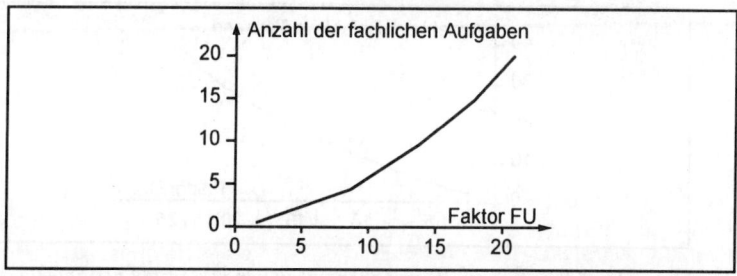

Abb. 8.8.4: Funktion für FU

FT stellt Umfang und Schwierigkeit der fachlichen und organisatorischen Tätigkeiten dar. Der Faktor wird ermittelt, indem die entsprechenden Werte aus der Tabelle in Abb. 8.8.5 (Seite 262) addiert werden.

---

46 Die folgenden Ausführungen erfolgen in Anlehnung an END/GOTTHARDT/WINKELMANN [1990, S. 444ff.].

Fachliche/organisatorische Tätigkeiten	Wenig	Mittel	Viel
Definition der Aufgabenstellung	0,0	0,1	0,2
Umfang der Ist-Aufnahme	0,9	1,0	1,1
Organisatorische Änderungen	0,0	0,15	0,3
Fachliche Grundlagenarbeit	0,0	0,15	0,3
Organisatorische Abwicklungsschwierigkeiten	0,0	0,1	0,3

Abb. 8.8.5: Tabelle zur Bestimmung von FT

FE gibt das Verhältnis der erforderlichen zu vorhandenen Erfahrungen an und wird aus der Tabelle in Abb. 8.8.6 bestimmt.

	Erforderliche Erfahrung		
Verfügbare Erfahrung	Wenig	Mittel	Viel
Gute Kenntnisse des Aufgabengebiets + Projekterfahrung	1,0	1,0	1,05
Kenntnisse des Aufgabengebiets und Projekterfahrung	1,0	1,1	1,15
Keine Kenntnisse des Aufgabengebiets, aber Projekterfahrung	1,05	1,15	1,25
Keine Kenntnisse des Aufgabengebiets, keine Projekterfahrung	1,15	1,3	1,5

Abb. 8.8.6: Tabelle zur Bestimmung von FE

DU gibt den Programmumfang an und wird abhängig von der erwarteten Befehlsanzahl über die Funktion in Abb. 8.8.7 bestimmt.

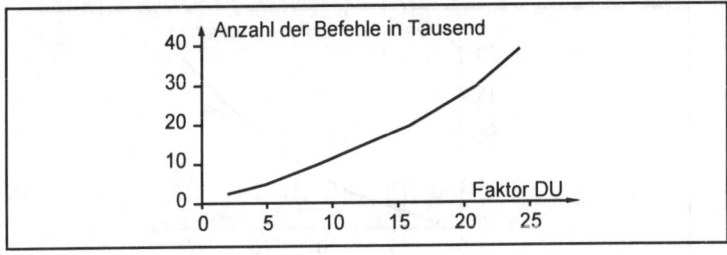

Abb. 8.8.7: Faktor DU in Abhängigkeit von der Anzahl der Befehle

DT gibt den Schwierigkeitsgrad der Programmiertätigkeit an und wird durch Addition der Werte der Tabelle in Abb. 8.8.8 (Seite 263) bestimmt.

DE repräsentiert die Erfahrung der Programmierer und variiert zwischen 0,8 (Chefprogrammierer), 1,0 (Programmierer), 1,6 (Programmieranfänger) und 2,4 (in Programmierausbildung).

DO gibt organisatorische Schwierigkeiten an. Es gibt dabei 3 Klassen („keine oder wenig" ~ 0,8, „normal" ~ 1,0, „viel" ~ 1,3).

Programmiertätigkeiten	Einfach/Wenig	Mittel	Schwer/Viel
Datenbewegung	0,2	0,3	0,4
Kontroll- und Sicherheitsprüfungen	0,2	0,3	0,4
Dateiorganisation	0,4	0,6	0,8
Arithmetische Operationen	0,1	0,3	0,5
Komponentenstruktur	0,1	0,2	0,3
Erwartete Änderungen in der Leistungsbeschreibung	0,2	0,4	0,6

Abb. 8.8.8: Bewertung der Programmiertätigkeiten (Faktor DT)

DW hat normalerweise den Wert 1,0, soll jedoch das Programm mehrfach verwendet werden, gilt *DW* = 1,2.

DS ist von der verwendeten Programmiersprache abhängig (Assembler ~ 0,85, COBOL/FORTRAN ~ 1,0).

8.8.6   Das COCOMO-Modell

Das in den USA entwickelte COCOMO-Modell (constructive cost model) beruht im wesentlichen auf der Analyse abgeschlossener Softwareentwicklungsprojekte[47]. Es wird ausführlich von BOEHM [1986] diskutiert. Nachfolgend können nur die Grundzüge dieses sehr umfangreichen Ansatzes beschrieben werden.

Grundlage des COCOMO-Modells sind einfache Schätzgleichungen, mit denen man die Anzahl der für ein Systementwicklungsprojekt benötigten Personenmonate in Abhängigkeit von der Anzahl der codierten Quellbefehle ermittelt. Bezeichnet man mit

PM   die Anzahl der benötigten Personenmonate und mit

KDSI   1000 gelieferte oder erstellte Quellbefehle (Kilo Delivered Source Instructions),

dann ergeben sich für ein Softwareprojekt folgende Kostenschätzungen:

Bei einer organischen Entwicklung: $PM = 2{,}4KDSI^{1{,}05}$,

bei eingebetteter Entwicklung: $PM = 3{,}6KDSI^{1{,}20}$,

und bei einer teilintegrierten Entwicklung: $PM = 3{,}0KDSI^{1{,}12}$.

Eine **organische Entwicklung** liegt vor, wenn die Software von relativ kleinen Teams in einer vertrauten In-House-Umgebung entwickelt wird. Die meisten Teammitglieder haben bei einer solchen Entwicklungsart Er-

---

47 Die verschiedenen Ansätze des COCOMO-Modells basieren auf einer Untersuchung von insgesamt 83 abgeschlossenen Software-Projekten. Dabei wurden die Merkmale von Softwareprodukt, Hardware, Personal und Projekt untersucht.

fahrungen mit ähnlichen Projekten, so daß Einarbeitungszeiten weitestgehend entfallen. Die Größe des Produkts umfaßt in der Regel nicht mehr als 50 *KDSI*.

Bei einer **eingebetteten Entwicklung** sind Anforderungen und Schnittstellen genau festgelegt und müssen vollständig eingehalten werden. Kennzeichnend ist, daß hierbei das Produkt exakt in eine engverzahnte Umgebung von Hardware, Software, Regeln und Betriebsabläufen zu integrieren ist. Der Aufwand in der Planungsphase und bei der Anforderungsanalyse ist verhältnismäßig hoch. Die Entwickler haben bei einer eingebetteten Entwicklung im allgemeinen nur geringe Erfahrung mit ähnlichen Produkten.

Bei **teilintegrierter Entwicklung** finden sich Merkmale sowohl der organischen als auch der eingebetteten Entwicklung. Der Aufwand liegt bei sonst gleichen Bedingungen zwischen diesen beiden Entwicklungsarten.

Das COCOMO-Modell ist dahingehend erweitert worden, daß der Gesamtaufwand auf die einzelnen Entwicklungsphasen verteilt wird. Auch dafür werden quantitative Ansätze zur Verfügung gestellt. Diese Verteilung betrifft sowohl den Zeitbedarf als auch den Personalbedarf.

Weiterhin liefert das COCOMO-Modell Ansätze zur Schätzung des Wartungsaufwandes eines IV-Systems.

Das vorstehend kurz skizzierte „Basismodell" ist auf verschiedene Arten erweitert und verfeinert worden[48]. Dabei können zusätzliche Einflußfaktoren berücksichtigt werden, wie z. B. die Notwendigkeit eines Entwicklungs-Terminplans, die Anforderungen an die Softwarezuverlässigkeit, die Art der verwendeten Programmiermethoden.

8.8.7   Die Function-Point-Methode[49]

Die **Function-Point-Methode** versucht, den Aufwand für ein Systementwicklungsprojekt in Abhängigkeit vom Schwierigkeitsgrad und vom Umfang der Softwareentwicklung zu ermitteln. Dazu werden nach verschiedenen Kriterien sogenannte **Function-Points** bestimmt, die sich aus den Projektanforderungen ableiten lassen. Für die eigentliche Aufwandsschätzung werden dann aus Vergangenheitswerten ermittelte Faktoren und Kennzahlen zur präzisen Schätzung herangezogen.

---

48 Zu Einzelheiten wird auf die ausführliche Darstellung in der Mongraphie von BOEHM [1986] verwiesen.

49 Vgl. zu den Ausführungen dieses Abschnitts IBM DEUTSCHLAND GMBH [1985] und NOTH/KRETZSCHMAR [1986].

Für die Ermittlung der Function-Points werden die Projektanforderungen in folgende Kategorien unterteilt:

- Eingabedaten,
- Ausgabedaten,
- „interne" Datenbestände,
- Datenzugriffe,
- Datenbestände für andere Anwendungen (Referenzdaten).

Jede Anforderung wird als **einfach, mittel** oder **komplex** bewertet. Diese Bewertungen werden in reellwertige Gewichte umgerechnet und dann zu einer Summe addiert, den **Brutto-Function-Points.**

Im einzelnen geht man folgendermaßen vor:

Zu den **Eingabedaten** gehören die Datenerfassung am Bildschirm, Eingaben aus Massenspeichern oder Beleglesern usw. Einzelne Transaktionen wie Hinzufügen, Ändern oder Löschen werden dabei als unterschiedliche Eingaben gezählt, da sie auch unterschiedlich verarbeitet werden. Weiterhin werden Abfragen, die viele Verarbeitungsschritte erfordern, wie z. B. Zugriff auf mehrere Dateien, eventuelle Zwischenverarbeitung mit Speicherung und/oder Sortierung, jeweils gesondert als Eingaben bzw. als Ausgaben gezählt.

Die Tabelle[50] in Abb. 8.8.9 zeigt die Klassifizierung der Eingabedaten und die Punktwerte.

Anforderungen	einfach	mittel	komplex
Anzahl verschiedener Datenelemente	1 - 5	6 - 10	> 10
Eingabeprüfung	formal	formal, logisch	formal, logisch, Zugriff auf DB
Anspruch an Bedienerführung	gering	normal	hoch
Cursorhandhabung	einfach	normal	schwierig
Punktwert	**3**	**4**	**6**

Abb. 8.8.9: Klassifizierung und Punktwerte der Eingabedaten

Datenausgaben können per Bildschirm, als Liste oder Formular, über Schnittstellen zu anderen Systemen usw. geschehen. Hierbei werden Fehler- und Bedienernachrichten sowie Bestätigungsaufforderungen nur einmal pro

---

50 Diese und die folgenden Tabellen enthalten keine strengen Verfahrensvorschriften sondern Anhaltspunkte, um ein Objekt zu klassifizieren und zu bewerten.

Dialog gezählt. Werden Ausgaben gleichzeitig als Eingabedaten verwendet, so werden sie nur einmal, und zwar als Ausgabedaten, gezählt. Die Tabelle in Abb. 8.8.10 zeigt die Klassifizierung der Ausgaben und die Punktwerte.

Bildschirmausgabe			
Anforderungen	einfach	mittel	komplex
Anzahl verschiedener Datenelemente	1 - 5	6 - 10	> 10
Berichtsausgabe			
Anforderungen	einfach	mittel	komplex
Medium	Liste	Liste	Liste, Formular
Anzahl Spalten	1 - 6	7 - 15	> 15
Gruppenwechsel	1	2 - 3	> 3
Dateizugriffe und Verknüpfungen	wenige	mehrere	viele
Datenelemente druckaufbereiten	keine	einige	viele
Punktwert	4	5	7

Abb. 8.8.10: Klassifizierung und Punktwerte der Ausgaben

Für die Ermittlung der mit **Datenbeständen** zusammenhängenden Function-Points ist jeder Datenbestand zu zählen, der vom Anwendungssystem gepflegt (Update) und/oder betreut (Security, Recovery) wird. Gezählt wird jeweils jede logische Datengruppe, die in der Anwendung verwendet wird. Die logische Einteilung geschieht nach Benutzergesichtspunkten.

Beispiel: Die Daten für die Abrechnung von Gehältern können wie folgt in logische Datengruppen gegliedert sein[51]:
• persönliche Daten,
• Überweisungsdaten,
• Abrechnungsdaten,
• steuerrechtliche Daten,
• tarifrechtliche Daten,
• sozialversicherungsrechtliche Daten.

Nicht gezählt werden Zwischen-, Sortier- und andere Hilfsdateien. Klassifizierung und Punktwerte für Datenbestände enthält die Tabelle in Abb. 8.8.11 (Seite 267).

Bei **Read-Only-Dateien** wird jeweils jede logische Datengruppe gezählt. Klassifizierung und Punktwerte zeigt die Tabelle in Abb. 8.8.12 (Seite 267).

---

51 Vgl. NOTH/KRETZSCHMAR [1985, S. 93].

Anforderungen	einfach	mittel	komplex
Anzahl unterschiedlicher Datenelemente	1 - 20	21 - 40	> 40
Anzahl Schlüsselbegriffe / Satzarten	1	2	> 2
Datenbestand vorhanden (keine Neuarchitektur)	ja	-	nein
Datenbestandsstruktur wird verändert	nein	ja	-
Punktwert	7	10	15

Abb. 8.8.11: Klassifizierung und Punktwerte der Datenbestände

Anforderungen	einfach	mittel	komplex
Anzahl unterschiedlicher Datenelemente	1 - 20	21 - 40	> 40
Anzahl Schlüsselbegriffe / Satzarten	1	2	> 2
Punktwert	5	7	10

Abb. 8.8.12: Klassifizierung und Punktwerte der Read-Only-Dateien

Auch für **Datentabellen** erfolgt eine Klassifizierung und Punktbewertung (Abb. 8.8.13).

Anforderungen	einfach	mittel	komplex
Anzahl verschiedener Datenelemente	1 - 5	6 - 10	> 10
Dimension	1	2	> 2
Punktwert	5	7	10

Abb. 8.8.13: Klassifizierung und Punktwerte der Tabellen

Schließlich sind alle unterschiedlich formatierten **Online-Datenzugriffe** zu zählen und zu bewerten. Die Zugriffe verändern die Datenbestände nicht, sie dienen als Schlüsseldaten, um die Datensuche einzuleiten. Zugriffe mit vielen Verarbeitungsschritten, Zugriff auf mehrere Dateien, evtl. Zwischenverarbeitung mit Speicherung und/oder Sortierung sind keine Abfragen, sondern Eingaben und Ausgaben. Die Tabelle in Abb. 8.8.14 (Seite 268) enthält Klassifizierungskriterien und Bewertung.

In jeder der Kategorien können natürlich sowohl einfache als auch mittlere oder komplexe Anforderungen auftreten. Wichtig ist, daß alle Daten nur einmal gezählt werden.

268 Kapitel 8: Durchführbarkeitsuntersuchungen

Anforderungen	einfach	mittel	komplex
Anzahl unterschiedlicher Schlüssel	1	2	> 2
Anspruch an Bedienerführung	gering	normal	hoch
Punktwert	3	4	6

Abb. 8.8.14: Klassifizierung und Punktwerte der Online-Zugriffe

Nach Klassifizierung der Projektanforderungen, werden die ermittelten Anzahlen mit den Punktwerten multipliziert. Bei den fünf Kategorien zu je drei Abstufungen (einfach, mittel und komplex) ergeben sich also 15 Werte. Durch Addition der 15 Werte erhält man die **Brutto-Function-Points** (EI), bei denen allerdings noch keine allgemeinen Einflüsse berücksichtigt sind.

Die bei der Function-Point-Methode zu berücksichtigenden **allgemeinen Einflußfaktoren** sind in Abb. 8.8.15 (Seite 269) zusammengestellt[52].

Jeder dieser Einflußfaktoren wird für das zu entwickelnde System analysiert und bewertet. Dabei wird folgende Bewertungsskala verwendet[53]:

0 = kein Einfluß,   3 = mittlerer Einfluß,

1 = schwacher Einfluß,   4 = bedeutsamer Einfluß,

2 = mäßiger Einfluß,   5 = starker Einfluß.

Bei Einflußfaktor 9 gilt allerdings, wie aus Abb. 8.8.15 ersichtlich ist, eine abweichende Bewertung von 0 bis 50 Punkten[54]. Für die Einflußfaktoren ergibt sich damit ein Maximum von $13 \times 5 + 50 = 115$ Punkten für die Punktbewertung.

Es wird nun vorgeschlagen, die sich aus den Einflußgrößen ergebende Punktsumme auf das Intervall von 0 bis 0,7 zu normieren. Das geschieht durch Division durch 164[55]. Den erhaltenen Wert addiert man zu 0,65, so daß der über die genannten Einflußfaktoren ermittelte Gesamteinfluß einen Wert im Intervall mit den Grenzen 0,65 und 1,35 einnimmt[56]. Die Summe der Function-Points EI wird dann mit diesem Faktor multipliziert, um zu einer endgültigen Bewertung zu kommen.

---

52 Zu Einzelheiten vgl. SEIBT [1987, S. 4].

53 Vgl. IBM DEUTSCHLAND GMBH [1985, S. 11].

54 Eine abweichende Bewertung für den Faktor 9 mit Werten von 3 bis 30 wird von IBM DEUTSCHLAND GMBH [1985] vorgeschlagen. Dort sind darüber hinaus nur die Einflußgrößen 2., 5., 9., 10., 11., 13. und die „Verflechtung mit anderen Verfahren", also insgesamt sieben, berücksichtigt.

55 Vgl. SEIBT [1987].

56 Dieses Intervall ist symmetrisch um 1.

01. Die in der Anwendung zu verarbeitenden Daten- und Kontrollinformationen werden über Kommunikationseinrichtungen gesendet und empfangen.

02. Die Verwaltung der Daten oder die Verarbeitung wird dezentral durchgeführt (DDP-Konzept).

03. Bezüglich Design, Implementierung und Wartung nimmt ein günstiges Antwortzeitverhalten einen hohen Stellenwert ein.

04. Das Anwendungssystem soll auf einer kapazitätsmäßig stark belasteten Rechnerkonfiguration laufen.

05. Die Anwendung hat eine so hohe Transaktionsrate, daß besondere Maßnahmen bei Design und Programmierung zu ergreifen sind.

06. Das Anwendungssystem sieht Online-Eingaben und -Kontrollfunktionen vor.

07. Die Online-Funktionen sollen benutzerfreundlich entworfen werden.

08. Die Datenbestände werden online gewartet.

09. Hier gilt eine abweichende Bewertung von 0 bis 50. Sie ergibt sich aus der Summe der folgenden 4 Einzelbewertungen:

    • schwierige/komplexe Rechenoperationen, verbunden mit Simulationen der Hochrechnungen;

    • umfangreiche Kontrollverfahren, die die ordnungsgemäße Verarbeitung der Daten sicherstellen, sowie besondere Maßnahmen bei sensitiven Programmen erforderlich machen;

    • viele Ausnahmeregelungen, die von der Anwendung abgedeckt sein müssen und als Sonderfälle in Verträgen/Vereinbarungen oder Verfahrensrichtlinien festgeschrieben sind;

    • eine schwierige, komplexe Logik, z. B. Verknüpfung von verschiedenen logischen Datengruppen, die gleichzeitig verarbeitet werden.

10. Bei Entwicklung, Implementierung und Wartung ist eine Wiederverwendung der Programme in anderen Anwendungen zu berücksichtigen. Bewertung nach Grad der Wiederverwendung wie folgt:

    bis 10% ~ 0,   10-20% ~ 1,   20-30% ~ 2,
    30-40% ~ 3,   40-50% ~ 4,   über 50% ~ 5

11. Bei Design, Implementierung und Test sind Datenbestandskonvertierungen vorzusehen.

12. Das Anwendungssystem soll leicht bedienbar sein (Minimierung des Bedarfs an manuellen Aktivitäten).

13. Entwurf, Entwicklung und Wartung sind darauf auszurichten, daß das Anwendungssystem bei vielen Anwendern in vielen Organisationen benutzt werden kann.

14. Das Anwendungssystem soll auch in Zukunft flexibel veränderbar sein, z. B. durch Tabellen, in denen die Steuerungsdaten durch den Benutzer gepflegt werden können.

Abb. 8.8.15: Allgemeine Einflußfaktoren für die Korrektur der
Brutto-Function-Points

Das nachfolgende Beispiel verdeutlicht die Vorgehensweise bei der Ermittlung der Function-Points[57].

Es sei eine Auftragsabwicklung eines mittelgroßen Unternehmens zu kalkulieren. In der Entwurfsphase wurden folgende Module für das Projekt vorgesehen:

1. Anfrage- und Angebotsbearbeitung,
2. Angebotsüberwachung,
3. Auftragserfassung und -prüfung,
4. Versanddisposition,
5. Fakturierung,
6. Gutschriftenerteilung.

Im nächsten Schritt werden die Geschäftsvorfälle bestimmt, die in den einzelnen Modulen enthalten sind. Dabei erfolgt die Aufteilung in Eingabe-, Ausgabe- und Abfrageroutinen, sowie die zugehörigen Datenbestände:

1. Anfrage- und Angebotsbearbeitung

Eingabe: Kundenanfragen, Parameter bei Angebotsaktionen
Ausgabe: individuelle Angebote, selektiv gestreute Massenangebote
Datenbestand: Kunden, Erzeugnisse, Erzeugnisstrukturen, Angebote

2. Angebotsüberwachung

Eingabe: Löschanweisungen
Ausgabe: Angebotserinnerungen, Löschprotokolle
Abfragen: aktuelle Angebote
Datenbestand: Kunden, Erzeugnisse, Angebote

3. Auftragserfassung und Prüfung

Eingabe: Kundenaufträge, Stornierungen
Ausgabe: abgelehnte Aufträge, Auftragsbestätigungen, Auftragsstornierungen,
                       Fakturierung an Lagerbestände
Abfragen: aktuelle Aufträge
Datenbestand: Kunden, Erzeugnisse, Angebote, Aufträge

4. Versanddisposition

Eingabe: Suchanweisungen
Ausgabe: Versandanweisungen, Frachtpapiere, Lieferscheine, Aufkleber
Datenbestand: Kunden, Lieferanten, Erzeugnisse, Aufträge

5. Fakturierung

Eingabe: Versanddokumente
Ausgabe: Rechnungen, Lastschriften, Rechnungsausgangsbuch, Fakturierung
                       an Buchhaltung
Datenbestand: Kunden, Erzeugnisse, Packmittel, Aufträge, Vertreter

6. Gutschriftenerteilung

Eingabe: Wertgutschriften, Gutschriften für Retouren
Ausgabe: Gutschriften, Buchanweisungen
Datenbestand: Kunden, Erzeugnisse

---

57 Das Beispiel entstammt NOTH/KRETZSCHMAR [1985, S. 144-152].

Anschließend erfolgt die Bewertung der Geschäftsvorfälle mit Hilfe der oben angeführten Tabellen nach den Kriterien „einfach", „mittel" und „komplex". Dabei muß
darauf geachtet werden, gleiche Datenbestände nur einmal zu bewerten. Die für das
Beispiel vorgenommenen Bewertungen sind in der Reihenfolge der vorstehend aufgeführten Angaben in der Tabelle in der nachfolgenden Abb. 8.8.16 enthalten.

Geschäftsvorfall	Art	Klasse	Wert
Kundenanfragen	Eingabe	komplex	6
Parameter	Eingabe	einfach	3
Indiv. Angebote	Ausgabe	mittel	5
Massenangebote	Ausgabe	mittel	5
Löschanweisungen	Eingabe	einfach	3
Angebotserinnerungen	Ausgabe	einfach	4
Löschprotokolle	Ausgabe	einfach	4
Aktuelle Angebote	Abfrage	einfach	3
Kundenaufträge	Eingabe	komplex	6
Stornierungen	Eingabe	mittel	4
Abgelehnte Aufträge	Ausgabe	mittel	5
Auftragsbestätigungen	Ausgabe	komplex	7
Auftragsstornierungen	Ausgabe	mittel	5
Fakturierung an Lagerbestandsführung	Ausgabe	komplex	7
Aktuelle Aufträge	Abfrage	mittel	4
Suchanweisungen	Eingabe	einfach	3
Versandanweisungen	Ausgabe	einfach	4
Frachtpapiere	Ausgabe	einfach	4
Lieferscheine	Ausgabe	einfach	4
Aufkleber	Ausgabe	einfach	4
Versanddokumente	Eingabe	mittel	4
Rechnungen	Ausgabe	einfach	4
Lastschriften	Ausgabe	einfach	4
Rechnungsausgangsbuch	Ausgabe	einfach	4
Fakturierung an Buchhaltung	Ausgabe	einfach	4
Wertgutschriften	Eingabe	mittel	4
Gutschriften für Retouren	Eingabe	mittel	4
Gutschriften	Ausgabe	einfach	4
Buchungsanweisungen	Ausgabe	einfach	4
Kunden (2 logische Datengruppen)	Daten	einfach	14
Erzeugnisse (2 logische Datengruppen)	Daten	einfach	14
Erzeugnisstrukturen	Daten	komplex	15
Lieferanten	Daten	einfach	7
Packmittel	Daten	einfach	7
Vertreter	Daten	einfach	7
Angebote	Daten	mittel	10
Aufträge (2 logische Datengruppen)	Daten	einfach	14

Abb. 8.8.16: Klassifikation der Beispiel-Funktionen

Die Daten in Abb. 8.8.16 werden nun bezüglich der fünf Kategorien gruppiert und jeweils mit den Werten für die Einordnung als „einfach", „mittel" und „komplex" bewertet. Die Ergebnisse enthält die Tabelle in Abb. 8.8.17.

Kategorie	Bewertung	Gewicht	Anzahl	Ergebnis
Eingabedaten	einfach	3	3	9
	mittel	4	4	16
	komplex	6	2	12
Ausgaben	einfach	4	12	48
	mittel	5	4	20
	komplex	7	2	14
Datenbestände	einfach	7	9	63
	mittel	10	1	10
	komplex	15	1	15
Referenzdaten	einfach	5	0	0
	mittel	7	0	0
	komplex	10	0	0
Abfragen	einfach	3	1	3
	mittel	4	1	4
	komplex	6	0	0
Summe (Brutto-Function-Points)			**E1 =**	**214**

Abb. 8.8.17: Function-Point-Bestimmung für das Beispiel

Zur Bestimmung des allgemeinen Einflusses werden nur sieben der in Abb. 8.8.15 aufgeführten Einflußfaktoren berücksichtigt. In Abb. 8.8.18 sind die allgemeinen Faktoren bewertet und es sind die bewerteten Function-Points bestimmt. Für die Auftragsabwicklung ergeben sich also 199 Function-Points.

1. Verflechtung mit anderen Verfahren		1
2. DDP-Konzept		0
3. Transaktionsrate		1
4. Transaktionsrate		0
Rechneroperationen		3,5
Kontrollverfahren		5
Ausnahmeregelungen		7
Logik		2,5
5. Wiederverwendung in anderen Verfahren		0
6. Datenbestands-Konvertierungen		0
7. Benutzerbedienung		3
Summe der 7 Einflüsse	E2	23
Faktor für die Einflußbewertung	$E3 = 0{,}70 + (0{,}01 \times E2)$	= 0,93
Bewertete Function-Points	$FP = E1 \times E3 = 214 \times 0{,}93$	= 199

Abb. 8.8.18: Berechnung der bewerteten Function-Points

Die auf die vorstehend beschriebene Art ermittelten Function-Points ergeben unmittelbar noch keine Aufwandsschätzung, da die Function-Points in zu erwartende Personenmonate (*PM*) umzurechnen sind. Dazu wurden für abgeschlossene Projekte Function-Points und benötigte Personenmonate ermittelt. Aus diesen Werten wurde mit Hilfe der Regressionsrechnung eine Funktion für den Zusammenhang zwischen Personenmonaten und Function-Points ermittelt. Ausgewählte Werte dieses Zusammenhangs zwischen Function-Points und Personenmonaten enthält Abb. 8.8.19[58]. Für das Beispiel ergibt sich mit Hilfe von Abb. 8.8.19 ein Wert von rund neun Personenmonaten (es handelt sich also um ein kleines Projekt).

Function Points	PM	Function Points	PM	Function Points	PM	Function Points	PM	Function Points	PM
150	5	600	41	1100	84	2000	171	2900	284
200	9	650	45	1200	93	2100	182	3000	299
250	13	700	49	1300	102	2200	193	3100	315
300	17	750	53	1400	111	2300	205	3200	331
350	21	800	57	1500	121	2400	217	3300	350
400	25	850	61	1600	131	2500	229	3400	369
450	29	900	65	1700	141	2600	242	3500	390
500	33	950	70	1800	151	2700	255	3600	415
550	37	1000	75	1900	161	2800	269	3700	441

Abb. 8.8.19: Zusammenhang zwischen Function-Points und Aufwand

Abb. 8.8.20 veranschaulicht den Zusammenhang zwischen Function-Points und Aufwand in Personenmonaten graphisch.

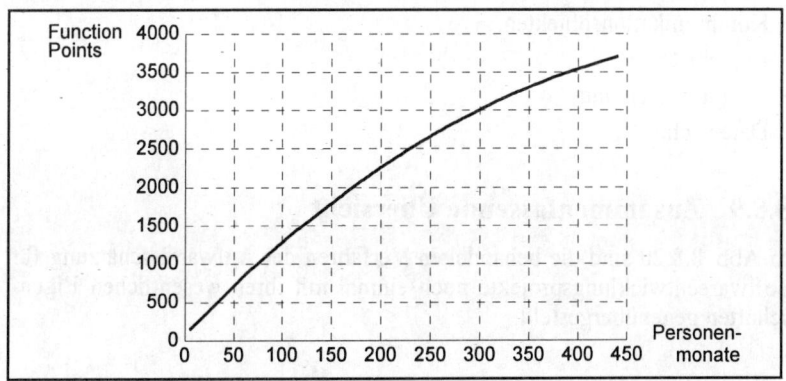

Abb. 8.8.20: Zusammenhang zwischen Function-Points und Aufwand in Personenmonaten

58 Vgl. dazu IBM DEUTSCHLAND GmbH [1985, S. 13].

Der Verlauf der Kurve in Abb. 8.8.20 macht deutlich, daß der Zusammenhang nichtlinear ist. Mit zunehmender Projektgröße steigt der Aufwand
überproportional an.

8.8.8 Data-Point-Methode

Die Function-Point-Methode ist nicht unumstritten. Sie orientiert sich an
den funktionellen Anforderungen an eine Software und berücksichtigt
damit heutige Tendenzen zur objektorientierten Entwicklung nicht.

Um bei datenbezogenen bzw. objektorientierten Systementwicklungen zu
fundierten Aufwandsschätzungen zu kommen, wurde unter Verwendung
des grundlegenden Ansatzes der Function-Point-Methode die sogenannte
Data-Point-Methode entwickelt[59].

Während die Function-Point-Methode den Aufwand für ein zu entwickelndes Software-System aus den Datenflüssen und den Verarbeitungsschritten
herzuleiten versucht, geht die Data-Point-Methode von der Menge der
Daten aus. Die „Größe" eines Systems wird nicht an Anforderungen oder
Funktionen, sondern an Objekten und der Menge der darin enthaltenen
Datenelemente gemessen. Bei dem eigentlichen Schätzverfahren geht man
ähnlich vor, wie bei der Function-Point-Methode.

Data-Points ergeben sich aus der Anzahl an

• Informationsobjekten,
• Attributen,
• Kommunikationsobjekten,
• Eingabedaten,
• Ausgabedaten und
• Datensichten.

8.8.9 Zusammenfassende Übersicht

In Abb. 8.8.20 sind die behandelten Verfahren der Aufwandsschätzung für
Softwareentwicklungsprojekte noch einmal mit ihren wesentlichen Eigenschaften gegenübergestellt.

---

59 Vgl. hierzu SNEED [1991].

Ansatz bzw. Verfahren	Charakteristische Eigenschaft
Analogieverfahren (Seite 256)	Schätzung des Aufwands „analog" zu dem bekannten Aufwand eines abgeschlossenen Projekts
Relations- oder Indexverfahren (Seite 257)	wie Analogieverfahren, aber formalisierter Ansatz über Verhältnis- oder Indexschätzungen
Multiplikatorverfahren (Seite 258)	„Kalkulation" des Aufwands für Komponenten des IV-Systems bzw. einzelne Arbeitsschritte und Aufwand pro Komponente bzw. Arbeitsschritt
Produktivitätsverfahren (Seite 258)	wie Multiplikatorverfahren, der Aufwand je Einheit wird über Produktivitätskennzahlen abgeschlossener Projekte ermittelt
Faktorenverfahren (Seite 258)	Aufwandsschätzung über eine Regressionsfunktion aus zu bestimmenden Einflußgrößen des Aufwands,
Prozentsatzverfahren (Seite 260)	Verteilung des Gesamtaufwands auf die einzelnen Systementwicklungsphasen
Gewichtungsverfahren (Seite 261)	Aufwandsschätzung über fachlichen Aufwand und DV-Aufwand unter Berücksichtigung spezieller Einflußgrößen
COCOMO-Modell (Seite 263)	Verwendung von Schätzgleichungen der Form $PM = aKDSI^b$, wobei PM Personenmonate, KDSI 1000 gelieferte oder erstellte Quellbefehle, a und b aus der Vergangenheit geschätzte Parameter sind
Function-Point-Methode (Seite 264)	Ermittlung des Aufwands in Abhängigkeit vom Schwierigkeitsgrad und vom Umfang der Softwareentwicklung über die Datenflüsse und Verarbeitungsschritte
Data-Point-Methode (Seite 274)	Aufwandsschätzung anhand der Objekte eines IV-Systems und der Menge der darin enthaltenen Datenelemente

Abb. 8.8.20: Übersicht über Aufwandsschätzungsverfahren

8.8.10 Aufwandsschätzung von Systementwicklungsprojekten

In den vorangegangenen Abschnitten dieses Kapitels wurden Ansätze und Verfahren zur Schätzung des Aufwandes von **Software**entwicklungsprojekten behandelt. **Software**entwicklung ist aber nur ein Teil der **System**entwicklung. Für ein **System**entwicklungsprojekt ist auch der Aufwand für die über die reine Softwareentwicklung hinausgehenden Aktivitäten zu ermitteln. Dazu gehört z. B. Aufwand, der entsteht durch

- Aktivitäten in der Initialisierungsphase, insbesondere für die Erarbeitung eines ersten Grobentwurfs,

- Ist- und Soll-Zustands-Analyse,

- Anforderungsanalyse und Erstellung eines Pflichtenhefts,

- Organisationsaufwand,

- Beraterhonorare,

- Reisekosten und Schulung der Mitarbeiter,

- Umstellungsaufwand bei Systemeinführung,

- Projektmanagement.

Zur Ermittlung dieses Aufwands sei auf die Ausführungen zur Wirtschaftlichkeitsrechnung verwiesen. Methodisch eignen sich Analogieverfahren, sofern Erfahrungen mit vergleichbaren Projekten vorliegen, oder Ansätze der betriebswirtschaftlichen Wirtschaftlichkeitsrechnung.

9   Qualitätsmanagement der Systementwicklung

Dieses Kapitel befaßt sich mit dem Qualitätsmanagement der Systementwicklung, d. h. mit den Aufgaben und Problemen, die die Qualität der Planung, Entwicklung und Einführung eines IV-Systems und die Qualität des IV-Systems selbst betreffen. Dazu gehört nicht nur die Qualitätskontrolle, die in bzw. nach jeder Phase der Systementwicklung stattfindet, sondern vor allem auch die den gesamten Systementwicklungsprozeß begleitende Qualitätsplanung und -sicherung und andere Bereiche des Qualitätsmanagements (vgl. dazu das allgemeine Vorgehensmodell in Abb. 2.3.14). Auf das zum Qualitätsmanagement gehörende Testen von realisierten Programmen bzw. Programmteilen wird nur am Rande eingegangen, da dieser Aufgabenbereich des Qualitätsmanagements bereits in Kapitel 7 behandelt wurde.

9.1   Bedeutung des Qualitätsmanagements für die Systementwicklung

9.1.1   Zum Begriff Qualitätsmanagement

Qualitätsmanagement findet praktisch während des gesamten Systementwicklungsprozesses statt. Nach DIN ISO 9000 gilt folgendes:

> **Qualitätsmanagement** ist derjenige Aspekt der Gesamtführungsaufgabe, welcher die Qualitätspolitik festlegt und verwirklicht.
> **Qualitätspolitik** bezeichnet die umfassenden Absichten und Zielsetzungen einer Organisation betreffend die Qualität, wie sie durch die oberste Leitung formell ausgedrückt werden.

Qualitätsmanagement umfaßt **alle vorbeugenden, kontrollierenden und nachbessernden Maßnahmen** im Rahmen einer Systementwicklung, die konkret und bewußt auf die Erreichung von Qualität ausgerichtet sind. Qualitätsmanagement schließt dabei drei Aufgabenbereiche ein, die unterschiedliche Aspekte betreffen und im Vorgehensmodell der Systementwicklung unterschiedlich eingeordnet sind.

Zum **Qualitätsmanagement** gehören folgende Teilbereiche:
Qualitätsplanung: vorbereitende Maßnahmen zur Erfüllung der Qualitätsanforderungen;
Qualitätslenkung bzw. **Qualitätssteuerung:** alle operativen Techniken und Tätigkeiten, welche angewendet werden, um die Qualitätsforderungen zu erfüllen.
Qualitätskontrolle bzw. **Qualitätsprüfung:** kontrollierende und gegebenenfalls nachbessernde[1] Maßnahmen am Ende jeder Phase, aber auch nach jeder Aktivität oder Aufgabenbearbeitung.
Qualitätsberichtswesen: Aktivitäten zur Bereitstellung aller relevanten Qualitätsinformationen.
Qualitätsdokumentation: alle Dokumente, in denen qualitätsbezogene Informationen festgehalten sind; hängt eng mit dem Qualitätsberichtswesen zusammen.

Qualitätsplanung und Qualitätslenkung begleiten den gesamten Prozeß der Systementwicklung. Dazu gehören in erster Linie vorbeugende Maßnahmen, z. B. differenzierte Arbeitsanweisungen, Verwendung bestimmter Werkzeuge usw. Qualitätsplanung und Qualitätslenkung umfassen aber auch administrative, organisatorische, personelle und andere Aktivitäten zur Gewährleistung einer angestrebten Qualität bei der Systemplanung und -entwicklung.

Qualitätskontrolle oder Qualitätsprüfung umfaßt vor allem prüfende Maßnahmen bereits erledigter Aufgaben. Dazu gehört die Kontrolle der Phasenergebnisse, aber auch die Überprüfung von Teilergebnissen. Insbesondere gehört zur Qualitätskontrolle das Testen von Programmen[2].

Qualitätsberichtswesen und Qualitätsdokumentation sind begleitende Aufgabenbereiche, die vor allem der Bereitstellung und Speicherung der relevanten qualitätsbezogenen Informationen dienen.

Eine wichtige Aufgabe des Qualitätsmanagements ist die Qualitätssicherung.

Unter **Qualitätssicherung** versteht man nach DIN ISO 9000 alle geplanten und systematischen Tätigkeiten, die notwendig sind, um ein angemessenes Vertrauen zu schaffen, daß ein Produkt oder eine Dienstleistung die gegebenen Qualitätsanforderungen erfüllen wird.

---

1 Aufgaben der Fehler**beseitigung** werden oft **nicht** zur Qualitätskontrolle oder Qualitätsprüfung gezählt.

Qualitätssicherung verfolgt als allgemeines Ziel die Gewährleistung, daß die Qualitätsforderungen bzw. Qualitätsvorgaben eingehalten bzw. erreicht werden, und zwar sowohl hinsichtlich des Prozesses der Planung, Entwicklung und Einführung eines IV-Systems, als auch bezüglich des zu entwickelnden IV-Systems selbst. Es geht bei der Qualitätssicherung also um die operativen Aufgaben.

Für die Qualität der Systementwicklung und der IV-Systeme ist ein systematisches Qualitätsmanagement unverzichtbar. Dieses Qualitätsmanagement muß bereits in der Initialisierungsphase einer Systementwicklung einsetzen, da sonst eine „Fehlerlawine" entstehen kann, wie sie in Abb. 9.1.1 veranschaulicht ist.

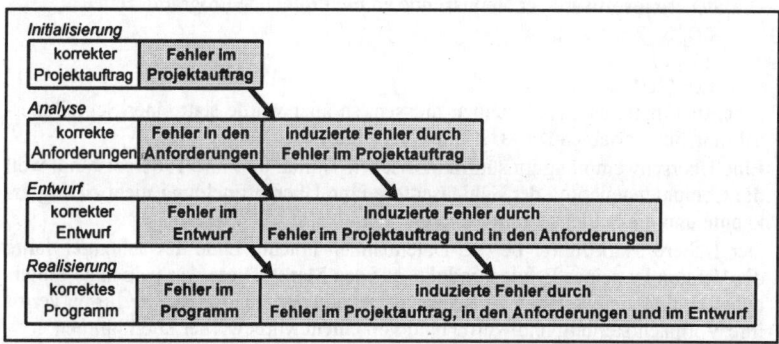

Abb. 9.1.1: „Fehlerlawine" (in Anlehnung an DGQ [1986, S. 155ff])

9.1.2 Zur Bedeutung des Qualitätsmanagements für die Systementwicklung

Qualitätsmanagement bei der Planung, Entwicklung und Einführung eines IV-Systems und für das IV-System selbst beschränkt sich in den meisten Fällen auf Kontrollen der Phasenergebnisse und auf das Programmtesten. Die strategische und sonstige Bedeutung von IV-Systemen für Unternehmen, Behörden und andere Organisationen erfordern aber ein systematisches Qualitätsmanagement, und zwar auch in Detailfragen. Aus oft harmlos erscheinenden Fehlern können beträchtliche Folgewirkungen entstehen. Die folgenden Beispiele mögen dies veranschaulichen[3]:

---

2 Vgl. dazu die Ausführungen in Kapitel 7.
3 Vgl. dazu und zu weiteren Beispielen BABER [1992, S. 3-16] und WALLMÜLLER [1990, S. 1].

- Ein Fehler in der Flugreservierungssoftware verursachte monatelang eine Unterbelegung der Flüge einer Fluggesellschaft. Der Schaden wurde auf 50 Millionen Dollar geschätzt.
- Ein angestellter Programmierer wurde persönlich zu Schadensersatz verurteilt, nachdem die von ihm programmierten NC-Maschinen stundenlang nur Ausschuß produzierten, bevor der Fehler entdeckt wurde.
- Im Fall der Bestrahlungsanlage Therac 25 sind Presseberichten zufolge zwei Todesfälle und mehrere sehr schwere Personenverletzungen auf Softwarefehler zurückzuführen. Wegen eines Programmfehlers hatte die Anlage eine tödliche Strahlendosis abgegeben.
- Die Venussonde MARINER 1 mußte wenige Minuten nach dem Start gesprengt werden, weil in einem FORTRAN-Programm ein Punkt mit einem Komma vertauscht war. Es entstand ein Verlust von einigen hundert Millionen US-Dollar. Die Steuerungssoftware der Venussonde enthielt folgende Programmzeilen:

  ```
  DO 3 I = 1.3
  (...)
  3 CONTINUE
  ```

  Eigentlich hätte es „1,3" heißen müssen, so aber wurde statt einer Schleifeneröffnung der Variablen DO 3 I ein Wert zugewiesen.
- Eine Überschwemmung im südfranzösischen Tarntal im Jahre 1984 entstand, weil die Computersteuerung der Schleusentore eine Überlaufmeldung nicht richtig erkannte und die Schleusentore öffnete.
- Der frühere Marktführer bei PC-Datenbanken brachte Ende der achtziger Jahre die Version IV seines Erfolgsprodukts auf den Markt. Diese war jedoch so fehlerbehaftet, daß viele Kunden zu Konkurrenzprodukten überliefen. Die Firma verlor ihre Vormachtstellung und wurde bald von einem Mitbewerber übernommen.

Neben den Fehlerfolgekosten gibt es weitere Gründe für die zunehmende Bedeutung des Qualitätsmanagements, z. B.:

- **Komplexität der Systeme**
  IV-Systeme werden immer umfangreicher, komplexer und damit unübersichtlicher. Qualität kann deshalb nicht mehr intuitiv erfaßt und gesteuert werden.
- **Zunehmender Funktionsumfang der Systeme**
  IV-Systeme decken immer mehr verschiedene Funktionen ab, die meistens untereinander kombinierbar sind. Daraus ergeben sich derart viele Kombinationsmöglichkeiten, daß nicht alle Möglichkeiten am Ende einer Systementwicklung getestet werden können. Man beschränkt sich auf zufällig ausgewählte Fälle. Daraus ergibt sich die Notwendigkeit einer systematischen Qualitätssicherung.
- **Steigende Kosten**
  Nicht nur im Personalbereich steigen die Kosten. Systematisches Qualitätsmanagement kann dazu beitragen, Kosten (z. B. für nachträgliche Fehlerbeseitigung) zu reduzieren.

- **Sensitive Anwendungsbereiche**
  IV-Systeme werden zunehmend in sensitiven Bereichen (Medizin, Militärtechnik, Verkehrssteuerung u. a.) eingesetzt, wo Fehler nicht nur finanzielle Folgen, sondern z. B. auch Personenschäden verursachen können.
- **Portierungen**
  IV-Systeme werden heute oft in verschiedenen Versionen für unterschiedliche Betriebssysteme angeboten. Weiterentwickelte Versionen folgen sehr schnell aufeinander. Die hohe Versionenvielfalt erfordert ein intensives Qualitätsmanagement.
- **Verschärfte Produkthaftung**
  Die verschärfte Gesetzgebung, insbesondere das Produkthaftungsgesetz, hat zu einer zunehmenden Verantwortung des Herstellers für unerwünschte Wirkungen seiner Produkte geführt. Das gilt auch für Software und IV-Systeme[4].
- **Strategische Bedeutung von IV-Systemen**
  Die strategische Bedeutung von IV-Systemen wächst. Sie spielen eine zunehmende Rolle für die Entwicklung und für die Überlebensfähigkeit von Unternehmen. Fehler in IV-Systemen können existenzbedrohend sein.

9.1.3 Aufgaben des Qualitätsmanagements

Wie in Abschnitt 9.1.1 definiert wurde, umfaßt Qualitätsmanagement verschiedene Aufgabenbereiche, die in Abb. 9.1.2 dargestellt sind. Die Abbildung zeigt zugleich, wie ein Qualitätsmanagement aufgebaut sein kann.

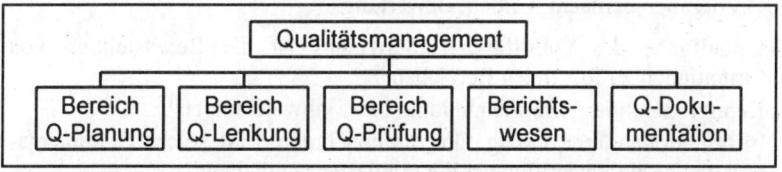

Abb. 9.1.2: Aufgabenbereiche eines Qualitätsmanagements

Zu den Aufgabenbereichen in Abb. 9.1.2 gehören u. a. folgende Einzelaufgaben:
- **Qualitätsplanung**
  - Festlegung von Qualitätszielen,
  - Festlegung der Qualitätsobjekte, denn einige der Aufgaben müssen in Abhängigkeit vom jeweiligen Qualitätsobjekt festgelegt werden,

---

4 Vgl. dazu beispielsweise KOCH [1989, S. 337-339] und KOCH [1992, S. 54-61].

- Festlegung der einzuhaltenden Standards und Normen,
- Bestimmung eines einzuhaltenden Qualitätsniveaus,
- Ermittlung bzw. Festlegung der Qualitätsmerkmale,
- Ermittlung möglicher Qualitätsrisiken[5],
- Setzen von Prioritäten für die Qualitätsmerkmale und Bestimmung der Interdependenzen zwischen ihnen,
- Bestimmung oder Festlegung von Kenngrößen, die geeignet sind, die Ausprägungen der Qualitätsmerkmale zu messen,
- Bestimmung der Arten von im Rahmen der Qualitätskontrolle auszuführenden Test-, Verifizierungs- und Validierungsmaßnahmen,
- Festlegung einer adäquaten Qualitätsorganisation,
- Festlegung der zu verwendenden Methoden, Techniken und Hilfsmittel.

• **Qualitätslenkung**
- Aufgaben der Projektsteuerung[6],
- organisatorische Maßnahmen zur Qualitätssicherung, z. B. Einsatz eines IV-Systems zur sofortigen Erfassung der Ausprägungen der Qualitätsmerkmale und deren Abgleich mit den Vorgaben,
- administrative Maßnahmen zur Qualitätssicherung, z. B. Erfassung aller festgestellten Qualitätsmängel in einer „Qualitätsdatenbank",
- Auswertung von Prüfergebnissen.

• **Qualitätskontrolle**
- Feststellung der konkreten Ausprägungen der Qualitätsmerkmale,
- Berechnung bzw. Bestimmung von Qualitätsmaßen,
- Soll-Ist-Vergleich der Ausprägungen der Qualitätsmerkmale bzw. der Werte der Qualitätsmaße mit den Qualitätsvorgaben, oder, falls keine Vorgaben gemacht wurden, Bewertung.

Hauptaufgabe des **Qualitätsberichtswesens** ist die Bereitstellung von Informationen zu folgenden Bereichen[7]:

• Kenngrößen über Termineinhaltung bzw. -abweichungen[8].
• Informationen über durchgeführte Maßnahmen. Eine solche Dokumentation einer Qualitätsprüfung sollte mindestens enthalten:

---

5 Qualitätsrisiken können die Systementwicklung bzw. das IV-System in seiner Qualität beeinträchtigen. Risikofaktoren sind in ihren Ausprägungen nicht voraussehbar. Es gehören dazu z. B. Projektgröße, Unbestimmtheit der Anforderungen, Umfang der Anforderungen, Beteiligung Externer, Qualifikation der Mitarbeiter, Komplexität des geplanten IS, Innovationsgrad, Konkurrenzsituation. Vgl. dazu WALLMÜLLER [1990, S. 15].

6 Vgl. dazu Kapitel 10.

7 Vgl. dazu WALLMÜLLER [1990, S. 226ff.].

8 Vgl. dazu die Ausführungen zum Projektmanagement in Kapitel 10.

- Identifikation der Prüfobjekte,
- Datum der Prüfung und Name des Prüfers,
- Angabe der verwendeten Methoden, Hilfsmittel und Werkzeuge,
- Vergleich der Prüfergebnisse mit den Qualitätsvorgaben,
- Angaben zum weiteren Vorgehen (Freigabe, Rückweisung an Stelle bzw. Phase zur Mängelbeseitigung, usw.),
- Bewertung der Prüfergebnisse.[9]
• Informationen über **festgestellte Qualitätsmängel und -probleme.**
• **Produktivitätskenngrößen**, da Qualität durch Produktivität beeinflußt bzw. mitbestimmt wird.
• Informationen über die **Kosten** des Qualitätsmanagements.

Die **Adressaten von Qualitätsinformationen** aus dem Qualitätsberichtswesen sind mit typischen, von ihnen nachgefragten Informationen in Abb. 9.1.3 exemplarisch veranschaulicht.

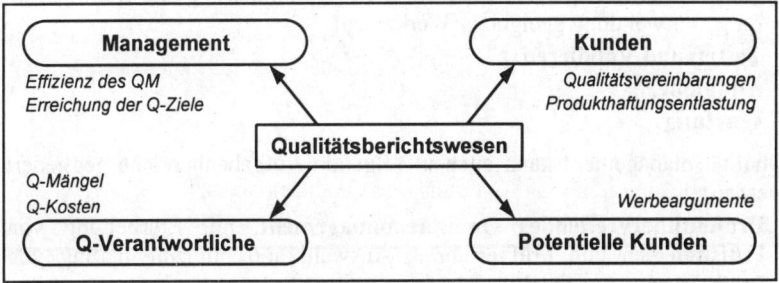

Abb. 9.1.3: Adressaten des Qualitätsberichtswesens

Zu einem Qualitätsmanagement gehören verschiedene **Dokumente**, die festgelegt, genehmigt, bekanntgemacht und bei Bedarf aktualisiert werden müssen. Folgende Dokumentenarten kann man nach DIN ISO 9000 Teil 3 unterscheiden:

• **Verfahrensanweisungen,**
• **Planungsdokumente,**
• **Produktdokumente** mit folgenden Informationen:
  - Vorgaben und Ergebnisse der Systementwicklungsphasen,
  - Verifizierungs- und Validierungspläne und -ergebnisse,
  - Wartungsdokumente.

---

9   Vgl. dazu DGQ [1986, S. 36].

DIN ISO 9000 Teil 3 empfiehlt folgende an Systementwicklungsphasen orientierte, **qualitätsbezogene Systementwicklungstätigkeiten**[10]:

- **Vertragsgestaltung**, wobei u. a. folgende Vertragsinhalte qualitätsrelevant sind:
  - Annahmekriterien,
  - Behandlung von Änderungen während der Entwicklung,
  - Behandlung von Mängeln nach Annahme,
  - Aufgaben und Verpflichtungen des Auftraggebers einschließlich der von ihm bereitzustellenden Einrichtungen, Werkzeuge usw.,
  - anzuwendende Normen, Techniken und Methoden,
- Spezifikation der Anforderungen durch den Auftraggeber, d. h. ein umfassendes und detailliertes **Pflichtenheft**,
- **Planung der Entwicklung**,
- **Planung der Qualitätssicherung**,
- **Design und Implementierung**, mit z. B. internen Schnittstellenfestlegungen, Beachtung von Regeln für die Programmierung und Kommentierung, Verwendung geeigneter Werkzeuge,
- **Testen und Validieren**,
- **Annahme**,
- **Wartung**.

Qualitätsmanagement kann auch in folgende Aufgabenbereiche gegliedert werden[11]:

- **Projektübergreifendes Qualitätsmanagement**, mit Erarbeitung von Prüfstrategien und Prüfverfahren, Auswahl und Implementierung von Prüfwerkzeugen, Qualitätsberichtswesen, Festlegung eines generellen Qualitätsbeauftragten, Qualitätsnachweisen.
- **Projektbegleitendes Qualitätsmanagement**, mit Festlegung eines Qualitätsbeauftragten für das Projekt, Qualitätsnachweisen, Prüfplanung für das Projekt.
- **Phasenspezifisches Qualitätsmanagement**, mit Durchführung von Qualitätsprüfungen, Freigabe von Phasenergebnissen oder Rückweisen zur Nachbesserung, Erfassung von Fehlern und Fehlerursachen.

Bei den Qualitätsmanagement-Aufgaben ist zu beachten, daß viele der Aufgaben von den Systementwicklern und dem Informationsmanagement übernommen werden.

---

10 DIN ISO 9000 Teil 3 geht von einer Kunde (Anwender)-Lieferanten-Beziehung bei der Systementwicklung aus, d. h. von einer Fremderstellung des IV-Systems.
11 Vgl. DGQ [1986, S. 13].

Qualitätsmanagement kann nur erfolgreich sein, wenn alle an der Planung, Entwicklung und Einführung eines IV-Systems Beteiligten ein intensives Qualitätsbewußtsein entwickeln und qualitätsbewußt handeln.

9.1.4   Prinzipien des Qualitätsmanagements[12]

Für das Qualitätsmanagement wird die Einhaltung von **Qualitätsmanagement-Prinzipien** oder **Qualitätssicherungs-Prinzipien** empfohlen. Wichtige Prinzipien sind:

* **Produkt- und projektabhängige Qualitätsplanung:** Bei der Planung von Qualitätsanforderungen und -maßnahmen sollte die spezielle Situation berücksichtigt werden. Insbesondere Aspekte wie voraussichtliche Lebensdauer, potentielle Benutzer, Kosten-Nutzen-Optimum sowie individuelle Ansprüche oder Risiken sind von Bedeutung.

* **Rückkopplung der Ergebnisse der Qualitätsprüfungen:** Diese Rückkopplung ist wesentlicher Bestandteil einer erfolgreichen Qualitätslenkung. Zu achten ist auf Soll-Ist-Abweichungen des geplanten Qualitätsniveaus, welche zu entsprechenden Korrekturmaßnahmen im Entwicklungsprozeß führen.

* **n-Augenkontrolle bei Qualitätsprüfungen:** Wird Qualität durch Menschen geprüft, sollten immer mehrere Personen beteiligt sein. Dadurch wird die Wahrscheinlichkeit gesenkt, daß Mängel übersehen werden. Außerdem können sich Gruppenprozesse positiv auswirken.

* **Maximale konstruktive Qualitätssicherung:** Konstruktive Qualitätssicherung bezieht sich auf vorbeugende Maßnahmen. Qualitätssicherung sollte soweit wie möglich über diese Maßnahmen realisiert werden.

* **Frühzeitige Entdeckung und Behebung von Fehlern und Mängeln:** Fehlerbehebungskosten steigen meistens exponentiell mit fortschreitender Systementwicklung (vgl. Abb. 9.1.4, Seite 286), d. h. je früher ein Fehler entdeckt wird, um so weniger aufwendig ist seine Beseitigung. Dieses Prinzip verlangt deshalb Qualitätssicherungsmaßnahmen vor allem in frühen Phasen der Systementwicklung.

* **Entwicklungsbegleitendes, integriertes Qualitätsmanagement:** Qualitätssicherung sollte nicht nur das Endprodukt betreffen, sondern den gesamten Systementwicklungsprozeß begleiten und in die Phasenaktivitäten integriert werden.

---

12 Vgl. dazu BALZERT [1982, S. 444ff.], DGQ [1986, S. 21ff.] und WALLMÜLLER [1990, S. 14ff.].

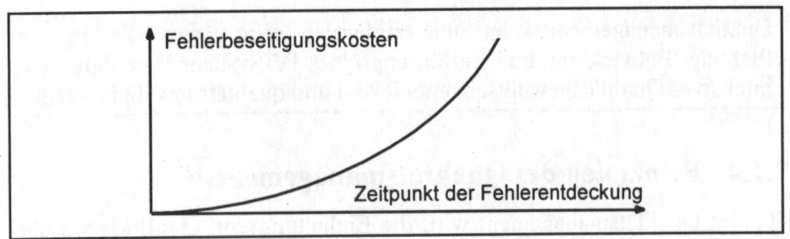

Abb. 9.1.4: Zusammenhang zwischen Fehlerbeseitigungskosten und Zeitpunkt
der Fehlerentdeckung

- **Externe Qualitätskontrolle**: Qualitätsprüfungen sollten nie von Entwicklern selbst durchgeführt werden, da „Betriebsblindheit" und fehlende Objektivität die Effektivität der Maßnahmen beeinträchtigen können.
- **Bewertung der eingesetzten Qualitätsmanagementmaßnahmen**: Auch das Qualitätsmanagement selbst sollte Gegenstand einer kritischen Betrachtung sein. Neutrale Dritte sollten das Qualitätsmanagement-System regelmäßig evaluieren. Dazu kann z. B. die Zertifizierung eines Qualitätsmanagement-Systems nach DIN/ISO 9000 ff. beitragen.
- **Werkzeugunterstützung des Qualitätsmanagements**: Effizientes Qualitätsmanagement verlangt den Einsatz geeigneter Werkzeuge, z. B. computerunterstützte Systeme zur Bestimmung und Analyse von Qualitätsmerkmalen oder zur Dokumentation.
- **Operationalisierte Qualitätsmerkmale**: Für die Qualitätsbeurteilung sollten nur operationalisierbare Merkmale verwendet werden, die meßbar bzw. quantifizierbar sind. Gegebenenfalls sind geeignete Merkmale zu definieren und Bewertungsvorschriften festzulegen.

9.1.5 Qualitätsmanagement bei der Einführung von Standardsoftware

Qualitätsmanagement ist auch bei der Einführung von Standardsoftware erforderlich. Die Aufgaben des Qualitätsmanagements beziehen sich dann auf folgende Bereiche:

- Im Rahmen der **Qualitätsplanung** ist ein detailliertes Pflichtenheft aufzustellen, das die Qualitätsvorgaben enthält. Das betrifft nicht nur die Standardsoftware selbst, sondern auch Qualitätsanforderungen an den Lieferanten, an das Organisationskonzept, an die Mitarbeiterqualifizierung, an die Einführungs- bzw. Umstellungsphase usw. Zur Qualitätsplanung gehört beim Einsatz von Standardsoftware auch die Planung der qualitätsbezogenen Maßnahmen des Customizing und die Vertragsgestaltung.

• Bei der **Qualitätslenkung** bestehen keine prinzipiellen Unterschiede zu den Aufgabenbereichen bei Entwicklung von Individualsoftware.

• Die **Qualitätskontrolle** setzt bereits bei der Auswahl eines potenten, den Qualitätsvorgaben gerecht werdenden Lieferanten ein. Zu den weiteren Aufgabenbereichen gehören
  - qualitätsorientierte Auswahl eines geeigneten Softwareprodukts,
  - Kontrolle des Customizing,
  - Kontrolle der Schulungs- und Qualifizierungsmaßnahmen u. a.

9.2   Qualität von IV-Systemen

9.2.1   Qualitätsbegriff

Gegenstand eines Qualitätsmanagements ist die Qualität.

> **Qualität** ist nach DIN ISO 8402 die Gesamtheit von **Merkmalen** einer **Einheit** bezüglich ihrer Eignung, festgelegte und vorausgesetzte Erfordernisse zu erfüllen.

Die „festgelegten und vorausgesetzten Erfordernisse" ergeben sich bei einer Systementwicklung aus den Systemanforderungen[13].

Das **Objekt der Qualität**, nach DIN ISO 8402 die „Einheit", kann
• der **Systementwicklungsprozeß** oder
• das **Produkt** bzw. das Ergebnis des Prozesses, also das IV-System selbst sein.

Abb. 9.2.1 zeigt, wie der Begriff „Qualitätsobjekt" weiter differenziert werden kann.

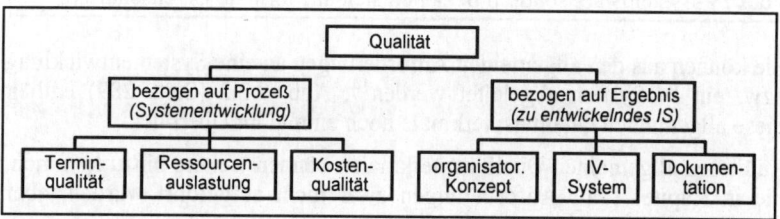

Abb. 9.2.1: Objekte des Qualitätsmanagements

---

13 Vgl. dazu die Ausführungen zu den allgemeinen Anforderungen und Prinzipien in Kapitel 1 und zu den auf eine konkrete Anwendung bezogenen Anforderungen in Kapitel 5.

Im Mittelpunkt eines Qualitätsmanagements steht naturgemäß die Qualität des IV-Systems und der dazugehörigen Software, aber auch das Organisationskonzept und die Systemdokumentation.

9.2.2 Qualitätsmerkmale

Bereits aus der Definition des Qualitätsbegriffs in Abschnitt 9.2.1 ergibt sich unmittelbar, daß es keine allgemeingültigen Kriterien für Qualität geben kann, sondern daß in jedem individuellen Fall festgelegt werden muß, was unter Qualität konkret zu verstehen ist.

Qualität eines IV-Systems hängt vom Einsatzzweck bzw. Aufgaben- oder Anwendungsbereich des Systems, von den Vorstellungen der Anwender und des Managements und anderen Einflüssen ab. Es ist deshalb erforderlich, Qualitätsmerkmale festzulegen. Dadurch wird Qualität operationalisierbar. Erst Qualitätsmerkmale ermöglichen ein wirksames Qualitätsmanagement.

Ein **Qualitätsmerkmal** ist eine an einem Qualitätsobjekt feststellbare qualitative oder quantitative Eigenschaft, durch die gleichartige Qualitätsobjekte unterschieden werden können und die für die Messung, Beurteilung oder Bewertung von Qualität herangezogen werden kann.

Die folgenden Ausführungen geben einen Überblick über mögliche Qualitätsmerkmale eines IV-Systems. Dabei ist zu beachten, daß die Merkmale nicht immer überschneidungsfrei definiert werden können und daß kein Anspruch auf Vollständigkeit erhoben werden kann.

Allgemeine Qualitätsmerkmale hängen nicht vom Anwendungsbereich des IV-Systems ab, sondern beziehen sich auf formale Eigenschaften.

Sie können aus den allgemeinen Anforderungen an eine Systementwicklung bzw. ein IV-System abgeleitet werden[14]. Abb. 9.2.2 (Seite 289) enthält diese allgemeinen Qualitätsmerkmale noch einmal im Überblick.

Zu diesen allgemeinen Qualitätsmerkmalen können weitere hinzu kommen, die in Kapitel 1 als Anforderungen zwar nicht aufgeführt wurden, aber ebenfalls aus diesen herleitbar sind[15], z. B.

---

14 Vgl. dazu Ausführungen zu den allgemeinen Anforderungen in Kapitel 1.

15 Diese Qualitätseigenschaften können bei Bedarf aber auch als Anforderungen im Sinne von Kapitel 1 formuliert werden.

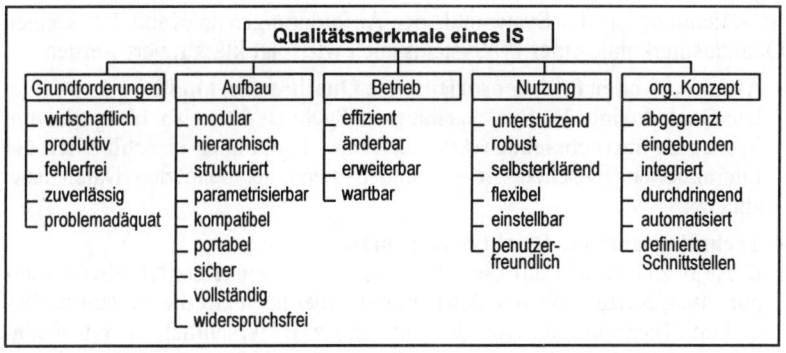

Abb. 9.2.2: Allgemeine Qualitätsmerkmale eines IV-Systems

- **Benutzbarkeit**: Sie bezieht sich auf die Erlernbarkeit der Systemfunktionen, die Systemhandhabung sowie die Interpretation der Meldungen und Ergebnisse durch den Benutzer.

- **Funktionsabdeckung**: Sie gibt an, wie gut das System die spezifizierten Funktionen ausführen kann.

- **Effizienz**: Diese kann unterteilt werden in die lauf- und antwortzeitbezogene **Ausführungseffizienz** und die **Speichereffizienz**.

- **Korrektheit**: Einwandfreie Erfüllung der Realisierungsspezifikationen.

- **Anpaßbarkeit**: Ein System ist anpaßbar, wenn es leicht auf geänderte Benutzeranforderungen und/oder Betriebsumgebungen einzustellen ist.

- **Instandsetzbarkeit**: Bei einem instandsetzbaren System ist das Erkennen von Fehlern und deren Ursachen sowie die Fehlerbeseitigung ohne besondere Schwierigkeiten möglich.

- **Verknüpfbarkeit**: Sie bezieht sich auf die Möglichkeit zur Verbindung eines IV-Systems mit einem anderen.

- **Wiederverwendbarkeit**: Das ist die Eignung von Modulen, unverändert für andere IV-Systeme eingesetzt werden zu können.

- **Verteilbarkeit**: Informationsverarbeitung findet zunehmend in verteilten Hardware-Systemen statt. Die Fähigkeit eines IV-Systems zu verteilter Informationsverarbeitung wird damit immer wichtiger[16].

- **Portierbarkeit**: Sie gewährleistet, daß Software auf alternativen Hardwareplattformen eingesetzt werden kann.

Diese allgemeinen Qualitätsmerkmale eines IV-Systems können im Einzelfall ergänzt und weiter differenziert werden.

---

16 Vgl. hierzu z. B. RAUTENSTRAUCH [1992, S. 31-39].

In Anlehnung an die Systematik der Anforderungen in Kapitel 5 können Qualitätsmerkmale eines IV-Systems auch wie folgt klassifiziert werden:

- **Aufgaben- oder funktionsorientierte Qualitätsmerkmale**
  Die Qualität eines IV-Systems hängt maßgeblich davon ab, ob es die vom System zu übernehmenden Aufgaben bzw. Funktionen einschließlich der Interaktionen zwischen Mensch und System, der benutzten Daten usw. abdeckt.

- **Technikorientierte Qualitätsmerkmale**
  Diese beziehen sich auf die Hardware mit den einzelnen Hardwarekomponenten, Netze usw., auf Betriebsarten, aber auch auf die Systemverfügbarkeit. Technikorientierte Qualität kann z. B. wesentlich davon abhängen, wie gut ein IV-System gegen Systemausfälle bzw. Ausfälle einzelner Komponenten abgesichert ist.

- **Benutzerorientierte Qualitätsmerkmale**
  Benutzerorientierte Qualitätsmerkmale beziehen sich z. B. auf Benutzeroberflächen und Benutzerführung, aber auch auf die Qualifikationen, die die Benutzer des zu entwickelnden IV-Systems haben bzw. haben müssen. Mangelnde Qualität liegt beispielsweise vor, wenn ein IV-System einen Benutzer überfordert.

- **Datenorientierte Qualitätsmerkmale**
  Qualitätsmerkmale der Daten beziehen sich auf **Verarbeitung** (z. B. kurze Zugriffs- und Übertragungszeiten), **Speicherung** (z. B. minimale Redundanz, überschaubarer innerer Aufbau, Datenunabhängigkeit**), Integrität,** die durch Datenkonsistenz (Widerspruchsfreiheit), Datensicherheit und Datenschutz (im Sinne der Einhaltung gesetzlicher Vorschriften) gewährleistet wird, und auf **Permanenz,** d.h. langfristige Nutzbarkeit.

- **Qualitätsmerkmale bezüglich der Sicherheit**
  Sicherheit betrifft nicht nur Fragen des rechtlich geregelten Datenschutzes, sondern auch alle anderen Fragen, die den unbefugten Zugriff auf Daten, die vorsätzliche oder fahrlässige Zerstörung oder Manipulation von Daten usw. betreffen. Dafür kann eine Reihe individueller Qualitätsmerkmale formuliert werden.

Individuelle Qualitätsmerkmale ergeben sich aus dem Anwendungsbereich eines IV-Systems.

Individuelle Qualitätsmerkmale beziehen sich auf folgende Bereiche:

- Informations- und Kommunikationsbedarf,
- Funktionen des Systems,
- Methoden, Oberflächen, Antwortzeitverhalten usw. der Software,

• Daten,
• Schnittstellen,
• Hardwareeigenschaften,
• organisatorisches Konzept[17],
• erforderliche Qualifikationen der Mitarbeiter.

Qualitätsmanagement bezieht sich nicht nur auf das Produkt (IV-System). Auch der Prozeß der Systementwicklung ist Objekt des Qualitätsmanagements.

Qualitätsmerkmale des Systementwicklungsprozesses sind z. B.:
• Einhaltung von Standards und Normen,
• Effizienz des Projektmanagements[18],
• Eignung der eingesetzten Werkzeuge und Methoden,
• Termineinhaltung,
• Wirtschaftlichkeit des Ressourceneinsatzes,
• Kosten,
• Qualifikationen der Mitglieder des Systementwicklungsteams,
• Dokumentation des Entwicklungsprozesses
• Anwenderbeteiligung.

Die Qualität des Systementwicklungsprozesses hängt im Regelfall auch von der Existenz eines wirksamen Qualitätsmanagementsystems (siehe Abschnitt 9.5) ab.

Die aufgeführten Qualitätsmerkmale, die fallweise noch ergänzt und weiter differenziert werden können, sind in jedem konkreten Einzelfall auf ihre Relevanz zu überprüfen und mit Prioritäten zu bewerten. Außerdem ist zu beachten, daß Qualitätsmerkmale nicht unabhängig voneinander sind, sondern bestimmte Merkmale von anderen abhängen und in manchen Fällen Wechselwirkungen bestehen. Das kann zu Zielkonflikten führen.

Abb. 9.2.3 (Seite 292) zeigt exemplarisch für einige Qualitätsmerkmale, wie Interdependenzen von Qualitätsmerkmale sichtbar gemacht werden können.[19]

---

17 Auf das organisatorische Konzept bezogene Qualitätsmerkmale sind z. B. „Art der Aufgabenverteilung", „Automatisierungsgrad" oder „Art der Einbindung in einen organisatorischen Rahmen".

18 Vgl. dazu Kapitel 10.

19 Die Darstellung der Tabelle erfolgt in Anlehnung an SCHMITZ [1990, S. 310-320] und DGQ [1986, S. 39].

Wirkung von ↓ / Wirkung auf →	Anpaßbarkeit	Benutzbarkeit	Effizienz	Funktionsabdeckung	Instandsetzbarkeit	Korrektheit	Portabilität	Robustheit	Sicherheit	Verknüpfbarkeit	Wiederverwendbarkeit	Zuverlässigkeit
Anpaßbarkeit	o	-				+	+	+			+	
Benutzbarkeit	+	o	-					?				
Effizienz	-	-	o		-		-	-	?	-	-	
Funktionsabdeckung			?	o				?				
Instandsetzbarkeit	+		?		o		?					
Korrektheit	+				+	o	?	?	+		?	
Portabilität			-		?		o		-			
Robustheit	+	-			?	+	?	o	+		?	
Sicherheit		-	-		-	+	-	+	o		-	
Verknüpfbarkeit	+				?					o		
Wiederverwendbarkeit	?	?	-		?	?				-	o	
Zuverlässigkeit	+				+	+		+	+			o

+ positiv „korreliert" / - negativ „korreliert" / ? fallweise verschieden / sonst keine/geringe Wirkung

Abb. 9.2.3: Beziehungen zwischen Qualitätsmerkmalen

Interdependenzen der Qualitätsmerkmale können auch grafisch dargestellt werden. Abb. 9.2.4 (Seite 292) zeigt dafür ein Beispiel.

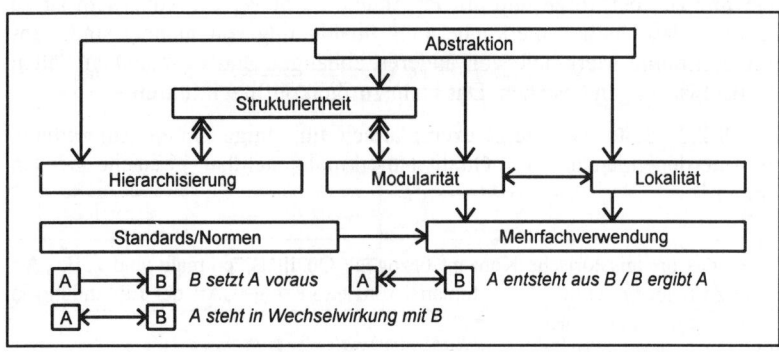

Abb. 9.2.4: Beziehungen zwischen Qualitätsmerkmalen
(nach BALZERT [1982, S. 67f.])

Für den Aufbau eines Qualitätssicherungssystems ist es in jedem Fall wichtig, nicht nur die Qualitätsmerkmale systematisch zu erfassen, sondern auch die Interdependenzen festzuhalten, da andernfalls eine Qualitätsmessung und eine Qualitätsbeurteilung kaum möglich ist.

9.2.3   Qualitätssichten

Ein für die Qualitätsplanung und -beurteilung wichtiger Aspekt sind **Qualitätssichten**[20]. Diese berücksichtigen die Relativität von Qualität und die Abhängigkeit der Qualität vom Adressaten bzw. dem die Qualität beurteilenden Personenkreis. Dabei kann zwischen den in Abb. 9.2.5 veranschaulichten, mit einem IV-System befaßten Gruppen unterschieden werden.

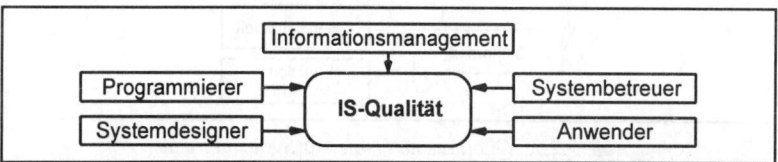

Abb. 9.2.5:   Qualitätssichten verschiedener Personengruppen

In den folgenden Abb. 9.2.6 bis 9.2.10 sind sichtenindividuelle Qualitätsmerkmale mit ihren Beziehungen veranschaulicht. Dabei muß beachtet werden, daß die Abbildungen nur exemplarischen Charakter haben können. Die Bilder zeigen jeweils eine von links nach rechts aufgebaute Merkmalshierarchie, die zugleich deutlich macht, wie Qualitätsmerkmale differenziert und detailliert werden können.

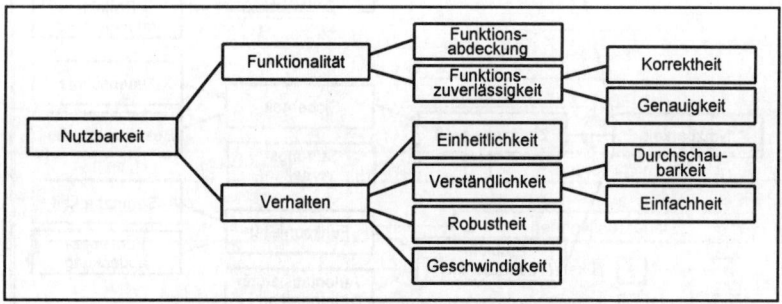

Abb. 9.2.6:   Qualitätsmerkmale der Anwender

---

20 Vgl. zu den Ausführungen dieses Abschnitts WALLMÜLLER [1990, S. 49ff.].

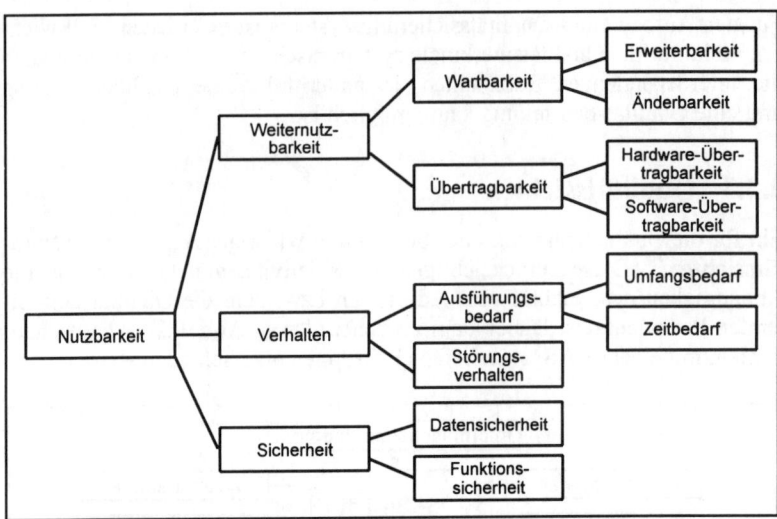

Abb. 9.2.7: Qualitätsmerkmale der Systembetreuer

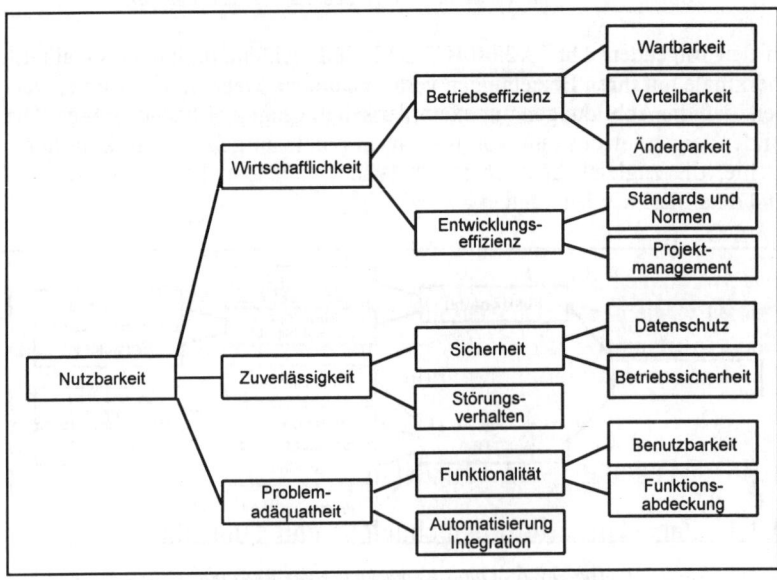

Abb. 9.2.8: Qualitätsmerkmale des Informationsmanagements

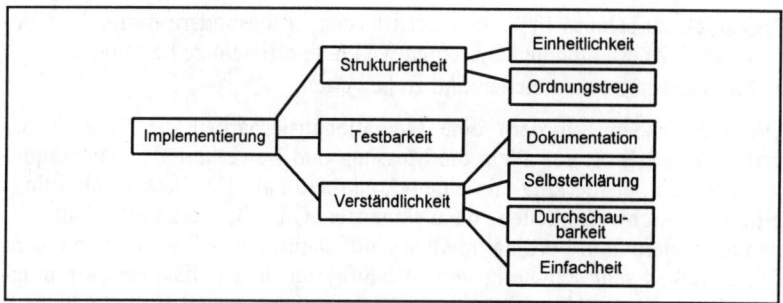

Abb. 9.2.9: Qualitätsmerkmale für Programmierer

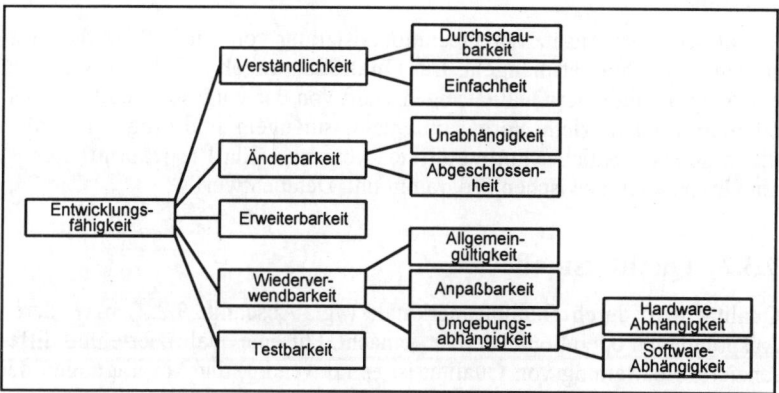

Abb. 9.2.10: Qualitätsmerkmale für Designer

Bei der Verwendung von Qualitätssichten ist in konkreten Fällen nicht nur eine sorgfältige Festlegung der Qualitätsmerkmale wichtig, sondern auch

• eine Evaluierung der Qualitätsmerkmale und

• eine Abstimmung der Qualitätsmerkmale der verschiedenen Personenkreise, evtl. unter Setzung von Prioritäten.

9.3   Messung von Qualität

9.3.1   Zur Operationalisierbarkeit von Qualität

Erfassung und Systematisierung von Qualitätsmerkmalen dient u. a. dazu,

• Qualitätsziele zu setzen,

• Vereinbarungen zu treffen und Verträge zu schließen,

- Qualität zu steuern bzw. zu gewährleisten, insbesondere optimale[21] IV-Systeme zu erhalten und Systementwicklung effizient zu betreiben,
- Alternativen zu vergleichen und zu bewerten.

Diese Aufgaben erfordern eine Operationalisierbarkeit des Qualitätsbegriffs. Dazu gehört vor allem die Messung und Bewertung der Ausprägungen der Qualitätsmerkmale in einem konkreten Fall. Das bereitet allerdings erhebliche Schwierigkeiten, da die meisten Qualitätsmerkmale nicht metrisch, sondern „nur" ordinal meßbar sind. Damit wird eine operable Quantifizierbarkeit sehr schwierig und ist häufig nur über Hilfskonstrukte möglich. Zusätzliche Schwierigkeiten entstehen, wenn einzelne Qualitätsmeßzahlen zu einem zusammenfassenden Gesamt-Qualitätsmaß verknüpft werden sollen.

Ein allgemeiner Ansatz zur Operationalisierung von Qualität ist die Feststellung von Qualitätsmängeln. Ein **Qualitätsmangel** ist jede Abweichung der Ausprägung einer Qualitätseigenschaft von der vorgesehenen Soll-Ausprägung. Eine spezielle Form von Qualitätsmängeln sind Programmfehler, die in unterschiedlicher Form auftreten können[22]. Ein **Programmfehler** ist eine Inkonsistenz zwischen Programm und Detailentwurf.

9.3.2 Qualitätsmaße

Qualität wird durch Qualitätsmerkmale (vgl. Abschnitt 9.2.2) bzw. deren Ausprägungen operationalisierbar gemacht. Für eine qualifizierte und differenzierte Beurteilung von Qualität ist es notwendig, die Ausprägungen der relevanten Qualitätsmerkmale messen zu können. Für ein wirksames Qualitätsmanagement sind deshalb nur meßbare Qualitätsmerkmale geeignet.

Ein **Qualitätsmaß** bzw. eine **Qualitätskenngröße** ist eine Größe, mit der die Ausprägungen eines Qualitätsmerkmals objektiv festgestellt, gemessen oder bewertet und verglichen werden können.

Eine grundlegende Eigenschaft eines Qualitätsmaßes ist die **Meßbarkeit**[23]. Dafür muß eine eindeutige Meßskala und eine Meßvorschrift existieren. Eine andere wichtige Eigenschaft eines Qualitätsmaßes ist die **Validität**.

---

21 Was „optimal" ist, hängt von den individuellen Anforderungen und Vorgaben ab, aber auch von den gesetzten Qualitätszielen.

22 Vgl. dazu LIGGESMEYER [1990, S. 31].

23 Meßskalen werden vor allem in der Statistik ausführlich diskutiert, vgl. z. B. SCHWARZE [1994b, Kapitel 2, insbesondere Abschnitt 2.3].

Validität ist gegeben, wenn die Meßergebnisse einen eindeutigen und unmittelbaren Rückschluß auf die Ausprägung der Qualitätseigenschaft zulassen.

Weitere Anforderungen an Qualitätsmaße sind[24]:

- Differenziertheit,
- Reproduzierbarkeit,
- Zuverlässigkeit,
- Relevanz,
- Exaktheit,

- Vergleichbarkeit,
- Objektivität,
- Normierung,
- Verfügbarkeit.

Für eine zusammenfassende Qualitätsbeurteilung muß außerdem verlangt werden, daß die einzelnen Qualitätsmaße durch Gewichtung zu einem Gesamt-Qualitätsmaß zusammengefaßt werden können[25].

Für die Messung von Qualität gibt es zahlreiche Qualitätsmaße bzw. -kenngrößen. Eine vollständige Behandlung ist an dieser Stelle nicht möglich. Nachfolgend kann nur exemplarisch auf einige Qualitätsmaße eingegangen werden.

Mit den Abkürzungen

KNLOC 1000 Programmzeilen ohne Kommentare,

KDLOC 1000 gegenüber Vorversion geänderte oder hinzugefügte Programmzeilen,

können beispielsweise folgende Qualitätskennzahlen definiert werden[26]:

Fehlerkennzahlen

$$Q1 = \frac{Feldfehler}{KDLOC}; \quad Q2 = \frac{Systemfehler}{KDLOC}; \quad Q3 = \frac{Entwicklungsfehler}{KDLOC};$$

$$Q4 = \frac{Feldfehler\ im\ Quartal}{KNLOC}; \quad Q5 = \frac{Fehlermeldungen}{KDLOC}; \quad Q6 = mittlere\ Laufzeit$$

Produktivitätskennzahlen

$$P1 = \frac{Entwicklungskosten}{KDLOC}; \quad P2 = \frac{Wartungskosten}{KDLOC}; \quad P3 = \frac{Wartungskosten}{Fehler}$$

Terminsicherheitskennzahl

$$T1 = \frac{Istdatum\ der\ Freigabe\ -\ Solldatum\ der\ Freigabe}{Entwicklungsdauer}$$

In einer empirischen Untersuchung wurden in der Praxis bei den nachfolgend aufgeführten Qualitätsmerkmalen u. a. die jeweils angegebenen Kenngrößen benutzt[27].

---

24 Vgl. dazu LUDEWIG [1991, S. 46-53] und WALLMÜLLER [1990, S. 30].

25 Das ist u. a. insofern problematisch, als es voraussetzt, daß zwei geringe Mängel genauso negativ bewertet werden, wie ein schwerer Mangel.

26 Vgl. dazu MÖLLER [1992].

27 Vgl. dazu ITZFELD [1987].

- **Effizienz:**
  - Transaktionszeiten und/oder Durchsatz,
  - Anzahl der Eingabeoperationen und der Ausgabeoperationen;
- **Korrektheit:**
  - Anzahl aufgetretener Fehler pro Zeiteinheit,
  - Testabdeckungsmaße[28];
- **Zuverlässigkeit:**
  - Ausfallzeiten oder Ausfallraten,
  - Restfehlerrate,
  - Testabdeckungsmaße;
- **Wartbarkeit:**
  - Anzahl und Größe der Module,
  - Prozedurgröße,
  - Schachtelungstiefe,
  - Anzahl aufgetretener Fehler pro Zeiteinheit im Verhältnis zur Anzahl der geänderten Programmzeilen,
  - Anzahl der Änderungen pro Zeiteinheit,
  - Dokumentationsgrad des Programms.

Die genannten Beispiele machen zugleich die Komplexität der Qualitätsmessung deutlich, da bestimmte Qualitätsmerkmale durch unterschiedliche Größen gemessen werden können. Eine wichtige Aufgabe eines Qualitätsmanagements ist es deshalb, von den Qualitätszielen und den daraus abgeleiteten Qualitätsmerkmalen ausgehend ein System von Qualitätsmaßen bzw. Qualitätskenngrößen zu definieren. Dabei kann es durchaus sinnvoll sein, bestimmte Qualitätsmerkmale durch mehrere Kenngrößen zu messen.

Wie für bestimmte Qualitätsmerkmale Kenngrößen definiert werden können, mögen die folgenden Beispiele verdeutlichen[29]:

Funktionalität bzw. Funktionsabdeckung eines IV-Systems:

$$\frac{\textit{Anzahl der tatsächlich realisierten Funktionen im System}}{\textit{Anzahl spezifizierter funktionaler Anforderungen}}$$

Verfügbarkeit:

$$\frac{\textit{Sollzeit} - \textit{Ausfallzeit}}{\textit{Sollzeit}}$$

Zuverlässigkeit:

$$\frac{\textit{Anzahl der Störungen bei der Nutzung des Systems bzw. eines Moduls}}{\textit{Nutzungsdauer des Systems bzw. des Moduls}}$$

$$\frac{\textit{Anzahl der Störungen pro Zeiteinheit und Anwendung}}{\textit{Anzahl Codezeilen (in 1000)}}$$

---

28 Testabdeckungsmaße geben an, welcher Anteil der möglichen Wege durch einen Programmgraphen beim Programmtest durchlaufen werden.

29 Vgl. dazu beispielsweise WALLMÜLLER [1990, S. 251ff.].

Robustheit (Plausibilitätskontrollen):

$$\frac{Anzahl\ geprüfter\ Eingaben}{Gesamtanzahl\ der\ Eingaben}$$

Wiederverwendbarkeit bzw. Mehrfachverwendung:

$$\frac{Anzahl\ Module,\ die\ in\ anderen\ IS\ verwendet\ werden}{Gesamtanzahl\ der\ Module\ des\ IS}$$

Portabilität:

$$1 - \frac{Ressourcenbedarf,\ um\ IS\ von\ Basisumgebung\ in\ Zielumgebung\ zu\ bringen}{Ressourcenbedarf,\ um\ IS\ in\ der\ Basisumgebung\ zu\ implementieren}$$

Eine andere Kenngröße zur Messung der Portabilität ist[30]:

$$\frac{Gesamtzahl\ der\ Systemkomponenten\ minus\ Anzahl\ zu\ ändernder\ Systemkomponenten}{Gesamtzahl\ der\ Systemkomponenten}$$

Ein vielseitiges Hilfsmittel zur Qualitätsmessung sind **Checklisten**. In Abb. 9.3.1 und Abb. 9.3.2 (Seite 300) sind Auszüge aus Checklisten zur Beurteilung der Merkmale „Anpaßbarkeit" und „Instandsetzbarkeit" wiedergegeben[31].

---

1. Ist die Software im Änderungsfall eindeutig identifizierbar (Name, Version, Prüfnummer u.a.)?

2. Existiert eine systematische Software-Konfigurationsverwaltung, aus der die tatsächlich eingesetzte Version einschließlich Dokumentation rekonstruierbar ist?

3. Existiert zu jeder Version eine aktuelle und ausführliche Dokumentation?

4. Gibt es eine feststellbare Modularisierung nach Funktionen und/oder Daten?

5. Ist der Entwurf dokumentiert und folgt er einer bekannten Methode?

6. Mit wieviel anderen Softwareprodukten steht das Prüfobjekt in einer Aufrufbeziehung, mit wieviel werden Daten gemeinsam gehalten?

7. Auf wieviel Datenobjekte erfolgt Mehrfachzugriff durch verschiedene Module?

8. Wieviel Annahmen über die Umgebung führten zu Festlegungen im Programm?

9. Wieviel dieser Annahmen können durch Parameteränderungen oder Unterprogrammaustausch geändert werden?

10. Ist jedes Modul getrennt änderbar und ersetzbar?

11. Wieviel Module haben ihre Betriebsmittelgrenze erreicht?

Abb. 9.3.1: Checkliste zum Merkmal Anpaßbarkeit (Auszug)

---

30 Vgl. DGQ [1986, S. 51].
31 Vgl. DGQ [1986, S. 70f.].

1. Ist die Software im Änderungsfall eindeutig identifizierbar (Name, Version, Prüfnummer u.a.)?
2. Existiert eine systematische Software-Konfigurationsverwaltung, aus der die tatsächlich eingesetzte Version einschließlich Dokumentation rekonstruierbar ist?
3. Existiert zu jeder Version eine aktuelle und ausführliche Dokumentation?
4. Wieviel Prozent der Fehlermeldungen können einer bekannten Fehlersituation zugeordnet werden?
5. Gibt es Zusatzinformationen, die im Fehlerfall zur Analyse herangezogen werden können (Traces, Protokolle, Analyseoptionen)?
6. Ist der Entwurf dokumentiert und folgt er einer im Unternehmen bekannten Methode?
7. Gibt es eine feststellbare Modularisierung nach Funktionen und/oder Daten?
8. Mit wieviel anderen Softwareprodukten steht das Prüfobjekt in einer Aufrufbeziehung, mit wieviel werden Daten gemeinsam gehalten?
9. Wieviel Aufrufbeziehungen bestehen zwischen den Modulen des Prüfobjekts?
10. Auf wieviel Datenobjekte kann von mehr als zwei Modulen zugegriffen werden?
11. Ist jedes Modul getrennt änderbar und ersetzbar?
12. Wieviel Module haben ihre Betriebsmittelgrenze erreicht?
13. Ist konstruktiv sichergestellt, daß bei ausreichender Prüfung der geänderten Elemente keine Fehler in anderen Teilen des Prüfobjekts übersehen werden?

Abb. 9.3.2: Checkliste zum Merkmal Instandsetzbarkeit (Auszug)

Kombiniert man derartige Checklisten wie in Abb. 9.3.1 und Abb. 9.3.2 mit Ansätzen der Nutzwertanalyse (vgl. dazu Kapitel 8), so ist eine differenzierte Bewertung und Messung sowie die Bestimmung von Qualitätskenngrößen möglich. Das kann wie folgt geschehen: Die Antworten der Fragen werden bei „Ja" mit „1" und bei „Nein" mit „0" bewertet. Die Antworten auf Fragen, die nicht mit „Ja" oder „Nein" beantwortbar sind, werden ebenfalls mit „1" oder „0" bewertet[32]. Die Summe der Bewertungen liefert dann eine Qualitätskenngröße für das betreffende Qualitätsmerkmal.

Die Beispiele zeigen, daß Qualitätsmessung schwierig ist. In konkreten Fällen ist es erforderlich aus den Qualitätszielen die relevanten Qualitätsmerkmale herzuleiten und mit Prioritäten zu bewerten. Die Messung der Ausprägungen der Qualitätsmerkmale kann vielfach über Ordinalskalen erfolgen. Dabei empfiehlt sich die Verwendung ganzzahliger Werte oder die Ausprägungen werden in ganzzahlige Werte transformiert, z. B. „sehr gut", „gut", „durchschnittlich", „schlecht", „sehr schlecht" in „5", „4", „3", „2",

---

[32] Gegebenenfalls ist auch eine differenzierte, ganzzahlige Bewertung möglich, z. B. von 0 bis 5.

„1". Bei manchen Qualitätsmerkmalen sind, wie die obigen Beispiele zeigen, geeignete Kennzahlen zu definieren, durch die dann eine Messung möglich ist.

Hingewiesen sei noch darauf, daß beispielsweise auch Qualitätsdokumentationen bewertet werden können[33].

In allen Fällen empfiehlt sich eine Klassifizierung der Qualitätsmerkmale und Qualitätskenngrößen. Einen möglichen Ansatz dazu zeigt Abb. 9.3.3.

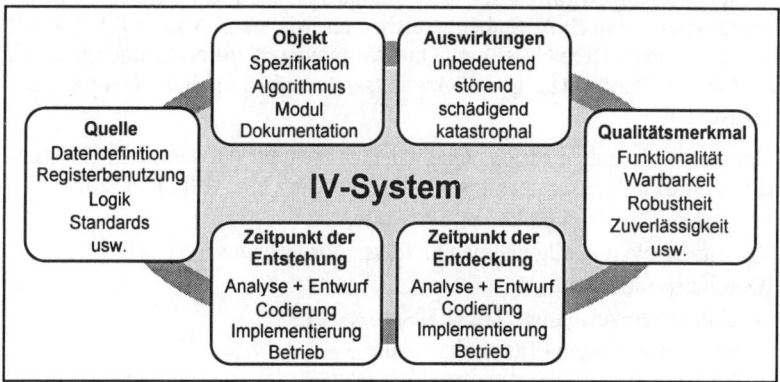

Abb. 9.3.3: Aspekte einer Fehlerklassifizierung

9.4 Maßnahmen des Qualitätsmanagements

9.4.1 Begriff und Arten von Qualitätsmaßnahmen

> **Qualitätsmaßnahmen** oder **Qualitätssicherungsmaßnahmen** sind alle Aktivitäten, die zur Realisierung der Qualitätsziele durchgeführt werden.

Diese Maßnahmen können in vier Bereiche gegliedert werden:
• Organisatorische und administrative Qualitätssicherungsmaßnahmen,
• Aus- und Weiterbildung der Mitarbeiter,
• konstruktive Maßnahmen der Qualitätssicherung,
• analytische Maßnahmen der Qualitätssicherung.
In den folgenden Abschnitten wird ein Überblick über die einzelnen Maßnahmenarten gegeben.

---

33 Vgl. dazu HAUSEN/MÜLLERBURG/SCHMIDT [1987, S. 123-144].

9.4.2　Organisatorische und administrative Maßnahmen

Die **organisatorische Eingliederung** eines Qualitätsmanagements[34] kann durch Einrichtung einer Stabsstelle, als Linienstelle, projektweise wechselnd oder durch Verlagerung der Aufgaben an externe Berater geschehen. Letzteres bezeichnet man als **Qualitätsmanagement-Outsourcing**. Charakteristisch für ein institutionalisiertes Qualitätsmanagement ist die Weisungsbefugnis gegenüber **allen** Mitarbeitern in Qualitätsfragen[35].

Für die **interne Organisation** der Qualitätsmanagements bietet sich eine Untergliederung nach Aufgabenbereichen an, wie sie in Abb. 9.1.2 skizziert wird. Für diesen Bereich ist ein „Qualitätsmanager" zu bestimmen und mit den für die Durchsetzung der Qualitätsziele erforderlichen Kompetenzen auszustatten.

Allgemeine Vorgaben für das Qualitätsmanagement werden in einem **Qualitäts-Handbuch** zusammengestellt. Darin sollten u. a. enthalten sein:

- Aufgaben, Zuständigkeiten und Abläufe,
- Qualitätsziele und allgemeine Qualitätsanforderungen,
- Qualitätspolitik,
- Verfahrensanweisungen (Geschäftsprozesse),
- Arbeitsanweisungen (Tätigkeitsabläufe),
- Qualitätsmerkmale und Qualitätskenngrößen,
- Terminologie,
- Standards, Richtlinien und Verfahrensvorschriften,
- Meß- und Prüfvorschriften[36].

Weitere allgemeine, **projektübergreifende Qualitätsmanagementmaßnahmen** sind[37]:

- Formulierung der Qualitätsziele,
- Beschaffung von Software und Werkzeugen zur Unterstützung des Qualitätsmanagements,
- Dokumentationsplanung,
- Fehlererfassung und Fehlerauswertung,
- Kostenrechnung,
- Konfigurationsmanagement,

---

34 Vgl. dazu auch Abschnitt 9.5.2.
35 Das ist unabhängig davon, wie die „Qualitätsstelle" konkret organisiert und eingebunden ist.
36 Zu weiteren Einzelheiten vgl. z. B. WINTERSTEIGER [1989, S. 37-43].
37 Vgl. dazu auch DGQ [1986, S. 74ff.].

• Prüfplanung,
• Zusammenstellung von Normen, Standards und Richtlinien,
• Mitarbeitermotivation und Mitarbeiterqualifizierung.

Detaillierte Festlegungen werden in einem **projektspezifischen Qualitätsplan** getroffen. Dieser hat neben der Definition **spezifischer Qualitätsziele** und der Zuordnung von **Verantwortungen und Befugnissen** vor allem die konkret **zu ergreifenden Maßnahmen** zum Inhalt[38]:

• Projektorganisation,
• Freigabe- und Änderungsdienst,
• Qualitäts-Berichte,
• Prüfplanung mit
  - Richtlinien,
  - Merkmalen,
  - Kenngrößen,
  - Testfällen bzw. Testdaten usw.

Bei der Festlegung konkreter organisatorischer und administrativer Qualitätsmanagement-Maßnahmen sind neben den oben genannten Qualitätsmanagement-Prinzipien auch folgende allgemeinen Aspekte bzw. Grundsätze zu berücksichtigen:

• Vollständigkeit,
• Verfügbarkeit der Werkzeuge,
• Nutzung vorhandenen Know-hows,
• Wirtschaftlichkeit,
• Berücksichtigung besonderer Risikobereiche.

Zu den organisatorischen und administrativen Maßnahmen gehören auch Einrichtung und Betrieb des bereits erwähnten **Qualitätsberichtswesens**, das das Qualitätsmanagement dokumentierend begleitet. Festzuhaltende Daten sind u.a.

• durchgeführte Qualitätssicherungsmaßnahmen (Art, Zeitpunkt, Kosten) und
• aufgetretene Fehler und Probleme (formale und inhaltliche Klassifizierung, Zeitpunkt der Entdeckung, Zeitaufwand und Kosten der Behebung).

Für ein effizientes Berichtswesen ist eine Werkzeugunterstützung unerläßlich. Dabei ist das Ziel eine integrierte und automatisierte Speicherung der relevanten Daten in einer **zentralen Qualitäts-Datenbank**.

---

38 Vgl. dazu auch DGQ [1986, S. 83ff.].

Ein weiterer Aufgabenbereich des Qualitätsmanagements ist das **Konfigurationsmanagement**, das der „Identifizierung, Lenkung und Rückverfolgung der Versionen jedes Softwareelements"[39] dient, insbesondere:

- Definition des Originals,
- Koordination der Komponenten,
- Verwaltung des gleichzeitigen Zugriffs durch mehrere Entwickler sowie
- Identifizierung des jeweiligen Entwicklungsstatus, insbesondere auch nach der Auslieferung.

Zu den administrativen Maßnahmen gehören auch regelmäßige **Nutzen-Kosten-Betrachtungen**. Ebenso Aufbau und Betrieb einer systematischen und differenzierten „**Wareneingangskontrolle" für fremdbezogene Software, Hardware und Werkzeuge**.

9.4.3 Aus- und Weiterbildung von Mitarbeitern

Bezüglich der Mitarbeiter gibt es verschiedene Qualitätsmanagementmaßnahmen, die sowohl den einzelnen Mitarbeiter als auch das Team betreffen können. Eine wichtige Aufgabe ist die Motivation der Systementwickler, die über folgende Aktivitäten erreicht werden kann[40]:

- Nutzung individueller Fähigkeiten und Erfahrungen,
- Hervorhebung der Bedeutung der jeweiligen Aufgabe,
- Übertragung abgeschlossener Teilaufgaben,
- Gewährung von Freiräumen bei der Arbeit,
- Einplanung von Erfolgserlebnissen,
- leistungs- und mitarbeiterbezogener Führungsstil.

Diese Aktivitäten müssen durch systematische Weiterqualifizierung der Mitarbeiter, vor allem im Hinblick auf geänderte Anforderungen durch neue Methoden, Techniken usw. ergänzt werden.

9.4.4 Konstruktive Qualitätssicherung

> Als **konstruktive Qualitätssicherung** bezeichnet man den Einsatz technischer, organisatorischer oder psychologischer Mittel, um die Qualitätsziele und Qualitätsanforderungen zu erreichen bzw. **Qualitätsmängel zu vermeiden**.

---

39 DIN ISO 9000 Teil 3 [Juni 1992, S. 24].

40 Vgl. dazu auch WALLMÜLLER [1990, S. 24]:

Konstruktive Qualitätssicherung ist **vorbeugend**. Sie betrifft Aufgaben der Qualitätsplanung und -lenkung. Zu ihnen gehören:

- Exakte, widerspruchsfreie und vollständige Definition der Qualitätsziele und Qualitätsforderungen,
- Schaffung eines problemadäquaten organisatorischen Umfelds,
- Einrichtung eines Systementwicklungs-Projektmanagements,
- Aufbau eines Qualitätsberichtswesens,
- Orientierung an einem geeigneten Vorgehensmodell,
- Qualifizierung der Mitarbeiter,
- Aufbau und Pflege einer Qualitäts-Dokumentation und einer System-Dokumentation, die sich auch auf den Systementwicklungsprozeß bezieht,
- Einsatz von Prototyping,
- Modularisierung und Strukturierung,
- Verwendung von Standards und Normen,
- Verwendung geeigneter Werkzeuge und Methoden.

Der letztgenannte Punkt stellt eine zentrale Entscheidung bei der Systementwicklung dar. Die verwendeten **Werkzeuge (Tools) und Methoden** bestimmen maßgeblich die Qualität der Systementwicklung und des zu entwickelnden IV-Systems. Werkzeugunterstützung ist nicht nur im gesamten Systementwicklungsprozeß von der Initialisierung bis zur Inbetriebnahme angebracht, sondern auch für die phasenbegleitenden Aktivitäten. Je formalisierbarer dabei die Abläufe sind, desto leichter fällt naturgemäß die Werkzeugunterstützung. Nachfolgend wird auf einige spezielle Eigenheiten der verschiedenen Einsatzbereiche von Tools eingegangen.

Tools für Ist- und Soll-Zustandsanalyse bieten in erster Linie handwerkliche Hilfe, z. B. um grafische Notationen einheitlich zu verwenden.

Tools für den Entwurf haben durch die Verbreitung von CASE in jüngster Zeit einen erheblichen Aufschwung erlebt. Sie führen zu großer Disziplin in der Methodenanwendung, die u. a. durch Grafikunterstützung und integrierte Semantikprüfung vereinfacht wird.

Klassische **Tools für die Realisierung** sind Programmiersprachen. Auch hier sind Aspekte des Qualitätsmanagements zu berücksichtigen: zum einen bei der Wahl des Compilers, zum anderen bei der Wahl der Sprache an sich:

- Bietet die Sprache die gewünschten Möglichkeiten?
- Vermeidet sie Ähnlichkeiten? (Gefahr von Tippfehlern oder „Drehern“)
- Ist der Quellcode gut lesbar?
- Sind Portierungen auf andere Plattformen möglich?
- Beherrschen die Programmierer die Sprache?
- Ist ein leistungsfähiger Compiler (Editor, Debugger usw.) verfügbar?

Tools für systementwicklungsbegleitende Bereiche sind z. B. Qualitätssicherungs-Tools im engeren Sinne (Werkzeuge für die analytische Qualitätssicherung, für administrative Aufgaben von Dokumentation und Konfigurationsverwaltung u. a.) oder Projektmanagement-Software.

9.4.5 Analytische Qualitätssicherung

Da analytische Maßnahmen der Qualitätssicherung bereits in Kapitel 7 behandelt wurden, wird hier nur ein kurz Überblick gegeben.

Als **analytische Qualitätssicherung** wird jede **Qualitätskontrolle** eines fertiggestellten Zwischen- oder Endprodukts bezeichnet. Diese kann auf das Auffinden vorhandener Fehler ausgerichtet sein (**Prüfen**) oder auf die Feststellung der vorliegenden Qualität (**Messen/Bewerten**).

Das **Prüfen** der Fehlerfreiheit und Funktionsfähigkeit der Software oder einzelner Softwarekomponenten steht in der Praxis im Mittelpunkt der analytischen Qualitätssicherung; entsprechend vielfältig sind die Ansätze. Abb. 9.4.1 zeigt, wie Verfahren zur Software- bzw. Programmprüfung klassifiziert werden können.

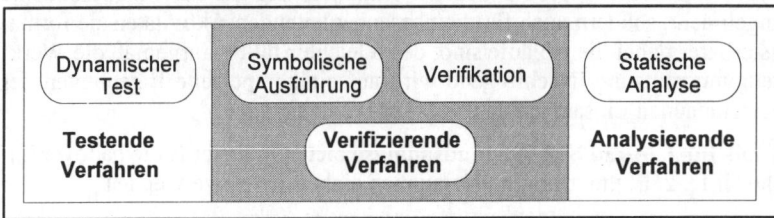

Abb. 9.4.1: Klassifizierung der Prüfverfahren[41]

Die **statische Analyse** eines Programms untersucht die Qualität des Objekts bzw. Programms unter der Vorbedingung, daß das Programm nicht ausgeführt wird und keine Testwerte vorgegeben werden.

Zu statischen Ansätzen gehören nicht nur **Syntax- und Semantik-Kontrollen**, wie sie Compiler oder CASE-Tools vornehmen, sondern auch die **informalen Verfahren,** über die Abb. 9.4.2 einen Überblick gibt.

---

41 Vgl. dazu im Einzelnen LIGGESMEYER [1990].

Prüfung	Vorgehen
Schreibtischprüfung	Einmann-Inspektion des Entwicklers
Autor/Lektor-Prinzip	Autor gibt sein Produkt einem Kollegen seiner Wahl zur Prüfung
Inspektion	- Gruppengespräch ohne Management - 3-Mann-Team + Autor - Autor bestimmt Diagnoseteam und referiert selber
Walkthrough	- Arbeitssitzung ohne Management - 4- bis 6-Mann-Team mit „Tester" - Ein Prüfer („Tester") bereitet geplante Realisierung (Entwurf) oder Testfälle vor: man „spielt Computer"
Review	- formaler Akt mit Management bzw. Kunde/Nutzer

Abb. 9.4.2: Informale statische Prüfverfahren (vgl. SCHINK [1992, S. 61-77])

Bei einem **dynamischen Testverfahren** wird das Programm oder ein Modul mit Testdaten ausgeführt. Es wird also die **Lauffähigkeit** und **Funktionalität** getestet.
Da Testdaten immer nur eine kleine Auswahl aus allen möglichen Daten sein können, sind dynamische Test immer **Stichprobentests** und können deshalb nur zu Wahrscheinlichkeitsaussagen über die Korrektheit des Programms bzw. Moduls führen.

Für dynamische Tests gibt es zwei verschiedene Ansätze:
- Bei einem **Black-Box-Test** steht die Funktionalität des Programms im Vordergrund. Mit Daten wird geprüft, ob alle Funktionen richtig ausgeführt werden. Die internen Programmabläufe interessieren nicht.
- Bei einem **White-Box-Test** wird versucht, aus der Kenntnis der inneren Struktur des Programms heraus eine möglichst breite Abdeckung durch die Testdaten in bezug auf erwartete Fehlerquellen zu erreichen.

Eher akademischer Natur sind **verifizierende Verfahren**:
- **Symbolische Ausführung** verwendet Symbole statt numerischer Testdaten. Ergebnis ist eine komplexe Formel, deren Korrektheit sich zeigen läßt. Voraussetzung ist ein entsprechender Interpreter, der symbolische Werte verarbeitet.
- Die **Verifikation** versucht anhand mathematischer Verfahren, häufig mittels Induktion, die Gültigkeit direkt zu beweisen. Allerdings haben diese Bemühungen noch keinerlei Einzug in die Praxis gehalten.

308 Kapitel 9: Qualitätsmanagement der Systementwicklung

9.4.6 Werkzeuge und Hilfsmittel des Qualitätsmanagements[42]

Für das Qualitätsmanagement gibt es eine Reihe von Werkzeugen und Hilfsmitteln. Die folgende Aufstellung gibt einen Überblick.

- Projektübergreifende Hilfsmittel, z. B.
  - Checklisten,   - Projektmanagementsysteme,
  - Qualitätsdatenbanken,
- Hilfsmittel und Werkzeuge zur Fehlerverhütung, z. B.
  - Dokumentationssysteme,   - Syntaxgesteuerte Editoren,
  - Fachkonzept-Dictionaries,   - Entwurfs-Dictionaries,
  - Programmcode-Generatoren,   - Datenbank-Generatoren,
  - Masken-Generatoren,
- Hilfsmittel und Werkzeuge zur Fehlererkennung, z. B.
  - Kontrollflußanalysatoren,   - Datenflußanalysatoren,
  - Schnittstellenanalysatoren,   - Testdatengeneratoren,
  - Debugger,
- Hilfsmittel und Werkzeuge zur Fehlerauswertung, z. B.
  - Fehlererfassungsformulare,   - Fehlerdatenbanken,
- Hilfsmittel und Werkzeuge für die Konfigurationsverwaltung, z. B.
  - Konfigurationsgeneratoren,   - Produktbibliotheken,
  - Änderungsverwalter.

Die Werkzeuge und Hilfsmittel können die Qualitätsmanagement-Arbeit unterstützen und vereinheitlichen. Damit tragen sie zur Qualität und zur Wirtschaftlichkeit eines Qualitätsmanagement-Systems bei. Problematisch kann eine zu große „Schematisierung" durch die Vorgaben der Werkzeuge und Hilfsmittel sein.

9.5 Aufbau eines Qualitätsmanagementssystems

9.5.1 Grundlegende Begriffe

Effizientes Qualitätsmanagement erfordert einen adäquaten organisatorischen Rahmen, der durch ein Qualitätsmanagementsystem geschaffen wird.

Ein **Qualitätsmanagementsystem** umfaßt die Aufbauorganisation, Ablauforganisation, Verantwortlichkeiten, Maßnahmen, Werkzeuge und Hilfsmittel für das Qualitätsmanagement.

---

42 Vgl. zu den Werkzeugen und Hilfsmitteln DGQ [1986, S. 115ff].

Ein Qualitätsmanagementsystem „sollte ein in den gesamten Lebenszyklus (*eines IV-Systems*) integrierter Prozeß sein, um sicherzustellen, daß im Verlauf der Entwicklung ständig (befriedigende) Qualität erzeugt wird, anstatt diese erst am Ende des Prozesses festzustellen. Verhütung von Problemen sollte im Vordergrund stehen und nicht die Korrektur nach deren Auftreten." (DIN ISO 9000 Teil 3 [1992, S. 10]).

Ein Qualitätsmanagementsystem der Systementwicklung kann Teil eines unternehmensweiten Qualitätsmanagementsystems sein oder speziell für die Systementwicklung entworfen worden sein.

9.5.2   Organisatorische Einordnung eines Qualitätsmanagements

Die organisatorischen Einordnung eines Qualitätsmanagements der Systementwicklung kann unter verschiedenen Aspekten betrachtet werden. Betrachtet man die **Aufbauorganisation**, kann man innerhalb einer Abteilung „Informationsmanagement" eine Stelle „Qualitätsmanagement" in die Linie einbinden, oder man schafft eine Stabsstelle. Letztere Möglichkeit veranschaulicht Abb. 9.5.1.

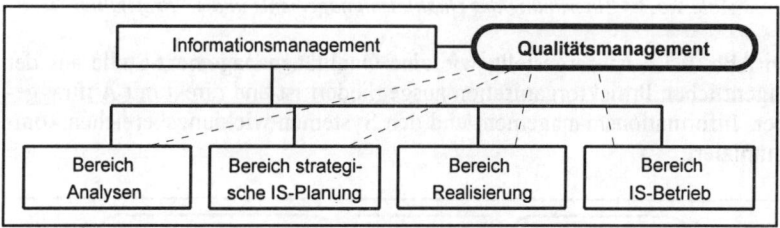

Abb. 9.5.1: Organisatorische Einordnung der Qualitätssicherung

Eine Stabstelle „Qualitätssicherung" kann auch dem Top-Management des Unternehmens zugeordnet werden, also außerhalb des Informationsmanagements liegen. So sieht z. B. DIN ISO 9001 einen „Beauftragten der obersten Leitung" für eine derartige Stelle vor.

Geht man vom **Vorgehensmodell einer Systementwicklung** aus, dann gehört Qualitätsmanagement zu den Aufgabenbereichen, die den gesamten Systementwicklungsprozeß begleiten.

Abb. 9.5.2 (Seite 310) zeigt die aus dem Phasenmodell hergeleitete, aufgabenorientierte Einordnung des Qualitätsmanagements.

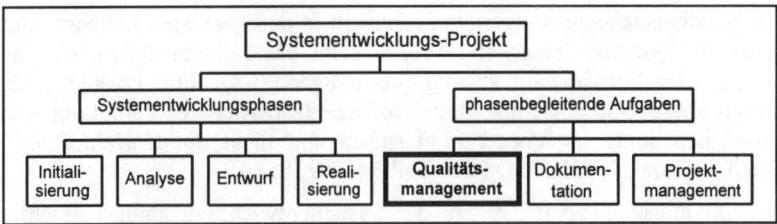

Abb. 9.5.2: Qualitätsmanagement im Systementwicklungsprojekt

Für ein konkretes **Systementwicklungsprojekt** zeigt Abb. 9.5.3, wie das Qualitätsmanagement in die Linie einer Projektorganisation eingegliedert werden kann. „Auftraggeber" ist dabei die Fachabteilung.

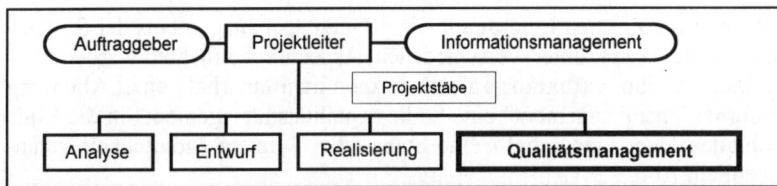

Abb. 9.5.3: Einordnung des Qualitätsmanagements in die "Projektlinie"

In Abb. 9.5.4 ist dargestellt, wie eine Qualitätsmanagement-Stelle aus der eigentlichen Projektorganisation ausgegliedert ist und direkt mit Auftraggeber, Informationsmanagement und den Systementwicklungsbereichen kommuniziert.

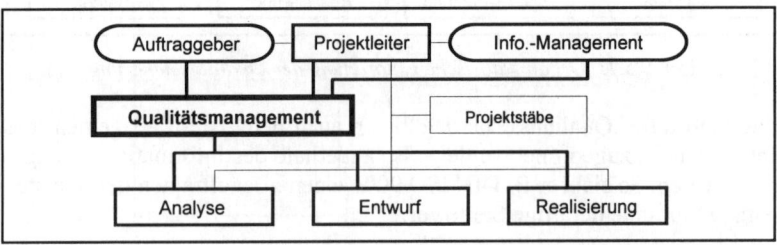

Abb. 9.5.4: Externe Einordnung des Qualitätsmanagements

Die projektbezogene organisatorische Eingliederung des Qualitätsmanagements orientiert sich am Systementwicklungsprozeß. Bei dem in Abb. 9.5.5 (Seite 311) schematisch dargestellten Konzept wird dieser Aspekt noch stärker hervorgehoben.

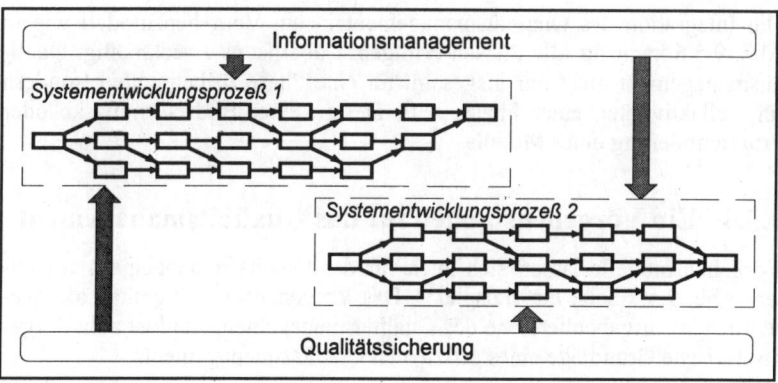

Abb. 9.5.5: Prozeßorientierte Qualitätssicherung

9.5.3   Qualitätsmanagement im Vorgehensmodell der Systementwicklung

Qualitätsmanagement muß sich immer an dem konkret verwendeten Vorge-hensmodell der Systementwicklung[43] orientieren. Abb. 9.5.6 zeigt sche-matisch, wie Qualitätsmanagement in die Systementwicklungsphasen inte-griert werden kann. Durch den Qualitätskontrollmechanismus entstehen da-bei Regelkreise.

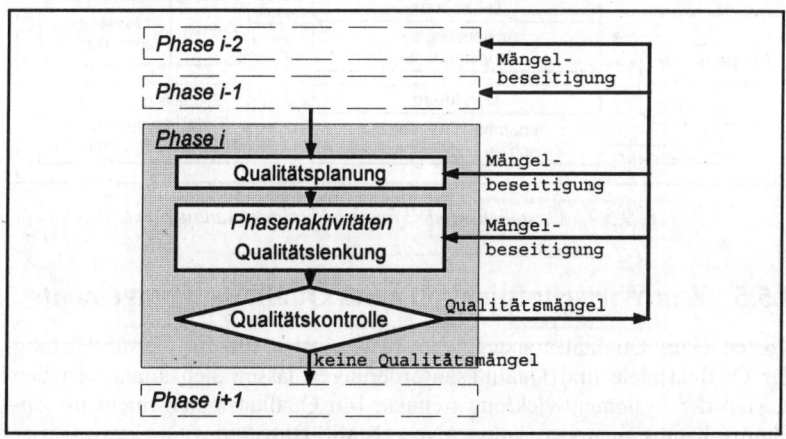

Abb. 9.5.6: Qualitätssicherung in einer Systementwicklungsphase

43 Vgl. dazu die Ausführungen über Vorgehensmodelle in Kapitel 2.

Die Integration des Qualitätsmanagement in ein Vorgehensmodell wie in Abb. 9.5.6 kann für alle Phasen erfolgen. Dabei ist es zweckmäßig, Qualitätsmanagement nicht nur insgesamt für eine Phase zu betrachten, sondern für Teilaktivitäten einer Phase, z. B. Design einer Bildschirmmaske oder Programmierung eines Moduls.

9.5.4 Ein Vorgehensmodell für das Qualitätsmanagement

Vorgehensmodelle lassen sich auch für das Qualitätsmanagement aufstellen. Abb. 9.5.7 zeigt ein Beispiel[44]. Das Vorgehensmodell enthält alle wesentlichen Aufgabenbereiche des Qualitätsmanagements und ist ablauforganisatorische Grundlage eines effizienten Qualitätsmanagements.

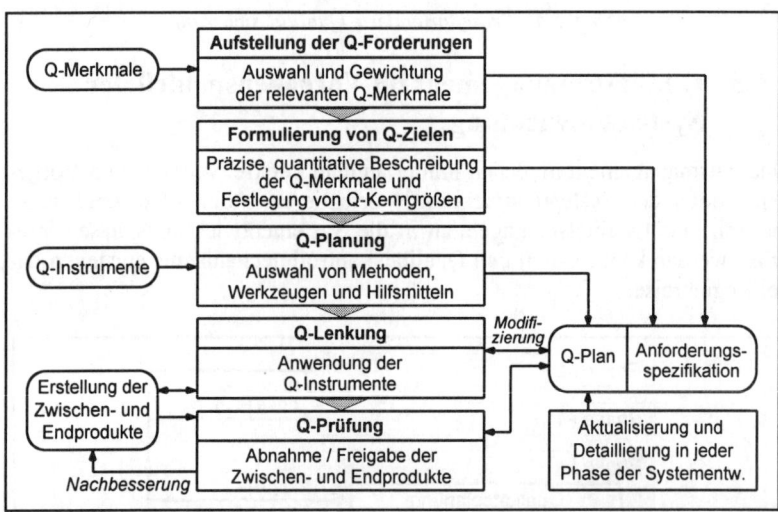

Abb. 9.5.7: Vorgehensmodell für das Qualitätsmanagement

9.5.5 Zur Wirtschaftlichkeit eines Qualitätsmanagements

Kosten eines Qualitätsmanagements bzw. Kosten für die Gewährleistung der Qualitätsziele und Qualitätsanforderungen lassen sich kaum von den Kosten der Systementwicklung trennen. Mit Qualitätsmanagement im Zusammenhang stehen vier Gruppen von **Qualitätskosten**:

---

44 In Anlehnung an WALLMÜLLER [1990, S. 55], der in diesem Zusammenhang von **Qualitätsmodell** spricht.

- **Kosten für die Fehlerverhütung**, d. h. für vorbeugende Maßnahmen, wie Planung und Betrieb des Qualitätsmanagementsystems, Festlegung von Qualitätsanforderungen, Bereitstellung von Tools, Schulung.
- **Kosten für die Fehlererkennung**, vor allem für die Durchführung der Qualitätsprüfungen während des Systementwicklungsprozesses.
- **Kosten der Fehlerbeseitigung**, die für einen bestimmten Fehler oder Mangel um so höher sind, je später der Fehler erkannt wird.[45]
- **Kosten der Fehlerfolgen**, die durch nicht oder nicht rechtzeitig erkannte Fehler entstehen, z. B. fehlerhafte Ausführung von Funktionen im System, fehlerhafte Daten. „Folge"-Kosten können aber auch durch Verzögerungen der Systemfertigstellung, durch Ansprüche Dritter aufgrund von Fehlern oder durch Folgeschäden entstehen.

Die Vermeidung der beiden letzten Kostenarten ist zugleich die wichtigste **Nutzen**kategorie eines Qualitätsmanagements. Allerdings lassen sich diese Nutzen häufig nur schwer quantifizieren.

Weitere Nutzen eines effizienten Qualitätsmanagements sind z. B.
- Verbesserung oder Sicherstellung des Image,
- Vergrößerung des Vertrauens der Anwender,
- höhere Akzeptanz neuer IV-Systeme,
- höhere Motivation der Systementwickler.

Wirtschaftlichkeitsbetrachtungen zu einem Qualitätsmanagementsystem können ähnlich durchgeführt werden, wie für ein IV-System. Deshalb wird dazu auf die entsprechenden Ausführungen in Kapitel 8 verwiesen. Besonders schwierig bei einer Nutzen-Kosten-Betrachtungen ist die Abschätzung der Fehlerrisiken und der Fehlerfolgen.

Die Einführung eines Qualitätsmanagements ist auch dann unumgänglich, wenn der Auftraggeber nur mit einem zertifizierten Unternehmen zusammenarbeitet.

9.5.6   Realisierung eines Qualitätsmanagements

Bei der Planung und Einführung eines Qualitätsmanagements für die Systementwicklung sind folgende Schritte erforderlich[46]:
- Festlegung eines Vorgehensmodells,
- Erstellung einer Dokumentationsrichtlinie,

---

45 Vgl. dazu das Prinzip der frühzeitigen Fehlererkennung in Abschnitt 9.1.4 und Abb. 9.1.4.
46 Vgl. dazu DGQ [1992, S. 17].

- Planung der Organisationsstruktur für die Systementwicklung mit
  - Festlegung von Verantwortlichkeiten für das Qualitätsmanagement,
  - Bestimmung von Kompetenzen und Kommunikationsstrukturen,
  - Vorgaben für die Organisation von Systementwicklungsprojekten,
- Festlegung eines Konzepts für das Konfigurationsmanagement,
- Festlegung der Vorgaben für Methoden und Techniken,
- Planung und Einführung der Entwicklungsumgebung bzw. der Tools für das Management, die Entwicklung, das Qualitätsmanagement, das Konfigurationsmanagement und für andere Funktionen.

10 Management der Systementwicklung

In diesem Kapitel werden die Fragen und Probleme behandelt, die mit dem Management der Planung, Entwicklung und Einführung von IV-Systemen zusammenhängen. Dabei geht es nicht nur um das Management von Systementwicklungs**projekten**, sondern z. B. auch um Beziehungen zwischen Informationsmanagement und Systementwicklung, strategische Aspekte der Systementwicklung, organisatorische Aspekte der Systementwicklung, Fragen des Outsourcing, Probleme der Auswahl, Schulung und Qualifizierung von Mitarbeitern.

10.1 Systementwicklung und Informations-management

Das Management einer Systementwicklung ist Teilaufgabe des Informationsmanagements.

Informationsmanagement umfaßt alle Managementaufgaben (Führen, Planen, Kontrollieren) der Beschaffung, Verarbeitung, Übertragung, Speicherung und Bereitstellung von Informationen.
Für Informationsmanagement gibt es zwei Sichtweisen: Eine **institutionelle** und eine **funktionelle**.

Bei einer Betrachtung des als Abteilung oder Geschäftsbereich organisatorisch selbständigen **institutionellen Informationsmanagements** ist zu beachten, daß Informationsmanagement heute zunehmend dezentral in den Fachabteilungen stattfindet. Grundsätzlich muß Informationsmanagement deshalb als eine die gesamte Führungshierarchie eines Unternehmens betreffende Führungsaufgabe (**funktionelles Informationsmanagement**) verstanden werden.

In den Fachabteilungen muß ausreichend IV-Kompetenz in Form eines **funktionellen Informationsmanagements** vorhanden sein.
Ein zentrales, **institutionelles Informationsmanagement** übernimmt als Abteilung oder als Stelle Koordinierungs- und Steuerungsaufgaben, Spezialaufgaben und die Beratung der Fachabteilungen.

Sowohl bei funktioneller als auch bei institutioneller Betrachtung können **Informationsmanagement-Aufgaben** in **vier Bereiche unter**gliedert werden:

- **Analyseaufgaben**, die sich auf unternehmensinterne Fragestellungen beziehen, z. B. Informationsbedarfsanalysen, Organisationsanalysen, Ermittlung von Rationalisierungserfordernissen, Personalbedarfsanalysen, wie auch auf externe Aspekte, z. B. Marktbeobachtung und technologisches Innovationsmanagement.

- **Strategisch-konzeptionelle Aufgaben**, die langfristig orientiert sind und Grundsatzentscheidungen zu grundlegenden Konzepten, Organisationsstrukturen und dgl. betreffen. Es gehören dazu u. a.: Entwicklung einer IS-Architektur, strategische Planung der Informationsinfrastruktur, Systemkonzeption und Organisation, Personalmanagement, Überlegungen zum Outsourcing, Entwicklung einer Informatikstrategie.

- **Aufgaben der Realisierung**, mit u. a. folgenden Bereichen: Systementwicklung, Organisationsplanung, Softwareentwicklung, Hardwarebeschaffung, Softwarebeschaffung, personalwirtschaftliche Maßnahmen, Systementwicklungs-Projektmanagement, Konfigurationsmanagement.

- **Operative Aufgaben des Betriebs** der installierten Systeme und alle damit zusammenhängenden Fragen, z. B. Rechenzentrumsbetrieb, softwareorientierte Aufgaben, Datenmanagement, Benutzerservice und Informationszentrum, Sicherungs- und Katastrophenmanagement, Informationsverarbeitungs-Revision, Abrechnung.

Systementwicklung gehört zu den Kernaufgaben eines Informationsmanagements, denn strategisch-konzeptionelle Aufgaben und Realisierungsaufgaben des Informationsmanagements betreffen in hohem Maße Systementwicklung. Abb. 10.1.1 (Seite 317) enthält eine Übersicht über Informationsmanagement-Aufgaben, in der diejenigen Aufgaben, die Planung, Entwicklung und Einführung von IV-Systemen betreffen, hervorgehoben sind.

10.2 Strategische Aspekte der Systementwicklung

10.2.1 Strategische Bedeutung von Informationssystemen

IV-Systeme verändern nicht nur unternehmensinterne Prozesse und Strukturen und die Schnittstellen zur Unternehmensumwelt, sondern werden zunehmend auch eingesetzt, um die strategische Position von Unternehmen zu verbessern. Umfassende Verfügbarkeit über den Produktionsfaktor „Information" kann für ein Unternehmen lebensnotwendig sein, wenn Konkurrenten über vielseitigere und/oder aktuellere Informationen verfügen.

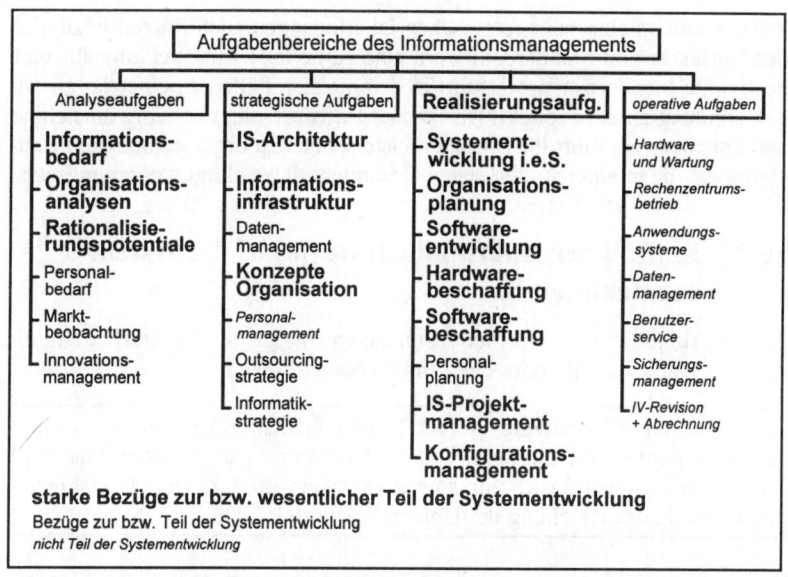

Abb. 10.1.1: *Systementwicklungsbezogene Informationsmanagement-Aufgaben*

Verfügbarkeit über anforderungsgerechte, aufgabenorientierte Planungs-, Steuerungs- und Kontrollinformationen entscheidet wesentlich über die Wirksamkeit betrieblicher Faktorkombinationen und damit über die Konkurrenzfähigkeit des Unternehmens im wettbewerbspolitischen Umfeld[1]. Betriebliches Handeln, die Effizienz betrieblicher Prozesse, Flexibilität und Anpassungsfähigkeit werden immer stärker durch IV-Systeme geprägt. Daraus ergeben sich hohe Anforderungen an die Leistungsfähigkeit von IV-Systemen und damit auch an die Systementwicklung.

Letztendlich geht es um das Phänomen, daß die für ein Unternehmen insgesamt verfügbaren IV-Systeme Veränderungen von Märkten, Leistungsangeboten und Kundenbeziehungen bewirken. Wettbewerbsstrategische Überlegungen müssen das berücksichtigen. Eine Anpassung von IV-Systemen an die Unternehmensstrategie im klassischen Sinne reicht nicht aus, sondern es ist erforderlich, Unternehmensstrategien durch Nutzung informationstechnischer Möglichkeiten neu zu gestalten. Grundsätzliche und langfristig wirkende Aspekte der Systementwicklung werden damit Bestandteile der Unternehmensstrategie.

---

1 Vgl. dazu MERTENS/PLATTFAUT [1986].

Zunehmend spielen bei strategischen Überlegungen auch Fragen bezüglich des Einsatzes von Standardsoftware eine Rolle. Die Entscheidung für eine bestimmte Standardsoftware führt in den meisten Fällen zu einer langfristigen Bindung an ein Produkt. Da Standardsoftware nicht beliebig einstellbar und anpaßbar ist, führt ihr Einsatz meistens auch zu organisatorischen Festlegungen, die in einer strategischen Planung berücksichtigt werden müssen.

10.2.2 Einfluß der Informatikstrategie auf die Systementwicklung

Zu den Aufgaben des Informationsmanagements gehört die Erarbeitung einer Informatikstrategie oder einer Informationsstrategie[2].

> Eine **Informatikstrategie** umfaßt Handlungsrichtlinien und einen Gestaltungsrahmen für die langfristige, globale und ganzheitliche Planung der Informationsinfrastruktur sowie Aussagen über Ziele, Maßnahmen und Mittel zur Erreichung der Unternehmensziele.

Bei der Entwicklung einer Informatikstrategie ist in bezug auf Systementwicklung zu beachten, daß Wechselwirkungen zwischen Wettbewerbsstrategie, Informatikstrategie und Systementwicklung bestehen.

Für die Entwicklung einer Informatikstrategie werden in der Literatur Vorgehensmodelle beschrieben, die auch als Vorgehensmodelle für **strategische Systementwicklung** aufgefaßt werden können, wie die in Abb. 10.2.1.

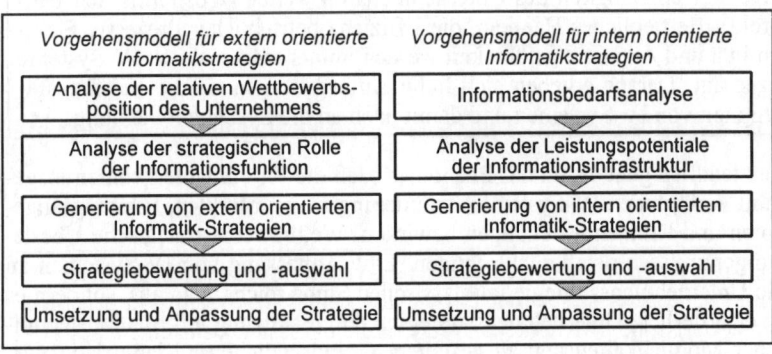

Abb. 10.2.1: Vorgehensmodelle für Entwicklung von Informatikstrategien (in Anlehnung an HEINRICH/LEHNER *[1989, S. 26ff.])*

---

2 Vgl. HEINRICH/LEHNER [1989, S. 21].

Die Vorgehensmodelle aus Abb. 10.2.1 sind für eine Rahmenplanung für IV-Systeme geeignet, denn eine Informatikstrategie schafft langfristige Grundlagen und Vorgaben für Planung, Entwicklung und Einführung von IV-Systemen.

Abb. 10.2.2 zeigt ein Vorgehensmodell für die strategische Planung von IV-Systemen, das nicht auf ein einzelnes System beschränkt ist.

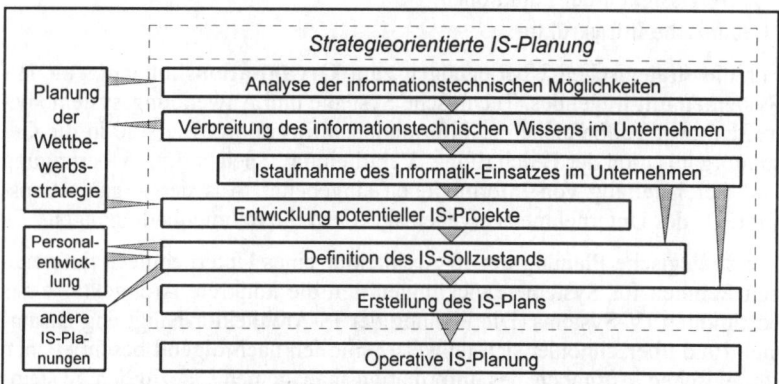

Abb. 10.2.2: Vorgehensmodell der strategieorientierten IS-Planung
(in Anlehnung an KLOTZ/STRAUCH [1990, S. 28])

Grundsätzlich gilt:

Systementwicklung ist eine in die Unternehmensstrategie, insbesondere die Informatikstrategie eingebettete Aufgabe

In den folgenden Abschnitten wird kurz auf einzelne strategiebezogene Informationsmanagement-Aufgaben der Systementwicklung eingegangen.

10.2.3 Entwicklung einer Informationssystem-Architektur

Informationssystem-Architektur (IS-Architektur) umfaßt alle Regeln und Grundsätze, die bei der Entwicklung eines IV-Systems zu beachten sind. Durch die IS-Architektur werden die einzelnen Bausteine eines IV-Systems hinsichtlich ihrer Art, funktionaler Eigenschaften und ihres Zusammenwirkens festgelegt und beschrieben[3].

---

3 Vgl. SCHEER [1992, S. 2].

Der Entwurf einer IS-Architektur betrifft:

• Organisationskonzept,
• Funktionen des IV-Systems,
• Daten,
• Kommunikationsystem,
• Datensicherheit,
• Zuverlässigkeit der Funktionen,
• technische Infrastruktur.

Für die strategischen Überlegungen zum **Organisationskonzept von IV-Systemen** gilt folgendes: Technische Systeme und Anwendungssysteme betreffen zwei Teilbereiche der Informationsinfrastruktur. Sie sind in die Gesamtorganisation der Beschaffung, Verarbeitung, Speicherung, Übertragung und Bereitstellung von Informationen eingebettet. Aus der Organisationsstrategie des Unternehmens ergeben sich dazu die Rahmenbedingungen.

Die strategische Planung der IS-Architektur eines Unternehmens liefert einen Rahmen für Systementwicklungen und die konkrete Architektur eines bestimmten IV-Systems. Die Planung der IS-Architektur hängt eng zusammen (und überschneidet sich teilweise) mit den nachfolgend beschriebenen strategischen Aufgaben des Informationsmanagements bezüglich Systementwicklung.

10.2.4 Strategische Planung der Informationsinfrastruktur

> **Informationsinfrastruktur** bezeichnet die „Einrichtungen, Mittel und Maßnahmen, welche die Voraussetzung für die Produktion von Information und Kommunikation in einer Organisation schaffen"[4].

Zur Informationsinfrastruktur gehören neben der Software insbesondere auch[5]

• Personal, das sich vorwiegend mit der Planung und dem Betrieb von IV-Systemen beschäftigt,
• technische Systeme,
• sämtliche Methoden und Werkzeuge, die bei Planung und Betrieb von IV-Systemen eingesetzt werden,
• organisatorischen Regelungen, die sich auf die Bereiche Information und Kommunikation beziehen,

---

4 HEINRICH [1992, S. 17].
5 Vgl. HEINRICH/LEHNER [1989, S. 22f.].

- Räume, die für Personal und Hardware zur Verfügung stehen müssen,
- Unterstützungsinfrastruktur (z. B. Notstromaggregat).

Die **strategische Planung der technischen Systeme** umfaßt:
- **Komponenten-Management**: Art und Konfiguration der Rechner und der anzuschließenden Peripherie, Art und Umfang der Vernetzung usw.
- **Technologie-Management**: Art der einzusetzenden **Technik** (z. B. Glasfaserkabel oder Kupferkabel für die Datenübertragung; magnetische, elektronische oder optische Speicherung).
- **Architektur-Management**: z. B. Rechnerarchitektur, Netzarchitektur oder Telekommunikationsarchitektur.

Zu den strategischen Grundaufgaben der Konzeption der Informationsinfrastruktur gehören auch Überlegungen zu folgenden Bereichen:
- **Technisierungsgrad**: Ausmaß (Art, Anzahl, Technologie), in dem einzelne Arbeitsplätze mit technischen Geräten ausgestattet werden sollen.
- **Automatisierungsgrad**: Ausmaß, in dem in einem IV-System auf menschliche Intervention verzichtet werden soll. Der Automatisierungsgrad kann für einzelne Bereiche oder Teilsysteme verschieden sein.
- **Durchdringungsgrad**: Ausmaß, in dem die betrieblichen Arbeitsplätze und Aufgabenbereiche mit Informations- und Kommunikationstechnik ausgestattet werden sollen.
- **Integrationsgrad**: Ausmaß, in dem einzelne Funktionen und Aufgabenbereiche in einem IV-System verknüpft sind, auch im Hinblick auf zwischenbetriebliche Integration.

Zu den strategischen Aufgaben im Zusammenhang mit Systementwicklung oder der Einführung von Standardsoftware gehört auch **Personalplanung**. Sie sollte nicht erst in der Realisierungsphase beginnen. Es sind informatikbezogene Strategien der Personalbeschaffung und -entwicklung nötig, z. B. Schulungs- und Qualifizierungsmaßnahmen als Voraussetzungen für den frühzeitigen Aufbau von Wissens-, Fähigkeits- und Flexibilitätspotentialen. Durch dieses Vorgehen können Lernkurveneffekte schneller realisiert werden.

10.2.5 Strategische Überlegungen zum Outsourcing

Bei der strategischen Planung der Informationsinfrastruktur sind auch Überlegungen in Richtung „Eigenfertigung oder Fremdbezug" anzustellen.

> **Outsourcing** ist die Auslagerung von Aufgaben der Beschaffung, Verarbeitung, Speicherung, Übertragung und Bereitstellung von Informationen an ein am Markt tätiges Dienstleistungsunternehmen.

Outsourcing gibt es in vielfältigen Erscheinungsformen und Ausprägungen. Sie reichen von der zeitlich befristeten Auslagerung eng begrenzter IV-Aufgaben, z. B. Datenerfassung für ein Marktforschungs-Projekt oder Auslagerung von Teilen der Buchhaltung, bis hin zur fast kompletten Auslagerung von IV-Systemen. Eine totale Auslagerung aller IV-Aufgaben ist allerdings kaum möglich, da Informationen im Unternehmen entstehen und die Ergebnisse der IV-Prozesse im Unternehmen benötigt werden. Mindestens diese „Schnittstellen" müssen im Unternehmen verbleiben. Es gibt also von den IV-Prozessen im Unternehmen her gesehen Grenzen des Outsourcing. Abb. 10.2.3 veranschaulicht das. Das Bild macht auch deutlich, daß Outsourcing dazu führt, daß der Outsourcing-Dienstleister in die IV-Prozesse des Unternehmens eingebunden wird.

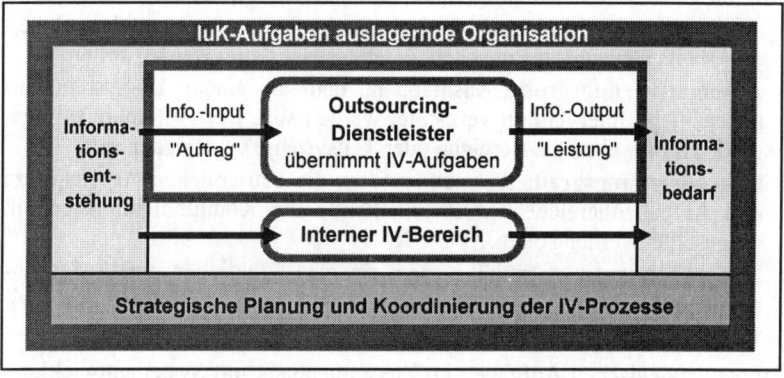

Abb. 10.2.3: Beziehungen des Outsourcing-Dienstleisters zum Auftraggeber

Strategische Überlegungen zum Outsourcing beziehen sich auf die Outsourcing-Breite (welche Aufgabenbereiche sollen ausgelagert werden), auf die Outsourcing-Tiefe (welche Einzelaufgaben werden ausgelagert), auf die Wahl eines kompetenten Outsourcing-Partners und auf Wirtschaftlichkeitsüberlegungen.[6]

Mit Outsourcing ist eine Reihe von Vor- und Nachteilen verbunden[7], die man in einer Argumentenbilanz zusammenstellen kann. Abb. 10.2.4 (Seite 323) zeigt eine Argumentenbilanz, ohne Anspruch auf Vollständigkeit.

---

6 Vgl. zu Einzelheiten strategischer Outsourcing-Überlegungen und zur Argumentenbilanz auf Seite 323 SCHWARZE [1994c] und [1995].

7 Vgl. dazu z. B. AICHINGER [1993], HEINRICH, W. [1993], HEINRICH, W. [1993a], KNOLMAYER [1994], LANG [1992, S. 74-80], SOMMERLAD [1993].

Argumentenbilanz für das Outsourcing	
Strategische Aspekte	
Vorteile	**Nachteile**
+ Konzentration auf Kerngeschäft, + Kooperation statt Hierarchie, + höhere Kostentransparenz, + verbessertes Controlling, + Flexibilität, + Risikotransfer, + Standardisierung, + Reduktion der Komplexität der IV, + mehr Kosten-Transparenz, + Zugriff auf Know-how, + weniger technische und personelle Risiken, + Zugang zu Innovationen + Kompetenz;	– starke, langfristige Abhängigkeit vom Outsourcing-Partner, – Partner-Wechsel schwierig, häufig fast unmöglich, – Verlust von Kompetenz und Know-how, – irreversible Abhängigkeiten, – Akzeptanzprobleme in Fachabteilungen, – unterschiedliche Unternehmenskultur, – Risiko der Zusammenarbeit, – Monopolbeziehungen bei Individuallösung;
Leistungsaspekte	
+ bessere Leistungen zu niedrigeren Kosten, + hohe und vielfältige Kompetenz beim Outsourcing-Partner, + klar definierte Leistungen und Verantwortlichkeiten, + starke Serviceorientierung, + schnelle Verfügbarkeit von Kapazitäten, + Kapazitätsfreisetzung, + weniger Kapazitätsengpässe;	– Know-how-Verlust, – räumliche Distanzen, – Übervorteilung durch Informationsdefizite, – wenig informelle Kommunikation, – Koordinierungsprobleme, – arbeitsrechtliche Probleme, – Risiko schlechter Leistungen, – schwierige Kontrolle, – Reibungsverluste, – hoher Kontrollaufwand;
Finanzielle Aspekte	
+ Kapitalfreisetzung für Investitionen, + Auswirkungen auf Jahresabschluß	
Personelle Aspekte	
+ Reduktion der Personalprobleme;	– Motivationsprobleme der Mitarbeiter
Kosten-Aspekte	
+ Reduktion laufender Kosten für Investitionen, Lizenzkosten, Schulungsaufwand, Organisations- und Projektmanagementaufwand, + keine Kosten zur Daten- und Ausfallsicherheit, + Kapazitätsreserven können entfallen; + neue Economies of Scale, + variable statt fixe Kosten, + gute Planbarkeit;	– Transaktionskosten, – Umstellungskosten, – Kosten der Datenübertragung, – Abrechnungsprobleme, – Kosten für administrative Aufgaben und Koordination zwischen Unternehmen und Outsourcing-Dienstleister, – spezielle Kontrollmaßnahmen, – Qualitätssicherung;

Abb. 10.2.4: Argumentenbilanz zum Outsourcing

10.2.6 IV-System-Portfolios

Strategische Planung von IV-Systemen erfordert auch Bewertung und Koordination der verschiedenen Wünsche nach neuen oder verbesserten IV-Systemen im Unternehmen. Dazu bietet sich die **Portfolioanalyse** an[8].

Ein **IV-System-Portfolio** ist die Gesamtheit aller verfügbaren und/oder geplanten IV-Systeme.

Für die strategische Planung kann man unterscheiden in

• **Ist-Portfolio**: Gesamtheit der vorhandenen IV-Systeme und

• **Soll-Portfolio**: Gesamtheit der vorhandenen **und** der geplanten IV-Systeme.

IV-System-Portfolios können vor allem auch für die Priorisierung von gewünschten oder geplanten IV-Systemen eingesetzt werden. Dazu kann man für jedes vorhandene oder potentielle IV-System die drei Dimensionen

• IV-System- bzw. Projektgröße,

• technologischer Wert und

• Anwendungsvorteile verwenden[9].

Die beiden letzteren Dimensionen von Projekten zur Planung, Entwicklung und Einführung von IV-Systemen können z. B. über folgende Kriterien bewertet werden:

• **Technologischer Wert:**
  - Kompatibilität mit existierenden Systemen,
  - Auswirkungen auf Informationsinfrastruktur,
  - softwaretechnisches Niveau,
  - Einhaltung von Standards und Normen,
  - Lerneffekte und Imageeffekte.

• **Anwendungsvorteile:**
  - Kompatibilität mit Anwenderqualifikationen,
  - ökonomischer Wert,
  - Rationalisierungspotential,
  - Auswirkungen auf Arbeitsqualität und Normen,
  - Akzeptanzniveau.

Für ein IV-System-Portfolio werden die Projekte mit einer auf diesen und/oder weiteren Kriterien beruhenden Bewertung in einem zweidimen-

---

8 Vgl. z. B. HEINRICH [1992, S. 308f.].

9 Vgl. dazu und zu den folgenden Ausführungen PIETSCH [1992, S. 185ff.].

sionalen Koordinatensystem positioniert. Dazu werden die Kriterien bzw. deren Erreichung auf metrischen Skalen mit den Grenzwerten 0 und 100 bzw. -100 und 100 gemessen (Kriterienwerte t_i bzw. a_j) und mit den Gewichten (g_{ti} bzw. g_{aj}) zu einem gewogenen arithmetischen Mittel zusammengefaßt:

Technologie – Indikator

$$T = \sum_{i=1}^{n} t_i g_{ti}$$

Anwendungs – Indikator

$$A = \sum_{j=1}^{m} a_j g_{aj}$$

Abb. 10.2.5 zeigt ein Beispiel mit 6 potentiellen Systementwicklungsprojekten (IS-1 bis IS-6). Die Kreisfläche entspricht der Projektgröße. Die Position eines Projekts im Diagramm entspricht dessen strategischer Bedeutung. Damit kann eine Rangordnung potentieller Systementwicklungsprojekte aufgestellt werden und entschieden werden, welche Projekte realisiert werden sollen.

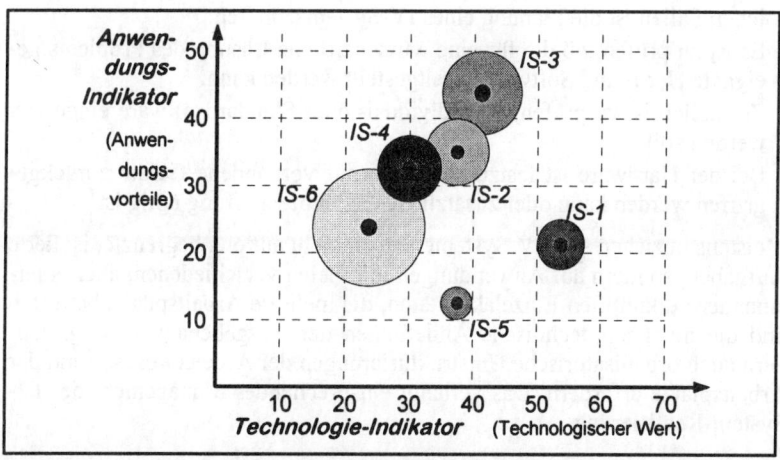

Abb. 10.2.5: IV-System-Portfolio

Aus Abb. 10.2.5 läßt sich folgendes erkennen:
Die Projekte IS-2, IS-3, IS-4 und IS-6 können eindeutig über Anwendungs-Indikator und Technologie-Indikator geordnet werden. Unter Berücksichtigung beider Indikatoren ergibt sich die Prioritätenfolge IS-3 > IS-2 > IS-4 > IS-6. Projekt IS-1 hat zwar den höchsten technologischen Wert, bringt aber nur verhältnismäßig geringe Anwendungsvorteile. Projekt IS-5 bringt die wenigsten Anwendungsvorteile und hat nur einen mittleren technologischen Wert.

10.3 Management der IV-System-Realisierung

10.3.1 IV-System-Realisierung und Systementwicklung

Systementwicklung ist die wichtigste Realisierungsaufgabe des Informationsmanagements (vgl. Abb. 10.1.1). Die in Kapitel 7 behandelte Realisierungsphase der Systementwicklung stellt nur einen Teil der Realisierungsaufgaben des Informationsmanagements dar, da die IV-System-Realisierung durch das Informationsmanagement auch alle Aufgaben der Initialisierungs-, Analyse- und Entwurfsphase einschließt.

Abhängig von **Umfang bzw. Einsatzbreite eines IV-Systems** spielen Managementaspekte bei der Realisierung mitunter kaum eine Rolle. Das ist z. B. der Fall, wenn sich ein vorgesehenes IV-System auf eng begrenzte, im wesentlichen isolierte Anwendungen bezieht, wie z. B. die statistische Auswertung von Verkaufszahlen mit Hilfe einer Statistiksoftware oder die Berechnung eines Finanzierungsplans für eine Erweiterungsinvestition. In solchen Fällen ist die Planung eines IV-Systems einfach:

- Es ist zu prüfen, ob die für eine wirtschaftliche Lösung des Problems geeignete Hard- und Software bereitgestellt werden kann.
- Zusätzlich ist zu prüfen, ob Individual- oder Standardsoftware eingesetzt werden soll.
- Bei der Hardware ist festzustellen, ob auf vorhandene Geräte zurückgegriffen werden kann oder zusätzliche Gerätebeschaffung nötig ist.

Meistens beziehen sich IV-Systeme jedoch nicht auf eng begrenzte, isolierte Aufgaben, sondern auf Anwendungen mit vielen verschiedenen, aber untereinander verknüpften Einzelaktivitäten, die mehrere Arbeitsplätze betreffen und die nicht nur technische Änderungen der Aufgabenabwicklung, sondern auch organisatorische Umstrukturierungen der Arbeitsprozesse und der Arbeitsplätze erfordern. Das verlangt entsprechendes Management der IV-System-Realisierung.

10.3.2 Möglichkeiten zur Realisierung von IV-Systemen

An der Planung, Entwicklung und Einführung eines IV-Systems können die in Abb. 10.3.1 veranschaulichten Stellen bzw. Partner in unterschiedlicher Art beteiligt sein, z. B.:

- Zentrale Realisierung durch eigene Systementwicklung in der Zuständigkeit des Informationsmanagements,
- dezentrale Realisierung durch eigene Systementwicklung in der Zuständigkeit des Informationsmanagements und/oder der Fachabteilungen,

- eigene Systementwicklung unter externer Beteiligung,
- Outsourcing der Realisierung,
- Kauf von „Fertiglösungen", d.h. Standardsoftware.

Die Unternehmensleitung ist in allen Fällen beteiligt.

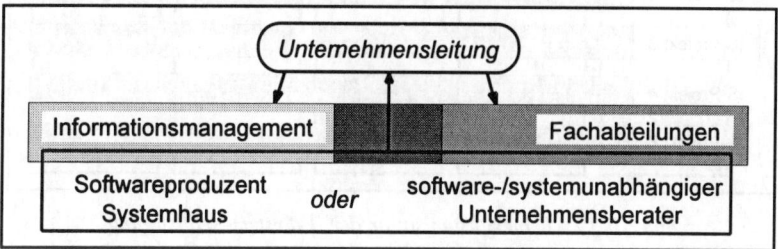

Abb. 10.3.1: Mögliche Beteiligte an einer IV-System-Realisierung

10.3.3 Organisation einer Systementwicklung

Eine effiziente Systementwicklung erfordert einen problemadäquaten organisatorischen Rahmen. Hinsichtlich der **Aufgabenabwicklung** sind folgende Organisationsformen möglich:

(1) Planung, Entwicklung und Einführung eines IV-Systems findet im Rahmen eines **IV-System-Projekts**[10] statt. Für die Realisierungsaufgaben ist ein Projektteam zuständig, das sich aus Mitarbeitern verschiedener Bereiche zusammensetzen kann. Verantwortlich für die IV-System-Realisierung ist dabei eine Projektleitung bzw. ein Projektmanagement. Die Projekte können nach einer Matrixorganisation in die Gesamtorganisation eingebunden werden.

Bei einer **Projekt- oder Matrixorganisation** wird die „normale" Linienorganisation von einer Organisationsebene der Aufgaben und Verantwortlichkeiten der Projekte überlagert. Die fachbezogenen Kompetenzen der Ausführung von Vorgängen usw. liegen bei den einzelnen Fachabteilungen. Die projektbezogenen Kompetenzen und Verantwortungen liegen bei den einzelnen Projektleitungen.

Abb. 10.3.2 (Seite 328) zeigt eine schematische Darstellung der Projektorganisation.

---

10 Auf IV-System-Projekte wird in Abschnitt 10.4.2 eingegangen.

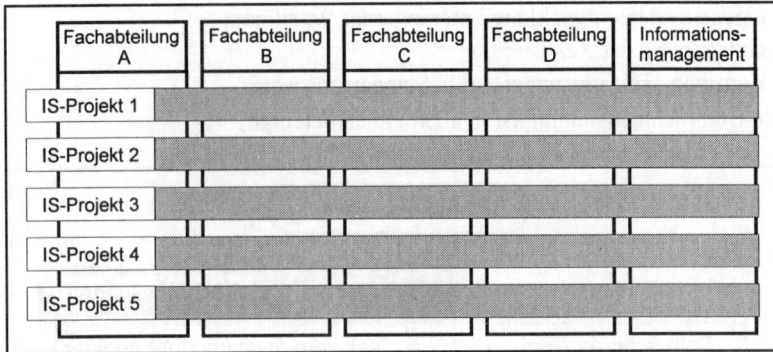

Abb. 10.3.2: Projektorganisation der IV-System-Realisierung

Die wichtigsten Charakteristika der Projektorganisation sind:

• Das Projektmanagement hat nur projektbezogene Kompetenzen.
• Die Kompetenzenteilung führt zwangsläufig zu Ziel- und Kompetenz-
konflikten zwischen Projektleitern und Leitern der Fachabteilungen.
• Die Projektorganisation erfordert hohen Koordinierungsaufwand, insbe-
sondere wegen der Ziel- und Kompetenzkonflikte.
Größere IV-Systeme werden fast immer als Projekte realisiert.

(2) Liegt die Verantwortung beim Informationsmanagement oder in einer
Fachabteilung und werden dort auch wesentliche Teile der Aufgaben der
IV-System-Realisierung wahrgenommen, liegt vom Grundansatz eine **Einbindung der** IV-System-**Realisierung in die Linienorganisation** vor. Abb.
10.3.3 (Seite 329) veranschaulicht dieses Konzept. Die grauen Linien sollen
die Unterstützung und Beratung der Fachabteilungen durch das Informationsmanagement andeuten.

(3) Planung, Entwicklung und Einführung eines IV-Systems ist **in die laufenden Aufgaben des Informationsmanagements** bzw. einer entsprechenden Abteilung innerhalb des Informationsmanagements und in die Fachabteilungen **integriert**. Die Aufgabenabwicklung wird durch einen **Koordinierungsausschuß** mit Vertretern aus dem Informationsmanagement und
den betroffenen Fachabteilungen geplant und überwacht.

Bei einer **Kooperationsorganisation** der IV-System-Realisierung liegt
die Verantwortung für die Aufgabenausführung je nach Zuständigkeit
beim Informationsmanagement oder den Fachabteilungen. Die Steuerung
und Kontrolle wird einem **Koordinierungsausschuß** übertragen, der
üblicherweise keine Weisungsbefugnis hat.

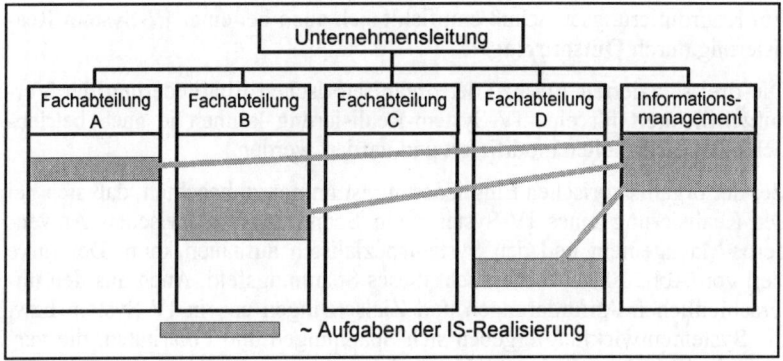

Abb. 10.3.3: Einbindung der IV-System-Realisierung in die Linienorganisation

Der Koordinierungsausschuß kann direkt der Unternehmensleitung unterstehen oder auf einer nachgeordneten Ebene verankert sein. Er kann auch mit begrenzten Weisungsbefugnissen ausgestattet werden. In diesem Fall ähnelt dieser Ansatz der Projektorganisation. Die Kooperationsorganisation veranschaulicht Abb. 10.3.4.

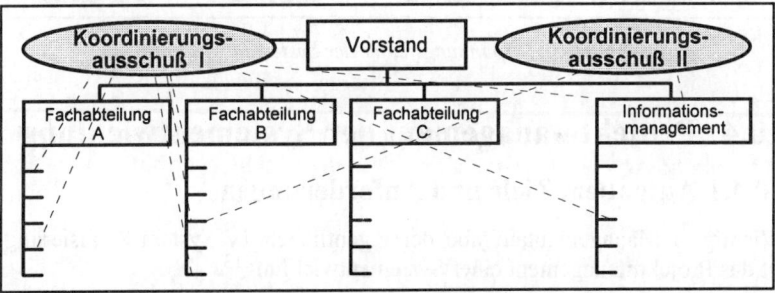

Abb. 10.3.4: Kooperationsorganisation der IV-System-Realisierung

Charakteristika der Kooperationsorganisation sind:

- Der Koordinierungsausschuß koordiniert nur, ohne direkt in den Prozeß der IV-System-Realisierung eingreifen zu können.
- Die Verantwortung und die Kompetenzen für die IV-System-Realisierung liegen beim Informationsmanagement und bei den Fachabteilungen und sind damit verteilt.
- Es besteht die Gefahr von Zieldivergenzen.
- Wegen der verteilten Verantwortung und Kompetenzen treten Abstimmungsprobleme auf.

Ein Koordinierungsausschuß empfiehlt sich auch bei einer IV-System-Realisierung durch **Outsourcing**[11].

Die drei skizzierten Ansätze der organisatorischen Eingliederung der Verantwortlichkeit für eine IV-System-Realisierung können je nach betrieblichen Gegebenheiten modifiziert und variiert werden.

Bei der organisatorischen Eingliederung ist immer zu beachten, daß sich bei der Realisierung eines IV-Systems ein Spannungsfeld zwischen Anwendern, Management und den Systemspezialisten aufbauen kann. Der linke Teil von Abb. 10.3.5 verdeutlicht dieses Spannungsfeld. Auch aus den unterschiedlichen Anforderungen und Zielsetzungen an ein IV-System bzw. die Systementwicklung ergeben sich Spannungen und Polaritäten, die vereinfacht im rechten Teil von Abb. 10.3.5 dargestellt sind[12].

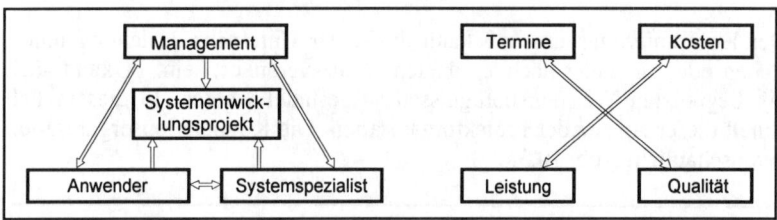

Abb. 10.3.5: Spannungsfelder der Systementwicklung

10.4 Projektmanagement der Systementwicklung

10.4.1 Aufgaben, Ziele und Anforderungen

Wichtigste Managementaufgabe der eigentlichen IV-System-Realisierung ist das Projektmanagement einer Systementwicklung[13].

Projektmanagement umfaßt alle Aufgaben, Konzepte und Verfahren der Planung, Koordinierung, Steuerung und Überwachung der Systementwicklung in allen Phasen.

Für jede Systementwicklungsphase sind dazu folgende Fragen zu klären:
• **Was** ist zu tun?
• **Wie** ist etwas zu tun?

---

11 Vgl. dazu Seite 321ff.
12 Vgl. hierzu auch Abb. 8.8.2.
13 Einige Teile dieses Abschnitts orientieren sich an SCHWARZE [1994a].

- **Zu welchem Zeitpunkt** sind die einzelnen Schritte zu beginnen bzw. müssen sie beendet sein?
- **Wer** ist für die einzelnen Phasen verantwortlich?
- **Welche Kosten** entstehen bzw. dürfen nicht überschritten werden?

Projektmanagement erstreckt sich auf folgende Aufgabenbereiche:

- Projektvorbereitung,
- Projektstrukturierung
- Projektablaufplanung (Reihenfolge),
- Planung der zeitlichen Projektabwicklung,
- Arbeitskräfteeinsatzplanung,
- Planung der Ressourcenbeanspruchung,
- Kapitaleinsatzplanung,
- Kostenplanung und Ausgabenplanung.

Dabei werden, je nach Bereich, spezielle organisatorische Konzepte, Methoden und Techniken (vor allem Netzplantechnik) eingesetzt.

Voraussetzungen für ein wirksames Projektmanagement sind:

- Ausreichend qualifizierte Mitarbeiter,
- Verfügbarkeit effizienter Projektmanagement-Techniken und -Methoden,
- eine Projektleitung, die mit ausreichenden Entscheidungsbefugnissen und wirtschaftlichen Hilfsmitteln ausgestattet ist.

Wichtigstes **Ziel** eines Projektmanagements ist eine anforderungsgerechte, termingerechte und wirtschaftliche Projektrealisierung.

Allgemein sind auch für das Projektmanagement die Anforderungen an IV-Systeme und Systementwicklung aus Kapitel 1 zu beachten. Spezielle **Anforderungen** sind:

- Übersichtliche Erfassung aller Arbeitsgänge, Reihenfolgebedingungen und sonstigen Projektelemente,
- vollständige, leicht verständliche und übersichtliche Darstellung des Arbeitsablaufs,
- Zeitplan mit Angabe der kritischen Stellen und eventueller Zeitreserven,
- zuverlässige und einfach zu handhabende Unterlagen,
- Möglichkeit zur sofortigen Erkennung von Planabweichungen und zur schnellen Reaktion darauf,
- Schaffung der Grundlagen für ein Projektinformationssystem.

Im nächsten Abschnitt werden zunächst die besonderen Eigenheiten von Systementwicklungsprojekten betrachtet.

10.4.2 Systementwicklungsprojekte

Ein **Projekt** ist ein zeitlich, räumlich und sachlich begrenztes komplexes und einmaliges Arbeitsvorhaben, bei dem durch den Einsatz von Verbrauchsgütern (Material), Nutzungsgütern und Arbeitskräften eine bestimmte Zielsetzung (Aufgabe) zu erreichen ist[14].

Projekte können z. B. sein:
• Bau eines Hauses oder Schiffs,
• Markteinführung eines Produkts,
• Wartungsarbeiten,
• Montage einer Anlage,
• Entwicklung eines IV-Systems,
• Einführung eines IV-Systems.

Ein **Systementwicklungsprojekt (SE-Projekt)** bezieht sich auf die Entwicklung eines bestimmten IV-Systems von der Auslösung der Systementwicklung bis zur endgültigen Inbetriebnahme des Systems. Es umfaßt die Phasen Initialisierung, Analyse, Entwurf und Realisierung, erfordert den Einsatz von Arbeitskräften, Nutzungsgütern und Verbrauchsgütern (Material)[15], führt zu Aufwand bzw. Kosten und orientiert sich an den existierenden Zielen und Anforderungen[16].

Grundsätzlich kann man jedes Systementwicklungsvorhaben als Projekt auffassen. Im Hinblick auf ein Systementwicklungs-Projektmanagement ist es allerdings nicht sinnvoll, auch das Schreiben einer einfachen Auswertungsroutine für einen einzelnen Arbeitsplatz als Projekt zu organisieren, obwohl dabei natürlich auch die klassischen Grundaufgaben einer Systementwicklung mit den Phasen Initialisierung, Analyse, Entwurf, Realisierung vorliegen.

Für die Planung wird ein Projekt in seine Elemente zerlegt. Bei ihnen handelt es sich um Vorgänge, Ereignisse und Anordnungsbeziehungen.

---

14 Vgl. SCHWARZE [1994a, S. 19].

15 Für viele Systementwicklungsprojekte ist es zweckmäßig, die Definition um den Einsatz von Techniken, Methoden und Tools zu ergänzen.

16 Gemeint sind hier die allgemeinen Ziele und Anforderungen, wie sie in Kapitel 1 behandelt wurden, die individuell zu konkretisieren sind. Dabei können bestimmte allgemeine Ziele und Anforderungen speziell für ein Systementwicklungsprojekt zusätzlich vorgegeben werden.

> Ein **Vorgang** ist ein zeiterforderndes Geschehen mit definiertem Anfang und Ende, bei dessen Realisierung
> - **Arbeitskräfte** und **Nutzungsgüter** beansprucht werden,
> - **Verbrauchsgüter** (Material, Energie usw.) eingesetzt werden und
> - **Kosten** (bzw. Ausgaben) verursacht werden[17].

Für eine effiziente Projektsteuerung und -überwachung sollte ein Vorgang eindeutig einer verantwortlichen Abteilung oder Stelle zugeordnet sein.

> Ein **Ereignis** kennzeichnet das Erreichen eines bestimmten Projektzustands und ist einem Zeitpunkt zugeordnet.
> Ereignisse, denen bei der Projektdurchführung eine besondere Bedeutung zukommt, heißen **Meilensteine**.

Für eine Projektablaufplanung sind auch die logisch bzw. technologisch und wirtschaftlich bedingten Abhängigkeiten bzw. Reihenfolgebedingungen zwischen den Vorgängen zu ermitteln.

> Eine **Anordnungsbeziehung** beschreibt eine Reihenfolgebedingung für zwei Vorgänge und/oder Meilensteine.

Damit ergibt sich:

> Die **Grundstruktur eines Projekts** besteht aus Vorgängen, Ereignissen und Anordnungsbeziehungen.

SE-Projekte haben einige Eigenschaften, die sie von vielen anderen Projekten abheben und spezielle Projektmanagement-Techniken und -Methoden erfordern. Die wichtigsten charakteristischen Eigenschaften sind:
- Bei nicht zu großer Detaillierung gibt es zahlreiche gleiche Vorgänge (z. B. „Entwerfen einer Bildschirmmaske", „Programmieren einer Ausgaberoutine", „Entwurf eines Datenmodells") und Teilprojekte.
- Eine detaillierte Projektplanung kann meistens erst während der Projektabwicklung erfolgen, da Einzelheiten erst während der Analyse- und Entwurfsphase festgelegt werden können.
- Während man bei den meisten Projekten von deterministischen Projektabläufen ausgehen kann, gibt es bei SE-Projekten im allgemeinen sto-

---

17 Nach DIN 69900 ist ein Vorgang „nur" ein zeiterforderndes Geschehen mit definiertem Anfang und Ende. Diese Definition ist für Anwendungszwecke zu allgemein.

chastische Elemente. Das ist z. B. der Fall, wenn der weitere Projektablauf von einem Testergebnis oder einer Entscheidung durch das Management abhängt.

- In SE-Projekten können auch Schleifen vorkommen, z. B. beim Prototyping oder beim Testen eines Programms.
- Gegenüber dem Einsatz menschlicher Arbeitskraft spielt der Einsatz anderer Ressourcen nur eine untergeordnete Rolle.
- Ein zu entwickelndes IV-System kann häufig so in Teilsysteme zerlegt werden, daß diese als eigene Teilprojekte realisiert und zu unterschiedlichen Zeitpunkten in Betrieb genommen werden.

Die genannten Eigenschaften führen dazu, daß die „klassischen" Projektmanagement-Techniken und -methoden bei SE-Projekten nur bedingt anwendbar sind. Eine unmodifizierte Übertragung ist nicht möglich.

10.4.3 Vorgehensmodelle des Projektmanagements der Systementwicklung

Generell unterscheidet man bei einer Projektabwicklung folgende **Phasen**:

- **Projektanalyse,** mit Ablaufanalyse (Ermittlung der Vorgänge und ihrer Reihenfolge), Zeitanalyse (Ermittlung der Ausführungszeiten und Terminvorgaben) sowie Analyse der erwarteten Kosten und der notwendigen Kapazitäten, Materialien usw.
- **Ablaufplanung** für die Vorgänge und deren Reihenfolge.
- **Zeitplanung,** mit Ermittlung aller wichtigen Informationen über den zeitlichen Ablauf eines Projekts.
- **Planrevision,** die erforderlich wird, wenn der Plan Vorgaben, Randbedingungen oder Anforderungen (z. B. Terminvorgaben) nicht gerecht wird und überarbeitet werden muß.
- **Projektsteuerung,** durch die eine zielgerechte **Projektrealisierung** sichergestellt werden soll.
- **Projektkontrolle,** durch die die Einhaltung des Plans überwacht wird. Bei Planabweichungen sind gegebenenfalls Planrevisionen erforderlich.

In Abb. 10.4.1 (Seite 335) sind die Phasen und deren Beziehungen dargestellt.

Das Phasenschema der Projektmanagement-Aufgaben in Abb. 10.4.1 ist zugleich ein Vorgehensmodell. Andere Vorgehensmodelle ergeben sich aus den Ansätzen in Kapitel 2, denn die Vorgehensmodelle der Systementwicklung sind zugleich Vorgehensmodelle des Projektmanagements der Systementwicklung.

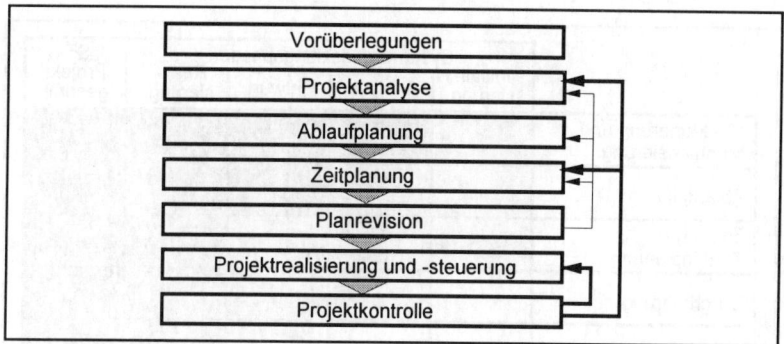

Abb. 10.4.1: Phasen der Projektplanung und -realisierung

Ein vereinfachtes Vorgehensmodell zeigt Abb. 10.4.2.

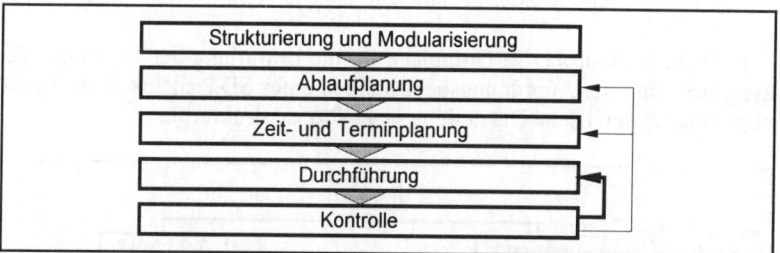

Abb. 10.4.2: Projektmanagement-Vorgehensmodell für SE-Projekte

Die Projektphasen aus Abb. 10.4.2 gelten für ein SE-Projekt als Ganzes, aber auch für jede Systementwicklungsphase. Die Beziehungen zwischen den Systementwicklungsphasen des Vorgehensmodells aus Kapitel 2 und den Projektphasen veranschaulicht Abb. 10.4.3 (Seite 336).

10.4.4 Strukturierung eines Systementwicklungsprojekts

Vor allem bei größeren SE-Projekten ist es zweckmäßig, das Projekt hierarchisch als sogenannten Projektstrukturplan zu untergliedern.

> Ein **Projektstrukturplan** ist eine grafische oder tabellarische Aufgliederung eines Projekts in Teilprojekte, der Teilprojekte in Unterprojekte usw. über mehrere Ebenen.
> Die Elemente auf der untersten Ebene des Projektstrukturplans heißen **Arbeitspakete**.

	Systementwicklungsphasen				SE-Projekt gesamt
	Initialisierung	Analyse	Entwurf	Realisierung	
Strukturierung und Modularisierung					
Ablaufplanung					
Zeit- und Terminplanung					
Durchführung					
Kontrolle					

■ = große,   ▨ = mittlere,   ☐ = geringe oder keine Bedeutung

Abb. 10.4.3: Projektphasen und ihre Bedeutung für Systementwicklungsphasen

Der Projektstrukturplan ist Grundlage für die Ermittlung der Vorgänge, der Ereignisse und der Anordnungsbeziehungen eines SE-Projekts. Abb. 10.4.4 zeigt eine schematische Darstellung eines Projektstrukturplans.

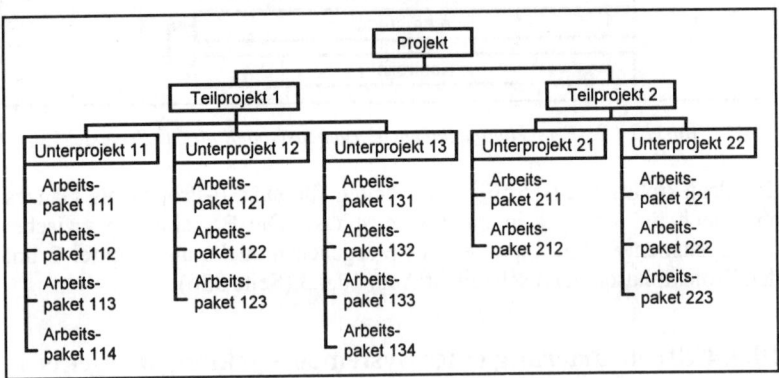

Abb. 10.4.4: Schematische Darstellung eines Projektstrukturplans

Ein Projektstrukturplan für ein SE-Projekt kann nach unterschiedlichen Gesichtspunkten aufgestellt werden.

Ein **funktionsorientierter SE-Projektstrukturplan** zerlegt ein Projekt hierarchisch nach den Systementwicklungsphasen und den phasenbegleitenden Aktivitäten.

Abb. 10.4.5 zeigt einen funktionsorientierten Projektstrukturplan. Er orientiert sich an dem Phasenmodell aus Kapitel 2.

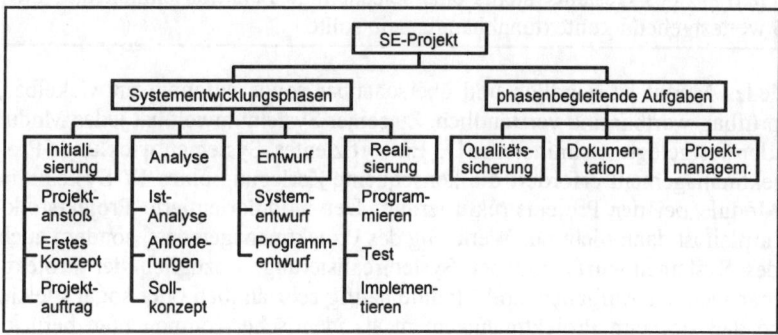

Abb. 10.4.5: Funktionsorientierter Projektstrukturplan

Ein **modulorientierter SE-Projektstrukturplan** zerlegt ein System nach den Funktionen einzelner Systemteile in Teilsysteme, Untersysteme und Module.

Abb. 10.4.6 zeigt einen modulorientierten Projektstrukturplan.

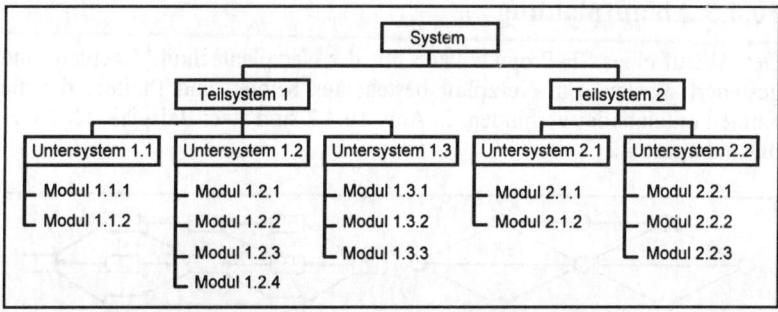

Abb. 10.4.6: Modulorientierter Projektstrukturplan

Bei größeren SE-Projekten kann es zweckmäßig sein, einen **gemischtorientierten Projektstrukturplan** zu erstellen, bei dem beide Gliederungsprinzipien kombiniert angewendet werden.

Die Erstellung eines modulorientierten Projektstrukturplans hängt eng mit dem in Kapitel 1 erwähnten Prinzip der **Modularisierung** zusammen.

Ein **Modul** bezieht sich jeweils auf eine bestimmte, in sich abgeschlossene Teilaufgabe bzw. dient der Bearbeitung einer solchen. Es stellt innerhalb des Gesamtsystems eine selbständige Funktionseinheit dar, die weitestgehend kontextunabhängig sein sollte.

Jedes Modul ist handlich und überschaubar sowie autonom entwickelbar, prüfbar, wartbar und verständlich. Zu seiner Systemumwelt hat jedes Modul klar festgelegte Schnittstellen[18]. Ein effizientes Systementwicklungs-Projektmanagement erfordert die konsequente Zerlegung eines IV-Systems in Module bei der Projektstrukturierung. Der modulorientierte Projektstrukturplan ist dann nicht nur Werkzeug des Projektmanagements, sondern auch des Systementwurfs und der Systemrealisierung. Bezüglich der Projektmanagement-Aufgaben sind Module häufig sehr ähnlich oder sogar gleich, so daß sie beim Projektmanagement als identische Komponenten berücksichtigt werden können.

Module können nach unterschiedlichen Gesichtspunkten gebildet werden:

• Modularisierung nach Funktionen,
• Modularisierung nach Daten,
• Modularisierung nach Objekten bzw. Objektklassen.

Letzteres findet vor allem beim objektorientierten Ansatz statt.

10.4.5 Ablaufplanung

Der Ablauf eines SE-Projekts kann mit der Netzplantechnik[19] geplant und gesteuert werden. Ein **Netzplan** besteht aus Knoten und Pfeilen, die die Knoten miteinander verbinden. In Abb. 10.4.7 sind zwei Beispiele für Netzpläne dargestellt.

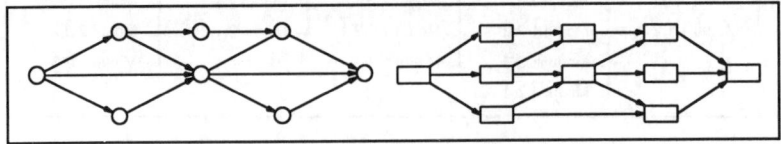

Abb. 10.4.7: Netzpläne

Ein Projektablauf kann unterschiedlich als Netzplan dargestellt werden.

---

18 Vgl. BALZERT [1982, S. 45f.].
19 Zu Einzelheiten zur Netzplantechnik wird verwiesen auf SCHWARZE [1994a].

In einem **Vorgangsknotennetzplan (VKN)** werden die Vorgänge beschrieben und durch rechteckige **Knoten** dargestellt. Die **Vorgangsknoten** werden durch Pfeile so miteinander verknüpft, wie es der Reihenfolge der Vorgänge im Projektablauf entspricht.

Abb. 10.4.8 zeigt ein vereinfachtes Beispiel eines VKN für ein SE-Projekt.

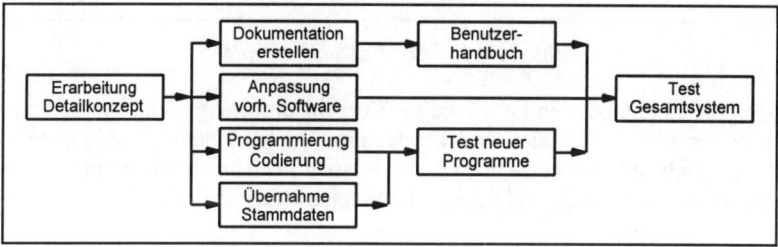

Abb. 10.4.8: Vorgangsknotennetzplan

Ein **Vorgangspfeilnetzplan (VPN)** ist ein Netzplan, in dem die Vorgänge beschrieben und durch **Pfeile** dargestellt sind. Die **Vorgangspfeile** werden durch Knoten so miteinander verknüpft, wie es der Reihenfolge der Vorgänge im Projektablauf entspricht.

Die Knoten stellen Ereignisse dar und werden üblicherweise als Kreise gezeichnet. Abb. 10.4.9 zeigt das Beispiel aus Abb. 10.4.8 als VPN.

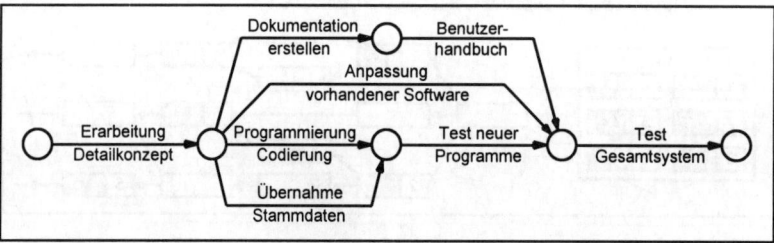

Abb. 10.4.9: Vorgangspfeilnetzplan

In einem **Ereignisknotennetzplan (EKN)** werden Ereignisse beschrieben und durch **Knoten** dargestellt. Die **Ereignisknoten** werden durch Pfeile so miteinander verknüpft, wie es ihrer Reihenfolge im Projektablauf entspricht.

Abb. 10.4.10 zeigt das Beispiel aus Abb. 10.4.8 und 10.4.9 als Ereignisknotennetz.

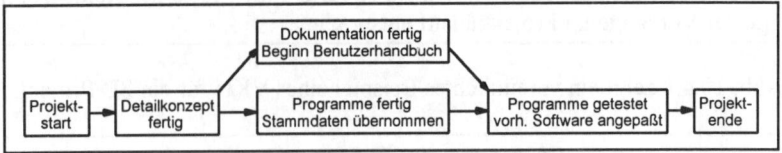

Abb. 10.4.10: Ereignisknotennetzplan

Ereignisknotennetze enthalten keine Vorgangsinformationen, sondern nur Angaben über bestimmte Projektzustände. Da im Planungsstadium eines SE-Projekts üblicherweise noch nicht feststeht, welche Vorgänge im einzelnen auszuführen sind, sind Ereignisknotennetze für SE-Projekte deshalb besonders geeignet.

Werden sowohl Vorgänge als auch Ereignisse bzw. Meilensteine im Netzplan dargestellt, liegt ein **gemischtorientierter Netzplan** vor.

Man beachte, daß der **Projektstrukturplan** üblicherweise **keine Ablaufinformationen** enthält. Diese können dem **Netzplan** entnommen werden. Abb. 10.4.11 veranschaulicht den Zusammenhang.

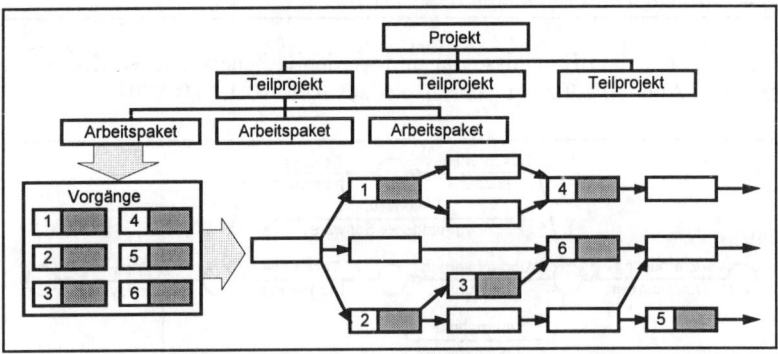

Abb. 10.4.11: Zusammenhang zwischen Projektstrukturplan und Netzplan

Bei einfachen Projektabläufen werden Vorgänge nacheinander ausgeführt. Die Anordnungsbeziehungen legen dann fest, daß ein Vorgang beginnen kann, wenn ein oder mehrere unmittelbar vorher durchzuführende Vorgänge abgeschlossen sind. In Vorgangsknotennetzen können auch andere Anordnungsbeziehungen berücksichtigt werden, und zwar zwischen dem Anfang und/oder Ende eines Vorgangs und dem Anfang und/oder Ende eines nachfolgenden Vorgangs:

- **Ende-Anfang-Beziehung**, nach DIN 69900 **Normalfolge**;
- **Anfang-Anfang-Beziehung**, nach DIN 69900 **Anfangsfolge**;
- **Ende-Ende-Beziehung**, nach DIN 69900 **Endfolge**;
- **Anfang-Ende-Beziehung**, nach DIN 69900 **Sprungfolge**;

Anordnungsbeziehungen können ferner mit Zeitabständen bewertet werden. Dabei sind auch negative Zeitabstände zugelassen. Bei einer Ende-Anfang-Beziehung führt ein negativer Zeitabstand zu einer zeitlichen Überlappung der Vorgänge, wie das Beispiel in Abb. 10.4.12 verdeutlicht.

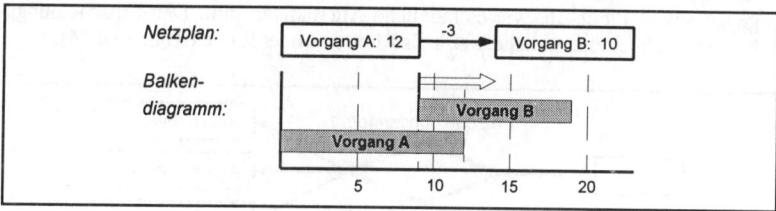

Abb. 10.4.12: Negativer Zeitabstand

Abb. 10.4.13 gibt einen Überblick über die Anordnungsbeziehungen[20].

Anordnungs-beziehungen	Darstellung im Netzplan	Darstellung im Balkendiagramm für		
		Z > 0	Z = 0	Z < 0
Ende-Anfang-Beziehung (Normalfolge)	a —Z— b	a / b	a / b	a / b
Anfang-Anfang-Beziehung (Anfangsfolge)	Z, a b	a / b	a / b	a / b
Ende-Ende-Beziehung (Endfolge)	Z, a b	a / b	a / b	a / b
Anfang-Ende-Beziehung (Sprungfolge)	Z, a b	a / b	a / b	a / b
Z bezeichnet einen Zeitabstand an einer Anordnungsbeziehung				

Abb. 10.4.13: Mögliche Anordnungsbeziehungen

---

20 Aus SCHWARZE [1994a, S. 83]. Es handelt sich hier um Anordnungsbeziehungen mit minimalen Zeitabständen. Auf maximale Zeitabstände wird hier nicht eingegangen, sondern auf die genannte Quelle verwiesen.

Typisch für SE-Projekte ist, daß häufig der Projektablauf im Planungsstadium nicht vollständig und eindeutig festgelegt werden kann. Es gibt Projektzustände, bei denen erst während der Projektdurchführung über den weiteren Projektablauf entschieden wird. In einem solchen Fall hat man zwei Möglichkeiten:

• Man plant zunächst nur bis zu der Entscheidung. Ist die Entscheidung getroffen, plant man den nächsten, nunmehr festgelegten Abschnitt des Projekts.

• Man plant, wenigstens grob, sämtliche Alternativen bereits vor Projektbeginn. An der Stelle der Entscheidung über den weiteren Ablauf fügt man einen sogenannten **Entscheidungsknoten** in den Netzplan ein. Von diesem Entscheidungsknoten gehen soviel Pfeile ab, wie es mögliche Alternativen gibt. Den Entscheidungsknoten zeichnet man üblicherweise als Rhombus oder Raute (Abb. 10.4.14).

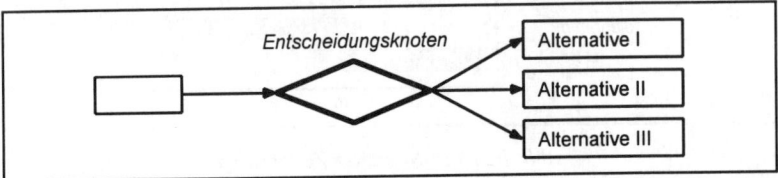

Abb. 10.4.14: Entscheidungsknoten

Ein Netzplan, in dem alternative Projektabläufe berücksichtigt werden und Entscheidungsknoten vorkommen, heißt **Entscheidungsnetzplan.**

Entscheidungsnetzpläne sind für SE-Projekte vielfach geeignet. Für die verschiedenen Alternativen nach einem Entscheidungsknoten empfiehlt es sich, zunächst **nur eine Grobplanung** vorzunehmen. Erst wenn die Entscheidung für eine bestimmte Alternative gefallen ist, erfolgt eine Detailplanung.

Hängt an einem Entscheidungsknoten der weitere Ablauf des Projekts von einem Versuchs- oder Testergebnis oder allgemein von bestimmten Datenkonstellationen ab, dann kann man den verschiedenen **Knotenausgängen** häufig **Wahrscheinlichkeiten zuordnen.** Einen solchen Entscheidungsknoten nennt man auch **stochastischen Entscheidungsknoten.**

Abb. 10.4.15 zeigt ein einfaches Beispiel.

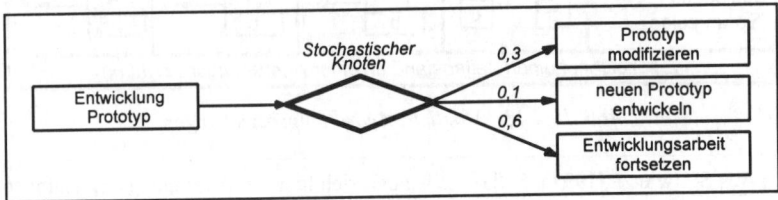

Abb. 10.4.15: Stochastischer Entscheidungsknoten

Die möglichen Ablaufbedingungen im Netzplan entsprechen logischen Verknüpfungen.

> Kann ein Vorgang erst beginnen, wenn alle unmittelbar vorhergehenden Vorgänge beendet sind, entspricht das einer Verknüpfung mit dem **logischen „und"** ($\wedge$).
> Kann ein Vorgang beginnen, wenn wenigstens ein unmittelbar vorhergehender Vorgang beendet ist, entspricht das dem **logischen „inklusiv-oder"** ($\vee$).
> Kann ein Vorgang beginnen, wenn genau einer von mehreren unmittelbar vorhergehenden Vorgängen beendet ist, entspricht das dem **logischen „exklusiv-oder"**.

In entsprechender Weise kann man Knotenausgänge unterscheiden. Beim **logischen „und"** spricht man auch von einem **deterministischen Knoteneingang bzw. Knotenausgang**. Andernfalls von einem **stochastischen** Eingang bzw. Ausgang. Damit ergeben sich die in Abb. 10.4.16 dargestellten verschiedenen Knotentypen, wobei die übliche Darstellungsweise verwendet wurde.

Eingangsseite / Ausgangsseite	stochastisch exklusiv-oder	stochastisch inklusiv-oder	deterministisch und
	⊲ (exklusiv-oder)	◁ (inklusiv-oder)	((und)
stochastisch exklusiv-oder	▷	symbol	symbol	symbol
stochastisch inklusiv-oder	▷	symbol	symbol	symbol
deterministisch und	)	symbol	symbol	○

Abb. 10.4.16: Übersicht über die möglichen Knotentypen

Bei SE-Projekten können Rücksprünge im Projektablauf vorkommen. Ein einfaches Beispiel zeigt Abb. 10.4.17. Liefert ein Prototyp unbefriedigende Ergebnisse, muß erneut entwickelt werden. Vom Ausgang des Knotens „Prototyp testen" wird zum Eingang des Knotens „Prototyp entwickeln" zurückgesprungen.

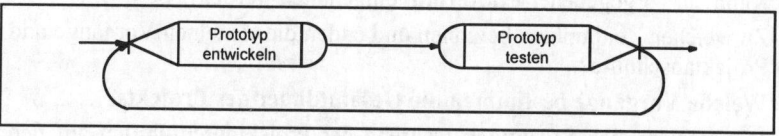

Abb. 10.4.17: Schleife im Entscheidungsnetzplan

Es ist auch möglich, unterschiedlich weit zurückzuspringen, z. B., wenn nach unbe-
friedigendem Einsatz eines Prototyps dieser modifiziert wird (Rücksprung zu
„Prototyp entwickeln") oder eine erneute Analyse erforderlich ist (Rücksprung zu
„Problemanalyse"). Abb. 10.4.18 veranschaulicht diese Situation.

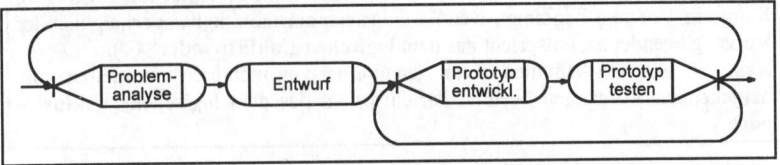

Abb. 10.4.18: Entscheidungsnetzplan mit mehreren Schleifen

Bei den **Schleifen** ist folgendes zu beachten:
*   Jeder Durchlauf einer Schleife verlängert die Projektdauer, die gegebenenfalls in
    Abhängigkeit von der Anzahl der „Schleifendurchläufe" bestimmt werden kann.
*   Jeder Durchlauf einer Schleife führt zu einer erneuten Kapazitätsbeanspruchung.

Mitunter kann man auch Wahrscheinlichkeiten für das Durchlaufen bzw. Nicht-
durchlaufen einer bestimmten Schleife angeben. Mit Hilfe dieser Wahrscheinlichkeiten lassen sich dann u. a. folgende Werte berechnen:
*   durchschnittliche Anzahl der „Schleifendurchläufe" und
*   zu erwartende Projektdauer und evtl. die Wahrscheinlichkeitsverteilung für die
    Projektdauer.

Gegebenenfalls ist die Vorgabe einer Stop-Regel erforderlich, die angibt, bei welcher Bedingung das Durchlaufen einer Schleife zu beenden ist.

Da SE-Projekte meistens erst während der Projektabwicklung detailliert werden
können, empfiehlt sich eine schrittweise Verfeinerung. Dazu wird zunächst ein
Rahmenplan aufgestellt. Während der Projektdurchführung erfolgt dann schrittweise eine Detailplanung. In Abb. 10.4.19 (Seite 345) ist dieses Vorgehen veranschaulicht.

10.4.6 Zeit- und Terminplanung

Bei der Zeit- und Terminplanung für ein SE-Projekt geht es vor allem um
folgende Fragen:
*   Wieviel **Zeit** wird **für die Durchführung des Projekts** benötigt?
*   Kann ein vorgegebener **Endtermin** eingehalten werden?
*   Zu welchen Zeitpunkten beginnen und enden die einzelnen Vorgänge und
    Projektabschnitte?
*   **Welche Vorgänge bestimmen die Gesamtdauer des Projekts?**
*   **Wie wirken sich Störungen** während der Projektdurchführung auf den
    Endtermin und auf die Vorgangstermine **aus?**

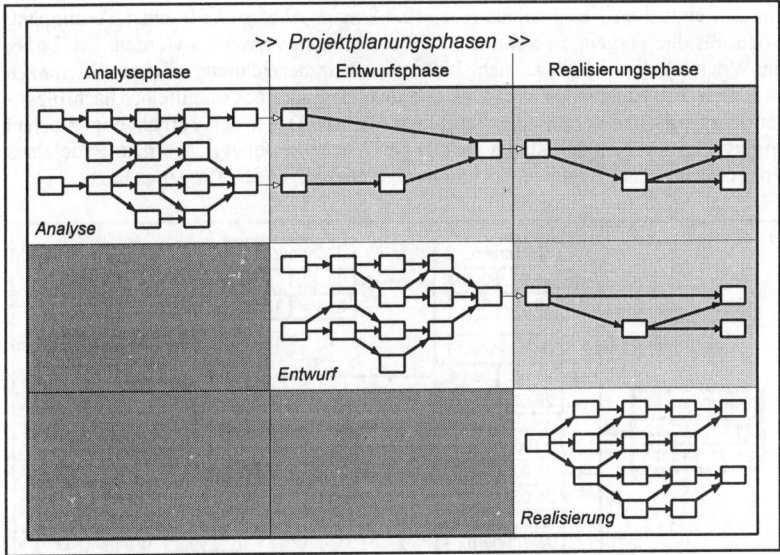

Abb. 10.4.19: Schrittweise Verfeinerung eines SE-Projektplans

Die **Zeitanalyse** dient folgenden Aufgaben:
- Ermittlung der voraussichtlichen **Ausführungsdauer** D für jeden Vorgang,
- Ermittlung von **Zeitbedingungen** und Zeitabständen,
- Ermittlung von **Terminvorgaben**.

Bei der Zeit- und Terminplanung bestimmt man auf der Basis des Ablaufplans sowie der Dauern und Zeitabstände für jeden Vorgang folgende Termine[21]:

$FAT(i)$ frühestmöglicher Anfangstermin für Vorgang i,

$SAT(i)$ spätestnotwendiger Anfangstermin für Vorgang i,

$FET(i)$ frühestmöglicher Endtermin für Vorgang i,

$SET(i)$ spätestnotwendiger Endtermin für Vorgang i,

$FT(j)$ frühestmöglicher Termin für Meilenstein j,

$ST(j)$ spätestnotwendiger Termin für Meilenstein j.

---

21 Praktisch geschieht das zweckmäßigerweise mit einer entsprechenden Software.

Für den einfachen Netzplan aus Abb. 10.4.8 zeigt Abb. 10.4.20 einen Terminplan, wobei für die Vorgänge vereinfachte Bezeichnungen verwendet wurden. Die Dauer (in Wochen) der Vorgänge steht hinter der Kurzbezeichnung. Termindifferenzen zwischen dem Ende eines Vorgangs und dem Beginn eines unmittelbar nachfolgenden Vorgangs sind darauf zurückzuführen, daß die Dauer der Vorgänge in Wochen vorgegeben wurde und dadurch jeweils ein Wochenende zwischen dem Ende eines Vorgangs und dem Beginn eines unmittelbar nachfolgenden Vorgangs liegt.

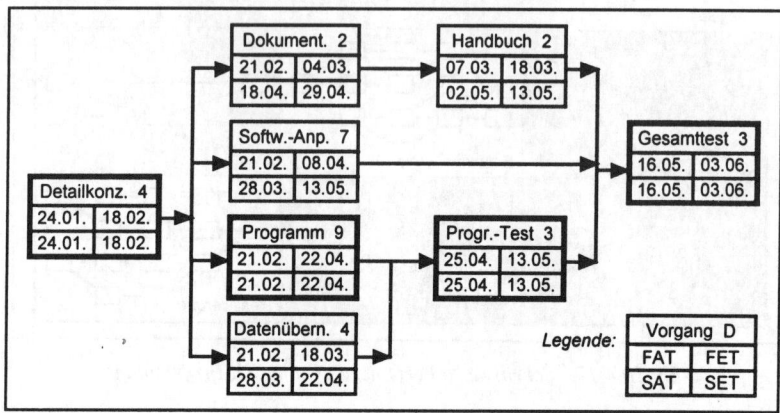

Abb. 10.4.20: Vorgangsknotennetz mit Terminen

Vorgänge, deren frühester und spätester Anfang sowie frühestes und spätestes Ende übereinstimmen, **die** also **keinen zeitlichen „Spielraum" haben, heißen kritische Vorgänge.** Jede Nichteinhaltung des Zeitplans bei ihnen führt zu einer Verschiebung des Projektendes.
Eine Folge kritischer Vorgänge vom Projektstart zum Projektende heißt **kritischer Weg.**

In Abb. 10.4.20 sind die kritischen Vorgänge stärker umrandet.

Die Zeit, um die ein Vorgang zeitlich verschoben werden kann oder um die seine Ausführungsdauer ausgedehnt werden kann, heißt **Pufferzeit**[22].

Abb. 10.4.21 (Seite 347) zeigt den Netzplan aus Abb. 10.4.20 mit Puffer-zeiten in Wochen (kursive Zahlen rechts oben neben den Vorgangsknoten).

---

22 Bei der Netzplantechnik werden verschiedene Pufferzeiten unterschieden. Darauf wird hier nicht weiter eingegangen (vgl. dazu SCHWARZE [1994a]).

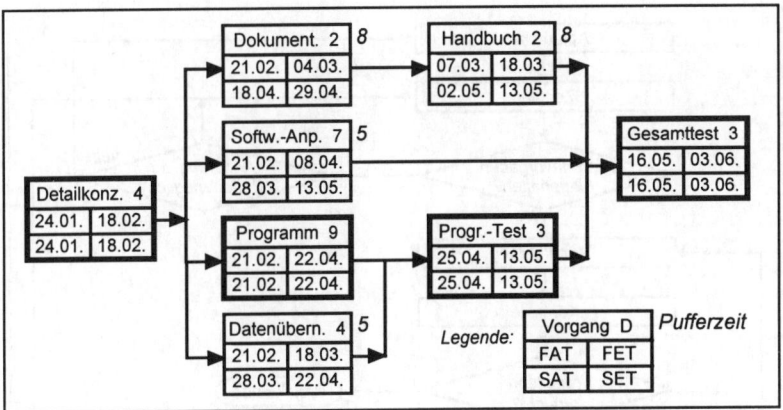

Abb. 10.4.21: Vorgangsknotennetz mit Terminen und Pufferzeiten

Bei der Zeit- und Terminplanung für ein SE-Projekt ist zu beachten, daß die Planung zukunftsorientiert ist und die Dauern der Vorgänge nur Schätzwerte sind, deren Einhaltung nicht garantiert werden kann. In manchen Fällen ist es deshalb für die Projektrealisierung zweckmäßig, die **Vorgangsdauern als feste Werte vorzugeben**. Die Einhaltung dieser vorgegebenen Werte kann gegebenenfalls durch Einsatz zusätzlicher Kapazitäten sichergestellt werden. Der Zeitplan erhält dann einen - bis auf unvorhersehbare und nicht auffangbare Risiken - verbindlichen Charakter.

Ist eine **Verkürzung der Projektdauer** erforderlich, dann zeigt der kritische Weg, wo entsprechende Maßnahmen ergriffen werden müssen. Die **Pufferzeiten** zeigen, wo **Zeitreserven** vorhanden sind und Umdispositionen vorgenommen werden können, ohne daß die fristgerechte Projektfertigstellung in Gefahr gerät. Das erhöht die **Elastizität** der Projektplanung.

10.4.7 Projektsteuerung und -kontrolle

Zu einem effizienten SE-Projektmanagement gehören neben der Planung auch die laufende Steuerung der Projektdurchführung, die Kontrolle und gegebenenfalls erforderliche Planrevisionen während der Projektdurchführung.

Der Zusammenhang zwischen Projektplanung, -durchführung und -kontrolle ist schematisch in Abb. 10.4.22 (Seite 348) dargestellt.

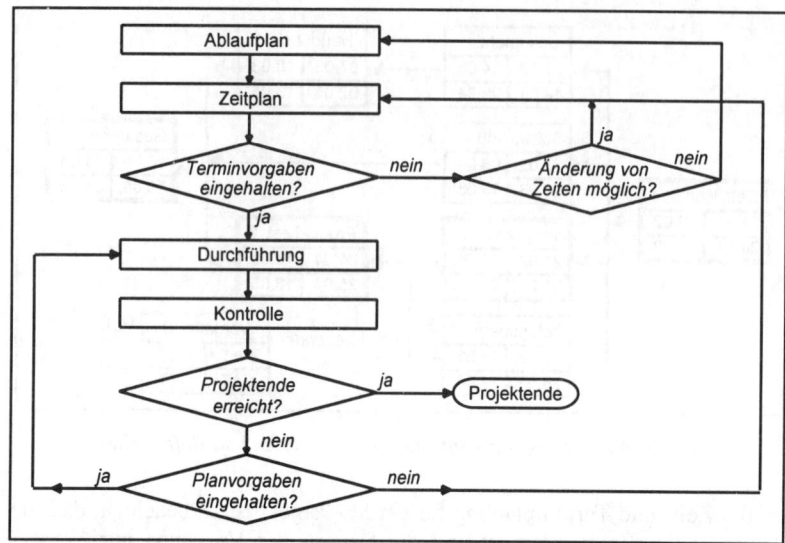

Abb. 10.4.22: Projektplanung, -durchführung und -kontrolle

Die laufende **Überwachung der Projektdurchführung** umfaßt:
- **Erfassung des Projektfortschritts,** einschließlich der tatsächlich benötigten Ausführungszeiten, entstandenen Kosten, beanspruchten Kapazitäten usw.
- **Soll-Ist-Vergleich** für Termine, Ausführungsdauern, Kosten, Kapazitätsbeanspruchungen usw.
- **Plananpassung bzw. Planrevision**

Weitere Projektmanagement-Aufgaben während der Überwachung sind:
- **Detaillierung des Plans** bei schrittweiser Verfeinerung (vgl. dazu Abb. 10.4.19),
- **Berücksichtigung neuer Vorgänge und Anordnungsbeziehungen** aufgrund von Erfahrungen der bisherigen Projektdurchführung,
- **Neuplanung von Vorgängen** (z. B. geänderte Dauer oder Termine) und **Anordnungsbeziehungen.**

Für die **Erfassung des Projektfortschritts** gibt es folgende Organisationskonzepte:
- **Abfrage durch das Projektmanagement.**
- **Automatische Meldung** nach Fertigstellung eines Vorgangs.

• **Fortschrittsmeldungen in regelmäßigen Zeitabständen**, aus denen insbesondere alle abgeschlossenen Vorgänge und der Fertigstellungsgrad begonnener, noch nicht abgeschlossener Vorgänge zu erkennen sind.
• **regelmäßige Treffen aller am Projekt Beteiligten.** Solche Treffen können darüber hinaus auch der Koordinierung der Beteiligten dienen.

Die letztgenannte Möglichkeit hängt eng mit sogenannten **Projektreviews** zusammen, bei denen man folgende Formen unterscheidet:

• **Reviews**: Besprechungen des Projektleiters mit den Projektmitarbeitern,
• **Walkthrough**: Systematisches Prüfen der bisherigen Arbeitsergebnisse oder der letzten Projektphase auf Ziel- und Anforderungsgerechtheit, vor allem mit nicht unmittelbar am Projekt Beteiligten,
• **Audits**: Überprüfung der Projektergebnisse durch projektexterne Prüfer[23].

Bei Verwendung entsprechender Software ist die Fortschrittserfassung immer online an den entsprechenden Arbeitsplätzen möglich.

Die Projektfortschrittsmeldungen werden mit den Planwerten verglichen. Der **Soll-Ist-Vergleich** dient der Gegenüberstellung von Soll- bzw. Plan-Werten und Ist-Werten.

Planrevisionen während der Projektdurchführung werden nicht nur durch Soll-Ist-Abweichungen erforderlich, sondern auch durch zusätzliche Informationen über Vorgangsdauern, geänderte Reihenfolgebedingungen usw.

Ein nützliches Hilfsmittel der Terminverfolgung und der Dokumentation von Planrevisionen sind Diagramme, die die **Veränderungen der Terminplanung im Zeitablauf** grafisch transparent machen. Abb. 10.4.24 zeigt ein Beispiel mit 6 Vorgängen (A, B, C, D, E und F).

Zu Beginn des Projekts sind für die Vorgänge die in Abb. 10.4.23 angegebenen Endtermine geplant:

Vorgang	A	B	C	D	E	F
geplante Termine	10	14	21	24	29	31

Abb. 10.4.23: Ursprünglich geplante Vorgangsendtermine

Die geplanten Endtermine der Vorgänge sind in Abb. 10.4.24 der senkrechten Achse zugeordnet, die Projektzeit der waagerechten Achse. Bei jeder Plankontrolle (in Abb. 10.4.24 alle 5 Zeiteinheiten) werden erneut die geplanten (und eventuell geänderten) Termine eingetragen. Durch Verbindung der „Terminpunkte" erkennt man deutlich die **Stabilität der Terminplanung**.

---

23 Ein derartiger Ansatz eignet sich vor allem für Zwecke der Qualitätssicherung.

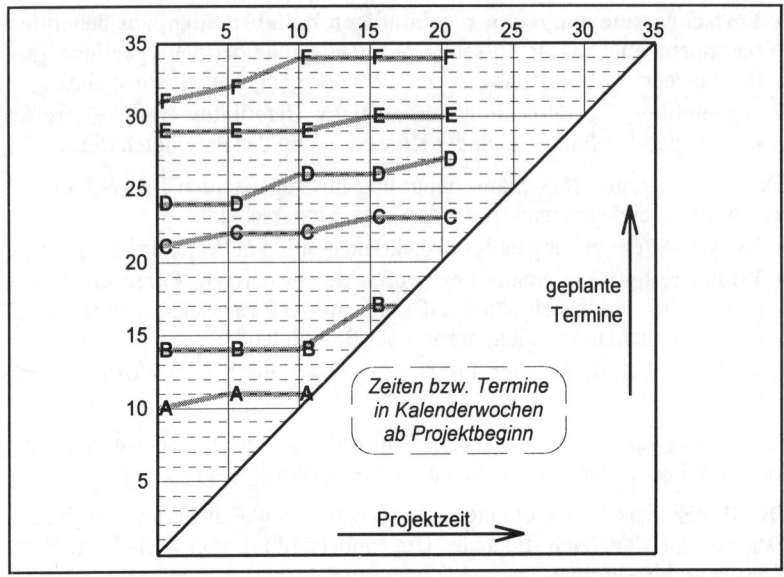

Abb. 10.4.24: Grafische Darstellung von Terminrevisionen

Die ursprünglich geplanten Termine können sich, so wie in dem Beispiel, im Laufe der Projektabwicklung verschieben. Zum Projektzeitpunkt 20 ergibt sich z. B. die in Abb. 10.4.25 angegebene Situation.

Vorgang	A	B	C	D	E	F
ursprüngliche Termine	10	14	21	24	29	31
revidierte Termine	erledigt	erledigt	23	27	30	34

Abb. 10.4.25: Revidierte Vorgangsendtermine

Im Diagramm werden jeweils die revidierten Termine zum Revisionszeitpunkt eingetragen. Die Linien zeigen den „Terminänderungstrend" an.

10.4.8 Projektorganisation

Auf Aspekte der Organisation eines SE-Projektmanagements wurde bereits in Abschnitt 10.3.3 eingegangen. Für ein einzelnes SE-Projekt gibt es auf den dort skizzierten Ansätzen aufbauende Organisationsformen[24]. Ein klas-

---

24 BALZERT [1982, S. 476ff.] spricht in diesem Zusammenhang von „Mikro-Organisationsformen".

sisches Organisationsmodell einer Systementwicklung ist die **hierarchische Organisation**, wie sie in Abb. 10.4.26 veranschaulicht ist.

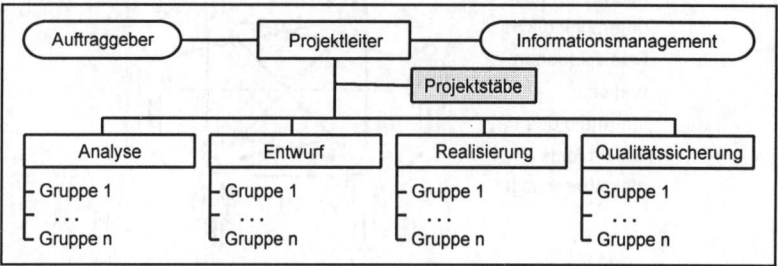

Abb. 10.4.26: Hierarchische Organisation für ein SE-Projekt

Bei kleineren SE-Projekten kann die Projektleitung einer Person übertragen werden, verbunden mit einer **hierarchischen, zentral kontrollierten und flachen Organisationsstruktur**, wie sie Abb. 10.4.27 veranschaulicht[25].

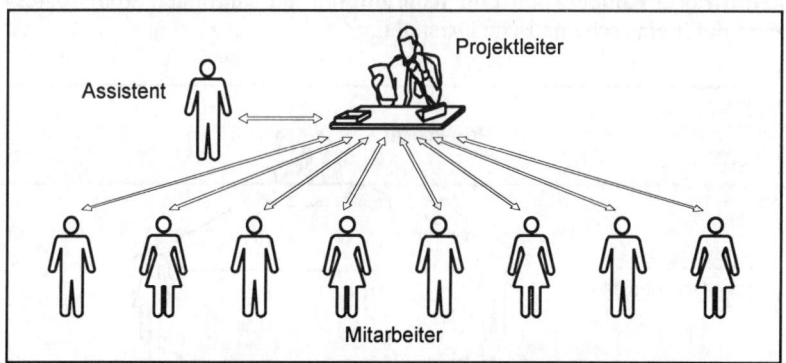

Abb. 10.4.27: Zentralisierte Projektführung

Bei kleineren und mittleren SE-Projekten ist auch ein Projektteam ohne einen ausdrücklichen Projektleiter denkbar. Die **Mitglieder des Projektteams kooperieren gleichberechtigt miteinander**. In Einzelfragen ist der Mitarbeiter federführend, der jeweils die größte Sachkompetenz besitzt. In Abb. 10.4.28 (Seite 352) ist diese Organisationsform schematisch dargestellt.

---

25 Vgl. zu dieser und den beiden folgenden Abbildungen auch BALZERT [1982, S. 476ff.].

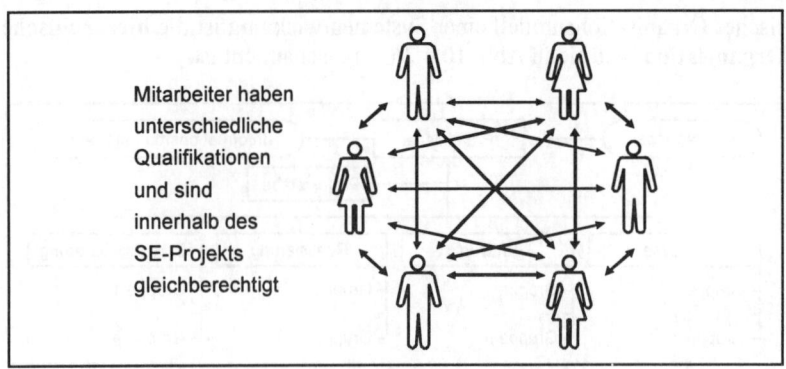

Mitarbeiter haben
unterschiedliche
Qualifikationen
und sind
innerhalb des
SE-Projekts
gleichberechtigt

Abb. 10.4.28: Projektteam von Gleichberechtigten

Kombiniert man die in Abb. 10.4.27 und Abb. 10.4.28 veranschaulichten Ansätze zur Organisation eines Projektteams miteinander, erhält man eine **hierarchische Organisation**, bei der **auf den mittleren und unteren Ebenen direkte Kooperation und Kommunikation** stattfindet. Abb. 10.4.29 zeigt dafür eine schematische Darstellung.

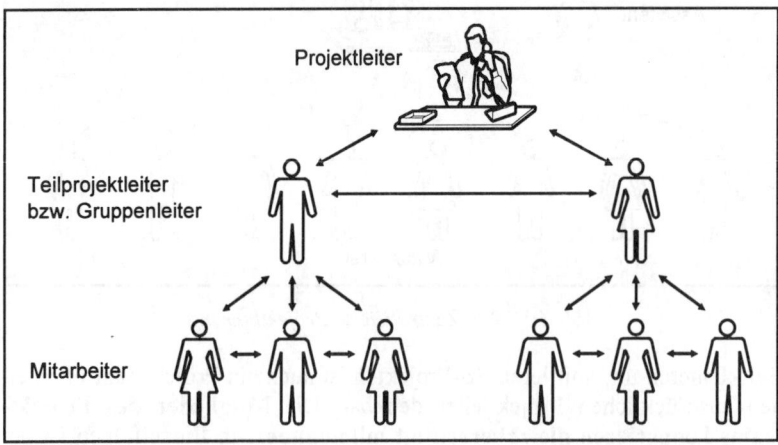

Projektleiter

Teilprojektleiter
bzw. Gruppenleiter

Mitarbeiter

Abb. 10.4.29: Zentralisierte Projektführung mit starker Delegation

Die in Abb. 10.4.29 veranschaulichte Organisation, bei der auf den mittleren und unteren Ebenen direkte Kooperation und Kommunikation stattfindet, eignet sich vor allem für größere Systementwicklungsprojekte.

Die skizzierten Organisationsformen für Projektteams können je nach individueller Situation modifiziert und den betrieblichen Bedürfnissen entsprechend ausgestaltet werden. Empfehlenswert sind unternehmensindividuelle, standardisierte Konzepte.

SE-Projekte erfordern auch eine entsprechende **Organisationsplanung**. Dazu gehören:

• Bestimmung von Personen und Gremien für die Steuerung, Koordinierung und Kontrolle der Projektabwicklung. Das betrifft vor allem die Einsetzung eines Projektmanagements und die Bildung von Koordinierungsausschüssen (vgl. dazu auch Abschnitt 10.3.3).

• Bildung von Arbeitsgruppen, denen abgegrenzte Teilaufgaben zugewiesen werden können.

• Regelung von Zuständigkeiten und Verantwortlichkeiten.

• Festlegung eines geeigneten Organisationsmodells.

• Festlegung der für die Systementwicklung zu verwendenden Tools, Methoden, Standards usw.

• Regelungen zur Erfassung des Projektfortschritts und zur Projektkontrolle.

Die Organisationsplanung muß auch Konzepte für die **Koordinierung parallel laufender SE-Projekte** entwickeln.

Neben der Frage nach einem geeigneten Organisationsmodell treten zahlreiche Einzelfragen auf. Da diese betriebsindividuell sehr unterschiedlich sein können, wird hier nur auf einige wichtige Aspekte einer **effizienten Projektorganisation** eingegangen:

• Der Projektleiter muß mit ausreichenden Kompetenzen ausgestattet sein.

• Kompetenzen und Verantwortlichkeiten sollten auch für Detailfragen verbindlich geregelt sein.

• Organisationsschemata sollten verbindlich festgelegt werden und allen Beteiligten zugänglich gemacht werden.

• Zu einem SE-Projektmanagement gehört ein klar definiertes Organisationskonzept mit eindeutigen Regelungen über einzusetzende Verfahren und Hilfsmittel.

• Es muß ein wirtschaftliches **Projektinformationssystem** installiert werden, das insbesondere auch der Projektsteuerung und -überwachung dient (vgl. dazu den nächsten Abschnitt).

Zu einer wirksamen Projektorganisation gehört auch eine **Projektdokumentation** (vgl. dazu Kapitel 11).

10.4.9 Projektinformationssysteme

Projektinformationen sind alle Informationen über die Planung, Steuerung und Überwachung eines Projekts.

> Die Einrichtungen, Methoden, Konzepte und Hilfsmittel zur Erfassung, Übertragung, Speicherung, Verarbeitung, Auswertung und Bereitstellung von Projektinformationen ergeben ein **Projektinformationssystem**.

Ein Projektinformationssystem dient folgenden Zwecken:

* Unterstützung der Projektabwicklung durch Versorgung der Projektverantwortlichen und aller Projektbeteiligten mit den für den jeweiligen Verantwortungs- und Aufgabenbereich erforderlichen Informationen.
* Sammlung von Informationen und Erfahrungen, um die Planung und Durchführung zukünftiger Projekte zu verbessern. Das geschieht durch den Aufbau einer systematischen Projektdatenbank.

Abb. 10.4.30 zeigt wichtige Module, die in einem Projektinformationssystem berücksichtigt werden müssen.

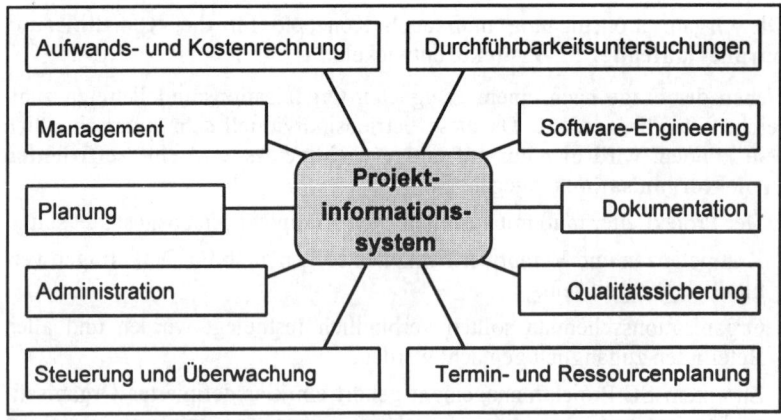

Abb. 10.4.30: Module eines Projektinformationssystems

Die einzelnen Module eines Projektinformationssystems greifen auf eine gemeinsame Datenbank zu. Für ein effizientes Projektinformationssystem ist eine integrative Verknüpfung mit einem Projektmanagementsystem und mit den eingesetzten Tools anzustreben. Auf diese Weise können alle projektbezogenen Informationen automatisch erfaßt werden.

Vorteile eines umfassenden Projektinformationssystems sind:
- Projektfortschrittsmeldungen motivieren die Projektmitarbeiter.
- Planabweichungen werden schnell erkannt, so daß ein frühzeitiges „Gegensteuern" möglich ist.
Das „Gegensteuern" wird dadurch unterstützt, daß Abweichungen allen Projektbeteiligten zugänglich sind, so daß die Wahrscheinlichkeit einer schnellen Lösung zunimmt.
- Steuerungs- und Kontrollzyklen können verkürzt werden.
- Das in ein Projektinformationssystem eingeflossene Wissen und die Erfahrungen der Projektmitarbeiter werden allen zugänglich gemacht.

10.5 Personalmanagement

Wichtige Voraussetzung einer effizienten Systementwicklung sind qualifizierte und motivierte Mitarbeiter. Zum Management einer Systementwicklung gehört deshalb auch ein entsprechendes Personalmanagement, das die Systementwickler, die Systembetreuer und die Systemnutzer betrifft.

Aufgaben des Personalmanagements sind z. B.:
- Strategische Stellenplanung.
- Aus der strategischen Stellenplanung ergeben sich Festlegungen über Qualifikationen bzw. Qualifikationsprofile für Mitarbeiter.
- Daraus kann dann eine Strategie für die Personalbeschaffung und die Personalentwicklung hergeleitet werden.
- Schulungs- und Weiterbildungskonzepte für die **Qualifizierung der zukünftigen Nutzer des IV-Systems**. Dabei kann unterschieden werden in:
  - **Erst-Qualifizierung** bei der Einführung eines IV-Systems.
  - **Anpassungs-Qualifizierung** bei Anpassungen und Aktualisierungen als eine permanente Aufgabe.
- Eine spezielle Aufgabe ist die Bildung eines Projektteams und gegebenenfalls die Bestimmung eines Projektleiters.

Für die Mitarbeiter-Qualifizierung sind verschiedene organisatorische Konzepte denkbar:
- Training-on-the-Job,
- hausinterne Schulung mit eigenen oder mit fremden Trainern,
- externe Schulungen.

Eine erfolgreiche Systementwicklung und -einführung setzt nicht nur Mitarbeiterqualifizierung voraus, sondern auch entsprechende **Mitarbeitermotivation** und **Mitarbeiterführung.** Dabei ist folgendes zu beachten:
Sämtliche betroffenen Mitarbeiter sind in die Systementwicklung möglichst
frühzeitig in geeigneter Form einzubeziehen, um die Zusammenarbeit zu
erleichtern und psychologische Widerstände zu umgehen.

Die Einführung eines IV-Systems erfordert wegen potentieller Widerstände
entsprechende Informationen und Erläuterungen für die betroffenen Mitarbeiter.

10.6 Management der Einführung von Standard-software

10.6.1 Managementaufgaben

Bei der Einführung von Standardsoftware fallen, allerdings mit unterschiedlichen Akzenten, die gleichen Managementaufgaben an, wie bei Entwicklung von Individualsoftware. Das betrifft insbesondere die grundlegenden
strategischen Aspekte und das Projektmanagement. Auf die wichtigsten
Aufgaben wird nachfolgend kurz eingegangen.

Zu den Managementaufgaben gehört zunächst die strategische Grundsatz-
entscheidung über die Frage „Individualsoftware oder Standardsoftware?".
Ist die Entscheidung für Standardsoftware gefallen, dann ergeben sich folgende Managementaufgaben:

- Analyse des Markts für geeignete Standardsoftware. Das betrifft die Ermittlung potentieller Anbieter von Standardsoftware zu dem jeweiligen
  Anwendungsbereich und die Ermittlung der angebotenen Standardsoftwareprodukte.

- Vorauswahl der Anbieter und Standardsoftwareprodukte, die für den jeweiligen Anwendungsbereich möglicherweise geeignet sind.

- Die nach der Vorauswahl feststehenden potentiellen Anbieter sind zur
  Abgabe von Angeboten aufzufordern.

- Für die Auswahl einer für den vorgesehenen Zweck geeigneten Standardsoftware sind die Angebote zu analysieren und zu bewerten. Die dabei
  zugrundezulegenden Kriterien ergeben sich zum einen aus dem Anwendungsbereich und zum anderen sind es allgemeine Anforderungen, die an
  eine Software zu stellen sind.

- Nach Auswahl eines bestimmten Standardsoftwareprodukts erfolgt die Beschaffung.
  Dazu ist - in Abhängigkeit von den Bedingungen des Lieferanten - durch das Management zu entscheiden, ob die Software gekauft werden soll oder ob „nur" ein Nutzungsvertrag abgeschlossen wird.
- Da Standardsoftware üblicherweise nicht unmittelbar nutzbar ist, muß sie im Rahmen des Customizing für den jeweiligen speziellen Einsatzzweck eingerichtet werden.
  Das Management ist dabei für die grundsätzlichen Festlegungen zuständig.
- Eine weitere Managementaufgabe ist die Planung und Realisierung der Umstellung auf das neue System. Dazu gehören auch Qualifizierungsmaßnahmen für die Mitarbeiter.

Zu weiteren Einzelheiten bezüglich der Managementaufgaben bei Einführung von Standardsoftware wird auf die Ausführungen in den Abschnitten 2.3.8, 5.4, 6.5 und 7.6 hingewiesen

10.6.2 Organisation der Einführung von Standardsoftware

Bei der Einführung einer integrierten Standardsoftware wird in vielen Fällen der Softwareproduzent bzw. -lieferant an den mit der Einführung verbundenen Aufgaben beteiligt.
Das betrifft z. B.

- Beratung,
- Installation,
- Customizing,
- Schulung.

Intern sind außer dem Informationsmanagement die betroffenen Fachabteilungen an der Einführung beteiligt.
Es empfiehlt sich deshalb für die Organisation der Einführung von Standardsoftware eine Projektorganisation verbunden mit einem Lenkungs- und Koordinierungsausschuß einzurichten. In diesem Ausschuß sind die betroffenen Fachabteilungen, das Informationsmanagement und der Softwarelieferant vertreten.

Abb. 10.6.1 (Seite 358) zeigt ein entsprechendes Organisationskonzept für die Einführung von Standardsoftware.

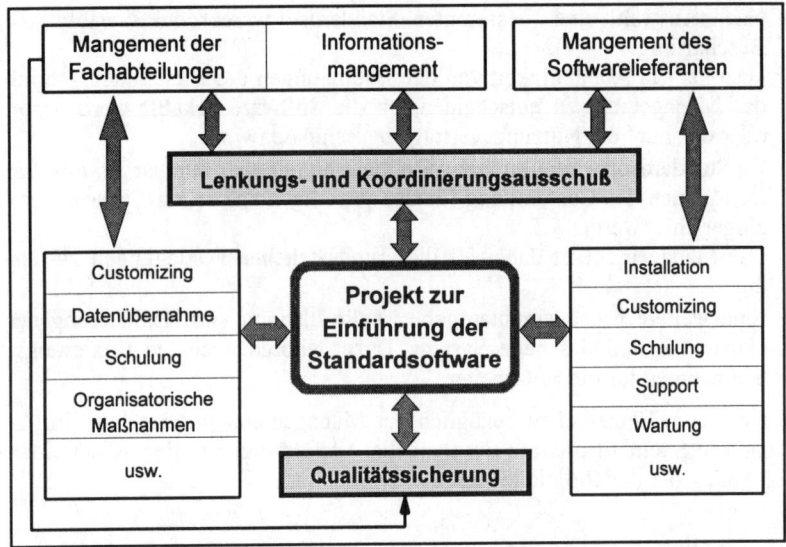

Abb. 10.6.1: Organisationskonzept für Standardsoftware-Einführung

11 Dokumentation

Bei der Planung, Entwicklung und Einführung eines IV-Systems entstehen laufend Informationen über das System, über den Prozeß der Entwicklung, über Anforderungen und Ziele, über Prüfergebnisse usw. Viele dieser Informationen sind nur von temporärem Interesse, während andere dauerhaft festzuhalten sind, z. B. Informationen über das IV-System, seine Funktionen, die Anwendungsbereiche, eventuelle Anwendungsgrenzen usw. für den Anwender, Informationen über die Programmstruktur, Schnittstellen usw. für den Systembetreuer, Projektinformationen für das Informationsmanagement, um dadurch zukünftige SE-Projekte besser planen zu können.

Dieses Kapitel behandelt die Grundzüge der Sammlung, Speicherung und Verwaltung dieser Informationen in Dokumenten, die man auch als Dokumentation bezeichnet. Sie ist integraler Bestandteil der Systementwicklung.

11.1 Ziele und Aufgaben der Dokumentation

11.1.1 Zum Begriff der Dokumentation

Der Begriff Dokumentation hat eine zweifache Bedeutung[1].

Dokumentation bezeichnet

(1) den **Prozeß der Erstellung und Verwaltung von Dokumenten**, d. h. Sammeln, Erfassen, Beschreiben, Systematisieren, Darstellen und Speichern von in einem Dokument zusammengefaßten Informationen,

(2) das Ergebnis dieses Prozesses, also die in einem Dokument enthaltenen, zusammengehörigen Informationen.

Dokumentation bezeichnet also (1) eine Aktivität im Rahmen der Planung, Entwicklung und Einführung von IV-Systemen und (2) eine Menge zusammengehöriger, auf Papier oder elektronisch gespeicherter Informationen.

---

1 Vgl. z. B. CURTH [1990, S. 150-152], HEINRICH [1994, S. 227ff.] und RUPIETTA [1988, S. 15])

11.1.2 Gegenstand und Aufgaben der Dokumentation

Dokumentation erstreckt sich auf folgende Bereiche:
• Dokumentation des **Systementwicklungsprozesses**, die auch als Projektdokumentation bezeichnet wird.
• Dokumentation des **Ergebnisses der Systementwicklung** mit allen wichtigen Informationen für den Systembetrieb.
• Dokumentation des **Systembetriebs**[2].

Planung, Entwicklung und Einführung eines IV-Systems erstreckt sich häufig über einen langen Zeitraum, tangiert zahlreiche Mitarbeiter, und besteht aus der Erledigung vieler Einzelaufgaben. Für den **Systementwicklungsprozeß** ergeben sich daraus folgende Dokumentationsaufgaben:
• Die Vorgaben in Form von Anforderungen, verwendeten Methoden und Techniken usw. sind schriftlich festzuhalten.
• Arbeitsergebnisse sind anhand der Vorgaben zu kontrollieren.
- Entsprechen die Ergebnisse den Vorgaben, sind sie als Grundlage für die nächsten Prozeßschritte festzuhalten.
- Andernfalls sind die Mängel festzuhalten, und die verantwortlichen Stellen sind zur Beseitigung der Mängel aufzufordern.
• Alle relevanten Einzelheiten des zu entwickelnden IV-Systems (Datenmodelle, Prozeduren, Schnittstellenbeschreibungen, Benutzerführung usw.) sind festzuhalten, da sonst eine spätere Wartung oder erforderlich werdende Änderungen nur mit großem Aufwand möglich sind.

Bezüglich des Systementwicklungsprozesses sind in jeder Phase die Entwicklungsergebnisse in „Dokumenten festzuhalten, die alle Aussagen über den erreichten Entwicklungsstand enthalten und die Grundlage für die weitere Arbeit bilden"[3]. Dokumentation hat hier die Aufgabe, die für das IV-System geforderte oder angestrebte Qualität sicherzustellen[4].

Dokumente des Systementwicklungsprozesses sind beispielsweise die verschiedenen Diagramme und Unterlagen, wie sie in den einzelnen Phasen verwendet bzw. erstellt werden:
• Projektauftrag,
• Ergebnis der Ist-Zustands-Analyse,
• Pflichtenheft,
• Data-Dictionary,

---

2 Der letztgenannte Bereich gehört allerdings in die Nutzungsphase.
3 BALZERT [1982, S. 26].
4 Vgl. WALLMÜLLER [1990, S. 96ff.].

- Datenflußdiagramme,
- Programmablaufpläne.

Für einen erfolgreichen **Systembetrieb** sind folgende Dokumentationsaufgaben notwendig:
- Für den **Systembetreiber** sind alle relevanten Informationen über das System (Datenmodelle, Quellcode usw.) verfügbar zu machen, da sonst Fehlerbehebungen, Systemänderungen usw. nicht möglich sind.
- Für den **Anwender** sind alle nutzungsrelevanten Informationen (Funktionsbeschreibungen, Datenformate, Fehlermeldungen, Tastenbelegungen, Schnittstellen, Parametereinstellungen usw.) bereitzustellen.

Die Dokumentation zu einem IV-System soll allgemein Auskunft geben über:
- Zweck und Eigenschaften des IV-Systems,
- Voraussetzungen für den Betrieb des IV-Systems,
- wer, wann, wie, unter welchen Bedingungen das IV-System entwickelt hat,
- wie das IV-System zu installieren ist,
- wie das IV-System zu benutzen und zu warten ist[5].

Dokumente des entwickelten IV-Systems sind vor allem folgende Unterlagen, die in konkreten Fällen inhaltlich unterschiedlich gegeneinander abgegrenzt sind:
- **Anwenderhandbuch**, Benutzerhandbuch oder Benutzerdokumentation ist die „Gebrauchsanleitung" für den Nutzer des IV-Systems,
- **Systemhandbuch**, enthält alle für die spätere Wartung, Änderung und Anpassung des IV-System erforderlichen Informationen, einschließlich Programmdokumentation mit Quellcode, Programmablaufplänen, Datenflußplänen usw.
- **Bedienerhandbuch** ist die Betriebsanleitung des IV-Systems und häufig Teil des Systemhandbuchs[6].

Dokumente des Systembetriebs sind u.a.:
- Betriebsprotokolle,
- Wartungsprotokolle,
- Fehlerstatistiken.

Durch Differenzierung kann man weitere Dokumentarten erhalten.

---

5 Vgl. HEINRICH [1994, S. 228].
6 In diesem Zusammenhang wird auch der Begriff DV-Handbuch benutzt. Es enthält alle für Installation, Betrieb und Pflege eines Programms erforderlichen Informationen.

Abb. 11.1.1 zeigt beispielhaft, wie einzelne Dokumente den Aufgabenbereichen von Systementwicklung und -betrieb zugeordnet werden können.

	Zwischenergebnisse im Entwicklungsprozeß			Informationen zum realisierten IS		
	Analyse Entwurf	Programm	Entwurfs- prozeß	Bediener- handbuch	Benutzer- handbuch	System- handbuch
Organisatorischer Ablaufplan			■		■	
Funktionsbeschreibung			■		■	■
Ablaufbeschreibung	■					
Algorithmen	■					■
Kontrollflußstruktur	■					■
Datenmodelle, Dateien	■					■
Betriebsmittelbedarf	■					
Datensicherung/-schutzbest.	■					
Programmlistings		■				■
Programmbeschreibung		■				■
Testfälle		■				■
Konfigurationsbeschreibung	■	■				■
Schnittstellenbeschreibungen	■	■				■
Dialogablaufsteuerung	■					■
Mengengerüst des Systems	■					
Terminplanung	■		■			

Abb. 11.1.1: Zuordnung einzelner Dokumente zu Dokumentationskategorien (in Anlehnung an CURTH [1990, S. 150-152]

11.1.3 Adressaten von Dokumenten

Die im Rahmen einer Systementwicklung erstellten Dokumente können sich an unterschiedliche Personengruppen richten. Die wichtigsten unternehmensinternen Adressaten sind in Abb. 11.1.2 veranschaulicht.

Abb. 11.1.2: Adressaten von Dokumenten

Die Adressatengruppen aus Abb. 11.1.2 können weiter differenziert werden, z. B.:

• Systementwickler in Programmierer, Organisatoren, Systemdesigner, SE-Projektmanagement, Qualitätsmanagement usw.

• Anwender in Gelegenheitsbenutzer und ständige Benutzer des IV-Systems.

• Systembetreuer in Systemwartung und Benutzerservice.

11.1.4 Rechtliche Aspekte der Dokumentation

Da in IV-Systemen auch Daten verarbeitet und gespeichert werden, bei denen gesetzliche Vorschriften über Erfassung, Aufbewahrung usw. zu beachten sind, hat Dokumentation auch einen rechtlichen Aspekt[7]. Vorschriften finden sich beispielsweise im Handelsgesetzbuch (Führung von Handelsbüchern, Aufbewahrung und Vorlegung) und in der Abgabenordnung. Die gesetzlichen und anderen Vorschriften verlangen u. a., daß eine EDV-Buchführung und ihre Verfahren auch für jeden sachverständigen Dritten verständlich und prüfbar sein muß.

11.2 Grundsätze für die Dokumentenerstellung

11.2.1 Ein Vorgehensmodell für die Dokumentenerstellung

Für die Dokumentenerstellung kann man, wie für die Systementwicklung, ein Vorgehensmodell zugrundelegen. In Abb. 11.2.1 (Seite 364)ist ein Ansatz für ein am Phasenmodell aus Kapitel 2 orientiertes Vorgehensmodell skizziert[8].

HEINRICH [1994, S. 232] unterscheidet drei verschiedene Zeitaspekte für die Dokumentenerstellung:

• **Vorwärtsdokumentation**, bei der eine Aktivität vor ihrer Durchführung dokumentiert wird und die praktisch kaum von Bedeutung ist,

• **Simultandokumentation**, bei der parallel zur Aktivität dokumentiert wird und

• **nachträgliche Dokumentation**, bei der die Dokumentation erst nach Abschluß einer Aktivität erfolgt.

---

7 Vgl. dazu die ausführliche Behandlung bei SCHUPPENHAUER [1992].

8 Bei dem Ansatz handelt es sich faktisch um mehrere parallele Vorgehensmodelle (vgl. BALZERT [1982, S. 55]), wobei davon ausgegangen wurde, daß die Dokumentenerstellung für das IV-System parallel zur Entwicklung geschieht.

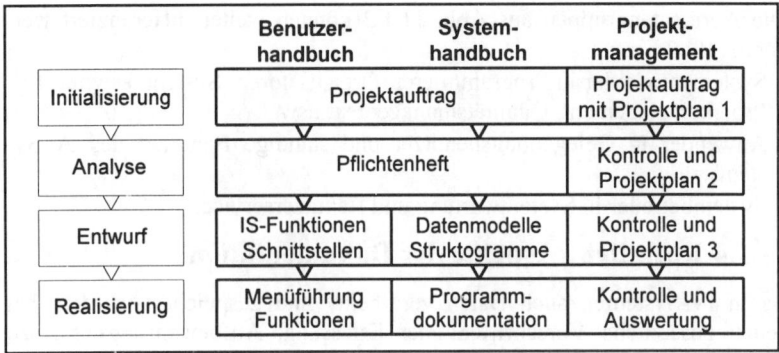

Abb. 11.2.1: Vorgehensmodell für die Dokumentenerstellung

Für die praktische Arbeit ist es in jedem Fall empfehlenswert, Verfahrensvorschriften für die Dokumentenerstellung in einem Vorgehensmodell und den dazugehörigen Anweisungen zu verankern.

11.2.2 Anforderungen an Dokumente

Für Dokumente und deren Erstellung gibt es eine Reihe von Anforderungen bzw. wünschenswerten und unverzichtbaren Eigenschaften, die im folgenden zusammengestellt und, soweit es nötig erscheint, erläutert sind[9].

- **Adressatengerecht**: Dokumente müssen auf den jeweiligen Adressaten ausgerichtet sein, z. B. Auftraggeber, Benutzer, Projektmanagement, Entwickler, Qualitätssicherung, Betriebs- und/oder Wartungspersonal. Mit dieser Forderung hängen die beiden folgenden eng zusammen.
- **Aufgabengerecht**: Dokumente müssen das angestrebte Ziel bzw. ihren Zweck erfüllen.
- **Sprachgerecht**: Diese Eigenschaft hängt mit „Eindeutigkeit" und „Verständlichkeit" zusammen und besagt, daß die Dokumentationsinhalte in einer den Aufgaben und den Adressaten angemessenen Weise zu formulieren sind.
- **Änderbarkeit**: Eignung eines Dokuments zur Feststellung aller von einer Änderung betroffenen Teile eines Dokuments und zur Durchführung der Änderung.
- **Aktualität**: Übereinstimmung des Dokumenteninhalts mit dem jeweils gültigen Zustand bzw. der gültigen Version des Systems.

---

9 Vgl. dazu auch BALZERT [1982, S. 49ff], DGQ [1986, S. 61ff.] und HEINRICH [1994, S. 230ff.].

- **Beachtung von Normen und Standards**: Die für Dokumente geltenden Richtlinien müssen eingehalten werden, z. B. inhaltliche Struktur, Layout und Typographie.
- **Eindeutigkeit**: Der Inhalt eines Dokuments sollte von jedem Benutzer gleich interpretiert werden.
- **Einheitlichkeit**: Begriffe, Darstellungsmethoden, Techniken usw. müssen in einer Dokumentation konsequent einheitlich verwendet werden.
- **Personenunabhängigkeit**: Durch die Dokumentation soll das IV-System unabhängig von Entwicklern oder anderen Personen gemacht werden.
- **Rechtzeitig**: Dokumente müssen zum richtigen Zeitpunkt fertig sein.
- **Umfangsgerecht**: Der Umfang muß den Aufgaben und dem Inhalt der Dokumentation entsprechen.
- **Verständlichkeit**: Verständlichkeit wird vor allem durch eine klare, angemessene Sprache[10], Textstrukturierung (z. B. durch Gliederung, Aufzählungen, Listen), Typographie und Layout, Visualisierung (grafische Darstellungen, Diagramme, Tabellen) erreicht.
- **Vollständigkeit, Übersichtlichkeit** und **Widerspruchsfreiheit**.

Forderungen existieren auch an den Prozeß der Dokumentenerstellung[11]:

- **Systematik**: Für die Dokumentenerstellung müssen klare formale, inhaltliche, strukturelle, ablauforganisatorische usw. Richtlinien existieren, deren Einhaltung sichergestellt sein muß.
- **Automatisierung**: Erstellung, Verwaltung, Bearbeitung und Speicherung von Dokumenten sollte mit einem geeigneten, computerunterstützten Dokumentationssystem erfolgen.
- **Integration**: Die Dokumentation muß integraler Bestandteil des Systementwicklungsprozesses sein.

11.3 Ausgewählte Dokumente

11.3.1 Überblick

Auf eine Reihe von Dokumenten wurde bereits in den vorhergehenden Abschnitten hingewiesen, wobei deutlich wurde, daß sich Dokumente im Zusammenhang mit IV-Systemen und deren Entwicklung verschiedenen Bereichen zuordnen lassen. Abb. 11.3.1 (Seite 366) zeigt eine mögliche Syste-

---

10 Zu einer angemessenen Sprache gehört u. a. die Vermeidung unnötiger Fach- und Fremdworte, von Schachtelsätzen und von nicht definierten Begriffen.

11 Vgl. BALZERT [1982, S. 52].

matik der Dokumente, die den folgenden Ausführungen zugrundeliegt. Eine derartige Systematik kann auch Grundlage für ein **Dokumentenverzeichnis** sein.

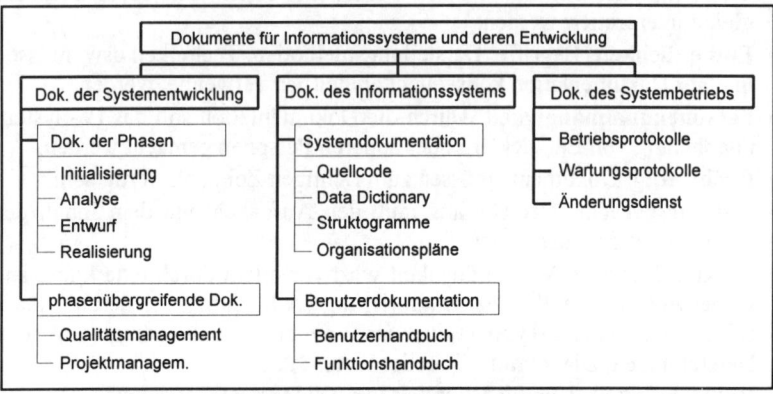

Abb. 11.3.1: Systematik der Dokumente

Zu den folgenden Abschnitten ist zu beachten, daß die Behandlung ausgewählter Dokumente keinen Anspruch auf Vollständigkeit erheben kann, sondern vor allem einen Überblick über mögliche Dokumente und die Dokumentenvielfalt geben soll. Auf Inhalte und Details der Dokumente wird nur exemplarisch eingegangen.

11.3.2 Wichtige Dokumente der Systementwicklung[12]

In der **Initialisierungsphase** gibt es u. a. folgende Dokumente:
• Protokoll, Auftrag, Anfrage oder dgl., aus dem Initiator, Begründung, Anwendungsbereich usw. einer Systementwicklung hervorgehen,
• erstes Systemkonzept mit einer ersten Durchführbarkeitsstudie,
• Systementwicklungsauftrag.

In der **Analysephase** entstehen z. B. folgende Dokumente:
• Ergebnisse der Ist-Zustandsanalyse, wie
  - Ablaufpläne,   - Organigramme,
  - Aufgabenbeschreibungen,   - Datenstrukturen usw.,
• Schwachstellenanalyse,

---

12 Hierzu ist auch auf die Ausführungen zu den Phasen in Kapitel 4 bis 7 sowie zu Techniken in Kapitel 3 hinzuweisen.

• Ergebnisse der Soll-Zustandsanalyse, wie
- Benutzerprofile,   - Benutzerwünsche,
- Informationsbedarf,   - Kommunikationsbedarf,
- Anforderungskatalog,   - Pflichtenheft usw.

Sehr viele Dokumente entstehen in der **Entwurfsphase**. Je nach Vorgehensweise und verwendeten Methoden und Techniken gehören dazu:

• Beschreibungen von Informationsverarbeitungsprozessen, z. B.
- Programmablaufpläne,   - Prozeßdiagramme,
- Zustandsübergangsdiagramme,   - Datenflußpläne und Datenmodelle,
- Kontextdiagramme,   - Aktivitätsmodelle.

• Beschreibungen von Daten und Datenstrukturen, z. B.
- Data Dictionaries,
- E-R-Diagramme,
- Klassenbeschreibungen bei der objektorientierten Analyse.

Weitere Dokumente sind:

• Hardwarekonfiguration,

• Geschäftsprozeßmodelle,

• Strukturdiagramme beim Structured Design,

• Schnittstellenbeschreibungen,

• Funktionsbeschreibungen,

• Hierarchiediagramme bei HIPO,

• Entscheidungstabellen,

• Prozeßaktivierungstabellen.

In der **Realisierungsphase** entstehen vor allem endgültige Fassungen der in der Entwurfsphase begonnenen Dokumente. Daneben gibt es u. a. Dokumente über Quellcode, Konfigurationsverwaltung, Abnahmeprotokolle.

Zu den **phasenübergreifenden Dokumenten** gehören[13]

• alle Unterlagen des Qualitätsmanagements, z. B.
- Qualitätsstandards,   - Qualitätsanforderungen,
- Qualitätsmerkmale,   - Prüfvorschriften,
- Prüfprotokolle,   - Testfalldokumentation,

• und alle Unterlagen des SE-Projektmanagements, wie
- Projektstrukturplan,   - Ablaufplan,
- Zeitplan,   - Planrevisionen.

---

13 Vgl. dazu die entsprechenden Ausführungen in den Kapiteln 9 und 10.

11.3.3 Dokumente des IV-Systems

Die **Systemdokumentation** wird vor allem für Betrieb, Wartung und Weiterentwicklung bzw. Modifikation eines IV-Systems benötigt. Dazu gehören alle Unterlagen zur Beschreibung des fertigen Systems, insbesondere
Quellcode, Data Dictionary, Struktogramme, Programmablaufpläne, Organisationskonzept, Testprotokolle.

Die **Benutzerdokumentation**[14] enthält alle zur Anwendung einer Software
erforderlichen Angaben. Sie besteht aus Anwenderhandbuch und DV-
Handbuch. Das **DV-Handbuch** enthält alle für Installation, Betrieb und
Pflege des Programms erforderlichen Informationen. Abb. 11.3.2 enthält
einen Gliederungsvorschlag.

1 Programmkenndaten	4.1.4 Übersetzen und Binden
2 Programmbeschreibung	4.1.5 Einrichten von Dateien
2.1 Änderungen	4.1.6 Datensicherung
2.2 Vereinbarungen	4.2 Test
2.3 Algorithmen	4.2.1 Verfahren
2.4 Pogrammstruktur	4.2.2 Daten und Ergebnisse
2.5 Programmbausteine	5 Betrieb des Programms
2.6 Quelldarstellung	5.1 Gerätebedarf
2.7 Übersetzer- und Binderlisten	5.1.1 Zentraleinheit
2.8 Datenflußbeschreibung	5.1.2 Peripherie
2.9 Programmablaufbeschreibung	5.1.3 Verbundrechner
2.10 Datensicherung	5.1.4 Datenübertragung
3 Daten	5.2 Bedienung
3.1 Eingabedaten	5.2.1 Rüstanweisung
3.2 Ausgabedaten	5.2.2 Programmsteuerung und -überwachung
3.3 Temporäre Dateien	5.2.3 Datensicherung
3.4 Interne Daten	5.3 Unterbrechungen im Programmablauf
3.4.1 Tabellenübersicht	5.3.1 Programmabbruch
3.4.2 Kontrollblockbeschreibung	5.3.2 Sicherung der Zwischen-ergebnisse
3.4.3 Variablen und Konstanten	5.4 Wiederanlauf
4 Programminstallation und Test	5.4.1 Wiederanlaufverfahren
4.1 Installation	5.4.2 Wiederanlaufanweisungen
4.1.1 Übergabeform	5.5 Leistungsmerkmale
4.1.2 Anpassungshinweise	
4.1.3 Aufbewahrungsbedarf	

Abb. 11.3.2: Gliederung eines DV-Handbuchs nach DIN 66230[15]

---

14 In DIN 66230 wird diese mit Programmdokumentation bezeichnet. Dazu ist anzumerken, daß Begriffsbildungen und -abgrenzungen in der Literatur nicht immer einheitlich sind.

15 Vgl. dazu Beiblatt 1 zu DIN 66230 „Informationsverarbeitung: Programmdokumentation mit fester Gliederung" Januar 1981, S. 5-11.

Das **Anwenderhandbuch** oder **Benutzerhandbuch** enthält alle Informationen, die ein Anwender benötigt, um mit dem IV-System arbeiten zu können. Dazu gehören z. B.:

- Leistungsbeschreibung mit
  - Systemfunktionen,
  - Kapazitäten,
  - Dateneingabe,
  - Datenausgabe,
  - Schnittstellen,
  - Installationsanweisungen,
- Hardwarevoraussetzungen,
- Möglichkeiten individueller Systemeinstellung über Parametersetzung,
- Menüführung,
- Tastenbelegungen,
- Hinweise zur Fehlerbehandlung.

Abb. 11.3.3 zeigt eine mögliche Gliederung für ein Anwenderhandbuch.

1 Programmkenndaten	3.3 Schlüsselverzeichnis
2 Aufgabenstellung	3.4 Fehlerbehandlung
2.1 Aufgabenbeschreibung	3.5 Änderungen
2.2 Theoretische Grundlagen	4 Daten
2.3 Randbedingungen	4.1 Eingabedaten
2.4 Maßeinheiten	4.2 Ausgabedaten
2.5 Vorschriften	5 Anwendungsgrenzen
2.6 Literatur	6 Anwendungsbeispiel
3 Aufgabenlösung	7 Datensicherung
3.1 Vereinbarungen	
3.2 Algorithmen	

Abb. 11.3.3: Gliederung eines Anwenderhandbuchs nach DIN 66230[16]

Um die Vielfalt der Aspekte bei der Handbucherstellung systematisch zu berücksichtigen, kann man Checklisten wie in Abb. 11.3.4 (Seite 370) verwenden.

Neben dem eigentlichen Benutzerhandbuch kann sich gegebenenfalls ein gesondertes **Funktionshandbuch** empfehlen, in dem Funktionen, Prozeduren, Algorithmen usw. ausführlich erläutert sind, bis hin zu Hilfen für die Ergebnisinterpretation.

16 Vgl. dazu Beiblatt 1 zu DIN 66230 „Informationsverarbeitung: Programmdokumentation mit fester Gliederung" Januar 1981, S. 2-4.

Systembeschreibung	Inhaltsangabe
Betrachtungsebene für Benutzer	Aspekte des Produkts
Funktionen	Funktionen
Systemteile	Bestandteile
Systemstruktur	Strukturen
Informationsbedarf der Benutzer	Aspekte des Zielgruppe
Funktionen	Arbeitsaufgaben
Systemeinstellungen	Arbeitsabläufe
Arbeitsobjekte	Arbeitsobjekte
Arbeitsabläufe	Darstellungsprinzipien
Systembenutzung	Normen und Konventionen
Normalfall	Darstellungstechniken
Sonderfall	Text
Fehlersituation	Tabellen
Gliederung	Diagramme und Bilder
Gliederungsprinzipien	Fotos
Nachschlagefunktion	Kombinationen der Techniken
Anleitungsfunktion	Layout und Typographie
produktbezogene Gliederung	Einband
aufgabenbezogene Gliederung	Randbedingungen
Bestandteile	Systemausstattung
Titelblatt und Vorwort	personeller Aufwand
Benutzungshinweise	Arbeits- bzw. Hilfsmittel
Funktionsbeschreibungen	Termine
Verzeichnisse	Kosten
Glossar	

Abb. 11.3.4: Checkliste für Handbuchkonzepte[17]

11.3.4 Dokumente des Systembetriebs

Dokumente des Systembetriebs sind:

- **Betriebsprotokolle** mit Nutzungsstatistik, Zugriffsprotokollen, Fehler-protokollen usw.
- **Wartungsprotokolle** mit Zeitangaben, Angaben zu ausgeführten Arbeiten und zu Problemen.
- **Protokolle über Änderungen und Ergänzungen**, wobei auch Änderungen und Ergänzungen zu Dokumenten über das IV-System zu berücksichtigen sind.

11.3.5 Dokumente für spezielle Aufgaben

In Abschnitt 11.1.4 wurde auf rechtliche Aspekte hingewiesen. Für Zwecke der steuerlichen Prüfung oder Wirtschaftsprüfung ergibt sich daraus die Forderung nach geeigneten EDV-Dokumenten, um die Prüfungsaufträge

---

17 In Anlehnung an RUPIETTA [1988, S. 72f.].

entsprechend den gesetzlichen oder anderen Vorschriften durchführen zu können. Dafür existieren **Grundsätze ordnungsmäßiger EDV-Dokumentation**[18], die teilweise mit den in Abschnitt 11.2.2 behandelten Anforderungen übereinstimmen:

- **Übersichtlichkeit**: klare Gliederung, hierarchischer Aufbau.
- **Durchschaubarkeit**: eindeutige Gestaltung und Zuordnung der Dokumente, Querverweise zu anderen Dokumenten.
- **Belegbarkeit**: Nachweis aller prüfungsrelevanten Kontroll- und Bearbeitungsfunktionen.
- **Vollständigkeit** und **Richtigkeit**.
- **Zeitgerechtigkeit**: Dokumentation aller Verfahrensänderungen zum Zeitpunkt der Freigabe, Nachweis der Gültigkeit verschiedener Verfahrenszustände während des Prüfungszeitraums.
- **Prüfbarkeit**: gesicherte Verfolgbarkeit der Aufgabenstellung in die zu verarbeitenden Daten, Abläufe und Abrechnungsfunktionen, eventuell bis zum Programmcode.
- **Verfügbarkeit**: gesicherte Aufbewahrung für spätere Prüfungen.

11.4 Organisatorische Aspekte

11.4.1 Erstellung von Dokumenten

Für die Dokumentenerstellung sollte ein Vorgehensmodell existieren (vgl. Abschnitt 11.2.1) und es müssen die geltenden Anforderungen beachtet werden (vgl. Abschnitt 11.2.2). Zur Arbeitserleichterung gibt es neben Case-Tools verschiedene Werkzeuge, z. B.:

- Data-Dictionaries,
- Textverarbeitungssysteme,
- Grafiksoftware,
- Dokumentenverwaltungs-Systeme,
- Editoren,
- Autorensysteme,
- Hypertext-Systeme,
- Projektmanagement-Software.

Im Zusammenhang mit der Dokumentenerstellung ist auch ein Projektinformationssystem[19] zu sehen, durch das eine Vielzahl von Informationen über den Systementwicklungsprozeß dokumentiert wird.

---

18 Zu Einzelheiten wird auf die einschlägigen Bestimmungen im Handelsrecht und im Steuerrecht sowie auf die ausführliche Diskussion bei SCHUPPENHAUER [1992] hingewiesen.

19 Vgl. dazu die entsprechenden Ausführungen in Kapitel 10.

Mit der Dokumentenerstellung ist grundsätzlich zusätzlicher Aufwand der Systementwicklung verbunden. Hinzu kommt bei den meisten Entwicklern eine gewisse Abneigung gegen Dokumentationsarbeit. Daraus ergeben sich einige Regeln für die Dokumentenerstellung[20]:

* Erstellung der Dokumentation parallel zur eigentlichen Systementwicklung,
* sofortige Aktualisierung der Dokumentation bei Änderungen oder Fehlerkorrektur,
* Vorgabe und Beachtung von Standards, Normen, Richtlinien und dgl.
* Unterstützung der Dokumentationsarbeit durch Werkzeuge.

11.4.2 Pflege und Verwaltung von Dokumenten

Dokumentenpflege besteht vor allem in den durch Systemänderungen, -anpassungen und -erweiterungen notwendig werdenden Änderungen und Ergänzungen. Sind häufige Änderungen und Ergänzungen zu erwarten, empfehlen sich Dokumente in Loseblattform mit kapitel- oder abschnittsweiser Blattnumerierung oder besser noch ein computergestütztes Dokumentensystem. Wichtig ist die Organisation eines Änderungsdienstes, durch den sichergestellt wird, daß alle Besitzer eines bestimmten Dokuments bei Bedarf die Änderungen und Ergänzungen erhalten.

Zur **Dokumentenverwaltung** gehört eine

* benutzergerechte Speicherung, eine
* Versionenverwaltung und die
* Archivierung.

Die Dokumentenverwaltung sollte mit entsprechenden Werkzeugen und computerunterstützt durchgeführt werden, z. B. mit Hilfe eines Datenbanksystems und/oder eines Dokumentenverwaltungssystems.

---

20 Vgl. ZEHNDER [1986, S. 162].

Weiterführende und vertiefende Literatur

AICHINGER, K. H. [1993]: Outsourcing von DV-Leistungen - Pragmatische Lösung oder Verlust einer strategischen Ressource? In: SCHEER, A.-W. (Hrsg.): Handbuch Informationsmanagement. Wiesbaden, S. 809-830.

BABER, R. L. [1992]: Konzepte für die Erstellung möglichst fehlerfreier Software in der Vergangenheit und Zukunft. In: HMD Heft 163, S. 3-16.

BACHOFER, T. [1993]: Die Rechtsgültigkeit der elektronischen Unterschrift. In: NJW-CoR Heft 1, S. 25-27.

BALZERT, H. [1982]: Die Entwicklung von Softwaresystemen: Prinzipien, Methoden, Sprachen, Werkzeuge. Mannheim.

BALZERT, H. [1986]: Software-Architekturen zur Realisierung ergonomischer Anforderungen. Forschungsbericht FB-TA-86-39 der Triumph Adler AG. Berlin.

BALZERT, H. [1990]: Softwareergonomie. In: KURBEL, K.; STRUNZ, H. (Hrsg.): Handbuch Wirtschaftsinformatik. Stuttgart, S. 585-603.

BARKER, V. E.; O'CONNOR, D. E. [1989]: Expert Systems for Configuration at Digital: XCON and Beyond. In: COMMUNICATIONS OF THE ACM Jg. 32, S. 298-318

BAUER, J.; HERBERG, H. VON DER; SCHWAB, T. [1987]: Hilfesysteme. In: FÄHNRICH, K.-P. (Hrsg.): Software-Ergonomie. München/Wien, S. 118-128.

BECK, A.; JANSSEN, C.; ZIEGLER, J. [1993]: Aufgabenanalyse und Anforderungsermittlung für benutzerorientierte Systemgestaltung. In: Ergonomie & Informatik (Mitteilungen des Fachausschusses 2.3 der GI) Nr. 20, S. 22-33.

BOEHM, B.W. [1986]: Wirtschaftliche Software-Produktion. Wiesbaden.

BOEHM, B.W. [1988]: A Spiral Model of Software Development and Enhancement. In: IEEE COMPUTER, Mai 1988, S. 61-72

BUCK-EMDEN, R.; GALIMOW, J. [1995]: Die Client/Server-Technologie des SAP-Systems R/3. Bonn u. a., 2. Aufl.

BUSACKER, R. G.; SAATY, T. L. [1968]: Endliche Graphen und Netzwerke. München/Wien.

CAP GEMINI SCS [1991]: EDI in Wirtschaft und Verwaltung. Mühlheim.

CHEN, P. P. [1976]: The Entity-Relationship-Model: Toward a Unified View of Data. In: ACM Transactions on Database systems, Vol. 1, Nr. 1, S. 9-36.

COAD, P.; YOURDON, E. [1991]: Object-Oriented Analysis. Englewood Cliffs, N.J., 2. Aufl.

CURTH, M. A.; WYSS, H. B. [1988]: Information Engineering. Konzeption und praktische Anwendung. München/Wien.

CURTH, M. A. [1990]: Dokumentation. In: MERTENS, P. u. a. (Hrsg.): Lexikon der Wirtschaftsinformatik. Berlin u.a., 2. Aufl., S. 150-152.

DIN ISO 9000 Teil 3 (Juni 1992).

DGQ–DEUTSCHE GESELLSCHAFT FÜR QUALITÄT; NACHRICHTENTECHNISCHE GESELLSCHAFT IM VDE (Hrsg.) [1986]: Software-Qualitätssicherung - Aufgaben, Möglichkeiten, Lösungen. Berlin/Offenbach.

DGQ–DEUTSCHE GESELLSCHAFT FÜR QUALITÄT (Hrsg.) [1992]: Methoden und Verfahren der Software-Qualitätssicherung. Berlin.

DZIDA, W. [1983] : Das IFIP-Modell für Benutzerschnittstelllen. In: Office Management 31, Sonderheft, S. 6-8.

EBERLEH, E. [1988]: Menüauswahl. In: BALZERT, H. et al. (Hrsg.): Einführung in die Software-Ergonomie. Berlin/New York, S. 121-137.

END, W.; GOTTHARDT, H.; WINKELMANN, R. [1990]: Softwareentwicklung. Leitfaden für Planung, Realisierung und Einführung von DV-Verfahren. Berlin/München, 7. Aufl.

FRANCK, R. [1986]: Rechnernetze und Datenkommunikation. Berlin u. a.

GERKEN, W. [1989]: Grundlagen systematischer Programmentwicklung. Heidelberg, 2. Aufl.

GOLDSCHLAGER, L.; LISTER, A. [1989]: Informatik – Eine moderne Einführung. München/Wien, 3. Aufl.

GOODMAN, S. E.; HEDETNIEMI, S. T. [1977]: Introduction to the Design and Analysis of Algorithms. New York u. a.

GROTZ-MARTIN, S. [1976]: Informations-Qualität und Informations-Akzeptanz in Entscheidungsprozessen. Saarbrücken.

HALSTEAD, M.H. [1977]: Elements of Software Science. Amsterdam u.a.

HANSEN, H. R. [1992]: Wirtschaftsinformatik I: Einführung in die betriebliche Datenverarbeitung. Stuttgart/Jena, 6. Aufl.

HAUSEN, H.-L. [1989]: Methoden und Techniken projektbegleitender Software-Qualitätssicherung. In: RESCHKE; SCHELLE; SCHNOPP (Hrsg.): Handbuch Projektmanagement. Köln, S. 529-558.

HAUSEN, H.L.; MÜLLERBURG, M.; SCHMIDT, M. [1987]: Über das Prüfen, Messen und Bewerten von Software - Methoden und Techniken der analytischen Software-Qualitätssicherung. In: Informatik-Spektrum 10, S. 123-144.

HEINRICH, L. J. [1992]: Informationsmanagement. München/Wien, 4. Aufl.

HEINRICH, L. J. [1994]: Systemplanung Band 1. München/Wien, 6. Aufl.

HEINRICH, L. J. [1994a]: Systemplanung Band 2. München/Wien, 5. Aufl.

HEINRICH, L. J.; LEHNER, F. [1989]: Entwicklung von Informatikstrategien. Bericht des Instituts für Wirtschaftsinformatik und Organisationsforschung der Universität Linz Nr. 89.04. Linz.

HEINRICH, L. J.; ROITHMAYR, F. [1995]: Wirtschaftsinformatik-Lexikon. München/Wien, 5. Aufl.

HEINRICH, W. [1993]: SAP-Outsourcing: Festpreise trügen. In: Online Heft 11, S. 59-60.

HEINRICH, W. [1993a]: Wann es sich lohnt, DV-Aufgaben auszulagern. In: Business Computing Heft 6, S. 42-45.

HERRMANN, O. [1983]: Kalkulation von Softwareentwicklungen. München/Wien.

HESSE, W.; MERBETH, G.; FRÖLICH, R. [1992]: Software-Entwicklung. München/Wien.

HETTICH, G. [1981]: Struktur, Funktion und Effinzienz betrieblicher Informationssysteme. Dissertation Tübingen.

HOFFMANN, F. [1984]: Computergestützte Informationssysteme. Einführung für Betriebswirte. München/Wien.

HOHLER, B. [1994]: Zertifizierung und Prüfung von Softwareprodukten. In: HMD Heft 175, S. 20-37.

IBM DEUTSCHLAND GMBH [1985]: Die Function Point-Methode: Eine Schätzmethode für IS-Anwendungs-Projekte. Stuttgart (IBM Form GE 12-1618-1).

ITZFELD, W. [1987]: Einsatz von Software-Qualitätsmaßen in der Praxis und Konsequenzen für die Forschung. In: Software-Metriken, Berlin/Heidelberg usw., S. 73-97.

JABUREK, W. J. [1991]: Risiken elektronischer Datenübermittlung im Banken-, Handels- und Behördenbereich. Mannheim/Wien/Zürich.

JACKSON, M.A. [1979]: Grundsätze des Programmentwurfs. Darmstadt.

JACKSON, M.A. [1983]: System Development. Englewood Cliffs N.J.

KARGL, H. [1990]: Fachentwurf für DV-Anwendungssysteme. München/Wien, 2. Aufl.

KLOTZ, M.; STRAUCH, P. [1990]: Strategieorientierte Planung betrieblicher Informations- und Kommunikationssysteme. Berlin/Heidelberg u. a.

KNOLMAYER, G. [1994]: Der Fremdbezug von Information-Center-Leistungen. In: Information Management Heft 1, S. 54-60.

KOCH, F. A. [1989]: Produkthaftung für Software. In: Informatik Spektrum 12, S. 337-339.

KOCH, F. A. [1992]: Produkthaftung für Software - Haftungsentlastung durch Qualitätssicherung. In: HMD Heft 163, S. 54-61.

KORTH, H. F.; SILBERSCHATZ, A. [1991]: Database System Concepts. New York u. a., 2. Ed.

KUBICEK, H. [1989]: Der überbetriebliche Informationsverbund als Herausforderung an die Organisationsforschung und -praxis. In: Information Management, Heft 2, S. 6-15.

KÜPPER, W.; LÜDER, L.; STREITFERDT, L. [1975]: Netzplantechnik. Würzburg/Wien.

KURBEL, K. [1992]: Entwicklung und Einsatz von Expertensystemen. Berlin u. a., 2. Aufl.

KURBEL, K. [1990]: Programmiersprachen, Klassifikation und Generationen. In: MERTENS, P. u. a. (Hrsg.): Lexikon der Wirtschaftsinformatik. Berlin u. a., 2. Aufl., S. 345-347.

LANG, G. [1989]: Auswahl von Standard-Applikations-Software. Berlin u. a.

LANG, M. [1992]: Ein Votum für partnerschaftliche Kooperation. In: HEINRICH, W.: Outsourcing, Modelle - Strategie - Praxis. Bergheim, S. 55-85.

LIGGESMEYER, P. [1990]: Modultest und Modulverifikation – State of the art. Mannheim.

LINDERMEIER, R. [1993]: Softwarequalität und Softwareprüfung. München/Wien.

LITKE, H.-D. [1993]: Projektmanagement - Methoden, Techniken, Verhaltensweisen. München, 2. Aufl.

LUDEWIG, J. [1991]: Wie gut ist die Software? In: Technische Rundschau Heft 3, S. 46-53.

MADAUSS, B. [1994]: Projektmanagement. Stuttgart. 5. Aufl.

MCFADDEN, F. R.; HOFFER, J. A. [1994]: Modern Database Management. Redwood City (Cal.) u. a., 4. ed.

MERTENS, P. [1993]: Integrierte Informationsverarbeitung 1. Administrations- und Dispositionssysteme in der Industrie. Wiesbaden, 9. Aufl.

MERTENS, P.; GRIESE, J. [1993]: Integrierte Informationsverarbeitung 2: Planungs- und Kontrollsysteme in der Industrie. Wiesbaden, 7. Aufl.

MERTENS, P.; PLATTFAUT, E. [1986]: Informationstechnik als strategische Waffen. In: Information Management, Heft 2.

MÖLLER, K.-H. [1992]: Metrikeinsatz in der Softwareentwicklung. In: HMD Heft 163, S. 17-30.

MYERS, G. J. [1979]: The Art of Software Testing. New York.

NAGEL, K. [1990]: Nutzen der Informationsverarbeitung. Methoden zur Bewertung von strategischen Wettbewerbsvorteilen, Produktivitätsverbesserungen und Kosteneinsparungen. München/Wien, 2. Aufl.

NEUMANN, K. [1990]: Stochastic Project Networks. Berlin u. a.

NICKEL, E. [1985]: Computergestützte Projektinformationssysteme. Dissertation Frankfurt.

NOTH, T.; KRETZSCHMAR, M. [1985]: Aufwandsschätzung von DV-Projekten. Berlin/Heidelberg, 2. Aufl.

OETINGER, R. [1988]: Benutzergerechte Software-Entwicklung. Berlin u. a.

PAGE-JONES, M. [1991]: Praktisches DV-Projektmanagement. München/Wien.

PARTSCH, H. [1991]: Requirements Engineering, München/Wien.

PIETSCH, W. [1992]: Methodik des betrieblichen Software-Projektmanagements. Berlin u. a.

POMBERGER, G.; BLASCHEK, G. [1993]: Grundlagen des Software Engineering. München/Wien.

RAUTENSTRAUCH, C. [1992]: Neue und bekannte Softwarequalitätsmerkmale für betriebliche Anwendungssysteme. In: HMD Heft 163, S. 31-39.

REFA [1984]: Methodenlehre des Arbeitsstudiums. Teil 1 Grundlagen. München, 7. Aufl.

REISIG, W. [1985]: Systementwurf mit Netzen. Berlin u. a.

RUPIETTA, W. [1988]: Benutzerdokumentation für Softwareprodukte. Mannheim/Wien/Zürich.

SAP AG (Hrsg.) [1994]: SAP R/3 Software-Architektur. Walldorf.

SATTLER, P. [1978]: Zeitschätzung in der Projektplanung. In: HEILMANN, H. (Hrsg.): 7. Jahrbuch der EDV (1978), Stuttgart, Wiesbaden, S. 39ff.

SCHÄFER, B. [1991]: Qualitätskriterien für die Software-Entwicklung. In: SAQ-Bulletin 26, Heft 1 S. 4-12, Heft 2 S. 23-29, Heft 3 S. 20-28.

SCHEER, A.-W. [1990]: EDV-orientierte Betriebswirtschaftslehre. Berlin u. a., 4. Aufl.

SCHEER, A.-W. [1990a]: CIM (Computer Integrated Manufacturing) – Der computergesteuerte Industriebetrieb, Berlin u. a., 4. Aufl.

SCHEER, A.-W. [1992]: Architektur integrierter Informationssysteme. Berlin u. a., 2. Aufl.

SCHINK, J.G. [1992]: Industrieller Testprozeß für hochzuverlässige Software-Systeme. In: HMD Heft 166, S. 61-77.

SCHMITZ, P. [1990]: Softwarequalitätssicherung. In: KURBEL; STRUNZ (Hrsg.): Handbuch Wirtschaftsinformatik. Stuttgart, S. 310-320.

SCHÖNTHALER, F.; NÉMETH, T. [1992]: Software-Entwicklungswerkzeuge: Methodische Grundlagen. Stuttgart, 2. Aufl.

SCHUPPENHAUER, R. [1992]: Grundsätze für eine ordnungsmäßige Datenverarbeitung (GoDV). Düsseldorf, 4. Aufl.

SCHWARZE, J. [1988]: Betriebswirtschaftliche Aufgaben und Anforderungen für Bürokommunikations- und Büroinformations-Systeme. In: Die Betriebswirtschaft 48, S. 217-231.

SCHWARZE, J. [1990]: Hardware-Konfiguratoren. In: MERTENS, P. u. a. (Hrsg.): Lexikon der Wirtschaftsinformatik. Berlin u. a., 2. Aufl., S. 201-202.

SCHWARZE, J. [1992]: Mathematik für Wirtschaftswissenschaftler Band 3, Lineare Algebra, Lineare Optimierung und Graphentheorie. Herne/Berlin, 9. Aufl.

SCHWARZE, J. [1994]: Einführung in die Wirtschaftsinformatik. Herne/Berlin, 3. Aufl.

SCHWARZE, J. [1994a]: Netzplantechnik. Eine Einführung in das Projektmanagement. Herne/Berlin, 7. Aufl.

SCHWARZE, J. [1994b]: Grundlagen der Statistik - Beschreibende Verfahren. Herne/Berlin, 7. Aufl.

SCHWARZE, J. [1994c]: Strategic Aspects of Outsourcing. In: Uporabna informatika (Applied informatics) Slovenien 2, Heft 4, S. 21-26.

SCHWARZE, J. [1995]: Strategische Konzeption von Outsourcing-Architekturen. In: VOP Fachzeitschrift für Öffentliche Verwaltung 17, S. 4-9 und 84-88.

SEIBT, D. [1987]: Die Function-Point-Methode: Vorgehensweise, Einsatzbedingungen und Anwendungserfahrungen. In: Angewandte Informatik 29, S. 3-11.

SELIG, J. [1986]: EDV-Management. Berlin u. a.

SNEED, H. M. [1991]: Software-Aufwandsschätzung mit Data-Points. In: ComputerMagazin, Heft 11-12, S. 41-46

SOMERLAD, K. [1993]: Der Outsourcing-Vertrag in der EDV. In: Business Computing Heft 8, S. 48-50.

STEINHOFF, V. [1991]: Anforderungen und Gestaltungskriterien von Benutzerschnittstellen für Expertensysteme. Bergisch Gladbach/Köln.

STRUNZ, H. [1977]: Entscheidungstabellentechnik. München/Wien.

STRUNZ, H. [1990]: Anwendungsarchitektur. In: MERTENS, P. u. a. (Hrsg.): Lexikon der Wirtschaftsinformatik. Berlin u. a., 2. Aufl., S. 43-45

SUHR, R.; SUHR, R. [1993]: Software Engineering. München/Wien.

TEPPER, A. [1991]: Dialog mit dem Computer – Software-Ergonomie und Benutzeroberflächen. Arbeitspapiere der GMD Nr. 547. Sankt Augustin.

TRAUBOTH, H. [1993]: Software-Qualitätssicherung. München/Wien.

VOSSEN, G. [1994]: Datenmodelle, Datenbanksprachen und Datenbank-Management-Systeme. Bonn u. a., 2. Aufl.

WALLMÜLLER, E. [1990]: Software-Qualitätssicherung in der Praxis. München/Wien.

WALTER, H.-W. [1992]: Systementwicklung - Planung, Realisierung und Einführung von EDV-Anwendungssystemen. Köln, 3. Aufl.

WANDMACHER, J. [1993]: Software-Ergonomie. Berlin/New/York.

WARNECKE, H. J. [1992]: Handbuch Qualitätstechnik. Landsberg/Lech, 2. Aufl.

WINTERSTEIGER, W. [1989]: Das Software-Qualitätssicherungs-Handbuch - Erstellung und Einführung. In: Output, Heft 8, S. 37-43.

WOLVERTON, R. W. [1974]: The Cost of Developing Large Scale Software. In: IEEE Transactions on Computers 23, Heft 6, S. 615-636

ZEHNDER, C.A. [1994]: Informationssysteme und Datenbanken. Stuttgart, 6. Aufl.

ZEHNDER, C.A. [1991]: Informatik-Projektentwicklung. Stuttgart, 2. Aufl.

Stichwort- und Abkürzungsverzeichnis

a-posteriori-Strategie 48
a-priori-Strategie 48
Abgegrenztheit 40
Ablaufdiagramm 77, 91
Ablaufsteuerung 21
Abstraktion, funktionale 148
ADA 199
Änderungsfähigkeit 39
Aktion 104
aktive Komponente 97
Aktualität 139
Akzeptanz 42
Algol 199
Algorithmus 175
Amortisationsrechnung 235
Analogieverfahren 256, 257
Analyse, statische 204, 306
Analysephase 50, 54, 127
-, Ziele 127
Anfang-Anfang-Beziehung 341
Anfang-Ende-Beziehung 341
Anfangsfolge 341
Anfangstermin
-, frühestmöglicher 345
-, spätestnotwendiger 345
Anforderungen 53, 128
-, aufgabenorientierte 141
-, benutzerorientierte 141
-, datenorientierte 142
-, technikorientierte 141
Anforderungsanalyse 62, 128, 135
Annuitätenmethode 236
Anordnungsbeziehung 333, 340

Anpassungsfähigkeit 39, 183
Anpaßbarkeit 43, 289
Antwortzeit 183
Anwenderbeteiligung 42
Anwenderhandbuch 361, 369
Anwendungsprogramm 20
Anwendungssoftware 20, 29
Arbeitsablaufdiagramm 91
Arbeitspaket 335
Architektur-Management 321
Argumentenbilanz 322
Assembler 199
atomares Element 15
Attribut 84
Audit 349
Aufbauorganisation 87
aufgabenorientierte Anforderungen
   141
Aufwandsschätzung 248
Ausführung, symbolische 307
Ausführungsdauer 345
Ausführungseffizienz 289
Ausgabeschnittstelle 155, 165
Auswahl 85
Automatisierung 41
Automatisierungsgrad 41, 143
Autor/Lektor-Prinzip 307

Balkendiagramm 77
Basismaschine 20
Basissystem 20
Baumdiagramm 87
Bearbeitungszeit 183

Bedienerhandbuch 361
Bedingung 98, 103
Bedingungs-Ereignis-Netz 98
Bedingungsanzeiger 103
Belegbarkeit 371
Benutzerdokumentation 368
Benutzerfreundlichkeit 39, 184
Benutzerführung 40, 168, 290
Benutzerhandbuch 42, 361, 369
Benutzeroberfläche 290
-, grafische 168
benutzerorientierte Anforderungen 141
Benutzerprofil 140
Benutzerschnittstelle 164
Benutzerunterstützung 40
Benutzerwünsche 140
Beobachtung 133
Berichtsgenerator 195
Betriebsphase 218
Betriebsprotokoll 361, 370
Beurteilungskriterien für Standardsoftware 185
Beziehung 15, 16, 84
-, einseitige 16
-, immaterielle 16
-, materielle 16
-, wechselseitige 16
Beziehungsmenge 84
Beziehungstyp 84
Bibliotheksverwaltungsprogramm 195
Bildschirmmaske 166
Binde-Vorgang 190
Binder 195
Bindung 149
-, funktionale 149, 150
-, informale 150
-, kommunikative 150
-, logische 150
-, prozedurale 150
-, sequentielle 150

-, zeitliche 150
-, zufällige 150
Black-Box-Test 204, 307
Bottom-Up 46, 152
Bottom-Up-Strategie 46, 203
Bottom-Up-Verfahren 260
Brooksches Gesetz 254
Brutto-Function-Points 265, 268

CASE 30, 41, 75
Checkliste 299
COBOL 199
COCOMO 263
Compiler 190, 195
Cost Data Base 257
Customizing 43, 45, 48, 190, 211

D 345
Data Dictionary 109
Data-Point 274
Data-Point-Methode 274
dateiorientiert 46
Datenabstraktion 148
Datenausgabe 163
Datenaustausch
-, dynamischer 163
-, elektronischer 163
Datenbank 21
Datenbankmodell, logisches 157
Dateneingabe
-, direkte 161
-, halbdirekte 161
-, indirekte 161
Datenerfassung 159
-, dezentrale 161
-, intelligente 161
-, mobile 161
-, nicht-intelligente 161
-, simultane 162
-, stationäre 161
-, verzögerte 162
-, zentrale 161

382   *Stichwort- und Abkürzungsverzeichnis*

Datenfluß 96
Datenflußdiagramm 77, 97
Datenflußplan 77, 96
Datenintegrität 142
Datenkatalog 109
Datenkonsistenz 142
Datenkopplung 150
Datenmodell
-, konzeptionelles 157
-, semantisches 157
Datenorganisation 156, 157
datenorientiert 46
datenorientierte Anforderungen 142
Datenschlüssel 158
Datenschutz 142, 180, 186
Datensicherheit 142, 179, 186
Datenstruktur 85
-, externe 157
-, logische 157
-, physische 157
Datenübernahme 215
Datenübertragung 171
Datenunabhängigkeit 290
Datenverarbeitung
-, datenbankorientierte 26
-, programmorientierte 26
DDE 163
Decision Support System 24
deduktive Strategie 47
Definitionsphase 135
Dekompositionsdiagramm 77, 87
Detailentwurf 55, 147
Detaillierung 348
Detailplanung 342
deterministischer Knotenausgang 343
dezentrale Datenerfassung 161
Dialogschnittstelle 165, 167
direkte Dateneingabe 161
direkte Umstellung 214
Dokument 283, 359

Dokumentation 41, 70, 151, 185, 353, 359
-, Anforderungen 364
-, Entwicklungs-, 42
-, nachträgliche 363
-, System- 41
Dokumentenerstellung 363, 371
Dokumentenpflege 372
Dokumentenverwaltung 372
Dokumentenverzeichnis 366
DSS 24
Durchdringung 41
Durchdringungsgrad 41
Durchführbarkeit 70, 121
-, funktionelle 223
-, organisatorische 228
-, personelle 229
-, rechtliche 230
-, soziale 230
-, technische 225
-, wirtschaftliche 231
Durchführbarkeitsuntersuchung 53, 54, 70, 113, 121
Durchführungsschema der Nutzwertanalyse 241
Durchschaubarkeit 371
DV-Handbuch 368
Dynamic Data Exchange 163
dynamischer Datenaustausch 163
dynamischer Test 203, 204

E-R-Diagramm 77
Easiest-first-Strategie 48
EDI 27, 163
Effizienz 39, 43, 298
Eigenschaft eines Objekts 84
Einfachverwendung 48
Einflußgröße
-, monetär quantifizierbare 238
-, qualitative 238
-, quantifizierbare 238
Eingabeschnittstelle 155, 165

Eingebundenheit 40
einmalige Kosten 234
Einstellbarkeit 40
EIS 24
EKN 339
Electronic Data Interchange 27, 163
Elektronischer Datenaustausch 163
Element 15, 76
- einer Matrix 76
-, atomares 15
Ellipsendiagramm 87
Endbenutzersprache 201
Endbenutzerwerkzeug 201
Ende-Anfang-Beziehung 341
Ende-Ende-Beziehung 341
Endfolge 341
Endtermin
-, frühestmöglicher 345
-, spätestnotwendiger 345
Entität 84
Entity 84
Entscheidung 102
Entscheidungsknoten 342
-, stochastischer 342
Entscheidungsnetzplan 93, 342
Entscheidungsprozeß 102, 103
Entscheidungsregel 104
Entscheidungsstruktur 102
Entscheidungstabelle 103, 195
Entscheidungstabellenvorübersetzer 195
Entscheidungsunterstützungssystem 24
Entwicklungsdokumentation 42, 151, 360
Entwicklungsphase 50
Entwicklungsumgebung 196
Entwurfsphase 55, 147
Entwurfssystem 110
Ereignis 98, 333
-, aktiviertes 98
Ereignisknoten 339

Ereignisknotennetzplan 339
Erfahrungsdatenbank 257
Erfolgsfaktor, kritischer 125, 233
Ergonomie 151
Ertrag 235
Erweiterbarkeit 39
EUS 24
evolutionäre Systementwicklung 60, 69, 140
evolutionäres Prototyping 62
Executive Information System 24
exklusiv-oder, logisches 343
experimentelles Prototyping 62
Expertensystem 24
exploratives Prototyping 62
externe Datenstruktur 157
externe Integration 26

Faktorenverfahren 258
FAT 345
Fehler 205
Fehlerfreiheit 37
Fehlerlawine 279
Fehlerstatistik 361
Fehlerverhütung 313
Fehlerverhütungskosten 313
Fehlerwahrscheinlichkeit 174
Fenstertechnik 171
FET 345
Flexibilität 40, 183
FORTRAN 199
Fortschrittserfassung 349
Fortschrittsmeldung 349
Fragebogen 132
freier Text 75
frühestmöglicher Anfangstermin 345
frühestmöglicher Endtermin 345
frühestmöglicher Termin 345
FT 345
Führungsinformationssystem 24
Function-Point 264

Function-Point-Methode 264
funktionale Abstraktion 148
funktionale Bindung 149
funktionale Korrektheit 203
Funktionalität 39, 43, 182, 298
Funktionalitätsprüfung 182
funktionelle Durchführbarkeit 223
funktionelles Informationsmanagement 315
Funktionsabdeckung 298
Funktionshandbuch 369
Funktionsintegration 26
funktionsorientiert 46
funktionsorientierter Projektstrukturplan 336
Funktionstastensteuerung 170

Geheimnisprinzip 148
gemischtorientierter Netzplan 340
gemischtorientierter Projektstruk-
  turplan 337
Genauigkeit 139
Geschäftsprozeß 176
Gestaltungsstrategie 45
Gewichtungsverfahren 261
Gewinnvergleichsrechnung 235
grafische Benutzeroberfläche 168
grafische Darstellung 77
Graph 82
-, Kante 82
-, Knoten 82
Graphentheorie 77
Grobkonzept 113, 118
-, Inhalte 119
Grobplanung 342

halbdirekte Dateneingabe 161
Handbuch 302
Handlungsmöglichkeit 104
Hardest-first-Strategie 48
Hardware-Konfiguration 89, 111
Hardware-Konfigurator 111

Hardware-Schutz 142
Hardwarebeschaffung 216
Hardwareinstallation 216
Hardwareunabhängigkeit 38
hierarchische Organisation 351
Hierarchisierung 37
Hilfefunktion 23, 40
Hilfesystem 171
höhere Programmiersprache 199

Identifikationsschlüssel 158
Implementierung 55
Inbetriebnahme 213
Indexverfahren 257
indirekte Dateneingabe 161
Individualsoftware 144
induktive Strategie 47
informale Bindung 150
Informatikstrategie 318
Information Engineering 30
Informationsarten 138
Informationsbedarf 138
Informationsbedarfsanalyse 137
Informationsinfrastruktur 320
Informationsinhalt 137
Informationsmanagement 24, 315
-, Aufgaben 316
-, funktionelles 315
-, institutionelles 315
Informationssystem 15, 18
-, betriebliches 18
-, integriertes 26, 27
-, überbetriebliches 26
-, zwischenbetriebliches 26
Informationssystem-Architektur 319
Informationsverarbeitungssystem 15
Initialisierungsphase 50, 53, 113
Initiatoren einer Systementwicklung
  114
inklusiv-oder, logisches 343
inkrementelle Systementwicklung
  59, 69

Inside-Out-Ansatz 46
Inside-Out-Strategie 46
Installation 210
Installationsbedingungen 186
Instandsetzbarkeit 289
Instanz 97
institutionelles Informations-
management 315
Integration 40
-, externe 26
Integrationsgrad 41, 143
Integrationstest 203, 207
Integrität 290
intelligente Datenerfassung 161
Interaktion 16
Interview 132
IS 15, 18
IS-Projekt 327
ISO/OSI-Referenzmodell 173
Ist-Analyse 129
Ist-Zustand 47, 128
Ist-Zustands-Analyse 128
Ist-Zustands-orientiert 47
IV-System 15
IV-System-Portfolio 324

Jackson Structured Programming 85
Jackson-Diagramm 85

Kanal 97
Kapazität 101
Kapitalwert 237
Kapitalwertmethode 236, 237
Kastendiagramm 87
Klammerdiagramm 87
Klassendiagramm 177
Klassifikationsschlüssel 158
Knoten 339
Knotenausgang
-, deterministischer 343
-, stochastischer 343
Knotentyp 343

Kommunikation 171
Kommunikationsbedarfsanalyse 139
Kompatibilität 38
Komplexität 252
Komponente
-, aktive 97
-, passive 97
Komponenten-Management 321
Konferenz 133
Konfiguration, Hardware- 111
Konfigurationsmanagement 218,
304
Konfigurationsverwaltung 190, 218
Konfigurationsverzeichnis 218
Konfigurator 110
-, Hardware- 111
-, Software- 112
Konfigurierungssystem 110
Konfliktsituation 102
Konkurrenzdruck 116
Konsistenz 38
konstruktive Qualitätssicherung 304
Kontaktsituation 99
Kontrollsystem 179
konzeptionelles Datenmodell 157
Kooperationsorganisation 328
Koordinierungsausschuß 328
Korrektheit 289, 298
-, funktionale 203
Kosten
-, einmalige 234
-, laufende 234
Kosten-Nutzen-Vergleich 245
Kostenvergleichsrechnung 236
kreisförmiges Polaritätsprofil 111
kritischer Erfolgsfaktor 125, 233
kritischer Vorgang 346
kritischer Weg 346
Kunden-Lieferanten-System 26

laufende Kosten 234
Laufzeitverhalten 183

Leistungsumfang 210, 252
Leitungsvermittlung 172
Lines of Code 252
Linienorganisation 328
Link-Vorgang 190
LoC 252
logische Datenstruktur 157
logisches Datenbankmodell 157
logisches exklusiv-oder 343
logisches inklusiv-oder 343
logisches und 343
Lokalität 149

Makro 168
Makro-Rekorder 196
Makrosprache 201
Manware 24
Marke 98
Maschinensprache 199
Maskengenerator 195
Matrix 76, 81
Matrixorganisation 327
Mehrfachverwendung 41, 48, 299
Meilenstein 333
Mensch-Maschine-Schnittstelle 39, 164, 165
Menübaum 169
Menügeneratoren 196
Menütechnik 168
Merkmal 288
Merkmal eines Objekts 84
Meßbarkeit 296
Methode 74, 175
Methodenbank 21, 22, 202
Methodendokumentation 22
mobile Datenerfassung 161
Modell 23
Modellbank 21, 23
Modul 149, 338
Modularisierung 48, 148, 192, 337
Modularität 37
Modulbeschreibung 190

modulorientierter Projektstruktur-
    plan 337
Modultest 203
monetär quantifizierbare Einfluß-
    größe 238
Multiplikatorverfahren 258

n-Augenkontrolle 285
Nachrichtenvermittlung 173
Nassi-Shneiderman-Diagramm 94
Netz
-, Bedingungs-Ereignis-, 98
-, Stellen-Transitions-, 100
Netzplan 77, 93
-, gemischtorientierter 340
-, stochastischer
nicht-intelligente Datenerfassung
    161
nicht-prozedurale Programmier-
    sprache 198
nicht-quantifizierbare Schwachstelle
    134
Norm 41, 365
Normalfolge 341
Nutzenanalyse 243
Nutzenkategorie 243
Nutzungsdauer 237
Nutzungsphase 50, 57, 218
Nutzungsvertrag 210, 357
Nutzwertanalyse 187, 239
-, Durchführungsschema 241

Objekt 46, 84
Objektmenge 84
objektorientiert 46
objektorientierte Programmier-
    sprache 201
Objektprogramm 190
Objektschutz 142
Objekttyp 84
Offline-Datenerfassung 161
Online-Datenerfassung 161

Operationalisierbarkeit 296
Organigramm 77, 87
Organisation, hierarchische 351
Organisationsanalyse 140
Organisationsentwurf 147
Organisationskonzept 152
Organisationsplanung 353
Organisationsschnittstelle 166, 168
organisatorische Durchführbarkeit 228
Orgware 25
Outside-In-Ansatz 46
Outside-In-Strategie 46
Outsourcing 302, 321
Outsourcing-Breite 322
Outsourcing-Tiefe 322

Paketvermittlung 173
Parallelbetrieb 57, 214
Parameter 38
Parametrisierung 38
PASCAL 199
passive Komponente 97
Permanenz 290
Personalmanagement 355
personelle Durchführbarkeit 229
Personenmonat 249
Petri-Netz 77, 97
Pfeil 98, 339
Pflichtenheft 54, 106, 128, 136, 284
Phasenergebnis 70
Phasenkontrolle 70
Phasenmodell 51, 52, 68, 71
-, dreidimensionales 71
physische Datenstruktur 157
Piktogramm 77, 89
Pilot-Installation 215
Plananpassung 348
Planrevision 334, 347, 349
Planungsdokument 283
Planungshilfe 23
Planungssprache 22, 23, 201

Polaritätsprofil 110
-, kreisförmiges 111
-, vertikales 110
Portabilität 38, 299
Portfolio 324
Portfolioanalyse 324
Portierbarkeit 289
Primärschlüssel 85
Prinzip der homogenen Aufgaben- verteilung 193
Prinzip der problemadäquaten Datentypen 193
Prinzip der strukturierten Pro- grammierung 191
Prinzip der Verbalisierung 193
Probebetrieb 207
Problemadäquatheit 39
Problemanalyse 137
Produktdokument 283
Produkthaftung 281
Produktivität 37, 254
Produktivitätskenngröße 283
Produktivitätskennzahl 297
Produktivitätsverfahren 258
Programmablaufplan 77, 94
Programmentwicklungsumgebung 197
Programmfehler 205, 296
Programmgenerator 195
Programmiersprache 195
-, höhere 199
-, nicht-prozedurale 198
-, objektorientierte 201
-, prozedurale 198
Programmierung 55, 190
Programmsteuerung 168
Programmtest 202, 203
Projekt 332
Projektanalyse 334
Projektauftrag 53, 123
Projektbegründung 123
Projektdauerverkürzung 347

Projektdokumentation 353
Projektdurchführung 347
Projektführung, zentralisierte 351
Projektinformationen 354
Projektinformationssystem 353, 354
Projektkontrolle 334, 347
Projektleitung 327
Projektmanagement 71, 330
Projektorganisation 327, 328, 353
Projektphase 334
Projektrealisierung 334
Projektreview 349
Projektsteuerung 334
Projektstrukturplan 335
-, funktionsorientierter 336
-, gemischtorientierter 337
-, modulorientierter 337
Projektvorbereitung 331
Projektvorschlag 123
PROLOG 201
Prototyp 61, 71
-, unvollständiger 63
-, vollständiger 63
-, Wegwerf- 63
-, wiederverwendbarer 63
Prototyping 61, 64, 66, 69
-, evolutionäres 62
-, experimentelles 62
-, exploratives 62
prozedurale Programmiersprache 198
Prozentsatzverfahren 260
Prozeß 153
Prozeßdiagramm 177
Prozeßorganisation 177
Prüfbarkeit 371
Prüfverfahren 306
Pseudocode 90, 190, 192
Pufferzeit 346, 347

Qualifikationsprofil 140
Qualität 287

qualitative Einflußgröße 238
Qualitäts-Handbuch 302
Qualitätsberichtswesen 278, 282, 303
Qualitätsdokumentation 278
Qualitätskenngröße 296
Qualitätskennzahl 297
Qualitätskontrolle 151, 278, 282
Qualitätskosten 312
Qualitätslenkung 151, 278, 282
Qualitätsmanagement 277
-, Outsourcing 302
Qualitätsmanagement-Prinzipien 285
Qualitätsmanagementsystem 308
Qualitätsmangel 283, 296
Qualitätsmaß 296
Qualitätsmaßnahme 301
Qualitätsmerkmal 288, 291
-, allgemeines 288
-, aufgabenorientiertes 290
-, benutzerorientiertes 290
-, datenorientiertes 290
-, funktionsorientiertes 290
-, individuelles 290
-, technikorientiertes 290
Qualitätsmodell 312
Qualitätsobjekt 287
Qualitätsplan 303
Qualitätsplanung 151, 278, 281
Qualitätsprüfung 278
Qualitätssicherung 41, 71, 151, 278
-, analytische 306
-, konstruktive 304
Qualitätssicherungs-Prinzipien 285
Qualitätssicherungsaufgaben 281
Qualitätssicherungsmaßnahme 301
Qualitätssichten 293
Qualitätssteuerung 278
Qualitätsziel 295, 303
quantifizierbare Einflußgröße 238
quantifizierbare Schwachstelle 134

Quantifizierbarkeit 296
Quellcodezeilen 252
Quellprogramm 190

Rahmenplan 344
Rangskala 239
Rasterdiagramm 92
Reaktionszeit 183
Realisierungschance 243
Realisierungsphase 50, 57, 189
rechtliche Durchführbarkeit 230
Rechtzeitigkeit 139
Reengineering 31
Regelkreis 311
Reihenfolgebedingung 333
Relationsverfahren 257
Relevanz 139
Rentabilitätsrechnung 235
Reorganisation 189, 208
Repository 109, 197
Requirements Engineering 135
Reverse-Engineering 31
Review 307, 349
Richtigkeit 371
Risikoanalyse 64, 69, 70
Robustheit 40, 203, 299

SAT 345
Schleife 344
schmale Datenkopplung 150
Schnittstelle 16, 40, 139, 155
Schnittstellenspezifikation 150
Schreibtischprüfung 307
Schulung 217
Schwachstelle 120, 134
-, nicht quantifizierbare 134
-, quantifizierbare 134
Schwachstellenanalyse 53
SE-Projekt 332
SEES 75
Selbstaufschreibung 132
Selbsterklärung 40

Semantik 306
Semantikfehler 191
semantisches Datenmodell 157
Sequenz 85
Service 43, 186
SET 345
Sicherungssystem 179
Simultandokumentation 363
simultane Datenerfassung 162
Software Engineering 30
Software Engineering Environment
 System 75
Software, wiederverwendbare 48
Software-Konfigurator 112
Software-Life-Cycle 50
Software-Produktionsumgebung 75
Software-Reengineering 31
Software-Reverse-Engineering 31
Software-Schutz 142
Software-Wiederverwendung 48
Softwareauswahl 180
Softwareentwicklung 29
Softwareergonomie 151
Softwarequalität 252
Soll-Ist-Vergleich 349
Soll-Zustand 128
Soll-Zustands-Analyse 128, 135
Soll-Zustands-orientiert 47
soziale Durchführbarkeit 230
Spalte einer Matrix 76
Spalte einer Tabelle 76
spätestnotwendiger Anfangstermin
 345
spätestnotwendiger Endtermin 345
spätestnotwendiger Termin 345
Speichereffizienz 289
Spiralmodell 63, 69
Sprungfolge 341
SQL 200
ST 345
Standard 41

Standardsoftware, Beurteilungskriterien 185
Standardsoftwareauswahl 180
Standverbindung 172
stationäre Datenerfassung 161
statische Analyse 204, 306
Stellen-Transitions-Netz 100
Steuerung
-, logische 21
-, örtliche 21
-, zeitliche 21
Stichprobentest 307
stochastischer Entscheidungsknoten
342
stochastischer Knotenausgang 343
stochastischer Netzplan 93
Strategie 45
-, a-posteriori- 48
-, a-priori- 48
-, deduktive 47
-, einmalige 46
-, induktive 47
-, iterative 46
Struktogramm 77, 94, 195
Struktogrammgenerator 195
Strukturblock 94, 191
strukturierter Text 76, 90
Strukturiertheit 38
Strukturierung 192
Strukturierungsdiagramm 87
stufenweise Umstellung 215
Subsystem 15
symbolische Ausführung 307
symbolischer Test 204
Syntax 306
Syntaxfehler 190
System 15
-, abstraktes 17
-, adaptives 17
-, deterministisches 18
-, dynamisches 17
-, einfaches 17

-, geschlossenes 17
-, komplexes 17
-, konkretes 17
-, künstliches 17
-, lernendes 17
-, natürliches 17
-, offenes 17
-, passives 17
-, reales 17
-, starres 17
-, statisches 17
-, stochastisches 18
-, unkontrollierbares 18
System-Life-Cycle 50
Systemanalyse 31
Systemarchitektur 151
systematisierter Text 75
Systembetreuer 24
Systembetrieb 361
Systemdokumentation 41, 151, 368
Systemelement, Darstellung 78
Systementwickler 24
Systementwicklung 28, 29
-, evolutionäre 60, 69, 140
-, inkrementelle 59, 69
Systementwicklungs-Projekt 332
Systementwicklungsauftrag 123,
124
Systementwicklungsprozeß 53
Systementwicklungsstrategie 45
Systementwicklungswerkzeug 74
Systemergonomie 151
Systemhandbuch 361
Systeminstallation 217
Systemintegration 217
Systemlebenszyklus 50
Systemnutzer 25
Systemplanung 28
Systemsicherheit 38
Systemstruktur 16
-, Beschreibung 80
-, Darstellung 80

Systemtest 203, 207
Systemverhalten 16

Tabelle 76
Tabellenkalkulationssystem 24, 201
Technik 73
technikorientierte Anforderungen
141
technische Durchführbarkeit 225
Technischer Fortschritt 116
Technisierungsgrad 321
Technologie-Management 321
Teilprojekt 335
Teilsystem 15
Teledienst 173
Termin
-, frühestmöglicher 345
-, spätestnotwendiger 345
Terminkenngröße 282
Terminsicherheitskennzahl 297
Terminvorgabe 345
Test
-, Black-Box- 204, 307
-, dynamischer 204
-, symbolischer 204
-, White-Box- 204, 307
Testdatengenerator 207
Testdatengenerierung 206
Testverfahren, dynamisches 307
Teufelsquadrat 253
Text 75
-, freier 75
-, strukturierter 76, 90
-, systematisierter 75
-, unstrukturierter 75
Texteditor 194
Tool 74, 305
Top-Down 46, 152
Top-Down-Schätzung 257, 260
Top-Down-Strategie 46
Trägerdienst 173
Transfergeschwindigkeit 174

Transition 101
Transparenz 37

Übersichtlichkeit 371
Umstellung 57, 213
-, direkte 214
-, stufenweise 215
Umstellungsarten 214
Umstellungsplanung 214
und, logisches 343
unstrukturierter Text 75
Unternehmensziel 35
Unterprojekt 335
unvollständiger Prototyp 63

Validität 296
Verbalisierung 193
Verbundschlüssel 158
Verfahren 74
Verfahrensanweisung 283
Verfahrenstest 207
Verfügbarkeit 298, 371
Verifikation 204, 307
Verknüpfbarkeit 289
Verläßlichkeit 139
Versionenmanagement 218
Versionenverwaltung 218
Versuchsbetrieb 215
Verteilbarkeit 289
vertikales Polaritätsprofil 110
Verträglichkeit 38
Vertragsgestaltung 284
verzögerte Datenerfassung 162
Verzweigung 93
VKN 339
vollständiger Prototyp 63
Vollständigkeit 38, 43, 371
Vor-Übersetzer 200
Vorgang 176, 333
-, kritischer 346
Vorgangskette 176
Vorgangsknoten 339

Vorgangsknotennetzplan 339
vorgangsorientiert 46
Vorgangspfeil 339
Vorgangspfeilnetzplan 339
Vorgehensmodell 45, 49, 181, 311,
312, 318, 363
Vorwärtsdokumentation 363
VPN 339

Wählverbindung 172
Walkthrough 307, 349
Wartbarkeit 298
Wartung 43, 186
Wartungsfreundlichkeit 39
Wartungsprotokoll 361, 370
Wasserfallmodell 57, 64, 68
Weg, kritischer 346
Wegwerf-Prototyp 63
Werkzeug 74, 305
Werkzeugkasten 75
Werkzeugnutzung 41
Werkzeugschnittstelle 165, 168
Werkzeugunterstützung 286, 305
Wertschöpfungskette 176
White-Box-Test 204, 307
Widerspruchsfreiheit 38
Wiederholung 86

wiederverwendbarer Prototyp 63
Wiederverwendbarkeit 289, 299
wirtschaftliche Durchführbarkeit
231
Wirtschaftlichkeit 37
Wirtschaftlichkeitsrechnung 236

Zeile einer Matrix 76
Zeile einer Tabelle 76
Zeitabstand 341, 345
Zeitanalyse 345
Zeitbedingung 345
Zeitgerechtigkeit 371
Zeitplanung 334, 344
Zeitreserve 347
zentrale Datenerfassung 161
zentralisierte Projektführung 351
Zerlegungsdiagramm 87
Ziel 35
-, formales 35
-, individuelles 35
-, Sach- 35, 36
-, Unternehmens- 35
Zielprogramm 190
Zuverlässigkeit 37, 298
zwischenbetriebliches Informations-
system 26